LA MANIPULACIÓN LEGISLATIVA Y JURISPRUDENCIAL DE LAS NOCIONES DE CONTRATOS ADMINISTRATIVOS, CONTRATOS DE INTERÉS PÚBLICO, SERVICIO PÚBLICO, INTERÉS PÚBLICO Y ORDEN PÚBLICO

16. Fabiola del Valle Tavares Duarte, *Actos Administrativos de la Administración Pública: Teoría general de la Conexión,* Caracas 2003, 113 pp.

17. Allan R. Brewer-Carías, *Principios Fundamentales del Derecho Público,* Caracas 2005, 169 pp.

18. Augusto Pérez Gómez, *Actos de Origen Privado,* Caracas 2006, 266 pp.

19. Jaime Rodríguez Arana, *El Marco Constitucional de los entes Territoriales en España,* Caracas 2006, 185 pp.

20. Henry Jiménez, *Régimen Legal de Hidrocarburos y Electricidad,* Caracas 2006, 279 pp.

21. M. Gabriela Crespo Irigoyen, *La potestad Sancionadora de la Administración Tributaria, Especial referencia al ámbito local en España y Venezuela,* Caracas 2006, 320 pp.

22. Jaime Rodríguez-Arana, *Aproximación al Derecho Administrativo Constitucional,* Caracas 2007, 307 pp.

23. Jesús Antonio García R., *Glosario sobre regulación de servicios públicos y materias conexas,* Caracas 2008, 190 pp.

24. Ricardo Antela, *La Revocatoria del Mandato (Régimen jurídico del Referéndum Revocatorio en Venezuela),* Caracas 2010, 167 pp.

25. Gonzalo Rodríguez Carpio, *El alcance de aplicación territorial del impuesto sobre sucesiones,* Caracas 2011, 106 pp.

26. Juan Domingo Alfonzo Paradisi, *El Régimen de los Estados vs. la Centralización de competencias y de Recursos Financieros,* Caracas 2011, 120 pp.

27. José Ignacio Hernández, *Introducción al concepto constitucional de Administración Pública en Venezuela,* Caracas 2011, 249 pp.

29. Gonzalo Rodríguez Carpio, *La denuncia del convenio CIADI efectos y soluciones jurídicas,* Caracas 2014, 89 pp.

30. Jaime Vidal Perdomo, Eduardo Ortíz Ortíz, Agustín Gordillo y Allan R. Brewer-Carías, *La función administrativa y las funciones del Estado. Cuatro amigos, cuatro visiones sobre el derecho administrativo en América Latina,* Caracas, 2014, 248 pp.

31. Tomas A. Arias Castillo, *La reviviscencia de las Leyes,* Caracas 2015, 139 pp.

32. Luis Alberto Petit Guerra, *El Estado Social,* Caracas 2015, 293 pp.

33. Carlos Reverón Boulton, *El Sistema de Responsabilidad Patrimonial de la Administracion Publica en Venezuela,* Caracas 2015, 139 pp.

34. Alejandro Gallotti, *El Poder de sustitución del Juez en la función administrativa,* Caracas 2015, 194 pp.

35. Jaime Orlando Santofimio-Gamboa, *Responsabilidad del Estado por la actividad judicial*, Caracas 2016, 168 pp.

36. Joaquín Eduardo Dongoroz Porras, *El Concepto de actividad lucrativa en el impuesto sobre actividades económicas de industria, comercio, servicios o de índole similar (Aproximación a la noción de rentas pasivas)*, Caracas 2016, 157 pp.

37. Gladys Stella Rodríguez, *Gobierno electrónico en Venezuela. Una mirada desde los objetivos del desarrollo del milenio*, Caracas 2018, 110 pp.

38. Luis A. Viloria Chirinos, *Aproximación de los mecanismos de control político y su incidencia en el sistema constitucional*, Caracas 2018, 176 pp.

39. Allan R. Brewer-Carías, *Sobre las nociones de contratos administrativos, contratos de interés público, servicio público, interés público y orden público, y su manipulación legislativa y jurisprudencial*, Caracas 2019, 260 pp.; segunda edición 2021, 374 pp.

40. Emilio Urbina. *El derecho urbanístico en Venezuela (1946-2019). Entre la tentación centralizadora y la atomización normativa de la ciudad venezolana sofocada*, 1ra edición, Caracas 2019, 130 pp.

41. Alberto Blanco Uribe, *El Derecho Humano a la participación ciudadana acerca de la promoción de ese **derecho** en el estado venezolano*, Caracas, 2020, 202 pp.

42. Allan R. Brewer-Carías, *Derecho Administrativo. Estudios,* Caracas, 2020, 198 páginas.

43. Khairy Josvett Peralta Fung, *Contratación pública y compromisos de responsabilidad social. Una nueva forma de tributación*, Caracas 2020, 192 pp.

.

Allan R. Brewer-Carías

LA MANIPULACIÓN LEGISLATIVA Y JURISPRUDENCIAL DE LAS NOCIONES DE CONTRATOS ADMINISTRATIVOS, CONTRATOS DE INTERÉS PÚBLICO, SERVICIO PÚBLICO, INTERÉS PÚBLICO Y ORDEN PÚBLICO

2ª edición corregida, actualizada y ampliada

CUADERNOS DE LA CÁTEDRA
ALLAN R. BREWER-CARIAS
DE DERECHO ADMINISTRATIVO
UNIVERSIDAD CATÓLICA ANDRÉS BELLO

N° 39

Editorial Jurídica Venezolana

Caracas/2021

©   Allan R. Brewer-Carías
     Email: allan@brewercarias.com
     http://www.allanbrewercarias.com

     Segunda Edición actualizada, corregida y aumentada 2021

     ISBN: 978-980-365-445-0

     Editorial Jurídica Venezolana
     Avda. Francisco Solano López, Torre Oasis, P.B., Local 4,
      Sabana Grande,
     Apartado 17.598 – Caracas, 1015, Venezuela
     Teléfono 762.25.53, 762.38.42. Fax. 763.5239
     Email fejv@cantv.net
     http://www.editorialjuridicavenezolana.com.ve

     Impreso por: Lightning Source, an INGRAM Content company
     para Editorial Jurídica Venezolana International Inc.
     Panamá, República de Panamá.
     Email: ejvinternational@gmail.com

     Diagramación, composición y montaje
     por: Francis Gil, en letra
     Book Antiqua 12, Interlineado 12, Mancha 18 x 11.5

CONTENIDO GENERAL

INTRODUCCIÓN

PRIMERA PARTE:

SOBRE LA *"PUBLICATIO"* EN EL DERECHO PÚBLICO

SEGUNDA PARTE

PRINCIPIOS GENERALES DERIVADOS DEL RÉGIMEN DE LA RESERVA AL ESTADO DE LA INDUSTRIA Y EL COMERCIO DE LOS HIDROCARBUROS

TERCERA PARTE:

LA NUEVA RESERVA AL ESTADO DE LOS BIENES Y SERVICIOS CONEXOS CON LAS ACTIVIDADES PRIMARIAS DE HIDROCARBUROS DECRETADA EN 2009

CUARTA PARTE:

LOS PRINCIPIOS RELATIVOS A LA NOCIÓN DE CONTRATOS ADMINISTRATIVOS Y SU INDEBIDA MANIPULACIÓN AL SER APLICADA *EX POST FACTO* A LOS CONTRATOS SUSCRITOS PARA LA PRESTACIÓN DE LOS SERVICIOS CONEXOS A LA INDUSTRIA PETROLERA ANTES DE SU NACIONALIZACIÓN EN 2009

QUINTA PARTE:

EL DERECHO APLICABLE A LOS CONTRATOS PARA LA PRESTACIÓN DE LOS SERVICIOS CONEXOS CON LAS ACTIVIDADES PETROLERAS

SEXTA PARTE

EL SIGNIFICADO DE LA DECLARATORIA LEGAL DE DETERMINADAS ACTIVIDADES COMO DE "UTILIDAD PÚBLICA O INTERÉS SOCIAL"

SÉPTIMA PARTE

EL SIGNIFICADO DE LA DECLARATORIA LEGAL DE DETERMINADAS ACTIVIDADES COMO "SERVICIO PÚBLICO" Y SU MANIPULACIÓN POR EL LEGISLADO

OCTAVA PARTE

EL SIGNIFICADO DE LA DECLARATORIA LEGAL DE UNA LEY, COMO DE "ORDEN PÚBLICO"

NOVENA PARTE

lA MANIPULACIÓN JURISPRUDENCIAL DE LA NOCIÓN DE "CONTRATOS DE INTERÉS PúBLICO" PARA EVADIR EL CONTROL PARLAMENTARIO PREVIO PARA LA CELEBRACIÓN DE CIERTOS CONTRATOS PÚBLICOS

DÉCIMA PARTE

LA MANIPULACIÓN JURISPRUDENCIAL DEL CONCEPTO DE "NACIÓN" Y SU ERRADA MUTACIÓN Y CONFUSIÓN CON EL CONCEPTO DE "REPUBLICA"

DÉCIMA PRIMERA PARTE

LA DISTORSIÓN DE LA CLASIFICACIÓN DE LAS PERSONAS JURÍDICAS ESTATALES Y LA ERRADA Y CONTRADICTORIA CALIFICACIÓN DE LAS EMPRESAS DEL ESTADO COMO PERSONAS JURÍDICAS "DE DERECHO PÚBLICO CON FORMA DE DERECHO PRVADO."

DÉCIMA SEGUNDA PARTE

LA MANIPULACIÓN LEGISLATIVA DE LAS EXCEPCIONES A LA EXIGENCIA GENERAL DE LA LICITACIÓN PARA LA SELECCIÓN DE CONTRATISTAS EN LA CONRATACIÓN PÚBLICA

DÉCIMA TERCERA PARTE

EL ARBTRAJE EN LA CONTRATACIÓN PÚBLICA: PROGRESIÓN Y REGRESIÓN

DÉCIMA CUARTA PARTE:

LA DESCONSTITUCIONALIZACIÓN DE LA GARANTÍA DEL DEBIDO PROCESO EN EL PROCEDIMIENTO ADMINISTRATIVO POR EL JUEZ CONTENCIOSO ADMINISTRATIVO

DÉCIMA QUINTA PARTE

SOBRE LA *"DESPUBLICATIO"* DECRETADA MEDIANTE LA "DESAPLICACIÓN" EJECUTIVA Y PUNTUAL DE LA TOTALIDAD DEL ORDEN JURÍDICO

15

NOTA DEL AUTOR A LA SEGUNDA EDICIÓN

La idea de la primera edición de este libro me surgió después de oír las exposiciones y discusiones que tuvimos en las *IX Jornadas Internacionales de Derecho Administrativo Allan R. Brewer-Carías*, celebradas en Santo Domingo, República Dominicana, en noviembre de 2018, organizadas por la Fundación de Estudios de Derecho Administrativo (FUNEDA), la Fundacion Institucionalidad y Justicia (FUNJIS), la Asociación Dominicana de Derecho Constitucional, la Asociación Dominicana de Derecho Administrativo y la Pontificia Universidad Madre y Maestra de la república Dominicana.

En casi todas las intervenciones, la comparación entre lo que establecían las normas y lo que ocurría en la realidad en la aplicación del derecho administrativo fue un tema recurrente, en particular, como consecuencia de la distorsión y mutación del significado de los términos legales que desde los órganos del Estado se ha venido produciendo, como consecuencia de la manipulación legislativa y judicial de los mismos, realizada con marcada motivación autoritaria.

Me había referido al tema anteriormente en varias ocasiones y en diversos trabajos aislados, por lo que me pareció de interés recopilar los diversos estudios, y plasmarlos en el pequeño libro que conformó la primera edición de esta obra, en la cual me referí a lo que había venido ocurriendo con las interpretaciones legislativas y judiciales que se habían realizado sobre las nociones de la *publicatio* de determinadas actividades y el significado de su sometimiento a un *régimen de derecho público*; de la *reserva de actividades* al Estado y de la *nacionalización* de las mismas; del *servicio público*; de *contratos administrativos*, de *contratos públicos* y de *contratos de interés público*; de las *personas estatales*; de la *utilidad pública*;

del *interés público*; y del *orden público*. En buena parte, la manipulación legislativa comenzó, entre otras, con la sanción de la Ley Orgánica que reservó al Estado los bienes y servicios conexos a las actividades primarias de Hidrocarburos de 2009, en la cual se distorsionaron descaradamente, entre otras, nociones como la de contrato administrativo y orden público

En virtud de que la erosión progresiva de los principios fundamentales del Estado de derecho y del derecho administrativo no ha cesado en los últimos años, a lo que me he referido en nuevos estudios, aparece entonces esta segunda edición, en la cual no sólo he corregido y actualizando la anterior, sino que la he ampliado para incorporar otros casos de manipulación legislativa y jurisprudencial de nociones fundamentales de nuestra disciplina, que han distorsionado su sentido, tanto en perjuicio de la Administración y de los administrados, como ha ocurrido con la noción de *República, Estado y Nación*, con la *personalidad jurídica estatal de derecho privado*, con el abandono de la exigencia de la *selección de contratistas mediante licitación*, con la progresión y regresión en la admisibilidad del *arbitraje en la contratación pública*, y la distorsión de la noción de *debido proceso* aplicado al procedimiento administrativo.Finalmente me he referido al proceso de *despublicatio* generalizado que se ha decretado inconstitucionalmente en octubre de 2020, mediante una supuesta "ley constitucional" denominada "antibloqueo," dictada en violación total de los principios más elementales de la *jerarquía normativa* en el derecho público.

Como consecuencia de todo este proceso, el derecho público, administrativo y constitucional, a pesar de todos los principios enunciados en la Constitución, a través de manipulaciones sucesivas implementadas por el régimen autoritario, como se puede apreciar de estas páginas, se nos aparece ahora en la práctica, como un régimen maltrecho, deformado y carente de la más elemental base de seguridad jurídica que es lo único que puede garantizar equilibrio en las relaciones de los administrados con el Estado. Lo importante, ahora, es tener claro este marco de desorden jurídico para cuando venga el momento de acometer la tarea de reconstrucción.

Sea esta segunda edición, la oportunidad propicia para agradecerle de nuevo al profesor Luis Fraga-Pittaluga por su Presentación a la Primera edición, que le requerí, precisamente a raíz de la exposición que hizo en las Jornadas Internacionales de Santo Domingo de 2018, donde se refirió precisamente al tema de este libro.

Nueva York, enero 2021

PRESENTACIÓN

A LA PRIMERA EDICIÓN (2019)

Por Luis Fraga-Pittaluga

1. *Introducción*

Mi maestro Allan Randolph BREWER-CARÍAS, me ha honrado con la invitación para que presente una de sus recientes obras. No puedo referirme a la "más reciente", porque la profusión de su obra intelectual es de tal magnitud, que lo más reciente deja de serlo en menos de un mes. Por eso me refiero, a secas, a "una" de sus recientes obras.

Esta invitación, que de ningún modo merezco y es sólo producto de su generosidad, es un compromiso inmenso para mí, pues es muy inusual que el discípulo presente la obra de su maestro. He aceptado el honor con absoluta humildad y confieso que con algo de angustia, pues abrir el telón para un gigante del Derecho Constitucional, del Derecho Administrativo y del Derecho Público en general, como sin atisbo de duda lo es BREWER-CARÍAS, es una tarea intimidante para cualquiera y lo es más aún para mí.

Las presentaciones suelen hablar del autor y comentar la obra del mismo que se presenta. Me concentraré sólo en lo segundo, pues BREWER-CARÍAS no necesita ninguna presentación, desde que sus credenciales lo preceden y su nombre es ya un bien intangible en el acervo del pensamiento jurídico, que tiene vida propia y un valor intrínseco inconmensurable. Quien cándidamente intente presentarlo, correrá siempre y en todo caso el riesgo de decir menos de lo que ha debido, en tanto que dar cuenta de sus incontables contribuciones al mundo del Derecho, es tarea casi imposible. Prefiero no tomar ese riesgo, pues se perfectamente que todo el mundo conoce la dimensión intelectual del autor.

En cuanto a la obra, he de decir de entrada que BREWER-CARÍAS ha escrito casi sobre absolutamente todos los temas de los cuales es posible escribir en el Derecho Público. Este podría ser otro de sus magníficos trabajos, que no sólo atraen por su pluma pulcra y diáfana, sino también y muy especialmente por la densidad del estudio y la experiencia práctica que soporta cada una de sus afirmaciones. Pero este trabajo es distinto, tiene algo especial, porque combina sabiduría y audacia, dos atributos que no suelen andar juntos y menos aún en la misma obra.

Es una obra cautivadora, no sólo porque trata sobre uno de los conceptos fundacionales del Derecho Administrativo, en cuya construcción el aporte doctrinario de BREWER-CARÍAS ha sido de principalísima importancia, sino porque, sorprendentemente, pone en duda algunos dogmas sobre los que este concepto se ha construido, advierte sobre los peligros de su extrapolación a ámbitos que le son ajenos y alerta sobre la necesidad de revisitarlo, para mantenerlo dentro de los límites que nunca ha debido traspasar.

Es muy fácil, y hasta tentador, poner en duda los dogmas de cualquier disciplina, cuestionar sus conceptos capitales e intentar una revolución de las ideas. En algunos casos estos emprendimientos iconoclastas liberan a las ciencias sociales de instituciones anacrónicas y conducen a novedosos enfoques más adaptados a las realidades contemporáneas. En otros supuestos, sin embargo, las autoproclamadas revoluciones del pensamiento, surgen solamente de la perenne inconformidad del ignorante, que por no saber de lo que habla, critica todas las ideas y arremete contra las instituciones cuyo significado y fundamento ontológico no alcanza a entender. Es la manía de los necios de cuestionar y cambiar lo que está bien, sin tener el talento necesario para proponer y ejecutar algo mejor.

Entre estas dos vertientes del cambio, una positiva y la otra resueltamente nefasta, hay una que reúne todas las virtudes posibles. Es el cambio que propugna quien cultivó, enriqueció y ayudó a consolidar la idea original. Es la nueva visión equilibrada que sugiere quien más que nadie conoce el concepto, pues lo ha estudiado desde sus orígenes y durante toda su evolución. Es la aproximación de quien, habiendo contribuido a la consolidación del dogma, se separa del mismo y con absoluto rigor científico y de manera objetiva, lo somete a profundo escrutinio, para mejorarlo, hacerlo evolucionar o simplemente erradicarlo. En ese estadio superior, perfecto e ideal, se encuentra la obra que presentamos seguidamente.

2. *Sobre la noción del contrato administrativo*

La noción de contrato administrativo ha sido muy controvertida e incluso ha sido puesta en duda su existencia real o su interés práctico. Es una construcción conjunta de la doctrina clásica del derecho administrativo y de la jurisprudencia francesa, que no ha estado exenta de aspectos muy discutibles, desde la perspectiva de la teoría general de los contratos. Para algunos, es una noción completamente artificial y para otros una que ha perdido todo interés.

Léon DUGUIT[1] sostenía la tesis de que no hay diferencia de fondo alguna entre el contrato administrativo y el contrato civil, porque en sus elementos intrínsecos el contrato tiene siempre las mismas características y los mismos efectos. A partir de esta visión no existiría el contrato administrativo como una categoría autónoma pues la única diferencia entre ambas figuras sería de naturaleza adjetiva y apuntaría a determinar cuál es el juez competente para juzgar los conflictos derivados de estos contratos.

Postura contraria, seguida por la mayoría de los autores, fue la de Gastón JÈZE[2] para quien existía una diferencia de fondo entre los contratos de derecho civil y los administrativos, en el sentido de que los efectos de éstos últimos son totalmente distintos de los efectos de los primeros. Era entendido que en algunos casos la Administración requería acudir a la técnica contractual para obtener la colaboración de los particulares en la gestión de ciertos cometidos públicos, pero el interés colectivo involucrado no permitía que estas vinculaciones contractuales estuvieran sometidas a las mismas reglas del derecho civil, pues podía comprometerse la satisfacción de los intereses superiores y generales, involucrados en la actividad respectiva. Se unió así para siempre la noción de servicio público y la colaboración de los particulares en la prestación de los mismos, a través de fórmulas contractuales especiales que se salían de la órbita del derecho civil: *los contratos administrativos.*

Hoy en día la diferencia fundamental que apunta la doctrina, gravita sobre el distinto régimen jurídico que se aplica en uno y otro

---

1   DUGUIT, L. *Traité de Droit Constitutionnel.* Paris, 1923, T. III, p. 44.

2   JÈZE, G. *Les Principes Généraux du Droit Administratif.* M. GIARD & E. BIRÈRE, Paris, 1911, T. III, p. 299.

caso. Se dice que el régimen jurídico del contrato administrativo es autónomo, principalmente por sus fuentes que son jurisprudenciales y diferentes de aquellas del derecho privado. El contrato administrativo obedecería a reglas de derecho administrativo, generalmente – mas no necesariamente- diferentes de las del derecho civil. Se ha sostenido que mientras los contratos entre particulares implican intereses de igual valor, los contratos entre una persona pública y un particular suponen intereses que no son equivalentes, porque el (genuino) interés general debe primar sobre los intereses particulares.[3]

Prescindiendo de las serias dudas que plantea esta noción y reconociendo que se trata de uno de los conceptos fundamentales y característicos del derecho administrativo, lo que sí ha de decirse de manera categórica y casi vehemente, es que el contrato administrativo debe reconducirse y limitarse de manera estricta al ámbito que se le ha reservado desde siempre, pues no hacerlo engendra ciertos peligros, como el de la invasión de lo público –y por ende del poder- a todo aquello que debe mantenerse en el plano de lo privado. Es la llamada *publicatio*, sobre la que volveremos más adelante, al tratarse de un concepto que será en la obra que se comenta, la puerta de entrada para describir el superlativo desacierto que supone volver público lo que debe estar en manos de los particulares.

La sentencia dictada por el Consejo de Estado francés en el asunto *Terrier*[4], es considerada como la que dio origen a la noción del *contrato administrativo*, más por el contenido de las conclusiones del Comisario de Gobierno que intervino en el caso, que por la decisión en sí misma, cuya motivación es verdaderamente exigua. La sentencia consideró competente al Consejo de Estado francés para conocer una disputa originada en un contrato entre un particular y el Departamento de SAÔNE-ET-LOIRE. El Consejo de Estado no justificó su decisión de asumir el conocimiento del asunto, pero subyace la idea de que el contrato celebrado no era una convención ordinaria cuyo juzgamiento competía el juez civil, sino un contrato que tenía por objeto una prestación que interesaba a la colectividad (en el caso concreto, la erradicación de animales dañinos).

Las conclusiones del Comisario de Gobierno ROMIEU fueron realmente novedosas porque sembraron el germen que daría lugar a

---

3   DE LAUBADÈRE, A. – VENEZIA, J.C. – GAUDEMET, Y. *Traité de Droit Administratif.* L.G.D.F. Paris, 1984, 14e édition, T. I, p. 736.

4   CE, 6 févreier 1903, *Terrier*, Rec. 94, n° 07496 Rec., Lebon.

la teoría general de los contratos administrativos, al expresar, entre otras cosas, lo siguiente: *"que se trate de intereses nacionales o de intereses locales, a partir del momento en que se está en presencia de necesidades colectivas que las personas públicas tienen que satisfacer, la gestión de esos intereses no podría considerarse como necesariamente gobernada por los principios del derecho civil"*.

Las aseveraciones del Comisario ROMIEU fueron proféticas y pueden considerarse, rectamente entendidas, como una justificación remota de la tesis asumida en la obra que comentamos. Cuando se está en presencia de *necesidades colectivas* que por su importancia y magnitud las personas públicas deben satisfacer, la gestión de las mismas no necesariamente está gobernada por los principios del derecho privado sino, por vía de lógica consecuencia, por los del derecho administrativo. De allí que sea válido concluir, por argumento *a contrario sensu*, que cuando éste no es el caso, es decir, cuando no estamos en presencia de la satisfacción directa o indirecta de *necesidades colectivas*, sino frente a la gestión de otros cometidos que llevan a cabo las personas públicas, dicha gestión no está necesariamente gobernada por los principios y normas del derecho administrativo, sino por los del derecho común.

Esta distinción que pudiera parecer en principio muy nítida, se desdibuja y se hace borrosa constantemente, sobre todo en los Estados autoritarios y no democráticos, donde se arremete constantemente contra la iniciativa privada, para apoderarse de todo sin freno alguno, con el perenne objetivo de cimentar e incrementar el ejercicio abusivo del *poder*.

La separación entre aquellas actividades que deben quedar en manos de la administración, de aquellas que en cambio son propias de los particulares, es confirmada, esta vez por argumento *a fortiori*, cuando la Administración misma ha renunciado al ejercicio de su poder de actuación unilateral y ha escogido en cambio la técnica contractual como forma de gestión. En este caso, la aplicación del derecho administrativo no puede ser la *regla*, sino lógicamente la *excepción*.

En el derecho administrativo clásico, la noción de contrato administrativo no tuvo su justificación en el derecho sustantivo, sino en el derecho adjetivo. Fue una noción necesaria para deslindar los asuntos cuya competencia debía corresponder al juez administrativo, de aquellos que podía conocer el juez ordinario. Se partía de la premisa según la cual existían ciertos cometidos cuya gestión sólo podía ser llevada a cabo por la Administración, o de manera excepcional y mediante delegación especial por los particulares, con sometimiento a ciertas reglas que no son las propias del *ius commune*.

En estos casos, las disputas surgidas de esa colaboración de los particulares con la Administración en la ejecución de actividades inherentes a la satisfacción de necesidades colectivas, no podían ser sometidas al conocimiento del juez ordinario, sino del juez administrativo, porque era éste y no aquél, el que disponía de los conocimientos necesarios para juzgar la actuación administrativa que estaba conectada con el interés general. Existían pues asuntos que, por su naturaleza misma, correspondía a la Administración gestionarlos, siendo excepcional la delegación de éstos en los particulares, bajo la aplicación de ciertas reglas especiales.

La noción de contrato administrativo fue construida por la doctrina y la jurisprudencia sobre la base de dos criterios acumulativos: El criterio *orgánico* y el criterio *material*. Según el *criterio orgánico*, el contrato será administrativo si uno de los contratantes es una persona pública o de derecho público.

La primera condición que se exige para que un contrato pueda ser administrativo, es que una persona pública sea parte del mismo. Sin la presencia de la persona pública, el contrato no puede ser administrativo.[5] La jurisprudencia francesa creó algunas excepciones a este principio. Aparte del mandato civil y de la sociedad privada *transparente*, dos excepciones a la regla general fueron admitidas hasta hace poco: (i) la existencia de un mandato tácito[6], o (ii) el hecho de que el contrato tuviere un objeto perteneciente por su naturaleza al Estado[7].

Hoy en día y dentro de una tendencia jurisprudencial que decididamente avanza hacia la *reducción* del radio de acción de los contratos administrativos y la *racionalización* de las hipótesis en que esta calificación es posible, la primera excepción se interpreta ahora de manera muy restrictiva y la segunda ha sido abandonada. En el caso del mandato tácito, el juez administrativo ya no se interesa por saber si la persona privada ha actuado por cuenta de una entidad pública, sino si en vista de la economía general del contrato, puede

---

5   T.C. 3 mars 1969, *Société Interlait,* A.J.D.A., 1969, p. 307.

6   **CE, sect., 30 mai 1975, Sté d'équipement de la région montpelliéraine :
     Rec. CE 1975, p. 326. / TC, 7 juill. 1975, Cne Agde :** Rec. CE 1975, p. 798.

7   TC, 8 juill. 1963, n° 1804, **Sté entreprise Peyrot c/ Sté de l'autoroute
     Estérel Côte d'Azur :** Rec. CE 1963, p. 787.

entenderse que ha actuado realmente por su propia cuenta. En cuanto a la segunda excepción, proveniente de la famosa decisión *Peyrot*, el criterio ha sido abandonado por completo y ya no se entiende que un contrato entre dos personas privadas puede ser calificado como administrativo, aunque el objeto del mismo se vincule con cometidos tradicionalmente atendidos por el Estado, como lo es por ejemplo la construcción de autopistas y vías públicas de envergadura.[8]

La tendencia restrictiva es tan clara en la jurisprudencia francesa, que ya se ha admitido abiertamente que incluso en el caso de un contrato celebrado entre dos personas públicas, el mismo debe ser calificado como administrativo, salvo si el contrato no hace nacer entre las personas públicas, en razón de su objeto, sino relaciones de derecho privado.[9]

Por su parte, el ***criterio material*** –que debe sumarse al anterior– se basa en dos criterios alternativos: (i) el contrato tiene por objeto la ejecución de un servicio público[10]; o, (ii) el contrato es exorbitante del derecho común, porque posee cláusulas de esta naturaleza[11] o en razón del ambiente de *derecho público* dentro del cual se desenvuelve.[12]

Cuando el contrato tenga por objeto confiar al co-contratante la ejecución de un servicio público, éste será un contrato administrativo. Este fue el criterio consagrado en la famosa decisión *Époux Bertin*. La doctrina más autorizada[13] sostiene que después de esta célebre decisión, la jurisprudencia fue mucho más lejos, dando a la noción de participación del co-contratante en el servicio público un sentido singularmente extensivo, que puede verse ilustrado en las fórmulas usadas por las decisiones ulteriores: *contrato que asocia al*

---

8   TC, 9 mars 2015, n° 3984, *Rispal c/ Sté Autoroute du sud de la France.* C 3984, Lebon.

9   TC, 21 mars 1983, *Union des assurances de Paris*, Rec., p. 537.

10   CE, sect, 20 avril 1956, *Époux Bertin*, Rec. 167.

11   CE, juillet 1912, *Société des granits porphyroïdes des voges,* Rec. 909. / CE, 26 février 1965, *Société du Vélodrome du Parc des princes*, n° 65549, Rec., Lebon.

12   CE, sect., 19 janvier 1973, n° 82338, **Sté d'exploitation électrique de la Rivière du Sant.**

13   DE LAUBADÈRE, A. – VENEZIA, J.C. – GAUDEMET, Y. *Traité...Cit.* T. I, p.744.

co-contratante en la ejecución del servicio público[14]; contrato que constituye una de las modalidades de prestación del servicio público[15]; y la fórmula clásica: contrato que tiene por objeto la ejecución misma del servicio público.[16]

Se ha dicho con acierto que la fórmula anterior es de difícil aplicación, pues no se sabe exactamente dónde comienza y dónde termina la participación del co-contratante en la ejecución *misma* del servicio público[17], porque algunas prestaciones pueden estar vinculadas a esa ejecución, pero otras decididamente no. La solución ha sido atender no a la actividad cumplida por el co-contratante en el servicio público, sino a la naturaleza de dicho servicio a partir de la distinción entre *servicios administrativos* y *servicios industriales o comerciales*[18]; en el primer caso, sea cual sea la actividad cumplida por el particular, el contrato será administrativo, mientras que en el segundo supuesto el contrato será de derecho privado. Esto pone de manifiesto que ni aun en presencia de un concepto de tanta prosapia en el derecho administrativo, como lo es sin duda el del *servicio público*[19], la calificación de un contrato como administrativo es algo evidente y que está exento de dudas.

El otro elemento alternativo utilizado para la calificación de los contratos como administrativos, es bastante más difícil de aprehender. Tanto las llamadas *cláusulas exorbitantes del derecho común* como el denominado *ambiente de derecho público*, son nociones imprecisas, que dejan mucho espacio para la interpretación. Con respeto a las cláusulas exorbitantes del derecho común, se ha dicho que éstas son todas las estipulaciones contractuales que sustraen a

---

14 CE, 27 mai 1957, *Artaud*, Rec., p. 350.

15 CE, 14 novembre 1958, *Union Meunière de la Gironde,* Rec. p. 554.

16 TC, 24 juin 1968, *Sté d'approvisionnements alimentaires et Sté des distilleries bretonnes*, 801 / CE 26 juin 1974, *Sté La maison des Isolants de France,* R.D.P., 1974, 1486, note Auby.

17 RIVERO, J. – WALINE, J. *Droit administratif.* Dalloz, Paris, 1996, 16e édition, p. 105.

18 TC, 22 janvier 1921, *Sté commerciale de l'ouest africain,* Rec. 91.

19 El *servicio público* es uno de los pilares del derecho administrativo, un concepto de superlativa importancia para esta disciplina, desde la decisión fundacional y más famosa de toda la historia del contencioso administrativo: TC, 8 février 1873, *Blanco*, Rec. 1er, supplt. 61.

las partes de la aplicación de las normas y principios del derecho civil.

Pero resulta que, en el derecho civil, los contratos se rigen por un principio fundamental que es el de la autonomía de la voluntad de las partes, a partir del cual éstas pueden convenir todo aquello que no sea contrario a las leyes, el orden público y las buenas costumbres. De modo que, si un particular celebra un contrato con la Administración y acepta, por ejemplo, que el ente público pueda revocar el contrato en cualquier momento, que tenga un poder especial de vigilancia sobre la ejecución del contrato, y en general que pueda exigir o imponer ciertas prestaciones que desequilibran la posición de las partes en el contrato, nada de característico tiene esto, pues lo mismo podría ocurrir al amparo del derecho común.

Este criterio es de tal modo anfibológico, que la propia jurisprudencia francesa ha entendido que un contrato celebrado por un servicio público industrial o comercial, aun conteniendo cláusulas exorbitantes del derecho común, se rige por el derecho privado, lo cual carece de toda coherencia con la idea de que el criterio orgánico, sumado a la presencia de estas cláusulas, tendrían que conducir a la calificación del contrato como administrativo.[20]

El llamado *ambiente de derecho público* es aún más difícil de entender, pues la noción misma es verdaderamente subjetiva. La única forma de objetivarla en alguna medida es asumiendo que, en aquellas actividades prestacionales que son *inherentes* al Estado, las fórmulas contractuales que permitan la colaboración de los particulares, deben desenvolverse en un régimen distinto al del derecho común. Pero aun así resulta difícil precisar cuáles son las actividades prestacionales inherentes al Estado, si bien sabido es que la *privatización* de ciertos servicios no sólo ha sido perfectamente posible, sino que ha permitido que estos sean resueltamente más eficientes (así ocurrió en nuestro país, hasta su estatización, con los servicios de telefonía fija y móvil; generación, distribución y comercialización de electricidad y recolección de desechos sólidos).

Como puede apreciarse, la identificación de aquellos contratos que son realmente administrativos, es compleja y no siempre se basa en un juicio objetivo, sino en conceptos abstractos, ambiguos y

---

20 C.E., Sect 13 octobre 1961, *Etablissements Campanon-Rey,* Rec., p. 567 / TC, 17 décembre 1962, *Dame Bertrand,* A.j. 1963, p.105.

que además mutan de significado, según la época y el ordenamiento jurídico de que se trate.

En Venezuela, los contratos administrativos también tuvieron su génesis en la jurisprudencia. Una famosa decisión de la Corte Federal del 12 de noviembre de 1954[21], expresó que, frente a muchas discrepancias surgidas entre multitud de autores, es un hecho cierto y admitido por la jurisprudencia y la doctrina, la existencia de negocios contractuales entre los particulares y la Administración pública, regidos por el derecho público. Dijo la Corte Federal que en tales contrataciones o contratos de derecho público la causa inmediata de las prestaciones de la Administración la constituyen las contraprestaciones del particular, y la causa o motivo determinante, es el interés público que con esas prestaciones se persigue. Afirmó la famosa decisión que cuando la Administración pública, obrando como tal, celebra con otra persona pública o privada, física o jurídica, un contrato que tiene por objeto una prestación de utilidad pública, nos encontramos sin duda frente a un *contrato administrativo*. Así, la especialidad de dichos contratos radica en el objeto y en el interés general que envuelven. Ellos están sometidos a reglas generales, tienen una finalidad general, por lo regular en relación con los servicios públicos. Continúa esta importante decisión señalando que los efectos más genuinos y característicos en ellos, consisten en la facultad de la Administración de adoptar decisiones ejecutivas sobre su cumplimiento, inteligencia, rescisión y efectos y así en ellos la Administración aparece en un plano superior, la desigualdad se explica por el propio interés de los administrados y porque es obligación de los administradores, es decir, de los gobernantes, el velar porque la prestación objeto del contrato se efectúe en forma ordenada y continua.

Otra icónica decisión, esta vez de la Corte Suprema de Justicia[22], bajo la legendaria pluma del insigne magistrado Luis Henrique FARÍA MATA, desarrolló con mayor profundidad la teoría general de los contratos administrativos sobre la base de la noción de servicio público y de la sustracción de estos contratos especiales de las reglas del derecho civil, para someterlos a un régimen peculiar y

---

21 CF, 12 de noviembre de 1954, *Alberto Machado-Conejos Mestizos*, en: ORTIZ-ALVAREZ, L – MASCETTI, G. *Jurisprudencia de Contratos Administrativos*. 1980-1999, Editorial Sherwood, Caracas, 1999, p. 76.

22 CSJ/SPA, 14 de junio de 1983, *Acción Comercial, S.A.,* en: ORTIZ-ALVAREZ, L – MASCETTI, G. *Jurisprudencia...Cit.,* p. 78-83.

distinto, preponderantemente de derecho público, a través de la inclusión de las ya comentadas cláusulas exorbitantes del derecho común, que confieren poderes extraordinarios a la Administración en la interpretación y ejecución del contrato. La teoría general de los contratos administrativos fue consolidada en sus perfiles fundamentales en otra decisión líder del mismo magistrado.[23]

A pesar de las anotadas dificultades, puede extraerse una conclusión bastante simple: El criterio orgánico por sí solo es completamente insuficiente para calificar a un contrato como administrativo. El hecho de que el contrato sea celebrado por una persona pública no es causa suficiente para dotarlo de la calificación de administrativo, ni siquiera, como hemos visto, que ambas partes sean personas públicas.

Es imprescindible que el objeto del contrato quepa dentro de alguno de los supuestos del criterio material, pues de lo contrario se estará en presencia de un contrato de la Administración, pero no ante un contrato administrativo; es decir, contratos sometidos a un régimen preponderante de derecho privado, no de derecho público.

La naturaleza del contrato se determina, como bien lo desarrolla la obra que presentamos y lo ha sostenido con acierto la jurisprudencia francesa[24], por elementos que están presentes en el mismo *ex ante*, no por elementos creados artificialmente *ex post* sólo para transmutar alquímicamente el contrato de la Administración en contrato administrativo.

Podríamos decir junto con el profesor BREWER-CARÍAS, que más allá de estos criterios generales, hay contratos administrativos que lo son por antonomasia, como los que tienen por objeto un servicio público, la construcción de una obra pública, el uso de bienes públicos, la explotación de obras públicas o de recursos naturales, entre otros ejemplos, que suelen ser objeto de regulaciones específicas en las leyes.

La *publicatio* de sectores cuya explotación es propia del derecho privado, a través del uso expansivo del contrato administrativo, va a contrapelo con respecto a las modernas tendencias que admiten

---

23 CJS/SPA, 1 de abril de 1986, *Hotel Isla de Coche*, en: ORTIZ-ALVAREZ, L – MASCETTI, G. *Jurisprudencia...Cit.,* p. 86-92.

24 TC, 16 octobre 2006, *Caisse centrale de réassurance contre Mutuelle des architectes français*, C3506, Rec. Lebon.

y estimulan la participación intensa del sector privado en sectores que antes sólo asumía el Estado. Anclados en el concepto de la *concesión administrativa*, no podemos avanzar hacia nuevas formas de contratación pública más eficiente y distinta a las que tenemos hoy en día, como por ejemplo de la externalización de la contratación pública para la procura de bienes con el objeto de abandonar la inútil tramitolo-gía y concentrarse en ser más eficiente en la compra de bienes y servicios a través del uso de empresas especializadas.

En un Estado de Derecho donde la Administración actúa sometida al imperio de la Ley, el contrato administrativo, recluido estrictamente en su ámbito natural, puede ser un eficaz instrumento de ejecución de las políticas públicas, siempre y en todo caso para la satisfacción de las necesidades básicas de los ciudadanos, *telos* éste que nunca debe perderse de vista.

Pero en los Estados de Derecho fallidos o disfuncionales, el contrato administrativo, indebidamente expandido fuera de sus límites naturales, se puede convertir no sólo en un instrumento que da cobertura formal a una gestión administrativa ineficiente, ineficaz, burocrática y corrupta, sino que además puede servir para justificar el un régimen contractual exorbitante del derecho común, en terrenos donde éste definitivamente no cabe.

Si a esa noción hipertrofiada del contrato administrativo, se agrega el adjetivo "estratégico", el asunto adquiere ribetes alarmantes, pues al amparo de esta conveniente etiqueta, que evoca hermetismo y opacidad, la autoridad contratante queda investida de un *poder omnímodo* y se hace *inmune* a todo *control* previo y posterior sobre la causa y el objeto del contrato y sobre la adjudicación y la ejecución del mismo.[25]

La obra que tenemos el honor de presentar, da cuenta de esa peligrosa tendencia, al analizar y denunciar la combinación perversa de las dos nociones antes referidas ("*contrato administrativo*" y "*estratégico*"), para justificar la confiscación de las empresas que prestaban servicios a la industria petrolera en Venezuela, concretamente en el Lago de Maracaibo, y que habían operado siempre a través de contratos de derecho privado de la Administración y no mediante contratos administrativos.

---

25 En nuestro país, el artículo 5 de la Ley de Contrataciones Públicas otorga al Presidente de la República en Consejo de Ministros, la facultad para otorgar esta maleable calificación de contratos *estratégicos*.

3. *Sobre las nociones de contratos administrativos, servicio público, interés público y orden público y su manipulación legislativa*

La obra del profesor BREWER-CARÍAS, analiza cómo varias de las que podríamos calificar como nociones fundamentales del Derecho Público en general y del Derecho Administrativo en particular, fueron manipuladas legislativamente en un caso concreto para violar la Constitución y las leyes, con el único propósito de confiscar bienes que pertenecían y eran explotados legítimamente por empresas privadas, que ejecutaban actividades amparadas por el principio de la libertad económica, y que nadan tenían que ver con la prestación de un servicio público, ni con el orden público, y que por ello no requerían ser cumplidas a través de contratos administrativos, sino mediante simples contratos con la Administración.

Relata la obra que presentamos, que en mayo de 2009 se sancionó la Ley Orgánica que reserva al Estado bienes y servicios conexos a las actividades primarias de Hidrocarburos (la Ley de Reserva de 2009), mediante la cual, por un pretendido carácter estratégico, se reservaron al Estado "los bienes y servicios, conexos a la realización de las actividades primarias previstas en la Ley Orgánica de Hidrocarburos", los cuales con anterioridad a dicha Ley habían sido ejecutadas por Petróleos de Venezuela, S.A., (PDVSA) y sus filiales, y que fueron tercerizadas, siendo esenciales para el desarrollo de sus actividades".

Así, se reservaron al Estado: 1. Los servicios de inyección de agua, de vapor o de gas, que permitan incrementar la energía de los yacimientos y mejorar el factor de recobro; 2. Los servicios de compresión de gas; y 3. Los servicios vinculados a las actividades en el Lago de Maracaibo, como los servicios de lanchas para el transporte de personal, buzos y mantenimiento; de barcazas con grúa para transporte de materiales, diesel, agua industrial y otros insumos; de remolcadores; de gabarras planas, boyeras, grúas, de ripio, de tendido o reemplazo de tuberías y cables subacuáticos; de mantenimiento de buques en talleres, muelles y diques de cualquier naturaleza.

Explica el profesor BREWER-CARÍAS que el artículo 7 de la Ley de Reserva de 2009 declaró a sus disposiciones como de "orden público" indicando que "se aplicarán con preferencia a cualquier otra disposición legal vigente en la materia". Además, el artículo 5 de la ley declaró *ex post facto* a dichos bienes y servicios, y sus obras como "servicio público y de interés público y social."

Asimismo, el artículo 3 de le Ley de Reserva de 2009, reconoció *ex post facto* que los contratos que habían sido suscritos entre PDVSA Petróleos S.A. y empresas o consorcios privados para la prestación de los servicios conexos que se reservaron al Estado, como "contratos administrativos."

Con meridiana claridad, el profesor Brewer-Carías pone en evidencia que estas disposiciones confirman que antes de la sanción de la Ley de Reserva de 2009, los servicios y actividades que se nacionalizaron no eran actividades reservadas al Estado; ni eran actividades que pudieran ser consideradas como "servicio público" o de "interés público;" ni los contratos que se habían suscrito para su prestación por particulares eran "contratos administrativos;" ni obviamente dichas normas tenían calificación como normas de orden público.

Obsérvese pues que ya no se trata sólo del problema que representa el uso expansivo del contrato administrativo y sus cláusulas exorbitantes del derecho común, en ámbitos contractuales que no lo justifican, sino del uso abusivo de los conceptos de "servicio público", "interés público", "orden público" y "contrato administrativo", como instrumentos para violar la Constitución y las leyes, es decir, para privar a los particulares de la propiedad, sin justa indemnización equivalente (*i.e.* confiscar).

La obra del profesor Brewer-Carías desviste de su ropaje formal de legitimidad a la Ley de Reserva de 2009, mostrándonos al desnudo su irracionalidad. Comienza este magnífico y agudo trabajo refiriéndose a la *publicatio* como técnica a través de la cual se extraen actividades económicas del ámbito privado, para reservarlas al Estado, sometiéndolas, en adelante, a un régimen de Derecho Público. Es una técnica plausible y necesaria en los ámbitos que decididamente reclaman la atención directa por parte del Estado, porque no pueden continuar siendo atendidos por la iniciativa privada, pues así lo exige en forma incontestable la protección y la satisfacción de necesidades colectivas.

Pero la *publicatio* es una técnica excepcional, a la que sólo debe acudirse *in extremis*, cuando ha quedado plenamente demostrado que los particulares no pueden o no deben continuar ejecutando la actividad respectiva, porque hay un peligro de lesión claro y manifiesto contra los intereses colectivos. No es pues un subterfugio para despojar a la iniciativa privada de la libertad de explotar actividades económicas que le son propias, en las que la intervención del Estado no sólo es innecesaria, sino contraproducente, porque es esta intervención injustificada la que comporta un peligro para el interés general, al afectar la satisfacción de las necesidades colectivas con la proverbial ineficiencia del Estado.

El profesor BREWER-CARÍAS explica seguidamente que las actividades económicas relativas a la industria petrolera y minera estuvieron históricamente sometidas en Venezuela a técnicas de intervención pública mediante la reserva al Estado de las mismas, recordándonos que en las actividades reservadas no rige el principio de la libertad económica y por eso los particulares requieren habilitaciones especiales, que son de carácter constitutivo, para poder intervenir en las mismas (*i.e.* concesiones administrativas); mientras que en las actividades no reservadas, rige a plenitud la libertad económica y las técnicas de intervención del Estado se manifiestan a través de actos administrativos declarativos de derechos, es decir, que no los crean sino que remueven los obstáculos para el ejercicio de derechos preexistentes, tales como las autorizaciones (*i.e.* licencias, permisos); los actos homologadores de derechos, como las aprobaciones; los actos de declaración de certeza de derechos, como las inscripciones y registros; e, incluso, los actos extintivos de derechos (ablatorios), como las expropiaciones o decomisos.

La obra que presentamos realiza un recorrido por el régimen jurídico de la industria petrolera, desde su nacionalización en 1975, pasando por la llamada apertura petrolera a finales de los años 90, mediante los "convenios operativos" y los "convenios de asociación", los cuales, según nos recuerda el autor, fueron calificados como *contratos administrativos* por la extinta Corte Suprema de Justicia, precisamente porque permitían al Estado asociarse con particulares para realizar las actividades reservadas; implicando esto un régimen jurídico excepcional de asociación o participación del sector privado en las actividades reservadas a través de empresas mixtas sometidas al control estatal, que exigía la intervención previa del órgano legislativo para que pudieran suscribirse.

Más adelante el profesor BREWER-CARÍAS analiza la Ley Orgánica de Hidrocarburos de 2001, en la cual se disminuyó el ámbito de las actividades *reservadas*, las cuales quedaron limitadas a las "actividades primarias de hidrocarburos", que no podían ser delegadas mediante concesiones administrativas en favor de los particulares, pero sí permitían en cambio la creación de empresas mixtas con participación del sector privado, en un porcentaje inferior al 50% del capital social.

Esto supuso pues que, de un régimen de reserva general en 1975, se pasó a un régimen de reserva restringida en el 2001. De hecho, el autor refiere que las únicas actividades en el marco de la industria y el comercio de hidrocarburos que en la Ley Orgánica de Hidrocarburos se calificó como un "servicio público", fueron las actividades de suministro, almacenamiento, transporte, distribución y expendio de los productos derivados de los hidrocarburos, señalados por el Ejecutivo Nacional (conforme al artículo 59), destinados al consumo colectivo interno.

Lo propio ocurrió, según refiere el profesor BREWER-CARÍAS, con la Ley Orgánica de Hidrocarburos Gaseosos de 1999, que derogó la Ley que Reserva al Estado la Industria del Gas Natural de 1971 y eliminó la reserva del Estado en la materia, disponiendo que las mismas podían ser ejercidas por el Estado directamente o mediante entes de su propiedad o por personas privadas nacionales o extranjeras; con o sin la participación del Estado (*V. gr.* el transporte y la distribución de gas, el procesamiento de los líquidos de gas natural y la comercialización del gas licuado del petróleo.

De modo pues que Ley de Reserva del año 2009, sin duda alguna fue un retroceso importante con respecto a la flexibilización del régimen de reserva, al expandir y aplicar la calificación de "servicio público" a ámbitos ajenos a esta noción. Por eso dice el autor que por voluntad expresa del legislador, tanto en la Ley Orgánica de Hidrocarburos como en la Ley Orgánica de Hidrocarburos Gaseosos, dentro de todas las actividades de la industria y el comercio de los hidrocarburos y de los hidrocarburos gaseosos, todas declaradas como de utilidad pública e interés social, solamente unas específicas y concretas actividades destinadas a *satisfacer necesidades colectivas* de consumo han sido consideradas como "servicio público", de modo pues que es incorrecto pretender que otras actividades de la industria puedan ser consideradas como servicio público o, peor aún, argüir que en Venezuela la actividad petrolera en general siempre se hubiera considerado como servicio público con independencia de su calificación en las leyes. Es claro pues, que la hipertrofia del concepto de servicio público y la consecuente expansión del contrato administrativo hacia actividades que podían estar en manos de la iniciativa privada, no sólo contrariaba la esencia que estas nociones han tenido en el derecho administrativo clásico, sino que no era consistente con la evolución misma del régimen jurídico de la industria petrolera.

Pero, como enseña el profesor Brewer-Carías, la involución regulatoria que denota la Ley de Reserva de 2009, ya había comenzado en el 2007, con un embate feroz por parte del Estado destinado a "regularizar" la participación privada en la actividad petrolera; un eufemismo que intentaba disimular la estatización del sector y un proceso expropiatorio velado de derechos contractuales, que nunca trajo consigo la necesaria indemnización por los daños causados.

El anotado retroceso regulatorio se ejecutó mediante tres leyes draconianas: (i) la Ley de Regularización de la Participación Privada en las Actividades Primarias Previstas; (ii) la Ley de Migración a Empresas Mixtas de los Convenios de Asociación de la Faja Petrolífera del Orinoco, así como de los Convenios de Exploración a Riesgo y Ganancias Compartidas; y, (iii) la Ley sobre los Efectos del Proceso de Migración a Empresas Mixtas de los Convenios de Asociación de la Faja Petrolífera del Orinoco, así como de los Convenios de Exploración a Riesgo y Ganancias Compartidas de 5 de octubre de 2007.

Después de estos importantes antecedentes, que dibujan con claridad el uso incorrecto de varios conceptos fundamentales del derecho público en el ámbito del sector petrolero, el profesor Brewer-Carias entra de lleno en el análisis de la Ley de Reserva de 2009, y describe todas las arbitrariedades, contradicciones, desaciertos y violaciones palmarias de la Constitución y las leyes, que la misma supuso. Este análisis es hecho a la luz y mediante el examen detallado de los principios que gobiernan la noción del *contrato administrativo.*

En definitiva, afirma el profesor Brewer-Carías, los contratos suscritos por PDVSA Petróleo S.A., y las empresas o consorcios privados para la prestación de los servicios conexos con la industria petrolera, conforme al derecho venezolano, en ningún caso podían haberse considerado como *contratos administrativos* en el sentido que dicho término ha tenido en la historia del derecho administrativo en el país. Se trataba, dice el autor, de contratos públicos o contratos del Estado, por haber sido suscritos por una persona jurídica estatal (empresa del Estado), aun cuando de derecho privado; pero en la terminología tradicional, siempre que a esta se le de algún sentido, no podían ser considerados como *contratos administrativos.*

Los servicios que fueron afectados por esta Ley de Reserva de 2009, funcionaban perfectamente antes de que los asumiera el Estado. Hoy día la situación es caótica y desoladora y por ello, reconociendo tácitamente la descomunal equivocación cometida, están comenzando a ser devueltos a los particulares, a través de unos peculiares convenios denominados "alianzas estratégicas", cuya real naturaleza jurídica es de difícil precisión.

La desafortunada legislación que ha dado lugar a esta magnífica obra del profesor BREWER-CARÍAS, es sólo un ejemplo que pone en perspectiva los peligros de un uso abusivo, deformado y expansivo de la noción del *contrato administrativo* y de su versión más radical, que es el llamado *contrato administrativo estratégico*, imponiéndolo en sectores que le son ajenos y que tradicionalmente han sido cumplida y adecuadamente atendidos por los contratos de derecho privado o mejor dicho, por los contratos de la Administración sujetos a un régimen preponderante de derecho privado.

El matrimonio mal avenido de estas dos nociones *contrato administrativo* y sector *estratégico* –deformada la primera en su esencia- conforma una pareja indeseable, que puede servir para cometer toda clase de tropelías en el ámbito de la contratación pública, pues por un lado estarán las cláusulas exorbitantes del derecho común en un ámbito donde estas tal vez no tengan que estar, y por el otro estará el sobrenombre "estratégico", para dotar al ente contratante de poderes ilimitados para evitar todo control previo y posterior de la actividad contractual, cubriéndola con el manto del secreto y la opacidad.

Lo que plantea la obra presentada, no es una huida del Derecho Administrativo, sino por el contrario y como lo ha expresado el profesor BREWER-CARÍAS, una *reconquista* de los ámbitos específicos que le son propios. Es un llamado a la sindéresis, para que la noción del contrato administrativo sea reexaminada y reconducida a su sitio natural, el cual fue definido hace mucho tiempo a través de una cuidadosa y muy meditada producción jurisprudencial y doctrinaria en el Derecho Administrativo clásico.

Como señalan con gran acierto VILLAR PALASÍ y VILLAR EZCURRA, "(…) la presencia de técnicas de Derecho común no precluye necesariamente la ausencia del Derecho administrativo, ni la calificación del acto, la relación, la situación jurídica o la misma forma organizativa; pero tampoco implica que se convierta en Derecho administrativo este Derecho privado utilizado. Esto sólo se producirá cuando aparezca una singularidad objetiva en las reglas jurídicas generales (…) el Derecho privado de la Administración no es un invasor del Derecho administrativo, sino que deviene frecuentemente servidor de finalidades administrativas. De allí se sigue que, en los casos en que el Derecho administrativo remite al Derecho privado para la regulación de la propiedad o de una actividad propia, no es por necesidad, sino sólo en cuanto el segundo es capaz de arbitrar soluciones que hacen inútil la regulación especial, singular y privativa que caería de lleno en el Derecho Administrativo. Es lo que generalmente se califica como el manejo táctico de las técnicas de Derecho común."[26]

Concluimos esta presentación a la obra del profesor BREWER-CARÍAS rescatando una de sus afirmaciones más importantes: "(…) 'la noción de contrato administrativo solo puede ser aceptada para identificar un tipo de contrato público (contratos de Administración Pública)' que en virtud de una finalidad pública específica perseguida que puede ser por ejemplo la prestación de un servicio público, la construcción de una obra pública, el uso de bienes públicos, un empréstito público, está sujeto preponderantemente a un régimen de derecho público, pero no con el objeto de distinguir entre contratos públicos sometidos al derecho público y otros supuestamente sujetos a un régimen de derecho privado. La preponderancia de uno u otro régimen es ahora lo importante."

Luis Fraga-Pittaluga

Caracas, 20 de noviembre de 2018.

---

26 VILLAR PALASI, J.L. – VILLAR EZCURRA, J.L. *Principios de Derecho Administrativo*. Servicio de Publicaciones Facultad de Derecho de la Universidad Complutense, Madrid, 1993, 3ra. Edición, T. I, pp. 41-42.

INTRODUCCIÓN

Entre las nociones fundamentales del derecho público y, en particular, del derecho administrativo están las clásicas nociones de "contratos administrativos," de "contratos de interés público" (que pueden ser de "interés público nacional, estadal y municipal"), de "servicio público," de "interés público" y de "orden público," con frecuencia incorporadas en disposiciones legislativas, y que si bien en algunos casos han dado lugar a precisiones y discusiones doctrinales, siempre han conservado un núcleo definitorio esencial.

A partir de 2009, sin embargo, con ocasión del afán destructivo nacionalizador desarrollado desde el Estado, se ha observado cierta tendencia, tanto del legislador como del juez constitucional, de manipular algunas de dichas nociones para perseguir fines circunstanciales en relación con los efectos de determinadas leyes, o para mutar su contenido con el propósito de distorsionar sus efectos.

Esto ocurrió, precisamente, con la *Ley Orgánica que reserva al Estado bienes y servicios conexos a las actividades primarias de Hidrocarburos* de mayo de 2009[1] (Ley de Reserva de 2009), mediante la cual, por su supuesto carácter estratégico, se reservaron al Estado "los bienes y servicios, conexos a la realización de las actividades primarias previstas en la Ley Orgánica de Hidrocarburos" (Art. 1), los cuales con anterioridad a dicha Ley, según se afirmó en la norma, habían sido "realizadas directamente por Petróleos de Venezuela, S.A., (PDVSA) y sus filiales, y que fueron tercerizadas, siendo esenciales para el desarrollo de sus actividades" (Art. 2). Todo ello, por supuesto, años después se abandonó conceptualmente, sobre todo después de la brutal devastación y destrucción eco-

---

1   Véase en *Gaceta Oficial* Nº 39.173 del 07-05-2009.

nómica y social que resultó de su aplicación, particularmente en toda la zona del Lago de Maracaibo.

Los bienes y servicios y sus obras que se reservaron al Estado, o que se nacionalizaron en 2009, conforme a la enumeración del artículo 2 de la Ley Orgánica, fueron los siguientes: 1. Los servicios de inyección de agua, de vapor o de gas, que permitan incrementar la energía de los yacimientos y mejorar el factor de recobro; 2. Los servicios de compresión de gas; y 3. Los servicios vinculados a las actividades en el Lago de Maracaibo, como los servicios de lanchas para el transporte de personal, buzos y mantenimiento; de barcazas con grúa para transporte de materiales, diesel, agua industrial y otros insumos; de remolcadores; de gabarras planas, boyeras, grúas, de ripio, de tendido o reemplazo de tuberías y cables subacuáticos; de mantenimiento de buques en talleres, muelles y diques de cualquier naturaleza (Art. 2).

Para materializar la reserva al Estado, y la subsiguiente destrucción de la economía de la zona del Lago de Maracaibo, el artículo 1 de la Ley dispuso que, hacia el futuro, dichas actividades serían "ejecutadas, directamente por la República; por Petróleos de Venezuela, S.A. o de la filial que ésta designe al efecto; o, a través de empresas mixtas, bajo el control de Petróleos de Venezuela, S.A., o sus filiales" (Art. 1).

La Ley de Reserva de 2009, además, en su artículo 7, declaró a sus disposiciones como "de **orden público**" indicando que "se aplicarán con preferencia a cualquier otra disposición legal vigente en la materia;" y, además, declaró *ex post facto* a dichos bienes y servicios, y sus obras (Art. 5) como "**servicio público** y de **interés público y social**." El legislador, en dicha norma del artículo 7, en todo caso, fue claro en utilizar dos conceptos, y distinguir entre actividades de "interés público" y de "servicio público," que son dos términos que en el derecho administrativo y en la legislación de hidrocarburos, tiene distinto significado; y procedió a darle a los bienes y servicios que regula, ambas calificaciones: como de **interés público** y como **servicio público**.

La Ley de Reserva de 2009, adicionalmente, en su artículo 3, "reconoció" también *ex post facto* que los contratos que habían sido suscritos entre PDVSA Petróleos S.A. y empresas o consorcios privados para la prestación de los servicios conexos que se reservaron al Estado, como "**contratos administrativos**," cuando era evidente que no lo eran ni nunca lo habían sido.

40

Las mencionadas normas de la Ley de Reserva de 2009, tuvieron el siguiente texto:

Artículo 3. El ministerio del poder popular con competencia en materia petrolera determinará mediante resolución, aquellos bienes y servicios de empresas o sectores que se encuentren dentro de las previsiones de los artículos 1 y 2 de esta Ley.

Los contratos que hayan sido celebrados en las materias objeto de la presente reserva, se les reconoce como **contratos administrativos**. Cuando se dicten las resoluciones previstas en este artículo, dichos contratos se extinguirán de pleno derecho en virtud de la presente Ley.

Artículo 5. Se declaran **servicio público** y de **interés público y social**, las obras, bienes y servicios, conexos para la realización de las actividades primarias previstas en la Ley Orgánica de Hidrocarburos reservados en los artículos anteriores.

Artículo 7. Las disposiciones de la presente Ley son de **orden público** y se aplicarán con preferencia a cualquier otra disposición legal vigente en la materia.

Todas estas disposiciones confirman, evidentemente, que con anterioridad a la sanción de la Ley en 2009 *los servicios y actividades que se nacionalizaron no eran actividades reservadas al Estado; ni eran actividades que pudieran ser consideradas como "servicio público" o de "interés público;" ni los contratos que se habían suscrito para su prestación por particulares eran "contratos administrativos;" ni, obviamente, dichas normas tenían calificación como normas de orden público.*

La consecuencia de ello es que todas esas declaratorias o calificaciones, conforme a dicha Ley de Reserva de 2009 al tener carácter constitutivo, solo podían tener efectos *ex nunc,* hacia futuro, en virtud del principio constitucional de la irretroactividad de las leyes (Art. 24, Constitución), por lo que no podían afectar los derechos adquiridos que hubieran surgido con ocasión de dichos contratos. Sin embargo, lo contrario fue lo que se persiguió, aplicándose retroactivamente la ley, ignorando incluso que la declaratoria de orden público que se hizo de la propia Ley de Reserva, en su texto, tenía como único efecto el garantizar su aplicación inmediata, con la única consecuencia de impedir que se pudiesen alegar derechos adquiridos para impedir que el Estado sancionara la Ley.

Ahora bien, dada la particular utilización en dicha Ley de Reserva de 2009, de cuatro de los conceptos más importantes del derecho administrativo, como son, la noción de "**contrato administrativo**" utilizada tradicionalmente para calificar ciertos contratos estatales diferenciados de los contratos denominados como " de derecho privado de la Administración;" la noción de "**servicio público**," utilizada tradicionalmente para identificar ciertas actividades prestacionales de la Administración destinadas a satisfacer necesidades colectivas en cumplimiento de una obligación constitucional o legal; la noción de "**interés público o social**," utilizada tradicionalmente para facilitar el inicio de procesos expropiatorios; y la noción de "**orden público**" aplicada a determinadas previsiones legislativas que por interesar a la vida misma de la sociedad, no podrían ser relajadas por convenios particulares; nos pareció importante analizar las implicaciones de dichas calificaciones y el sentido jurídico de las nociones utilizadas en la Ley de Reserva de 2009, o de las manipulaciones efectuadas por el Legislador al incorporar dichas previsiones en la misma.

Tratándose de una Ley de reserva de actividades al Estado, me pareció fundamental, al analizar dicha Ley de 2009, ubicar sus disposiciones dentro del marco general del régimen de la *publicatio* de las actividades de la industria y comercio de los hidrocarburos, reservadas al Estado desde 1975, lo cual se ratificó en 2001.

Posteriormente, en los últimos años, se han producido otras manipulación y distorsiones de conceptos básicos del derecho público, de orden jurisprudencial, como las efectuadas por el Juez Constitucional, por ejemplo, sobre la noción de **contratos de interés público**, en relación con algunos relativos a ciertas operaciones de crédito público y otros celebrados para la constitución de empresas mixtas en el marco de la industria petrolera; con el objeto de eludir la necesaria autorización previa de la Asamblea Nacional para su celebración, tal como lo exige la Constitución.

Adicionalmente, nos referimos a otras manipulaciones legislativas y jurisprudenciales en aspectos fundamentales de nuestra disciplina, como la noción de la propia personalidad jurídica del Estado o de la República, o como las que han ocurrido con las disposiciones legislativas relativas a la *selección de contratistas mediante licitación*, con la progresión y regresión que se ha desarrollado en la admisibilidad del *arbitraje en la contratación pública*, y con la distorsión de la noción de *debido proceso* aplicado al procedimiento administrativo, obra del Juez Constitucional.

Por último, y en contraste con lo que exponemos al inicio sobre la *publicatio* en el derecho público, analizamos al final el absurdo proceso de *despublicatio* decretado inconstitucionalmente en 2020, mediante una inconstitucional manipulación y subversión de la totalidad del orden jurídico y de los más elementales principios de la jerarquía de las normas, mediante su "desalicacón" indiscriminada como ha ocurrido con una "ey" lamada "antibloqueo."

PRIMERA PARTE
SOBRE LA *"PUBLICATIO"* EN EL DERECHO PÚBLICO

Conforme al principio de la libertad económica que existe en los países democráticos occidentales, como por ejemplo lo garantiza el artículo 112 de la Constitución de 1999, todas las personas tienen el derecho de dedicarse libremente al ejercicio de la actividad económica de su preferencia, sin más limitaciones que las previstas en la Constitución y las que establezcan las leyes por razones de desarrollo humano, seguridad, sanidad, protección del ambiente u otras de interés social. Ello implica que, si bien el principio general es el de la libertad económica, la misma siempre puede ser limitada o restringida por el Estado, pero sólo mediante leyes, es decir, mediante actos sancionados por la Asamblea Nacional actuando como legislador (reserva legal).

Ello no excluye, sin embargo, la posibilidad que tiene el Estado de reservarse determinadas actividades económicas, servicios, industrias o bienes para su exclusivo desarrollo, en cuyo caso se produce lo que se ha llamado una *"publicatio,"* en el sentido de que la actividad reservada se excluye del ámbito de las actividades que los particulares puedan ejercer libremente, pudiendo solo desarrollarlas cuando específicamente se les otorga el derecho de hacerlo, por ejemplo, mediante una concesión administrativa, que es uno de los contratos públicos (contrato administrativo) por excelencia.[1]

---

1 Véase Allan R. Brewer-Carías, "Sobre la *"publicatio"* en el derecho público y las nociones de "reserva al estado," "utilidad pública," "interés social," "servicio público," "dominio público" y "orden público," en Mauricio Rafael Pernía Reyes (Coordinador), *Estudios de Derecho Administrativo. Libro*

En este contexto de actividades *reservadas al Estado* es, por tanto, donde puede decirse que se ha producido una *publicatio;* término que conforme lo reseñó José Ignacio Hernández respecto de la doctrina española, fue "acuñado inicialmente por Villar Palasí, y tiene su origen en el derecho romano, y que identificaba el acto por el cual se sustraía a un bien del tráfico jurídico entre los particulares. La *publicatio* de actividades económicas equivale, entonces, en consecuencia, a su reserva al Estado."[2]

Esa *publicatio* en los últimos veinte años, en efecto se produjo en diversos campos, destacándose la nacionalización (i) de las actividades primarias en materia de hidrocarburos, al ratificar, la Ley Orgánica de Hidrocarburos de 2001, las previsiones de la vieja Ley Orgánica que reservó al Estado la Industria y el Comercio de los Hidrocarburos de 1975; (ii) de la industria de la explotación del mineral de hierro decretada mediante la Decreto Ley No. 6058 de 12 de mayo de 2008 que reservó al Estado la Industria de la Explotación del Mineral de Hierro, que complementó la nacionalización de la industria del mineral de hierro que se había decretado mediante Decreto Ley N° 580, de 26 de noviembre de 1974; (iii) de la industria del cemento, nacionalizada mediante Decreto Ley No. 6091 de 27 de mayo de 2008 que reserva al Estado la industria del Cemento; (iv) los bienes y servicios conexos con las actividades primarias de los hidrocarburos, mediante la Ley Orgánica que reserva al Estado bienes y servicios conexos a las actividades primarias de Hidrocarburos de 2009; (v) de las actividades petroquímicas, nacionalizadas mediante la Ley para el desarrollo de las actividades petroquímicas de 2009; y (vi) de las actividades de explotación y comercialización del oro, mediante la Ley Orgánica que reserva al estado las actividades de exploración y explotación del oro, así como las conexas y auxiliares a éstas de septiembre de 2011.

Homenaje a la Especialización en Derecho Administrativo de la Universidad Católica del Táchira, CIDEP, Universidad Católica del Táchira, 2020, pp. 21-43

2   Véase José Ignacio Hernández, "Disciplina jurídico Administrativa de la Libertad Económica. La diatriba actual entre libertad económica y Estado Social," en *VII Jornadas Internacionales de Derecho Administrativo. Allan Randolph Brewer Carías. E principio de legalidad y el ordenamiento jurídico administrativo de la libertad económica*, FUNEDA, Tomo I, Caracas 2004, p. 200. p. 201

En este marco, como lo destacó el mismo José Ignacio Hernández:

"las actividades económicas responden, en una *summa divisio,* a una distinción dual: hay actividades económicas que han sido reservadas al Estado; junto a ellas, hay también actividades que no han sido reservadas, pero cuya ordenación y limitación asume la Administración. No existen categorías intermedias: o una actividad está reservada al Estado o no lo está. Reserva entendida, en última instancia, como la técnica más drástica de intervención del Estado, a través de la cual éste asume, para sí, la *titularidad* de determinada actividad económica, excluyendo a los particulares (Martín-Retortillo Baquer; Brewer-Carías). En las actividades reservadas, los particulares no tienen derecho alguno a desplegar su iniciativa: ese derecho ha de ser *concedido* por la Administración, cuando así haya sido admitido en el marco de la Ley concreta de reserva."[3]

Para apreciar el sentido y efectos de la distinción, a la cual nos hemos referido en otras ocasiones,[4] puede acudirse por ejemplo al régimen legal de las actividades mineras que en Venezuela están reguladas en la Ley de Minas,[5] y en la cual se pueden distinguir dos

---

3   El mismo autor comenta que: "En las actividades reservadas al Estado, como puede anticiparse, hay una significativa atenuación de esa cobertura legal, pues la intervención opera en áreas del quehacer económico que han sido excluidas de la libre iniciativa privada. La jurisprudencia venezolana (sentencia de la Sala Político-Administrativa de 26 de marzo de 1993, caso *RCTV* y de la entonces Corte Suprema de Justicia en Pleno de 13 de febrero de 1997, caso *Venevisión*) insistió sobre este punto, al sostener que la reserva destruye los derechos de los particulares, permitiendo a la Administración desplegar "potestades de intervención, notablemente más penetrantes que los que pudieran operar frente a un simple particular actuando en su condición ordinaria de ciudadano.". *Idem,* p. 200.

4   Véase Allan R. Brewer-Carías, "El derecho de propiedad y la libertad económica. Evolución y situación actual en Venezuela" en *Estudios sobre la Constitución. Libro Homenaje a Rafael Caldera*, Tomo II, Facultad de Ciencias Jurídicas y Políticas, Universidad Central de Venezuela, Caracas 1979, pp. 1.139-1.246; e "Introducción al Régimen Jurídico de las Nacionalizaciones en Venezuela", en *Archivo de Derecho Público y Ciencias de la Administración*, Vol. III, 1972-1979, Tomo I, Instituto de Derecho Público, Facultad de Ciencias Jurídicas y Políticas, Universidad Central de Venezuela, Caracas 1981, pp. 23-44.

5   Véase en *Gaceta Oficial* N° 5.382 Extra. de 8 de septiembre de 1999.

tipos de actividades: en *primer lugar*, las actividades que el Estado se ha reservado y que se realizan directamente sobre bienes que han sido declarados como del dominio público, como es el caso de los yacimientos o minas, y que son las actividades de exploración y explotación mineras. Éstas, por estar reservadas al Estado no pueden ser realizarlas por los particulares libremente, los cuales sólo pueden desarrollarlas mediante la obtención de una concesión administrativa por parte del Estado. Es respecto de esas actividades que puede afirmarse que se ha operado una *publicatio*.

En *segundo lugar*, en materia minera hay otras actividades conexas o auxiliares con la minería, que el Estado no se ha reservado, y que aun cuando están sometidas a un régimen de derecho público regulado en la Ley de Minas, para su realización sin embargo no se requiere concesión administrativa alguna que deba ser otorgada por el Estado, sino que se realizan solamente bajo el control y vigilancia del mismo.

En este caso, están las actividades de beneficio, almacenamiento, tenencia, circulación, transporte y comercialización, interna o externa, de las sustancias extraídas" de los yacimientos (art. 1, Ley de Minas) o, en otras palabras, las actividades de "almacenamiento, tenencia, beneficio, transporte, circulación y comercio de los minerales" (art. 86, Ley de Minas). Estas son actividades calificadas en la Ley como "conexas o auxiliares" de la minería, que solo están sujetas "a la vigilancia e inspección por parte del Ejecutivo Nacional y a la reglamentación" por el mismo, previendo la Ley, sin embargo, que las mismas, precisamente por no estar reservadas al Estado, "cuando así convenga al interés público, el Ejecutivo Nacional podrá reservarse mediante decreto" cualquiera de dichas actividades conexas o auxiliares con respecto a determinados minerales.

Si dicha reserva al Estado se produce, como sucedió en Venezuela, por ejemplo, en materia de la industria y el comercio de los hidrocarburos en 1975, con la industria del hierro en 2008,[6] con los servicios conexos con la industria petrolera en 2009, y con la explo-

---

6   Véase la Ley Orgánica de Ordenación de las Empresas que Desarrollan Actividades en el Sector Siderúrgico en la Región de Guayana, Decreto Ley N° 6.058, de 30 de abril de 2008, en *Gaceta Oficial* N° 38.928, de 12 de mayo de 2008.

ración y explotación del oro de 2011,[7] puede decirse entonces que respecto de las mismas se produjo una "*publicatio.*"

De lo contrario, no estando reservadas al Estado, los particulares, incluidos los concesionarios mineros, pueden realizarlas en ejercicio de su libertad económica, por supuesto, sujetos a la vigilancia del Estado.

---

7   Véase la Ley Orgánica que Reserva al Estado las Actividades de Exploración y Explotación del Oro así como conexas y auxiliares a esta, Decreto Ley N° 8.413, de 23 de agosto de 2011, en *Gaceta Oficial* N° 39.759, de 16 de septiembre de 2011.

SEGUNDA PARTE

PRINCIPIOS GENERALES DERIVADOS DEL RÉGIMEN DE LA RESERVA AL ESTADO DE LA INDUSTRIA Y EL COMERCIO DE LOS HIDRO-CARBUROS

En Venezuela, los yacimientos mineros y de hidrocarburo siempre han sido del dominio público, conforme a los principios que se establecieron en las Ordenanzas de Minería de Nueva España de 1783, y que fueron recogidos en la legislación republicana a partir de la independencia.[8]

Ello condujo, históricamente, a que las actividades económicas relativas a la industria petrolera y minera siempre hubieran estado sometidas en Venezuela a técnicas de intervención pública mediante la reserva al Estado de las mismas, con la consecuente posibilidad conforme a la legislación inicial de hidrocarburos de los años cuarenta, del otorgamiento de concesiones a los particulares para su realización.

En efecto, como antes se ha dicho, el régimen de las actividades económicas depende de la posibilidad de que las mismas puedan o no realizarse libremente por los particulares; es decir, depende, por una parte, de si para su realización existe o no libertad económica; y por la otra, consecuentemente si las mismas están o no reservadas al Estado. Esa es la gran división que tiene que hacerse primariamente

---

8   Véase en general sobre el tema Isabel Boscán de Ruesta, "La propiedad de los yacimientos de los hidrocarburos. Evolución histórica", en *El Derecho Público a comienzos del siglo XXI. Estudios homenaje al Profesor ⸲ Brewer-Carías,* Tomo III, Instituto de Derecho Público, UCV, Civi ciones, Madrid, 2003, pp. 3061-3105.

respecto de las actividades económicas, sin que quepan términos medios: hay actividades reservadas al Estado donde no existe libertad económica y hay actividades no reservadas al Estado donde existe libertad económica.[9]

En las primeras, no existiendo libertad económica dada la reserva al Estado, este puede otorgar el derecho a los particulares a realizarlas, generalmente mediante el acto de concesión, que por su carácter constitutivo crea en cabeza del concesionario el derecho que se concede; en cambio en las segundas, tratándose de una limitación al derecho y libertad económica que tienen los particulares, las intervenciones del Estado se manifiestan por ejemplo, a través de actos administrativos declarativos de derechos, como las autorizaciones (licencias, permisos); homologadores de derechos, como las aprobaciones; de declaración de certeza de derechos, como las inscripciones y registros; e, incluso, extintivos de derechos (ablatorios), como las expropiaciones o decomisos.[10]

En consecuencia, la división fundamental de las actividades económicas en reservadas o no al Estado, condiciona las técnicas de intervención administrativa, concibiéndose la figura de la concesión para la primera, y entre otras, las autorizaciones para las segundas.

1. *Las actividades reservadas al Estado en materia de hidrocarburos en 1975 y la posibilidad de participación del capital privado en las mismas*

Estos principios tradicionales del ordenamiento jurídico venezolano en relación con las actividades relativas a los hidrocarburos fueron recogidos en la Constitución de 1999 en los cuales se esta-

---

9   Véase José Ignacio Hernández, "Disciplina jurídico administrativa de la libertad económica. La doctrina actual entre la libertad económica y el Estado Social", en *VII Jornadas Internacionales de Derecho Administrativo Allan R. Brewer-Carías, El principio de legalidad y el ordenamiento jurídico-administrativo de la libertad económica, 3-5 Noviembre de 2004,* Fundación de Estudios de Derecho Administrativo, Caracas 12000, p. 197.

10 Véase en general Allan R. Brewer-Carías, "El régimen de participación del capital privado en las industrias petrolera y minera: Desnacionalización y regulación a partir de la Constitución de 1999", en *VII Jornadas Internacionales de Derecho Administrativo Allan R. Brewer-Carías, El Principio de Legalidad y el Ordenamiento Jurídico-Administrativo de la Libertad Económica,* Caracas noviembre 2004. Fundación de Estudios de Derecho Administrativo FUNEDA, Caracas Noviembre, 2004 pp. 15-58.

blece el marco normativo básico que las regula, al declarar a los yacimientos mineros y petroleros como del dominio público (Art. 12);[11] regular en general el régimen de las concesiones de explotación de recursos naturales (Art. 113); establecer regulaciones específicas de protección al ambiente (Arts. 127 ss.); prever la posibilidad para el Estado de reservarse determinadas industrias y servicios por razones de conveniencia nacional, y en particular, reservar al Estado de la industria petrolera pero sometida a lo dispuesto en la ley orgánica (Art. 302), y declarar el dominio público sobre las acciones del holding petrolero: Petróleos de Venezuela S.A. (Art. 303).

En un marco similar que estaba regulado en la Constitución precedente de 1961, en 1975 se adoptó una de las decisiones políticas más importantes que se tomaron en el país durante la segunda mitad del siglo pasado, la cual fue *la nacionalización de la industria petrolera*, es decir, la reserva que se hizo al Estado de "todo lo relativo a la exploración del territorio nacional en búsqueda de petróleo, asfalto y demás hidrocarburos; a la explotación de yacimientos de los mismos, a la manufactura o refinación, transporte por vías especiales y almacenamiento; al comercio exterior e interior de las substancias explotadas y refinadas, y a las obras que su manejo requiera." Así se estableció en el artículo 1° de la Ley que Reserva al Estado la Industria y el Comercio de los Hidrocarburos de 1975, también conocida como Ley de Nacionalización petrolera.[12]

Esta Ley Orgánica, al igual que las que se dictaron en los comienzos de los años setenta en relación con la nacionalización de la industria del gas natural (1971), la industria y explotación del mineral de hierro (1975), y el mercado interno de hidrocarburos (1973); se

---

11 En esta forma se le dio rango constitucional a lo ya previsto en la Ley de Minas (Art. 2) (*Gaceta Oficial* N° 5382 de 28-09-1999) y en la Ley Orgánica de Hidrocarburos Gaseosos (Art. 1°) (*Gaceta Oficial* N° 36.793 de 23-9-1999). Véase nuestra propuesta sobre esto en Allan R. Brewer-Carías, *Debate Constituyente,* Fundación de Derecho Público, Editorial Jurídica Venezolana, Caracas 1999, Tomo II, pp. 35 y 39.

12 Véase la Ley que Reserva al Estado la Industria y el Comercio de los Hidrocarburos de 1975*Gaceta Oficial* N° 35.754 de 17-07-1995. Véase en general, sobre la nacionalización petrolera de 1975, *Régimen Jurídico de las nacionalizaciones en Venezuela. Homenaje del Instituto de Derecho Público al profesor Antonio Moles Caubet, Archivo de Derecho Público y Ciencias de la Administración,* Vol. VIII (1972-1979), Instituto de Derecho Público, Universidad Central de Venezuela, Caracas, 1981.

sancionó con base en la previsión del artículo 97 de la Constitución de 1961 que establecía la posibilidad de que el Estado pudiera "reservarse determinadas industrias, explotaciones o servicios de interés público por razones de conveniencia nacional". Se trataba de una norma fundamental de la Constitución Económica que había adoptado el texto de 1961, de carácter mixto y flexible, que por ello permitía sin que existiera una rigidez constitucional, es decir, sin necesidad de estar reformando la Constitución al inicio de cada gobierno, ir conformando la política económica del Estado, como efectivamente ocurrió durante las tres décadas de vigencia de dicha Constitución[13].

Desde el punto de vista del derecho administrativo, y en particular, desde el punto de vista de los "contratos administrativos," con dicha nacionalización se eliminó del régimen de la industria petrolera la técnica de las "concesiones petroleras" que habían caracterizado la legislación en la materia desde inicios del Siglo XX, permitiéndose sin embargo la participación de los particulares o del sector privado en la industria, mediante dos modalidades contractuales específicamente reguladas en la Ley de Nacionalización petrolera: los "convenios operativos" y los "convenios de asociación" que se podían suscribir entre las empresas públicas nacionalizadas, con Petróleos de Venezuela S.A. (PDVSA) a la cabeza, y empresas privadas nacionales o extranjeras.[14] Los primeros no afectaban en forma alguna la reserva que se había hecho al Estado de la industria, y podían suscribirse todos los que las empresas petroleras nacionalizadas considerasen necesarios para la mejor realización de sus actividades. Dichos convenios operativos, por supuesto, en ningún caso afectaban la esencia misma de las actividades atribuidas o reservadas al Estado.

Los convenios de asociación, en cambio, permitían al Estado asociarse con particulares para realizar las actividades reservadas, lo que implicaba un régimen jurídico excepcional de asociación o participación del sector privado en las actividades reservadas a través

---

13 Véase lo que hemos expuesto sobre la Constitución económica en el texto de 1961 en Allan R. Brewer-Carías, "Consideraciones sobre la Constitución Económica" en *Estudios sobre la Constitución Española. Homenaje al profesor Eduardo García de Enterría*, Editorial Civitas, Madrid, 1991, pp. 3.839-3.853.

14 Véase en Isabel Boscán de Ruesta, *La actividad petrolera y la nueva ley Orgánica de Hidrocarburos,* Funeda, Caracas 2002, pp. 127 ss.

de empresas mixtas sometidas al control estatal, lo que exigía la intervención previa del órgano legislativo para que pudieran suscribirse (Art. 5). Precisamente por este régimen jurídico único establecido para contratos destinados a permitir la participación del capital privado en la explotación de la industria petrolera nacionalizada conforme al marco legislativo expreso establecido en el artículo 5 de la Ley de Nacionalización y conforme a la necesaria aprobación expresa previa por parte el órgano legislativo del marco de las cláusulas de dichos contratos,[15] fue que los mismos fueron considerados por la antigua Corte Suprema de Justicia como "contratos administrativos."[16]

Aparte de esas dos modalidades, por supuesto, los particulares también podían participar en actividades conexas o vinculadas con las actividades reservadas, pero que en sí mismas no eran actividades reservadas, mediante la celebración de contratos con las empresas del Estado del sector, o con las empresas operadoras de los Convenios de Asociación, para la prestación de servicios o la ejecución de obras, como por ejemplo, fueron los contratos suscrito entre PDVSA Petróleo S.A. con empresas privadas para prestación de servicios conexos con la industria petrolera que no eran actividades reservadas, y que en 2009 fueron objeto de una nueva reserva al Estado mediante la Ley Orgánica que reserva al Estado bienes y servicios conexos a las actividades primarias de Hidrocarburos de 2009[17] (Ley de Reserva de 2009).

---

15 Véase el Acuerdo autorizando la "celebración de los Convenios de Asociación para la exploración a riesgo de nuevas áreas y la producción de hidrocarburos bajo el esquema de ganancias compartidas," en *Gaceta Oficial* N° 35.754 de 17-07-1995.

16 Véase el texto de la decisión de la Corte en Pleno de 17-08-1999 en el Apéndice con los documentos del *Caso del Juicio de nulidad de la autorización parlamentaria para los contratos de la "Apertura Petrolera"* (1996-1999), en el libro: Allan R. Brewer-Carías, *Crónica de una destrucción. Concesión, Nacionalización, Apertura, Constitucionalización, Desnacionalización, Estatización, Entrega y Degradación de la Industria Petrolera*, Colección Centro de Estudios de Regulación Económica-Universidad Monteávila, N° 3, Editorial Jurídica Venezolana, Caracas, 2018. En dicho caso, a quien esto escribe le correspondió, junto con el profesor Román José Duque Corredor, actuar en dicho juicio como abogado de PDVSA en la defensa de la constitucionalidad del Acuerdo del Congreso autorizando los Convenios de Asociación.

17 Véase en *Gaceta Oficial* N° 39.173 del 07-05-2009.

2. La redefinición del ámbito de las actividades de la industria petrolera que fueron reservadas al Estado en la Ley Orgánica de Hidrocarburos de 2001

Veinticinco años después de la nacionalización petrolera, en 2001 se sancionó la Ley Orgánica de Hidrocarburos (LOH)[18] mediante la cual se derogó y sustituyó a la Ley de Nacionalización de 1975, produciéndose una reducción respecto de las actividades reservadas al Estado, las cuales quedaron concentradas sólo a las actividades primarias de hidrocarburos, las cuales se definieron como las concernientes a "la exploración, la extracción de los hidrocarburos en estado natural, su recolección, transporte y almacenamiento inicial, así como, las relativas a las obras que su manejo requiera" (Art. 9); a las actividades realizadas en las refinerías existentes al momento de dictarse la Ley Orgánica (no respecto de las nuevas refinerías); a las actividades de comercialización externa e interna de hidrocarburos naturales; y las actividades de comercialización externa e interna sobre los productos derivados cuya comercialización se reserve al Estado mediante Decreto, lo que no se aplicó, por ejemplo, a (no respecto, por ejemplo, a los servicios públicos de distribución de hidrocarburos para el consumo colectivo).

En cuanto a las "actividades primarias" en materia de hidrocarburos conforme a la definición antes mencionada de la LOH, comprenden las actividades relativas, exclusivamente, a los hidrocarburos *en su estado natural*. En consecuencia, no se refiere a hidrocarburos procesados o derivados. Además, en cuanto a las actividades reservadas (recolección, transporte y almacenamiento) sólo se refiere a la recolección, transporte y almacenamiento *inicial*, es decir, el que se realiza primigeniamente luego de la extracción de los hidrocarburos en estado natural, y que se refiere por tanto a los *hidrocarburos en estado natural.*

Estas actividades primarias fueron las actividades reservadas al Estado (Art. 9 LOH) para su desarrollo en forma exclusiva, en el sentido de que no son concesibles a los particulares, pero en forma no excluyente, ya que la ley permite que el derecho a su explotación pueda "transferirse" a empresas del Estado; es decir, permite que el desarrollo de las actividades primarias se efectúe sea directamente por el Estado, a través del Ejecutivo Nacional o mediante empresas de la exclusiva propiedad del Estado; o mediante empresas mixtas

---

18   Véase en *Gaceta Oficial* N° 37.323 de 13-11-2001.

con capital del Estado en más del 50 % del capital social (Arts. 22 y 27 al 32 LOH), es decir, en las cuales puede participar el capital privado en menos del 50% del capital social. Por esta última vía, en todo caso, es que se permite la participación del capital privado en las actividades primarias, formando parte como accionistas en una empresa mixta, con la aprobación previa de la Asamblea Nacional (Ar-tículo 33 LOH).

Otras actividades que también se reservan al Estado en la LOH son actividades realizadas con hidrocarburos naturales, las cuales sólo pueden ser ejercidas por las empresas del Estado (Artículos 27 y 57).

La LOH también reserva al Estado las actividades realizadas respecto de los productos derivados de hidrocarburos cuya comercialización el Estado se haya reservado expresamente mediante Decreto posterior, en cuyo caso también sólo podrían ser ejercidas exclusivamente por las empresas del Estado (Arts. 27 y 57 LOH). El ámbito de estas actividades reservadas, por tanto, es variable, según el decreto que dicte el Ejecutivo Nacional, en el cual se pueden aumentar o disminuir las actividades sobre productos derivados de hidrocarburos que se reservan. Sin embargo, una vez determinados los productos, la reserva en este caso también se concibió en forma absoluta, de manera que el capital privado no podría participar en el desarrollo de las mismas, por ejemplo, mediante empresas mixtas, como en cambio si puede suceder en relación con las actividades primarias.

En relación con las instalaciones destinadas a la actividad de refinación, la LOH distinguió entre instalaciones existentes al momento de publicarse la LOH, y las nuevas refinerías (Arts. 10 y 11 LOH). Sobre las primeras, es decir, sobre "las instalaciones y obras existentes, sus ampliaciones y modificaciones, propiedad del Estado o de las empresas de su exclusiva propiedad, dedicadas a las actividades de refinación de hidrocarburos naturales en el país y al transporte principal de productos y gas," dispuso el artículo 10 de la Ley Orgánica que "quedan reservadas al Estado en los términos establecidos en este Decreto Ley" (Art. 10). La Ley Orgánica, sin embargo, nada más agregó sobre esta "reserva de instalaciones existentes" dedicadas a la refinación de hidrocarburos naturales en el país (se excluyen las que siendo propiedad de PDVSA estaban ubicadas en el exterior) o al "transporte principal de productos y gas."

3. *La participación de los particulares en las actividades relativas a la industria petrolera no reservadas al Estado, entre las cuales están las declaradas como "servicio público" en la Ley Orgánica de Hidrocarburos y en la Ley Orgánica de Hidrocarburos Gaseosos*

De lo anterior resulta que en el ámbito de las actividades vinculadas a la industria petrolera, en 2001, en Venezuela se pasó del régimen de la reserva general al Estado de la misma (1975), a un régimen de una reserva restringida (2001), como antes se ha definido, y a la consecuente previsión en las demás áreas de la industria no reservadas al Estado, de la posibilidad de ejercicio de la libertad económica, es decir, del derecho de los particulares al libre ejercicio de sus actividades económicas en algunos casos, con las limitaciones legales establecidas usualmente en casos similares, a través de las técnicas de actos administrativos declarativos de derechos como son las autorizaciones, denominadas indistintamente en la legislación de hidrocarburos, como licencias y permisos.

En cuanto a las licencias para el ejercicio de actividades no reservadas al Estado en materia de hidrocarburos, la LOH de 2001 permite la participación del capital privado en las actividades de refinación de hidrocarburos naturales, que comprenden la destilación, purificación y transformación de los hidrocarburos naturales objeto de la Ley Orgánica, realizadas con el propósito de añadir valor a dichas sustancias (Art. 10 LOH). Estas actividades pueden ser desarrolladas "por el Estado y los particulares, conjunta o separadamente" (Art. 10 LOH), mediante la obtención de una licencia (Art. 12 LOH).

Además, las actividades de industrialización de hidrocarburos refinados que comprende las de separación, destilación, purificación, conversión, mezcla y transformación de los mismos, realizadas con el propósito de añadir valor a dichas sustancias mediante la obtención de especialidades de petróleo u otros derivados de hidrocarburos (Art. 49 LOH), pueden ser realizadas por el Estado, directamente, a través del Ejecutivo Nacional; por empresas de su exclusiva propiedad; por empresas mixtas, con participación de capital estatal y privado, en cualquier proporción; y por empresas privadas, sea de capital nacional o extranjero (Art. 50 LOH), mediante la obtención de permisos (Art. 53).

Aparte de las actividades de comercialización que comprenden el comercio interior y el comercio exterior, tanto de los hidrocarburos naturales, como de sus productos derivados que mediante decreto señale el Ejecutivo Nacional que como se ha dicho quedaron reservadas al Estado pudiendo ejercerse sólo por las empresas del Estado sin permitirse la participación del capital privado en el desarrollo de las mismas (arts. 56, 57 LOH); las otras actividades de comercio interno y externo de productos derivados no reservados al Estado pueden ser realizadas indistintamente por el Estado, directamente, a través del Ejecutivo Nacional; por empresas de la exclusiva propiedad del Estado (Empresas del Estado); por empresas mixtas, con participación de capital estatal y privado, en cualquier proporción; y por empresas privadas (Art. 58 LOH) mediante la obtención de permisos.

Dentro de las actividades relativas al comercio interior de productos derivados de hidrocarburos, y aún cuando la LOH dispone en su artículo 4 que todas las actividades en ella reguladas "se declaran de utilidad pública y de interés social," el artículo 60 de la misma LOH declara expresa y específicamente que solamente **"constituyen un servicio público** las actividades de suministro, almacenamiento, transporte, distribución y expendio de los productos derivados de los hidrocarburos, señalados por el Ejecutivo Nacional (conforme al artículo 59), destinados al consumo colectivo interno." Se trata de la única actividad en el marco de la industria y el comercio de hidrocarburos que en la LOH se califica como un "servicio público"[19] siendo la consecuencia de tal calificación, que los precios de dichos productos deben ser fijados por el Ejecutivo Nacional por órgano del Ministerio de Energía y Minas. Dichos precios pueden fijarse mediante bandas o cualquier otro sistema que resulte adecuado, tomando en cuenta las inversiones y la rentabilidad de las mismas. Además, el Ministerio debe adoptar medidas para garantizar el suministro, la eficiencia del servicio y evitar su interrupción.

Conforme al artículo 61 de la LOH, las personas naturales o jurídicas que deseen ejercer estas actividades declaradas como "servicio público," es decir, las actividades de suministro, almacenamiento, transporte, distribución y expendio de los productos derivados de hidrocarburos, deben obtener previamente permiso del Ministerio

---

19 Esto lo ha confirmado la Sala Político Administrativa del Tribunal Supremo en sentencia Nº 255 de 09-02-2006 (caso *Estación San Luis Del Este II, C.A vs. Shell Venezuela Productos)*, en *Revista de Derecho Público*, Nº 105, Editorial Jurídica venezolana, Caracas 2005, p. 178.

de Energía y Minas, los que están sujetos a las normas establecidas en la Ley Orgánica, su Reglamento y las Resoluciones respectivas; y su cesión o traspaso requiere la autorización previa del Ministerio de Energía y Minas (Art. 61 LOH).

Debe agregarse, en el ámbito de la industria petrolera, que la Ley Orgánica de Hidrocarburos Gaseosos (LOHG) de 1999[20] derogó la Ley que Reserva al Estado la Industria del Gas Natural de 1971 y eliminó la reserva del Estado en la materia, disponiendo, al contrario, que las mismas "pueden ser ejercidas por el Estado directamente o mediante entes de su propiedad o por personas privadas nacionales o extranjeras; con o sin la participación del Estado" (Art. 2). Entre dichas actividades están las que la Ley denominó "las actividades distintas a las de exploración y explotación" (Cap. IV), que comprenden las relativas al transporte y la distribución de gas, el procesamiento de los líquidos de gas natural (LGN) y la comercialización del gas licuado del petróleo (GLP), disponiéndose que quienes deseen realizar las actividades relacionadas con hidrocarburos gaseosos, asociados o no asociados, producidos por otras personas, lo que deben es obtener un permiso del Ministerio de Energía y Minas (Arts. 3, 27). En cuanto a las actividades de industrialización de los hidrocarburos gaseosos, conforme al artículo 30 de la LOHG, también pueden ser realizadas directamente por el Estado, por entes de su propiedad; o por personas privadas nacionales o extranjeras, con o sin la participación del Estado, mediante la obtención de permisos (Art. 31).

Se destaca de la LOHG, por otra parte, que si bien en su artículo 4 se declaran todas las actividades que regula como "de utilidad pública," en su artículo 5 establece expresa y específicamente que entre todas ellas, sólo constituyen un **"servicio público"** las actividades relacionadas, directa o indirectamente, con el transporte y distribución de gases de hidrocarburos destinados al consumo colectivo. Se trata de la única actividad en el marco de la industria y el comercio de los hidrocarburos gaseosos que en la LOHG se califica como un "servicio público," razón por la cual, el artículo 8 de dicha Ley dispone que los almacenadores, los transportistas y los distribuidores de hidrocarburos gaseosos tienen la obligación de prestar el servicio en forma continua y de conformidad con las normas legales, reglamentarias y técnicas de eficiencia; calidad y seguridad.

---

20   Véase en *Gaceta Oficial* N° 36.793 del 23-09-1999.

Tratándose de servicios públicos, el artículo 12 de la LOHG también autoriza al Ministerio de Energía y Minas para determinar los precios de los hidrocarburos gaseosos desde los centros de producción y procesamiento, atendiendo principios de equidad. Además, los Ministerios de Energía y Minas y de la Producción y el Comercio, conjuntamente, deben fijar las tarifas que se aplicarán a los consumidores finales y a los servicios que se presten de conformidad con la Ley.

De lo anterior resulta que por voluntad expresa del legislador, tanto en la LOH como en la LOHG, dentro de todas las actividades de la industria y el comercio de los hidrocarburos y de los hidrocarburos gaseosos, todas declaradas como de utilidad pública e interés social, solamente unas específicas y concretas actividades destinadas a *satisfacer necesidades colectivas* de consumo han sido consideradas como "servicio público." Por ello consideramos que ante declaraciones tan específicas y expresas del legislador, no le es dable al intérprete ignorarlas, por lo que no se puede afirmar que otras actividades de la industria puedan ser consideradas como servicio público o que en Venezuela la actividad petrolera en general siempre se hubiera considerado como servicio público con independencia de su calificación en las leyes. Ello no sería correcto, pues significaría ignorar la "calificación" que el legislador ha hecho en las leyes. Conforme a las antes mencionadas expresas previsiones de la LOH y de la LOHG, *sólo ciertas actividades* desarrolladas en la industria petrolera se califican como "servicios públicos," que son precisamente aquellas de carácter prestacional destinadas a satisfacer necesidades colectivas de la población, como son el suministro, almacenamiento, transporte, distribución y expendio de los productos derivados de los hidrocarburos que señale el Ejecutivo Nacional, destinados al *consumo colectivo interno* (Arts. 59, 60, LOH); y las actividades relacionadas, directa o indirectamente, con el transporte y distribución de gases de hidrocarburos *destinados al consumo colectivo* (Art. 5, LOHG). Y dichas normas, que son precisamente las que regulan la industria petrolera en Venezuela, no se las puede ignorar.

Esas son, por tanto, las actividades que dentro de la industria petrolera se han considerado siempre y han sido así declaradas expresamente como de servicio público. Y ha sido sólo en 2009, con motivo de la sanción de la Ley Orgánica que reserva al Estado bienes y servicios conexos a las actividades primarias de hidrocarburos, en la cual, sin duda distorsionando la esencia del concepto mismo de "servicio público" en el derecho administrativo, que se ha declarado como tales con vigencia a partir de 2009, a los "servicios conexos a las actividades primarias de hidrocarburos" (Art. 5), a pesar de no estar destinadas a satisfacer necesidades colectivas o de consumo colectivo. [21]

Por tanto, dejando aparte esta específica declaratoria de "servicio público" *en virtud de ley*, con vigencia a partir de 2009, respecto de los servicios conexos que no están destinados ni por asomo al consumo colectivo ni a satisfacer necesidades colectivas, en la industria petrolera y gasífera fuera de las actividades declaradas como "servicios públicos" en la LOH y en la LOHG, que si están destinadas a satisfacer el consumo colectivo, ninguna otra actividad podría ser calificada como tal. La Ley en esta materia es clara y no es posible que sea ignorada. Y cuando hay ley expresa, no se puede construir un concepto legal con independencia de su calificación en las leyes.

4. *La terminación de los Convenios Operativos y de Asociación en 2007 y su transformación en empresas mixtas*

Para el momento en que se dictó la Ley Orgánica de Hidrocarburos de 2001, las empresas privadas en Venezuela, como se ha dicho, podían participar y participaban en la realización de las actividades primarias de hidrocarburos reservadas al Estado a través de dos modalidades previstas en la legislación anterior: los Convenios Operativos con las empresas del Estado, y mediante Convenios de Asociación Estratégicas y de Explotación a Riesgo y Ganancias Compartidas que se habían suscrito bajo la vigencia de la Ley que reserva al Estado la Industria y el Comercio de los Hidrocarburos de 1975, los cuales dado el principio general de la irretroactividad de las leyes, continuaron en vigencia como contratos válidamente sus-

---

21 Sobre el tema véase Allan R. Brewer-Carías, "Sobre la *"publicatio"* en el derecho público y las nociones de "reserva al Estado," "utilidad pública," "interés social," "servicio público," "dominio público" y "orden público," en Jaime Rodríguez Arana Muñoz, Carlos E. Delpiazzo Rodríguez, Olivo Rodríguez Huertas, Servio Tulio Castaños Guzmán y María del Carmen Rodríguez Martín-Retortillo (Editores), *Bases y retos de la Contratación Pública en el Escenario Global, Actas del XVI Foro Iberoamericano de Derecho Administrativo, Santo Domingo, 1 y 3 de octubre de 2017,* Foro Iberoamericano de Derecho Administrativo, Asociación Dominicana de Derecho Administrativo, Fundación Institucionalidad y Justicia, FINJUS, Editorial Jurídica Venezolana International, Santo Domingo, pp. 873-890.

critos por el Estado conforme al artículo 5 de aquella Ley que fue derogada por la Ley Orgánica de 2001, aún después de la entrada en vigencia de la nueva Ley.

A partir de 2006, el Estado venezolano, comenzó un proceso de "estatización" petrolera a través de la eliminación progresiva, mediante ley, de la participación del capital privado en las actividades de la industria petrolera que se había desarrollado antes de la entrada en vigencia de la nueva Ley Orgánica de Hidrocarburos en 2001. Ese proceso de eliminación de la participación del capital privado en la industria que había sido posible conforme a los contratos suscritos antes de 2001, se verificó mediante tres instrumentos legislativos:[22]

Primero, se dispuso la extinción, es decir, la terminación unilateral anticipada de los Convenios Operativos que existían y se habían suscrito conforme a la legislación anterior, entre las filiales de PDVSA y empresas privadas, para lo cual el 18 de abril de 2006 se dictó la Ley de Regularización de la Participación Privada en las Actividades Primarias Previstas,[23] cuyo específico objeto que se definió como "regularizar la participación privada en las actividades primarias," dado que el Legislador consideró que su ejercicio había "sido desnaturalizado por los Convenios Operativos surgidos de la llamada apertura petrolera, al punto de violar los intereses superiores del Estado y los elementos básicos de la sobera-nía" (art. 1).

La consecuencia de la extinción de los Convenios Operativos existentes, además de la obligación para el Estado de indemnizar a los antiguos contratistas por los daños y perjuicios ocasionados por la terminación anticipada y unilateral de los Convenios y la expro-

---

22 Véase Alan R. Brewer-Carías, "La terminación anticipada y unilateral mediante leyes de 2006 y 2007 de los convenios operativos y de asociaciones petroleros que permitían la participación del capital privado en las actividades primarias suscritos antes de 2002", en *Revista de Derecho Público*, N° 109 (enero–marzo 2007), Editorial Jurídica Venezolana, Caracas 2007, pp. 47-54; y "La estatización de los convenios de asociación que permitían la participación del capital privado en las actividades primarias de hidrocarburos suscritos antes de 2002, mediante su terminación anticipada y unilateral y la confiscación de los bienes afectos a los mismos", en Víctor Hernández Mendible (Coordinador), *Nacionalización, Libertad de Empresa y Asociaciones Mixtas*, Editorial Jurídica Venezolana, Caracas 2008, pp. 123-188.

23 Véase en *Gaceta Oficial* N° 38.419 del 18 de abril de 2006.

piación de los derechos contractuales, fue que conforme se dispuso en el artículo 4 de la Ley:

> "[...] la República, directamente o a través de empresas de su exclusiva propiedad, reasumirá el ejercicio de las actividades petroleras desempeñadas por los particulares, a los fines de garantizar su continuidad y en razón de su carácter de utilidad pública e interés social, sin perjuicio de que se establezcan para tal efecto empresas mixtas sujetas a la aprobación de la Asamblea Nacional, previo informe favorable del Ejecutivo Nacional por órgano del Ministerio de Energía y Petróleo y de la Comisión Permanente de Energía y Minas de la Asamblea Nacional."

A tal efecto, la Asamblea Nacional ya había adoptado en marzo de 2006 el "Acuerdo mediante el cual se aprueban los Términos y Condiciones para la creación y funcionamiento de las Empresas Mixtas."[24]

Segundo, con base en la Ley Habilitante de 1 de febrero de 2007[25] que delegó en el Ejecutivo nacional la legislación para que el Estado asumiera "el control de las actividades realizadas por las asociaciones que operan en la Faja Petrolífera del Orinoco, incluyendo mejoradores y las asignaciones de explotación a riesgo y ganancias compartidas", se dictó el 26 de febrero de 2007, el Decreto Ley 5.200, contentivo de la Ley de Migración a Empresas Mixtas de los Convenios de Asociación de la Faja Petrolífera del Orinoco, así como de los Convenios de Exploración a Riesgo y Ganancias Compartidas[26], con la cual se dio inicio al proceso de terminación unilateral y anticipada de los convenios de asociación que se habían suscrito entre 1993 y 2001, lo que implicaba, para los contratistas que no acordaran a los términos unilaterales fijados por el Estado, la afectación de sus derechos contractuales en lo que parecía ser el inicio de un proceso de expropiación de los mismos, con el consecuente derecho a ser justamente compensados por os de daños y perjuicios causados por la ejecución de dicha Ley.

Esto significó, pura y simplemente, darle efectos retroactivos a la Ley Orgánica de Hidrocarburos de 2001, al imponer unilateralmente a los Convenios de Asociación suscritos conforme a la legis-

---

24   Véase en *Gaceta Oficial* N° 38.410 de 31-03-2006.

25   Véase en *Gaceta Oficial* N° 38.617 de 01-02-2007.

26   Véase en *Gaceta Oficial* N° 38.623 de 16-2-2007.

lación anterior, la obligación de ajustarse a la nueva Ley y transformarse en nuevas empresas mixtas."

En todo caso, la consecuencia de la aplicación retroactiva de la Ley de 2001 a los Convenios de Asociación suscritos válidamente con anterioridad a la misma, mediante dicho Decreto ley N° 5.200 se configuró como el inicio de una terminación anticipada y unilateral de los dichos Convenios de Asociación, pareciendo configurarse como el inicio de una expropiación por Ley de los derechos contractuales de los contratantes en dichos Convenios, lo cual conforme al artículo 115 de la Constitución, les originaba el derecho a ser justamente indemnizados por los daños y perjuicios causados. El Decreto N° 5.200, sin embargo, nada previo sobre estos efectos ni expropiatorios no indemnizatorios, habiendo quedado inconclusas sus previsiones.

Tercero, ese deficiencia legislativa pareció que se corregiría con la subsiguiente Ley sobre los Efectos del Proceso de Migración a Empresas Mixtas de los Convenios de Asociación de la Faja Petrolífera del Orinoco, así como de los Convenios de Exploración a Riesgo y Ganancias Compartidas de 5 de octubre de 2007,[27] mediante la cual los convenios de Asociación antes mencionados se declaró que "quedaron extinguidos" según los casos, (i) a partir de la fecha de publicación del "decreto que dispuso la transferencia del derecho a ejercer actividades primarias a las empresas mixtas que constituyeron conforme con lo previsto en dicha Ley" en la *Gaceta Oficial* de la República (art. 1); o (ii) "a partir de la fecha de publicación" de dicha Ley en la Gaceta Oficial de la República (art. 1). Sin embargo, la Ley de Migración también fue insuficiente jurídicamente para haberse configurado como una ley expropiatoria, no previéndose en la misma nada sobre la justa compensación que tenían los contratistas privados afectados en sus derechos contractuales.

La Ley de Migración (Decreto Ley 5.200), en efecto, nada indicó sobre los derechos a indemnización y compensación de las empresas privadas que no hubieran llegado a un acuerdo para continuar como socios de las nuevas empresas mixtas, en virtud de la terminación anticipada y unilateral de los Convenios y Asociaciones, que tenían de acuerdo con lo dispuesto en el artículo 115 de la Constitución, lo que se derivaba de lo que aparecía como una expropiación

---

27 Véase en *Gaceta Oficial* N° 38.785 del 8 de octubre de 2007.

realizada por ley especial al margen de la Ley general de expropiación, que implicaba, de acuerdo con la Constitución, el derecho de las empresas privadas a ser indemnizadas.

Sin embargo, en lugar de procederse a ello, el Ejecutivo Nacional mediante el Decreto Ley 5.200 optó definitivamente por "confiscar" dichos derechos al declarar pura y simplemente extinguidos los convenios de Asociación a partir de la publicación de la Ley sobre los Efectos del Proceso de Migración de 5 de octubre de 2007. La Ley, además, ordenó la trasferencia forzada de bienes de propiedad privada a las nuevas empresas mixtas constituidas, extinguiendo la propiedad de las empresas sobre los mismos, sin indemnización ni proceso judicial alguno.

En esta forma, tanto el Decreto 5.200 como la Ley de Efectos, afectaron inconstitucionalmente los derechos y obligaciones contractuales de las partes en los Convenios de Asociación, sin haberlos expropiado formalmente, lo que sin duda, al extinguirlos, provocaron el incumplimiento de sus obligaciones por parte de las empresas públicas contratantes, dando así derecho a los contratistas privados a reclamar los daños y perjuicios originados en dichos incumplimiento por las vías arbitrales previstas en los Convenios de Asociación, y que la antigua Corte Suprema de Justicia, en la antes mencionada sentencia de 17 de agosto de 1999, había declarado que eran conformes con la Constitución. [28]

---

28 Véase la sentencia en Allan R. Brewer-Carías, *Crónica de una destrucción. Concesión, Nacionalización, Apertura, Constitucionalización, Desnacionalización, Estatización, Entrega y Degradación de la Industria Petrolera*, Colección Centro de Estudios de Regulación Económica-Universidad Monteávila, N° 3, Editorial Jurídica Venezolana, Caracas, 2018 (Apéndice).

TERCERA PARTE

LA NUEVA RESERVA AL ESTADO DE LOS BIENES Y SERVICIOS CONEXOS CON LAS ACTIVIDADES PRIMARIAS DE HIDROCARBUROS DECRETADA EN 2009

Conforme a la Ley Orgánica de Nacionalización petrolera de 1975, y posteriormente, conforme a la Ley Orgánica de Hidrocarburos de 2001 (LOH), además de la participación de las empresas privadas en las actividades reservadas de la industria y el comercio de hidrocarburos mediante los convenios operativos y los convenios de asociación que fueron terminados en 2007,[29] los particulares y empresas privadas también participaban y siguieron participando en las actividades no reservadas de la industria y el comercio de los hidrocarburos, particularmente prestando servicios o realizando obras mediante contratos celebrados con las empresas del Estado.

---

29 Véase el decreto Ley 5200 de Ley de Migración a Empresas Mixtas de los Convenios de Asociación de la Faja Petrolífera del Orinoco, así como de los Convenios de Exploración a Riesgo y Ganancias Compartidas (*Gaceta Oficial* n° 38.623 de 26-2-2007); y Ley sobre los Efectos del Proceso de Migración a Empresas Mixtas de los Convenios de Asociación de la Faja Petrolífera del Orinoco; así como de los Convenios de Exploración a Riesgo y Ganancias Compartidas de 5 de octubre de 2007 (*Gaceta Oficial* N° 38.785 del 08-10-2007). Sobre estas leyes véase, Allan R. Brewer-Carías, "La estatización de los convenios de asociación que permitían la participación del capital privado en las actividades primarias de hidrocarburos suscritos antes de 2002, mediante su terminación anticipada y unilateral y la confiscación de los bienes afectos a los mismos", en Víctor Hernández Mendible (Coordinador), *Nacionalización, Libertad de Empresa y Asociaciones Mixtas*, Editorial Jurídica Venezolana, Caracas 2008, pp. 123-188.

Ese fue el caso de las empresas que suscribieron mediante procesos licitatorios, incluso antes de la entrada en vigencia de la LOH, contratos con la empresa PDVSA Petróleo y Gas S.A. (luego PDVSA Petróleo. S.A.) para la prestación a PDVSA, por ejemplo, de los servicios de inyección de agua, de vapor o de gas, y de compresión de gas; y de los servicios vinculados a las actividades petroleras desarrolladas en particular, en el Lago de Maracaibo, como los servicios de lanchas para el transporte de personal, buzos y mantenimiento; los servicios de barcazas con grúa para transporte de materiales, diesel, agua industrial y otros insumos; los servicios de remolcadores; los servicios de gabarras planas, boyeras, grúas, de ripio, de tendido o reemplazo de tuberías y cables subacuáticos; los servicios de mantenimiento de buques en talleres, muelles y diques, tal como se enumeraron en el artículo 2 de la mencionada Ley Orgánica que reserva al Estado bienes y servicios conexos a las actividades primarias de Hidrocarburos de 2009.

En esos casos, la empresa petrolera nacional encomendó a empresas privadas, generalmente a consorcios que agrupaban a empresas extranjeras con nacionales, la realización de actividades que entonces no estaban reservadas al Estado, ni estaban destinadas a satisfacer necesidades colectivas, y que sólo estaban destinadas a prestar servicios eminentemente técnicos a una sola empresa para la realización de sus actividades, como era el caso de PDVSA Petróleo y Gas S.A.

La actividad que constituía el objeto de los contratos celebrados con empresas privadas o consorcios, por otra parte, a pesar de tratarse de actividades conexas con las actividades primarias de hidrocarburos que estaban a cargo de PDVSA, no sólo no eran actividades reservadas al Estado, sino que no constituían en sí mismas actividades de explotación petrolera.

Fue sin embargo, como se ha dicho, en 2009, cuando esas actividades o servicios conexos con la industria petrolera que no estaban reservadas al Estado, pasaron a ser reservada al mismo mediante la antes mencionada Ley Orgánica que reserva al Estado bienes y servicios conexos a las actividades primarias de Hidrocarburos,[30] en la cual se dispuso que dado su "carácter estratégico," a partir de la entrada en vigencia de dicha Ley pasarían a ser ejecutadas, "directamente por la República; por Petróleos de Venezuela, S.A. (PDV-

---

30   Véase en *Gaceta Oficial* N° 39.173 del 07-05-2009.

SA) o de la filial que ésta designe al efecto; o, a través de empresas mixtas, bajo el control de Petróleos de Venezuela, S.A., (PDVSA) o sus filiales." (Art. 1).

A los efectos de materializar la nacionalización que ello implicó, el artículo 3 de la Ley de Reserva de 2009, atribuyó al Ministerio con competencia en materia petrolera, la facultad de determinar mediante Resolución, los bienes y servicios de empresas o sectores que se encontraban dentro de las previsiones de sus artículos 1 y 2. Se dispuso además, que al dictarse dichas Resoluciones ministeriales, los contratos que se hubieran celebrado entre las empresas petroleras estatales y empresas privadas para la realización de las actividades que con la ley se reservaban al Estado, "se extinguirán de pleno derecho en virtud de la presente Ley," y además, se "reconoció" a dichos contratos, *ex post facto*, retroactivamente, "como contratos administrativos." (Art. 3).

Con estas previsiones se confirmó, por supuesto, que antes de la entrada en vigencia de la Ley de Reserva de 2009, no sólo las actividades que reguló no eran actividades "reservadas" al Estado, ni en la industria petrolera podían ser consideradas como "servicios públicos" (calificación reservada sólo a las actividades destinadas a satisfacer necesidades colectivas conforme al artículo. 60 de la LOH y en al artículo 5 de la LOHG), sino que los contratos celebrados por PDVSA y sus filiales con empresas p consorcios particulares respecto de las mismas, no eran ni podían considerarse en absoluto como "contratos administrativos," sino contratos de derecho privado de la Administración. Fue, por tanto, con la Ley de Reserva de 2009, a partir de la misma y a sus solos efectos, que las referidas actividades en cambio comenzaron a ser consideradas como "actividades reservadas," que además comenzaron a ser consideradas como "servicios públicos", y que, adicionalmente, los contratos relativos a las mismas comenzaron a ser "reconocidos" como "contratos administrativos."

La reserva al Estado decidida en la Ley de Reserva de 2009, a diferencia de otras leyes anteriores que reservaron actividades al Estado, en este caso tuvo efectos inmediatos, de manera que el artículo 4 de la Ley precisó que a partir de su publicación, "Petróleos de Venezuela S.A., (PDVSA) o la filial que ésta designe, *tomará posesión de los bienes*, y control de las operaciones referidas a las actividades reservadas," lo que efectivamente ocurrió. Este constituyó, de acuerdo con la Exposición de Motivos de la Ley, un:

"mecanismo expedito, acorde a las necesidades de la industria petrolera, que permitirá a Petróleos de Venezuela o la filial que ésta designe, tomar posesión de los bienes, y control de las operaciones referidas a las actividades reservadas, como paso previo al inicio del proceso Expropiatorio."

A tal efecto la Ley autorizó al Ministerio con competencia en materia petrolera, para asumir "las medidas necesarias para garantizar la continuidad de las actividades objeto de la Ley," estando facultada para "solicitar el apoyo de cualquier órgano o ente del Estado." En este caso, fue la Guardia Nacional la utilizada.

Además, se impuso en la ley a "las personas naturales o jurídicas vinculadas a la materia, colaborar en la entrega pacífica y ordenada de las operaciones, instalaciones, documentación, bienes y equipos afectos a las actividades a las que se refiere la Ley, so pena de la aplicación de las sanciones administrativas y penales que pudieran corresponder, de conformidad con el ordenamiento jurídico." (Art. 4). Para asegurar la transferencia de todos los bienes y servicios, además, el artículo 8 de la Ley dispuso que todos "los permisos, certificaciones, autorizaciones y registros vigentes, pertenecientes a los operadores de las actividades reservadas, o que recaigan sobre bienes utilizados por las mismas, *pasarán de pleno derecho*, a la titularidad de Petróleos de Venezuela S.A., (PDVSA) o a la filial que ésta designe." Igualmente, para asegurar la transferencia al Estado, la Ley estableció que "los actos, negocios y acuerdos que se realicen, suscriban o ejecuten en cumplimiento de la Ley Orgánica, así como las cesiones, transferencias de bienes y cualesquiera otras operaciones, quedan exentos de los tributos nacionales" (Art. 9).

La nacionalización de los mencionados bienes y servicios conexos y la asunción inmediata de los mismos por parte de PDVSA, implicaba la obligación para el Estado de compensar a los accionistas privados de las empresas, a cuyo efecto dispuso la Ley de Reserva de 2009 que el Ejecutivo Nacional podrá "decretar la expropiación, total o parcial de las acciones o bienes de las empresas que realizan los servicios referidos" de conformidad con lo previsto en la Ley de Expropiación por Causa de Utilidad Pública o Social, en cuyo caso "el ente expropiante será Petróleos de Venezuela S.A., (PDVSA) o la filial que ésta designe"(Art. 6).

Al día siguiente de dictarse la Ley de Reserva de 2009, conforme a sus previsiones, el Ministerio del Poder Popular para la Energía y Petróleo dictó la Resolución N° 051 de 8 de mayo de 2009,[31] en la cual enumeró una larga lista de servicios de empresas o sectores y bienes "afectadas por las medidas de toma de posesión," (Art. 1), instruyéndose a Petróleos de Venezuela, S.A. o la filial que ésta designe, *"a tomar el control de las operaciones y posesión inmediata de las instalaciones, documentación, bienes y equipos"* mencionados (Art 2).

Posteriormente, mediante Resolución No. 54 de 13 de mayo de 2009,[32] el mismo Ministerio del Poder Popular para la Energía y Petróleo enunció una serie de empresas que prestan servicios y poseen bienes esenciales (compresión de gas) que eran conexos con la realización de las actividades primarias previstas en la LOH, y que consideró se "subsumían" en las indicadas en el artículo 2 de la Ley de Reserva de 2009, con la advertencia de que "las enunciaciones en cuestión no tienen carácter taxativo sino meramente enunciativo" (Art. 1).

A los efectos de implementar la nacionalización decretada, en el artículo 2 de la Resolución No. 51 se instruyó a Petróleos de Venezuela, S.A. o la filial que ésta designase, "a tomar el control de las operaciones y posesión inmediata de las instalaciones, documentación, bienes y equipos, afectos a las actividades" de dichas empresas, a cuyo efecto, debía dejarse asentada la información específica de las instalaciones, bienes y equipos afectados, mediante evaluación y levantamiento de acta a ser suscrita entre representantes de Petróleos de Venezuela, S.A. o de la filial designada y de las empresas afectadas; o mediante el mecanismos de levantamiento de un acta de inspección judicial o acta notarial, en un plazo no mayor de quince (15) días hábiles. Dejó a salvo la Resolución que "en todo caso, si de la referida evaluación se determinase que no existe interés en la toma de posesión de los Servicios de Empresa o Sectores y Bienes enunciados anteriormente quedará sin efecto su afectación por parte de esta Resolución." El Ministerio del Poder Popular para la Energía y Petróleo, además, se reservó la aplicación de las medidas que considere necesarias, para garantizar la continuidad de las actividades afectadas por dicha Resolución; y asimismo, también se reservó el derecho de determinar otros bienes, servicios de empresas o sectores y empresas afectadas por la Ley Orgánica que Reserva al Estado Bie-

---

31 Véase en *Gaceta Oficial* N° 39.174 del 08-05-2009.

32 Véase en *Gaceta Oficial* N° 39.177 del 13-05-2009.

nes y Servicios Conexos a las Actividades Primarias de Hidrocarburos (Art. 3).

Como consecuencia, todos los bienes y servicios conexos con la industria petrolera como los de inyección de agua, de vapor o de gas, de compresión de gas; y los servicios vinculados a las actividades petroleras desarrolladas en el Lago de Maracaibo (lanchas, barcazas, remolcadores; gabarras, mantenimiento de buques) fueron nacionalizados en la Ley de Reserva de 2009, Por tanto, y ello resulta del texto de la propia Ley de Reserva de 2009, las actividades de dichos servicios ni conforme a la Ley de Nacionalización Petrolera de 1975 ni a la Ley Orgánica de Hidrocarburos de 2001, podían considerarse como actividades que hubiesen estado reservadas al Estado. Se trataba de actividades "conexa con la industria petrolera," pero que en sí mismas no eran actividad reservadas al Estado, ni eran actividades que fueran parte de la explotación de hidrocarburos, ni eran consideradas en forma alguna como "servicios públicos." Los contratos suscritos por PDVSA Petróleos S.A. para la prestación de dichos servicios, además, ni por la persona estatal que los suscribió ni por su objeto ni por su contenido tenían en modo alguno el carácter de "contratos administrativos."

En cambio, fue precisamente a partir del 7 de mayo de 2009 con motivo de la publicación de la Ley de Reserva de 2009, que en la misma ley, expresamente y con vigencia a partir de entonces, la actividad que se había venido realizando empresas o consorcios particulares mediante contratos en relación con servicios conexos con la industria petrolera, comenzaron a ser actividades "reservadas por el Estado" (Art. 1), que además, se las declaró y comenzaron a ser consideradas en virtud de ley como "servicio público" (Art. 5), y que los contratos celebrados para su prestación por empresas privadas o consorcios fueron "reconocidos" *ex post facto* como "contratos administrativos" (Art. 3). Todo ello, por supuesto, con vigencia a partir de la publicación de la Ley y sin posibilidad constitucional alguna de que su articulado pudiera tener efecto retroactivo por prohibirlo el artículo 24 de la Constitución.

El texto de la propia Ley de Reserva de 2009, por tanto, al establecer *ex post facto* la reserva al Estado de las citadas actividades (bienes y servicios) conexas al Estado; al considerarlas como "servicio público;" y al declarar los contratos respectivos para su prestación por empresas o consorcios privados como "contratos administrativos," es la más precisa y contundente demostración de que antes de la entrada en vigencia de dicha Ley, es decir, antes del 7 de mayo de 2009, las actividades mencionadas no eran actividades reservadas al Estado, no eran consideradas como "servicio público," ni los contratos celebrados para su prestación tampoco podían considerarse como "contratos administrativos."

De todo lo anterior resulta, entonces que la Ley de Reserva de 2009, a los efectos de poner término de inmediato a todos los contratos que se habían suscrito entre la empresa filial de PDVSA y las empresas privadas para la prestación de los servicios y obras relativos a las actividades conexas, en su artículo 3, "reconoció" que los contratos terminados "habían sido" contratos administrativos; en una especie de declaración de efectos "declarativos" y no constitutivos, para agregar a renglón seguido, que una vez que PDVSA tomara posesión de los bienes y servicios "nacionalizados," sin compensación, al dictarse las Resoluciones ministeriales mencionadas, dichos contratos "se extinguirán de pleno derecho en virtud de la presente Ley." O sea, fue una "declaración: con efectos temporales brevísimos.

Es decir, se recurrió legalmente a calificar como "contratos administrativos," a ciertos contratos estatales que en la terminología tradicional del derecho administrativos podían considerarse como típicos "contratos de derecho privado de la Administración," quizás pensando el legislador que en esa forma podía justificar la rescisión unilateral de los mismos mediante ley, supuestamente sin obligación para el Estado de pagar compensación, lo cual no tenía sentido, pues en cualquier caso, incluso aplicando la teoría del hecho del príncipe, procedía la compensación.

Se trató, sin duda, de una manipulación de un concepto fundamental y tradicional del derecho administrativo, como es el de "contrato administrativo" como técnica para pretender justificar la confiscación de derechos contractuales de los contratistas de la Administración que se vieron despojados de sus bienes y derechos, en la mayoría de los casos sin ser expropiados formalmente, y sin recibir compensación.

CUARTA PARTE

LOS PRINCIPIOS RELATIVOS A LA NOCIÓN DE CONTRATOS ADMINISTRATIVOS Y SU INDEBIDA MANIPULACIÓN AL SER APLICADA *EX POST FACTO* A LOS CONTRATOS SUSCRITOS PARA LA PRESTACIÓN DE LOS SERVICIOS CONEXOS A LA INDUSTRIA PETROLERA ANTES DE SU NACIONALIZACIÓN EN 2009

Los contratos suscritos por PDVSA Petróleo S.A. y empresas o consorcios privados para la prestación de los servicios conexos con la industria petrolera, conforme al derecho venezolano, en ningún caso podían haberse considerado como "contratos administrativos" en el sentido que dicho término ha tenido en la historia del derecho administrativo en el país. Se trataba, sin duda, de contratos públicos o contratos del Estado, por haber sido suscrito por una persona jurídica estatal (empresa del Estado), aún cuando de derecho privado; pero en la terminología tradicional, siempre que a esta se le de algún sentido, no podían ser considerados como contratos administrativos. [33]

Esos, sin embargo, fueron los que fueron calificados legalmente como "contrato administrativo," manipulándose indebidamente la noción, a partir de la entrada en vigencia de la Ley de Reserva de 2009.

---

[33] Véase sobre esto, Allan R. Brewer-Carías, "La manipulación legislativa del concepto de contrato administrativo como técnica confiscatoria" en José Eugenio Soriano García y Manuel Estepa Montero, (Coordinadores), *Por el derecho y la libertad. Libro Homenaje al Profesor Juan Alfonso Santamaría Pastor*, Volumen II (Garantías del ciudadano en el régimen administrativo), Editorial Iustel, Madrid 2014, pp. 1771-1800. En las páginas que siguen seguimos lo expuesto en ese estudio.

I. LOS CONTRATOS PÚBLICOS O CONTRATOS ESTATALES Y LOS CONTRATOS DE INTERÉS PÚBLICO

En efecto, los contratos públicos, contratos del Estado o contratos estatales son todos aquellos contratos en los cuales una de las partes (pueden ser las dos –contratos inter-administrativos-) es una persona jurídica estatal,[34] es decir, que está integrada en la organización general del Estado, sea que se trate de una persona jurídica de derecho público territorial (República, Estados, Municipios), o no territorial (pe. los institutos autónomos o públicos) o de una persona jurídica de derecho privado estatales (como por ejemplo las sociedades anónimas del Estado o empresas del Estado). En relación con los contratos del Estado, en general la Constitución utiliza la expresión histórica de "contratos de interés público" (nacional, estadal o municipal) (arts. 150, 151), y en algunas escasísimas leyes, algunos de ellos fueron denominados como "contratos administrativos."

En virtud de que Venezuela está organizada como un Estado federal (Art. 4, C.) con tres niveles de gobierno (nacional, estadal, municipal) (Art. 136 C.), la intención de la regulación de los "contratos de interés público" en el artículo 150 de la Constitución, conservando la previsión similar de la Constitución de 1961, con modificaciones conforme a nuestra propuesta,[35] y que se clasifican en "contratos de interés público nacional", "contratos de interés público estadal" y "contratos de interés público municipal," fue incluir en ellos los contratos suscritos, respectivamente, por entidades públicas nacionales, entidades públicas estadales y entidades públicas municipales, sean de la Administración central o de la Administración descentralizada.[36]

---

34 Véase Allan R. Brewer-Carías, "Sobre las personas jurídicas en la Constitución de 1999" en *Derecho Público Contemporáneo: Libro Homenaje a Jesús Leopoldo Sánchez*, Estudios del Instituto de Derecho Público, Universidad Central de Venezuela, enero-abril 2003, Volumen 1, pp. 48-54.

35 Véase Allan R. Brewer-Carías, *Debate Constituyente (Aportes a la Asamblea Nacional Constituyente)*, Tomo II, Caracas 1999, pp. 173 ss.

36 Tal como lo hemos sostenido desde 1981. Véase Allan R. Brewer-Carías, "Los contratos de interés nacional y su aprobación legislativa», en *Estudios de Derecho Público (Labor en el Senado)*, Tomo I, Ediciones del Congreso, Caracas 1983, pp. 183-193; "La aprobación legislativa de los contratos de interés nacional y el contrato Pdvsa-Veba Oil», en *Estudios de Derecho Público (Labor en el Senado)*, Tomo II, Ediciones del Congreso, Caracas 1983,

En consecuencia, la intención de la regulación constitucional fue considerar como contratos de interés público nacional, a aquellos concernientes al nivel nacional de gobierno (diferente a los niveles estadales y municipales de gobierno), porque son suscritos por entidades públicas nacionales, es decir, por la República o institutos autónomos nacionales o empresas del Estado nacionales.

Sin embargo, debe señalarse que la Sala Constitucional del Tribunal Supremo de Justicia, en sentencia No. 2.241 del 3 de septiembre de 2000,[37] al decidir sobre la nulidad del artículo 80 de la Ley de Administración Financiera del Sector Público, emitió una sentencia que podría dar lugar a la manipulación del concepto de contrato de interés público. En efecto, el objeto del juicio fue la nulidad de la norma indicada porque podía interpretarse como permitiendo que el Ejecutivo pudieran celebrar contratos de interés nacional (de deuda pública), con compañías no domiciliadas en el país sin la autorización previa de la Asamblea nacional como lo exige el artículo 150 de la Constitución. Para decidir, nada tenía que

---

pp. 65-82; *"Los contratos de interés público nacional y su aprobación legislativa"* en *Revista de Derecho Público,* N° 11, Caracas, 1982, pp. 40-54; y *Contratos Administrativos,* Caracas, 1992, pp. 28-36.

37 La Sala Constitucional del Tribunal Supremo de Justicia en esa sentencia (Caso: *Anulación del artículo 80 de la Ley Orgánica de Administración Financiera del Sector Público),* en la cual sólo anuló la previsión impugnada, sin embargo, argumentó sobre la noción de "contratos de interés público" de forma que podía conducir a considerar que los mismos habrían quedado reducidos a los suscritos o celebrados por la Republica, los Estados y los Municipios. La sentencia, sin embargo, no estableció ninguna interpretación vinculante y no excluyó expresamente de tal calificación a los contratos públicos suscritos por institutos autónomos o empresas públicas nacionales como por ejemplo podría ser PDVSA. El argumento central de la decisión de la Sala se refirió al tema de la autorización parlamentaria previa en relación con los contratos de deuda pública suscritos con compañías no domiciliadas en el país, que fue lo que motivó la anulación del artículo impugnado de la Ley Orgánica; habiendo sido un lamentable e inadvertido error (como se explica en las páginas 198 ss. de esta obra) que en esta misma nota al pie de página de la primera edición se hubiera incluido el calificativo "vinculante" cuando evidentemente ello no era ni es así, y era contrario a mis propios argumentos en el mismo libro sobre cuándo es que se pueden calificar las sentencias de la Sala como vinculantes (Véase Quinta Parte, en esta segunda edición, pp. 126 ss.). Véase sobre la sentencia y sobre que la "interpretación" que se utiliza *no tiene "carácter vinculante"* nuestros comentarios y críticas a la misma en la Novena Parte de este libro (pp. 191 ss., 198 ss.).

argumentar la Sala Constitucional sobre la "noción" de contrato de interés público. Pero lo hizo, refiriéndose solo a los contratos de interés público suscritos por los entes territoriales (República, Estados y Municipios).

Ello, que no era parte del *thema decidendum*, podía sin embargo conducir a interpretar que la Sala, con esa aproximación restrictiva respecto de los "contrato de interés público" referidos en el artículo 150 de la Constitución, había considerado que en la noción de contratos de interés público sólo cabían aquellos contratos suscritos por la Republica, los Estados y los Municipios en los que esté envuelto un interés público nacional, estadal y municipal; no incluyendo en la enumeración los contratos públicos suscritos por los institutos autónomos o empresas del Estado;[38] lo que por supuesto no tenía ninguna justificación ni base constitucional, máxime cuando la gran mayoría de contratos de interés nacional, por ejemplo, se celebran por los entes descentralizados.

Ahora bien, se identifique o no la noción de contratos estatales con la de contratos de interés público, lo cierto es que la primera expresión identifica los contratos suscritos por las personas jurídicas estatales, o las que integran el sector público y que en general se engloban en la noción de "Estado". Esa noción de contratos públicos o estatales, que recoge la Ley de Contrataciones Públicas[39] puede considerarse como equivalente a las nociones de *contratos públicos,*[40] *contratos del Estado,*[41] o *contratos de la Administración;*[42] o

---

38 Sobre esta sentencia véase los comentarios críticos en las páginas 204 ss. y 212 ss. de este libro; y en Allan R. Brewer-Carías, "La mutación de la noción de contratos de interés público nacional hecha por la Sala Constitucional, para cercenarle a la Asamblea Nacional sus poderes de control político en relación con la actividad contractual de la administración pública y sus consecuencias," en *Revista de Derecho Público,* No. 151-152, (julio-diciembre 2017), Editorial Jurídica Venezolana, Caracas 2017, pp. 376-377.

39 Véase Ley de Contrataciones Públicas, *Gaceta Oficial* N° 38895 de 25-3-2008. Véanse los comentarios en Allan R. Brewer-carías et al, Ley de Contrataciones Públicas, Editorial Jurídica venezolana, Caracas 2009.

40 Véase en Sabino Álvarez Guendín, *Los contratos públicos*, Madrid, 1934.

41 Véase en Jorge Enrique Romero Pérez, *Los contratos del Estado*, San José Costa Rica, 1993.

42 Véase en Álvaro Pérez Vives, *De los contratos de la Administración*, Bogotá, 1984.

a la noción en ingles de *Public Contract;*[43] a la francesa de *contrats de l'administration;*[44] a la italiana de *contratti della pubblica ammistrazione;*[45] o a la portuguesa de *contratos de administração pública;*[46] todas tendientes a identificar contratos en los cuales una de las partes de la relación contractual es el Estado, es decir, un órgano de la Administración Pública central o descentralizada o una entidad estatal, los que además, en general, tienen fines de interés público.

Dichos contratos públicos, en general, aparte de las regulaciones generales de orden constitucional en las cuales se establecen cláusulas obligatorias para todos ellos, como la cláusula de la inmunidad relativa de jurisdicción, o la cláusula Calvo (art. 151); en Venezuela, hasta reciente data nunca habían sido objeto de una Ley general que regulara toda la actividad contractual de la Administración como ha sucedido en muchos otros países, por ejemplo, en España, en el pasado, con la Ley de Contratos del Estado (1965), la Ley de Contratos de las Administraciones Públicas (1995), y más recientemente con la Ley de Contratos del Sector Público (2007); y en Colombia, con la Ley de Contratos del Estado (1993). Las únicas leyes generales que se habían sancionado en Venezuela relativas a los contratos del Estado son, por una parte, la Ley Orgánica de Promoción de Inversión Privada bajo el Plan de Concesiones de 1999,[47] que regula fundamentalmente los contratos de "concesión de servicios públicos" y los "contratos de obra pública" otorgados por una "autoridad pública" (arts. 1,2); y por la otra, a partir de 2008, la Ley de Contrataciones Públicas,[48] destinada sólo a regular

---

43 Véase en Marco D'Alberti, *I "Public contracts" nell'esperienza Britanica,* Napoli, 1984.

44 Véase en André de Laubadère, *Traité Théorique et Pratique des Contrats Administratifs,* 3 vols., Paris, 1956.

45 Véase en Francesco di Renzo, *I contratti della pubblica amministrazione,* Milano, 1969; Francesco Paolo Pugliese, *I contratti delle amministrazioni federali negli Stati Uniti d'America,* Padova, 1974.

46 Véase en Juárez de Oliveira, *Licitações e Contratos de Administração Pública,* Sao Paulo 1993.

47 Véase en *Gaceta Oficial* N° 5.394 Extra. del 25 de octubre de 1999.

48 La Ley fue dictada mediante Decreto Ley N° 5.929 de fecha 11 de marzo de 2008 y reformada por Ley publicada en *Gaceta Oficial* N° 39.165 de 24 de abril de 2009. Véase sobre la Ley de Contrataciones Públicas, los diversos comentaros en el libro de Allan R. Brewer-Carías, Carlos García Soto, Gus-

los contratos del Estado que tienen por objeto "la adquisición de bienes, prestación de servicios y ejecución de obras" (art. 1), que sustituyó a la vieja Ley de Licitaciones.

Por tanto, en dichos contratos públicos específicos, dichas leyes forman parte del derecho aplicable a los mismos. Además, configuran parte del derecho aplicable a los contratos públicos, todas las demás leyes especificas que se hayan sancionado, y que regulen en una forma u otra el objeto de los mismos. Y, por supuesto, forman parte fundamental del derecho aplicable a los contratos públicos, las cláusulas mismas del contrato y las disposiciones del Código Civil que son supletorias respecto de las cláusulas contractuales

II ALGO SOBRE EL TEMA DE LOS "CONTRATOS ADMINISTRATIVOS"

Como hemos dicho, fundamentalmente motivada por razones adjetivas o procesales con el objeto de atraer la competencia jurisdiccional de la Sala Político Administrativa del Tribunal Supremo, durante la segunda mitad del siglo pasado se elaboró en Venezuela una amplia y a la vez confusa doctrina jurisprudencial que buscó identificar, entre los contratos públicos o estatales, algunos que se consideraron como "contratos administrativos,"[49] para calificar ciertos contratos públicos o estatales sometidos a un régimen preponderante de derecho público, y para distinguirlos de otros contratos públicos o estatales, denominados "contratos de derecho privado de la Administración" que estarían sometidos a un régimen preponderantemente de derecho privado.

La Ley Orgánica de la Corte Suprema de Justicia de 1976, la cual fue sustituida por la Ley Orgánica del Tribunal Supremo de Justicia de 2004, había utilizado la expresión "contrato administrativo" a los solos efectos de atribuir competencia exclusiva a la sala Político Administrativa del supremo Tribunal para conocer de las controversias que resultasen de los mismos cuando eran suscritos por la República, los Estados y los Municipios (Art. 5,25). Para

---

tavo Linares Benzo, Víctor Hernández Mendible, José Ignacio Hernández G., Luis Alfonso Herrera Orellana, Miguel Mónaco, Manuel Rojas Pérez y Mauricio Subero Mujica, *Ley de Contrataciones Públicas*, Editorial Jurídica Venezolana, Caracas 2008; Segunda Edición, Caracas 2009.

49 Véase Allan R. Brewer-Carías y Luis Ortiz Álvarez, *Las grandes decisiones de la Jurisprudencia Contencioso-Administrativa 1961-1996*, Caracas, 1999, pp. 174 y ss.

ello, y sólo para determinar la competencia judicial para resolver los conflictos o disputas referidos a los contratos administrativos, a cargo, en única instancia, de la Sala Político Administrativa, se desarrolló la noción; quedando los conflictos relativos a los otros contratos, los "de derecho privado de la Administración" al conocimiento de los tribunales ordinarios, primero, y luego de los inferiores en la jurisdicción contencioso administrativa, según la cuantía.

La noción, en definitiva, como lo muestra la práctica judicial, puede decirse que siempre se utilizó *ex post facto,*[50] en el sentido de que cualquier contrato público suscrito por la República, los Estados y los Municipios y sus entes descentralizados podía lograr ser "convertido" en un "contrato administrativo," si el ente público contratante utilizaba sus poderes públicos extraordinarios en relación con su cumplimiento y ejecución; ello, una vez introducida una demanda judicial, con el único y exclusivo propósito de atraer la competencia de la Sala Político Administrativa de la Corte o Tribunal Supremo para decidir los conflictos contractuales correspondiente y excluir primero, la competencia de la jurisdicción ordinaria, y luego, de los tribunales inferiores de la jurisdicción contencioso administrativa, siempre que dicha Sala Político Administrativa decidiera considerar el contrato público como un "contrato administrativo," y confirmara su competencia para resolver las controversias que derivasen de su ejecución.

La elaboración de dicha noción, o de la teoría general de los contratos administrativos en Venezuela, con tales fines adjetivos o procedimentales, en efecto, se elaboró desde mitades del siglo pasado, por supuesto, siguiendo las orientaciones del derecho francés, distinguiéndose, así entre los contratos celebrados por el Estado, entre aquellos considerados como "contratos administrativos" y aquellos considerados como "contratos de derecho privado de la Administración."

Por supuesto, en los últimos sesenta años que ha sido durante los cuales se ha desarrollado el derecho administrativo contemporáneo en Venezuela, en ausencia de leyes generales sobre contratación

---

50 Véase "La interaplicación del derecho público y del derecho privado a la Administración Pública y el proceso de huída y recuperación del derecho administrativo" en *Las Formas de la Actividad Administrativa: II Jornadas Internacionales de Derecho Administrativo Allan Randolph Brewer-Carías*, Fundación de Estudios de Derecho Administrativo, Caracas, 1996, pp. 59.

administrativa, todos los que nos hemos ocupado en una forma u otra de esta disciplina, nos hemos ocupado de contribuir a la construcción doctrinal de la idea de la teoría del "contrato administrativo,"[51] particularmente al comentar la mencionada rica y variada

---

51 Véase por nuestra parte, entre otros trabajos, Allan R. Brewer-Carías, "Los contratos de la administración en la jurisprudencia venezolana," *en Revista de la Facultad de Derecho*, N° 26, Universidad Central de Venezuela, Caracas, 1963, pp. 127-154; "La formación de la voluntad de la Administración Pública Nacional en los contratos administrativos," en *Revista de la Facultad de Derecho*, N° 28, Universidad Central de Venezuela, Caracas, 1964, pp. 61-112, publicado también "con referencias al derecho uruguayo por Horacio Casinelli Muñoz," en *Revista de Derecho, Jurisprudencia y Administración*, Tomo 62, N° 2-3, Montevideo 1965, pp. 25-56; "La facultad de la Administración de modificar unilateralmente los contratos administrativos," en *Libro-Homenaje a la Memoria de Roberto Goldschmidt*, Facultad de Derecho, Universidad Central de Venezuela, Caracas, 1967, pp. 755-778, publicado también "con especial referencia a los contratos de obra pública en el derecho venezolano," *en Revista de Derecho Español y Americano*, Instituto de Cultura Hispánica, N° 19, Año XIII, Madrid, Enero-marzo 1968, pp. 101-117; "Algunas reflexiones sobre el equilibrio financiero en los contratos administrativos y la aplicabilidad en Venezuela de la concepción amplia de la Teoría del Hecho del Príncipe," *en Revista Control Fiscal y Tecnificación Administrativa*, Año XIII, N° 65, Contraloría General de la República, Caracas, 1972, pp. 86-93; "Consideraciones sobre los efectos de la ruptura de la ecuación económica de un contrato administrativo por una ley declarada nula por inconstitucional," en *Cuadernos de Derecho Público*, Facultad de Derecho, Universidad de Los Andes, N° 2, Mérida 1976, pp. 5-26; "La evolución del concepto de contrato administrativo," *en Libro Homenaje al Profesor Antonio Moles Caubet*, Tomo I, Facultad de Ciencias Jurídicas y Políticas, Universidad Central de Venezuela, Caracas, 1981, pp. 41-69, *y en Estudios de Derecho Administrativo,* Ediciones Rosaristas, Colegio Nuestra Señora del Rosario, Bogotá, 1986, pp. 61-90; "Evoluçao do conceito do contrato administrativo," *en Revista de Direito Publico* Nos. 51-52, Sao Paulo, July-December 1979, pp. 5-19; "Los contratos de interés nacional y su aprobación legislativa," *en Revista de Derecho Público*, N° 11, Editorial Jurídica Venezolana, Caracas, julio-septiembre 1982, pp. 40-54; "Las cláusulas obligatorias y los principios especiales en la contratación administrativa», Allan R. Brewer-Carías, *Estudios de Derecho Administrativo*, Ediciones Rosaristas, Colegio Nuestra Señora del Rosario, Bogotá 1986 pp. 91-124; "Consideraciones sobre los derechos del contratista en los contratos de obra pública: el derecho al precio y a su pago en la forma convenida," en *Revista de Derecho Público*, N° 28, Editorial Jurídica Venezolana, Caracas, Octubre-diciembre 1986, pp. 35-46; «El régimen de selección de contratistas en la Administración Pública y la Ley de Licitaciones» *en Revista de Derecho*

jurisprudencia establecida por la antigua Corte Suprema de Justicia, basada fundamentalmente en razones prácticas de orden adjetivo.

No hay ni ha habido en las Constituciones venezolanas definición alguna sobre los "contratos administrativos," pudiéndose sólo encontrar en ellas, como se dijo, referencias a la noción de contratos de interés público nacional, estadal o municipal, fundamentalmente a los efectos de regular la intervención del órgano legislativo para su aprobación o autorización (Art. 150, 151, Constitución).[52] Por otra parte, a nivel legislativo, en el pasado sólo se utilizó la denominación de "contratos administrativos" en dos leyes, dictadas precisamente, con fines procesales, y que fueron la ley que reguló a la Corte Suprema; y la ley que reguló el régimen forestal.[53]

En efecto, en primer lugar, en la Ley Orgánica de la Corte Suprema de Justicia de 1976, la cual fue sustituida por la Ley Orgáni-

---

Público, N° 42, Editorial Jurídica Venezolana, Caracas, Abril-junio 1990, pp. 5-25; Allan R. Brewer-Carías, *Contratos Administrativos*, Colección Estudios Jurídicos, N° 44, Editorial Jurídica Venezolana, (Caracas 1992), Reimpresión: Caracas 1997; "Nuevas consideraciones sobre el régimen jurídico de los contratos del Estado en Venezuela," en *Estudios de Derecho Administrativo 2005-2007*, Editorial Jurídica Venezolana, Caracas 2007, pp. 417-451.

52   Véase en general: Jesús Caballero Ortíz, "Los contratos administrativos, los contratos de interés público y los contratos de interés nacional en la Constitución de 1999", en *Estudios de Derecho Administrativo: Libro Homenaje a la Universidad Central de Venezuela,* Volumen I, Imprenta Nacional, Caracas, 2001, pp. 139-154; Jesús Caballero Ortíz, "Deben subsistir los contratos administrativos en una futura legislación?", en *El Derecho Público a comienzos del siglo XXI: Estudios homenaje al Profesor Allan R. Brewer-Carías,* Tomo II, Instituto de Derecho Público, UCV, Civitas Ediciones, Madrid, 2003, pp. 1765-1777; Allan R. Brewer-Carías, "Los contratos de interés público nacional y su aprobación legislativa" en *Revista de Derecho Público,* N° 11, Caracas, 1982, pp. 40-54; Allan R. Brewer-Carías, *Contratos Administrativos, op. cit.*, pp. 28-36; Allan R. Brewer-Carías, *Debate Constituyente, Aportes a la Asamblea Nacional Constituyente,* Tomo II, Caracas, 1999, p. 173.

53   Véase Jesús Caballero Ortíz, "Deben subsistir los contratos administrativos en una futura legislación?", en *El Derecho Público a comienzos del siglo XXI. Estudios homenaje al Profesor Allan R. Brewer-Carías,* Tomo II, Instituto de Derecho Público, UCV, Civitas Ediciones, Madrid, 2003, pp. 1773; Rafael Badell Madrid, *Régimen Jurídico del Contrato Administrativo*, Caracas 2001, pp. 49-50.

ca del Tribunal Supremo de Justicia de 2004, se utilizó la expresión "contrato administrativo" a los solos efectos de atribuir competencia a algunos órganos de la jurisdicción contencioso administrativa para resolver las controversias que resultasen de "contratos administrativos" suscritos por la República, los Estados y los Municipios (Art. 5,25); previsión y terminología que sin embargo desapareció de la Ley Orgánica del Tribunal Supremo de Justicia de 2010[54] y que no se indicó en la nueva Ley Orgánica de la Jurisdicción Contencioso Administrativa de 2010,[55] en la cual sólo se establece en general que todas las controversias relativas a contratos del Estado, de cualquier tipo que sean, son del conocimiento de la Jurisdicción Contencioso Administrativa distribuyéndose la competencia entre los diversos tribunales según la cuantía.

En las leyes anteriores, en todo caso, la previsión te-nía por objeto atribuir dentro de los órganos de la jurisdicción, competencia exclusiva de la Sala Político Administrativa de la Corte Suprema de Justicia (posteriormente, Tribunal Supremo de Justicia) para conocer de controversias sobre "contratos administrativos" correspondiendo a los otros tribunales de la jurisdicción el conocer de los contratos celebrados por los entes públicos que no eran considerados como contratos administrativos, es decir, de los denominados "contratos de derecho privado de la administración."

A los efectos de delimitar estas competencias judiciales, sin duda, fue de gran utilidad el origen francés de la distinción entre "contrato administrativo" y "contrato de derecho privado suscrito por la Administración Pública," que fue lo que dio origen a la distribución de competencias judiciales entre la jurisdicción contencioso administrativa y la jurisdicción judicial ordinaria.[56] Para tal fin, la noción francesa de *service public* fue también utilizada y seguida por la doctrina;[57] noción que, como tantas otras, en su momento entró en crisis, originando luego la crisis de la misma noción de contrato administrativo, los cuales dejaron de ser identificados solamente por la sola "finalidad de servicio público." En todo caso, a los efectos de la jurisdicción contencioso administrativa, la distinción entre

---

54 Véase en *Gaceta Oficial* N° 39.522, de 01-10-2010.

55 Véase en *Gaceta Oficial* N° 39447 de 16-06-2010.

56 Véase Allan R. Brewer-Carías, *Contratos Administrativos, op. cit.,* p. 39.

57 *Idem*, pp. 40, 51.

contratos administrativos y contratos de derecho privado de la Administración desapareció, perdiendo todo interés adjetivo.

Pero es segundo lugar, aparte del sentido adjetivo de la denominación legal de contratos administrativos en la derogada Ley sobre el Tribunal Supremo, sólo fue la Ley Forestal, de Suelos y Aguas de 1965[58] y esta vez con carácter sustantivo, que se utilizó la expresión "contrato administrativo" para calificar las concesiones de explotación forestal (Art. 65), terminología que también desapareció con motivo de la sanción de la Ley de Bosques y Gestión Forestal, que derogó la Ley de 1965.[59]

Aparte de que las previsiones sobre "contratos administrativos" en las dos leyes mencionadas fueron derogadas, ninguna otra Ley utilizó en Venezuela la expresión "contrato administrativo" hasta que en 2009 se incorporó, precisamente, en la Ley de Reserva de 2009 de los bienes y servicios conexos a las actividades primarias de hidrocarburos.[60] Esta consagración de la expresión "contrato administrativo" en el derecho positivo, a pesar de que desde hace lustros hemos considerado que la misma había perdido interés, amerita sin duda que se tenga que volver sobre la misma.

En la Ley de Reserva de 2009, en efecto, al referirse a los contratos que habían sido celebrados por empresas del Estado con empresas o consorcios particulares para la realización de actividades conexas dentro de la industria petrolera, *que no se habían reservado al Estado*, ni que eran parte del proceso de explotación petrolera, a partir de su entrada en vigencia se los "reconoció" como "contratos administrativos" (Art. 3). Entre estos contratos estaban todos los relativos a bienes y servicios de inyección de agua, de vapor o de gas; de compresión de gas; y las vinculados a las actividades realizadas en el Lago de Maracaibo (servicios de lanchas, barcazas, remolcadores, gabarras, y de mantenimiento de buques).

La denominación legal de dichos contratos como "contratos administrativos," en todo caso, con efectos constitutivos, *ex nunc*, a partir de la entrada en vigencia de la ley, tuvo un efecto efímero, pues el artículo 3 de la Ley dispuso que tales contratos, cuando se dictasen "las resoluciones" respectivas que los identificaran como

---

58 Véase en *Gaceta Oficial* N° 1.004 Extraordinario de 26-01-1966.
59 Véase en *Gaceta Oficial* N° 38.946 de 05-06-2008.
60 Véase en *Gaceta Oficial* N° 39.173 del 07-05-2009.

parte de las actividades reservadas, quedarían extinguidos "de pleno derecho en virtud de la presente Ley." Por tanto, ejecutada como fue la Ley de Reserva de 2009 al dictarse las Resoluciones ministeriales mencionadas, todos aquellos contratos a los que se reconoció momentáneamente como "contratos administrativos" desaparecieron como institución jurídica de base legal.

De ello resulta que al haber quedado extinguidos dichos "contratos administrativos," apenas entró en vigencia la Ley, puede decirse que en Venezuela ya no existen más contratos con esa denominación legal, lo que, sin embargo, no impide que se siga utilizando la expresión en la teoría del derecho administrativo para identificar algunos contratos del Estado o contratos públicos en los cuales, por su objeto, tengan un régimen preponderante de derecho público.

Ello sucede, por ejemplo, con ciertos contratos tradicionalmente calificados y considerados como tales "contratos administrativos," como es el caso, por ejemplo, de los relativos a la prestación de "servicios públicos," a la construcción de obras públicas, al uso de bienes públicos, a la explotación de obras públicas o de recursos naturales o de monopolios fiscales y que han sido objeto de regulaciones específicas, por ejemplo, en la Ley Orgánica del Poder Público Municipal, en la Ley Orgánica de promoción de inversiones mediante concesiones, en la Ley Orgánica de Telecomunicaciones, en la Ley del Servicio Eléctrico o en la Ley de Minas.[61]

En todo caso, como antes hemos dicho, fue fundamentalmente al incorporarse la denominación de "contratos administrativos" en la derogada Ley Orgánica del Tribunal Supremo de Justicia,[62] como norma puramente adjetiva de atribución de competencia judicial entre los tribunales de la jurisdicción contencioso administrativa, cuando se desarrolló la noción en la jurisprudencia para determinar la competencia de la Sala Político Administrativa del Tribunal Supremo, a los efectos de la resolución de las controversias relacionadas con los tales contratos administrativos suscritos por la República, los Estados y los Municipios (Art. 5, 25), es decir, sólo las personas jurídicas de derecho público territoriales. Fue con base en esta previsión legal, y con antecedentes jurisprudenciales de la década de los cuarenta (referidos a contratos de obra pública y de suminis-

---

61   Véase Rafael Badell Madrid, *Régimen Jurídico del Contrato Administrativo*, Caracas 2001, pp. 50-51.

62   Véase en *Gaceta Oficial*, N° 37.942 de 02-05-2004.

tro de bienes a la República)[63] que se elaboró la doctrina jurisprudencial señalada.

A ella, además, contribuyó la doctrina, de manera que incluso uno de los primeros estudios contemporáneos de derecho administrativo venezolano que se elaboró sobre esta materia de "la teoría del contrato administrativo" fue un Capítulo de nuestra tesis de grado *Las Instituciones Fundamentales del Derecho Administrativo y la Jurisprudencia Venezolana*, que redactamos en París entre 1962 y 1963 mientras seguíamos los cursos de postgrado en la Facultad de Derecho de la antigua Universidad de París; texto que sin duda estuvo influenciado por la doctrina y jurisprudencia francesas de derecho administrativo de la época.[64] En ese trabajo, los contratos administrativos frente a los "contratos de derecho privado" que pudiera suscribir la Administración Pública, conforme a la jurisprudencia eran aquellos relativos a los servicios públicos o las obras públicas en los cuales la Administración podía hacer uso de sus poderes o prerrogativas públicas dado el interés público envuelto en el objeto del contrato.[65] Conforme a esa aproximación los ejemplos que se daban sobre contratos administrativos eran los de obra pública, los de empréstito público, los de suministro de bienes a la Administración Pública, los de transporte público, los de uso de bienes

---

63 Véase sobre la jurisprudencia y la doctrina administrativa inicial y tradicional, en Allan R. Brewer-Carías, "Los contratos de la administración en la jurisprudencia venezolana" (Compilación), en *Revista de la Facultad de Derecho*, N° 26, Universidad Central de Venezuela, Caracas 1963, pp. 127-154; "Los contratos de la Administración en la doctrina de la Procuraduría General de la República" (Compilación), en *Revista de la Facultad de Derecho*, N° 30, Universidad Central de Venezuela, Caracas, diciembre 1964, pp. 173-232; y "Los contratos de la Administración en la doctrina de la Consultoría Jurídica" (Compilación), en *Revista del Ministerio de Justicia*, N° 48, Año XIII, Caracas, enero-marzo 1964, pp. 27-75.

64 Véase Allan R. Brewer-Carías, *Las Instituciones Fundamentales del Derecho Administrativo y la Jurisprudencia venezolana*, Caracas, 1964, p. 162.

65 Véase por ejemplo, las sentencias de la Corte Federal y de Casación de 5 de diciembre de 1944, de la Corte Federal de 3 de diciembre de 1959 y de la Sala Político Administrativa de la Corte Suprema de Justicia de 12 de diciembre de 1961 y de 13 de agosto de 1964, en Allan R. Brewer-Carías, *Jurisprudencia de la Corte Suprema 1930-1974 y Estudios de Derecho Administrativo*, Tomo III, vol. 2, Caracas, 1977, pp. 727-733.

del dominio público, y los de concesiones de servicios públicos[66] que además, siempre eran suscritos por personas morales de derecho público territoriales (República, Estados, Municipios) ya que la noción de empresa del Estado no había sido todavía desarrollada.

Pero como bien sabemos los que nos hemos ocupado de esta disciplina, una de las características fundamentales del derecho administrativo es su mutabilidad y adaptabilidad respecto de la transformación del Estado y de la actividad de su Administración Pública, por lo que el propio concepto de "contrato administrativo" basado en una ecuación cerrada y clásica de "interés público o finalidad de servicio público/régimen de derecho administrativo/control por la jurisdicción contencioso administrativa," ha sido cuestionada y superada por la doctrina, no sólo en Venezuela sino en los demás países de régimen administrativo. Por eso se ha escrito sobre el "contradictorio y confuso criterio" utilizado en relación con los contratos administrativos,[67] o sobre "la mutabilidad de la figura de los contratos administrativos," destacándose "la dificultad de construir de una vez por todas la institución del contrato administrativo" considerando que su "evolución aún no ha terminado."[68]

Yo mismo en 1981 me referí al tema de "La evolución del concepto de contrato administrativo,"[69] que desarrollé posteriormente en mi libro sobre *Contratos Administrativos* (Caracas 1992), donde cuestioné el concepto mismo de contratos administrativo basado en la sola relación que implicaba que el contrato administrativo estaba sometido al derecho administrativo y el contrato de derecho privado de la Administración, al derecho privado, la cual llegamos a calificar entonces de absolutamente inadmisible.[70]

---

66   Véase Allan R. Brewer-Carías, *Las Instituciones Fundamentales del Derecho Administrativo y la Jurisprudencia venezolana*, Caracas, 1964, p. 162.

67   Véase Rafael Badell Madrid, *Régimen Jurídico del Contrato Administrativo*, Caracas, 2001, p. 32.

68   Véase Rafael Gómez Ferrer "La mutabilidad de la figura del contrato administrativo," en *El Derecho Público a comienzos del Siglo XXI. Estudios en homenaje al Profesor Allan R. Brewer-Carías*, Madrid, 2003, Tomo II, pp. 1749-1764.

69   Véase Allan R. Brewer-Carías, "La evolución del concepto de contrato administrativo," en *Libro Homenaje al Profesor Antonio Moles Caubet*, Tomo I, Caracas, 1982, pp. 41-69.

70   Véase Allan R. Brewer-Carías, *Contratos administrativos, op. cit.*, p. 13.

En realidad, aparte de las cláusulas mismas del contrato (que tienen fuerza de ley entre las partes), y el carácter supletorio de las disposiciones del Código Civil, puede decirse que todos los contratos del Estado o contratos públicos están sujetos en una forma u otra al derecho público y particularmente al derecho administrativo, al menos en relación con las regulaciones relativas a las competencias de los entes y órganos públicos para suscribirlos, o a la selección de los contratistas (licitación), o en relación con su ejecución, de manera que no hay contratos públicos que estén sólo sujetos al derecho privado supuestamente opuestos a los contratos administrativos sujetos al derecho administrativo."[71]

En realidad he sostenido que "la noción de contrato administrativo solo puede ser aceptada para identificar un tipo de contrato público (contratos de Administración Pública)" que en virtud de una finalidad pública específica perseguida que puede ser por ejemplo la prestación de un servicio público, la construcción de una obra pública, el uso de bienes públicos, un empréstito público, "está sujeto preponderantemente a un régimen de derecho público, pero no con el objeto de distinguir entre contratos públicos sometidos al derecho público y otros supuestamente sujetos a un régimen de derecho privado. La preponderancia de uno u otro régimen es ahora lo importante."[72]

---

71 *Idem*, pp. 14, 42, 43, 52, 53, 55, 71, 72.

72 *Idem*, p. 14. Una de las más recientes críticas respecto de la noción de contratos administrativos fue el trabajo de Jesús Caballero Ortíz, "Deben subsistir los contratos administrativos en una futura legislación?" en *El Derecho Público a comienzos del Siglo XXI: Estudios en homenaje al Profesor Allan R. Brewer-Carías*, Madrid, 2003, Tomo II, p. 1765-1778) en el cual se ha referido, en términos similares a los usados por Rafael Badell Madrid ("criterio confuso y contradictorio." Véase Rafael Badell Madrid, se refiere al vago e impreciso criterio utilizado para su identificación, en *Régimen Jurídico del Contrato Administrativo*, Caracas, 2001, p. 32. Ello ha llevado a algunos distinguidos administrativistas a considerar que la noción de contrato administrativo es inútil y sin efecto, como es el caso de Gonzalo Pérez Luciani, en "Los contratos administrativos en Venezuela," en Allan R. Brewer-Carías (Director), *Derecho Público en Venezuela y Colombia: Archivo de derecho Público y Ciencias de la Administración*, Caracas, 1986, p. 253. Otros autores consideran que la noción ha sido abandonada frente al régimen uniforme establecido en la legislación, considerando que establecerla "no luce tarea coherente." Véase José Ignacio Hernández, "El contrato administrativo en la Ley de Contrataciones Públicas venezolana," en Allan R. Brewer-Carías,

Es decir, no existe en el ordenamiento jurídico venezolano un "régimen jurídico propio (distinto, aunque no excluyente de los preceptos del derecho civil y comercial)" exclusivamente aplicable a los "contratos administrativos." Lo que existe es un régimen jurídico que no es ni único ni uniforme y que es aplicable a todos los contratos públicos o contratos del Estado, conformado por normas de derecho público y de derecho privado (incluyendo las cláusulas contractuales) que se interaplican y que pueden tener preponderancia en uno u otro contrato según el grado de regulación legal específico que exista en relación con el objeto del contrato específico. De allí el mismo sentido de la distinción entre contratos administrativos y contratos de derecho privado de la Administración. También he sostenido, al insistir en el mismo tema sobre la evolución del concepto de contrato administrativo, en un estudio sobre "La interaplicación del derecho público y del derecho privado a la Administración Pública y el proceso de huída y recuperación del derecho administrativo," que "las actividades de la Administración Pública están sujetas tanto al derecho público como al derecho privado, en un grado de preponderancia que varía de acuerdo con sus finalidades y naturaleza"; y que "todos los contratos públicos están siempre sometidos tanto al derecho público como al derecho privado.[73]

En todo caso, y a pesar de la evolución del concepto de contrato administrativo y las discrepancias doctrinales sobre el mismo,[74] y a

---

Carlos García Soto, Gustavo Linares Benzo, Víctor Hernández Mendible, José Ignacio Hernández G., Luis Alfonso Herrera Orellana, Miguel Mónaco, Manuel Rojas Pérez y Mauricio Subero Mujica, *Ley de Contrataciones Públicas*, Editorial Jurídica venezolana, Caracas 2008, p. 235.

73 Véase Allan R. Brewer-Carías, "La interaplicación del derecho público y del derecho privado a la Administración Pública y el proceso de huída y recuperación del derecho administrativo," en *Las Formas de la Actividad Administrativa. II Jornadas Internacionales de Derecho Administrativo "Allan Randolph Brewer-Carías,"* Fundación de Estudios de Derecho Administrativo, Caracas, 1996, pp. 58-60.

74 Por ejemplo, la antigua Corte Suprema de Justicia en Sala Plena, en la sentencia dictada en el caso: *Apertura petrolera* en agosto de 1999, al referirse a los criterios del contrato administrativo, que "han sido aceptados por gran parte de la doctrina extranjera y también venezolana, no obstante que aún existen estudiosos del tema que restan relevancia a la distinción que se hace de los contratos administrativos frente a los de derecho común, y que insisten en que la misma sólo ha obedecido a razones puramente pragmáticas, dirigidas a la determinación del órgano jurisdiccional competente para su conocimiento." Véase sentencia de la Corte en Pleno de 17 de agosto de 1999

pesar de la imprecisión de algunas decisiones de la Sala Político Administrativa de la antigua Corte Suprema de Justicia y actual Tribunal Supremo de Justicia, es indubitable que ciertos contratos públicos han sido siempre considerados como "contratos administrativos," como es el caso de aquellos celebrados por la Administración Pública en ejercicio de potestades públicas para asegurar la prestación de servicios públicos como prestaciones obligatoriamente asignadas por Ley a los entes públicos, como es el caso de las concesiones de servicios públicos de transporte público, de gas para consumo masivo, de suministro de electricidad, de distribución de agua potable, de recolección de desechos sólidos, de servicio de teléfonos; de las concesiones para el uso de bienes públicos o para la explotación de recursos naturales renovables y no revocables; de las concesiones para la construcción o explotación de obras públicas; de los contratos de obra pública.[75] En todos esos contratos, dado el régimen legal que regula su objeto que es preponderantemente de derecho público, el ente público contratante o concedente se considera que dispone de poderes públicos extraordinarios en relación con su ejecución que deben estar explícitos en las competencias que les son atribuidas por ley.

Conforme a esta aproximación tradicional en relación con el tema de los contratos administrativos, resulta por tanto que no todos los contratos del Estado podían considerarse como tales, pues existen algunos contratos públicos que no son "contratos administrativos" y al contrario pueden considerarse como "contratos de derecho privado de la Administración." De eso se trata, en definitiva, cuando se establece la noción de contrato administrativo, para distinguirlo de los contratos de derecho privado de la Administración. En los primeros, por tanto, el régimen jurídico aplicable es preponderantemente de derecho público, y en los segundos, es preponderantemente de derecho privado con exclusión de poderes públicos extraordinarios; aún cuando en ambos casos siempre hay materias que sólo pueden estar reguladas por el derecho público, como son las

---

en Allan R. Brewer-Carías, *Crónica de una destrucción. Concesión, Nacionalización, Apertura, Constitucio-nalización, Desnacionalización, Estatización, Entrega y Degradación de la Industria Petrolera*, Colección Centro de Estudios de Regulación Económica-Universidad Monteávila, N° 3, Editorial Jurídica Venezolana, Caracas, 2018 (Apéndice).

75 Véase Allan R. Brewer-Carías, *Contratos Administrativos, op. cit.,* p. 46; Rafael Badell Madrid, *Régimen Jurídico del Contrato Administrativo*, Caracas, 2001, pp. 50-51.

relativas a la competencia del ente público para contratar, a la formaci'n del contrato antes de su firma, por ejemplo, en cuanto a la obtención de autorizaciones, que en definitiva son condiciones de la validez del contrato en cuanto a la manifestación de voluntad y el consentimiento.

Como punto de referencia para establecer la distinción, en todo caso, hay que partir de las sentencias de la Sala Político Administrativa del Tribunal Supremo de Justicia. Entre las muchas que se han dictado, antes de la entrada en vigencia de la Constitución de 1999 puede mencionarse la sentencia dictada en fecha 17 de agosto de 1999 (caso Apertura petrolera), en la cual la Sala precisó las notas identificatorias de los contratos administrativos y del "régimen especial que regula su tratamiento jurídico," indicando esas notas esenciales son "la noción de *"servicio público"* y la consecuente incorporación en su texto -tácita o expresamente- de las *"cláusulas exorbitantes"*. Sobre estas últimas, dijo la Corte:

> "Estas cláusulas exorbitantes se presentan como disposiciones implícitas en el contrato administrativo, que recogen prerrogativas en favor de la Administración Pública, justificadas por el interés colectivo involucrado en esa contratación, y cuya proporción es de tal magnitud que en una relación contractual común resultan inaceptables.

> Son pues las cláusulas exorbitantes, notas consustanciadas con la naturaleza misma de las contrataciones de carácter administrativo. Es precisamente esta desproporción que se patentiza entre los intereses del particular frente a los del colectivo, lo que define las cláusulas exorbitantes. Se trata así, de aquellas disposiciones que un particular no aceptaría insertar en un contrato con otro particular, porque son ellas las que en definitiva ponen de relieve o materializan en el negocio jurídico las potestades administrativas. Potestades no discutidas; y, por el contrario, recibidas por el particular contratante que entiende y acepta que no se trata de un capricho de la voluntad administrativa, sino una herramienta diseñada por el Derecho Público para garantizarle al colectivo, la protección de sus intereses encomendados a la Administración, concretándose con ella, la forma más eficaz de ase-

gurar la salvaguarda del interés general, imposibilitado de controlarlo directamente y permanentemente."[76]

La Corte indicó, además, en dicha sentencia, que esos criterios "han sido aceptados por gran parte de la doctrina extranjera y también venezolana, no obstante que aún existen estudiosos del tema que restan relevancia a la distinción que se hace de los contratos administrativos frente a los de derecho común, y que insisten en que la misma sólo ha obedecido a razones puramente pragmáticas, dirigidas a la determinación del órgano jurisdiccional competente para su conocimiento."[77] La Corte aceptó, en todo caso, que las cláusulas exorbitantes -insertas expresa o tácitamente en el contrato- en realidad no definen los contratos como tales contratos administrativos, "por ser una consecuencia y no un elemento determinante de éste"; concluyendo entonces que "la característica que por antonomasia identifica un contrato administrativo es el servicio público que se pretende con él, el interés general o la utilidad pública perseguida." Por lo demás, tratándose de poderes o prerrogativas extraordinarias del ente contratante, en definitiva, siempre tienen que tener su fuente en una previsión legal, pues sin ello, no habría competencia.

Por otra parte, entre las múltiples sentencias dictadas bajo la vigencia de la Constitución de 1999, puede hacerse referencia a la de la Sala Político Administrativa 357 de 14 de abril de 2004, en la cual el Tribunal Supremo consideró que:

"Tanto la doctrina como la jurisprudencia de esta Sala han señalado como características esenciales de los contratos adminis-

---

76 Véase el texto de la decisión de la Corte en Pleno de 17 de agosto de 1999 en Allan R. Brewer-Carías, *Crónica de una destrucción. Concesión, Nacionalización, Apertura, Constitucionali-zación, Desnacionalización, Estatización, Entrega y Degradación de la Industria Petrolera*, Colección Centro de Estudios de Regulación Económica-Universidad Monteávila, N° 3, Editorial Jurídica Venezolana, Caracas, 2018 (Apéndice).

77 Es la tesis que hemos sostenido desde hace años en Allan R. Brewer-Carías, "La evolución del concepto de contrato administrativo," en *El Derecho Administrativo en América Latina, Curso Internacional,* Colegio Mayor de Nuestra Señora del Rosario, Bogotá 1978, pp. 143-167; en *Jurisprudencia Argentina,* N° 5.076, Buenos Aires, 13-12-1978, pp. 1-12; en *Libro Homenaje al Profesor Antonio Moles Caubet,* Tomo I, Facultad de Ciencias Jurídicas y Políticas, Universidad Central de Venezuela, Caracas 1981, pp. 41-69; y en *Estudios de Derecho Administrativo,* Bogotá, 1986, pp. 61-90.

trativos, las siguientes: a) que una de las partes contratantes sea un ente público; b) que la finalidad del contrato se encuentre vinculada a una utilidad pública o servicio público; c) y como consecuencia de lo anterior, debe entenderse la presencia de ciertas prerrogativas de la administración en dichos contratos consideradas como exorbitantes, aun cuando no se encuentren expresamente plasmadas tales características en el texto de los mismos."[78]

En otra decisión, la Nº 384 de 21 de abril de 2004, la misma Sala decidió:

"Tanto la doctrina como la jurisprudencia de esta Sala han señalado como características esenciales de los contratos administrativos, las siguientes: (a) que una de las partes contratantes sea un ente público; (b) que la finalidad del contrato se encuentre vinculada a una utilidad o servicio público (aspecto éste que puede evidenciarse cuando la actividad contratada resulte importante para la prestación de un servicio público, cuando sea de tal forma inherente o conexa con la actividad pública o de servicio público que sin aquélla no se podría llevar a cabo esta última, o cuando el contrato en cuestión suponga un subsidio evidente a favor del beneficiario del servicio y a cargo de una de las partes contratantes). Como consecuencia de lo anterior, debe entenderse la presencia de ciertas prerrogativas de la administración en dichos contratos, consideradas como exorbitantes, aún cuando no se encuentren expresamente plasmadas en el texto del mismo."[79]

De todas estas sentencias, y dejando a salvo nuestro señalado cuestionamiento a la distinción misma entre contratos administrativos y contratos de derecho privado de la Administración; dado que el interés de la misma ha resurgido, aún cuando haya sido momentáneamente con la sanción misma de la Ley de Reserva de 2009, es

---

78   Caso: *Empresa Constructora Irpresent vs. Alcaldía San Carlos de Austria del Estado Cojedes* disponible en http://www.tsj.gov.ve/decisiones/spa/Abril/00357-140404-2004-0146.htm Véase también en *Revista de Derecho Público,* Nº 97-98, Editorial Jurídica Venezolana, Caracas 2004, pp. 312-314.

79   Caso: *David Goncalves Carrasqueño vs. Alcaldía del Municipio Miranda del Estado Zulia,* disponible en http://www.tsj.gov.ve/decisiones/spa/Abril/00384-210404-2003-0654.htm.

evidente que no podría adoptarse como "criterios" para identificar un contrato administrativo (para diferenciarlo de los "contratos de derecho privado de la Administración"), la versión más amplia de esas condiciones, es decir, que una de las partes contratantes fuera un ente público, que la finalidad del contrato se encontrase vinculada a un interés general o una utilidad pública; y que la Administración pudiera hacer uso de ciertas prerrogativas que puedan considerarse como exorbitantes y que no estén plasmadas en el texto de los mismos. Si se adoptase este espectro amplio en la aplicación de las características, sin duda habría que llegar a la conclusión que todo contrato público o estatal sería un "contrato administrativo," pues siempre se celebran por un ente público, persiguen en alguna forma un fin de utilidad pública o interés general, y la Administración conforme a la ley, siempre puede hacer uso de sus poderes; lo que vaciaría de sentido a la propia distinción con los contratos de derecho privado de la Administración, pues estos participarían de las mismas características.

Por ello se han formulado otros estándares más precisos para "identificar" los contratos administrativos, interpretando la propia doctrina jurisprudencial, como los que por ejemplo propuso hace unos años Henrique Iribarren Monteverde, quien postuló que para identificar un contrato administrativo, en general, el ente público contratante debe ser siempre una "persona moral de derecho público," y, además, en forma alternativa, que el objeto del contrato sea siempre la "ejecución de un servicio público," o que sin tener como objeto la ejecución de un servicio público, el contrato contenga una "cláusula exorbitante del derecho común."[80]

Aun cuando no estemos totalmente de acuerdo con esta interpretación, sin duda puede utilizarse a los efectos de hacer el ejercicio que queremos realizar para caracterizar a los contratos suscritos para la prestación de los servicios conexos con la industria petrolera antes de que por ley se los hubiese "reconocido" como "contratos administrativos." Será exclusivamente a tales efectos que utilizaremos dichos estándares propuestos por Iribarren, sin que ello signifique que estemos de acuerdo con su interpretación.

---

80 Véase Henrique Iribarren Monteverde, "El equilibrio económico en los contratos administrativos y la teoría de la imprevisión," en *Los Contratos Administrativos. Los Contratos del Estado, VIII Jornadas Internacionales de Derecho Administrativo "Allan Randolph Brewer Carías*, Funeda, Caracas 2006, pp. 117-119.

III. EL RESULTADO DE LA APLICACIÓN DE LOS "ESTÁNDARES" SOBRE "CONTRATOS ADMINIS-TRATIVOS" EN EL CASO DE LOS CONTRATOS SUS-CRITOS PARA LA PRESTACIÓN DE LOS SERVICIOS CONEXOS CON LA INDUSTRIA PETROLERA

En efecto, si se aplicasen dichos estándares para identificar a los "contratos administrativos," por supuesto, la conclusión sería que los contratos suscritos por PDVSA Petróleo S.A. antes de la sanción de la Ley de reserva de 2009 con empresas o consorcios privados para la prestación de los mencionados servicios conexos con la industria petrolera que se han nacionalizados con dicha Ley, a pesar de que la mencionada Ley de Reserva de 2009 los ha "reconocido" como "contratos administrativos" (art. 3), en realidad dichos contratos no podían ser considerados como "contratos administrativos," sino como "contratos de derecho privado" de la Administración; y ello, *primero*, porque la persona jurídica estatal contratante (PDVSA Petróleo S.A.) no es una "persona moral de derecho público" sino una persona jurídica de derecho privado estatal, es decir, una empresa del Estado de segundo grado, constituida con forma de sociedad anónima por PDVSA, teniendo a ésta como su única accionista; *segundo*, porque las actividades objeto de los contratos no eran la "ejecución de un servicio público," pues los servicios de tratamiento e inyección de agua o gas, o los servicios prestados en el Lago de Maracaibo con lanchas, gabarras, etc., en beneficio de una sola persona jurídica (PDVSA Petróleos S.A.), no eran actividades de prestación obligatoria por el Estado ni estaban destinada a satisfacer necesidades colectivas de la población; y *tercero*, porque en el texto mismo de los contrato, elaborados conforme al "modelo" suministrado por la empresa estatal, en general siempre se buscó establecer todos los derechos y obligaciones de las partes, incluyendo la posibilidad de modificar el objeto de la prestación, o la terminación anticipada de los contratos, no existiendo en la legislación aplicable al objeto de dichos contratos previsión alguna que le otorgase poderes, potestades o prerrogativas a PDVSA Petróleo S.A. en relación a la ejecución de los contratos, distintas a las establecidas en su texto, y menos aún potestades del poder público.

Es decir, conforme a los estándares mencionados, los mencionados contratos "reconocidos" por la Ley de Reserva de 2009 como "contratos administrativos," en realidad nunca fueron tales, porque PDVSA Petróleo S.A no es ni ha sido nunca una "persona moral de derecho público;" porque el objeto de los contratos no fue nunca la "ejecución de un servicio público" en el sentido de actividad destinada a satisfacer un interés colectivo; y porque en sus cláusulas, en general, no se reguló nada "exorbitante del derecho común," y porque la empresa estatal contratante no tenía poder público extraordinario alguno atribuido por ley en relación con el contrato. Al contrario, dichos contratos, por tanto, fueron siempre "contratos de derecho privado de la Administración," regidos conforme a sus cláusulas y a la legislación a la cual las mismas remite.

Los mencionados contratos relativos a las actividades conexas, en realidad, solamente fueron "reconocidos" legalmente como "contratos administrativos," y su objeto calificado como "servicio público" mediante la Ley de Reserva de 2009, con efecto a partir de la entrada en vigencia de la misma y solo para los efectos de la nacionalización que perseguía dicha Ley.

Fue, por tanto, sólo en la Ley Orgánica que reserva al Estado bienes y servicios conexos a las actividades primarias de Hidrocarburos de 2009, donde a todos los contratos para la prestación de los servicios conexos nacionalizados, se los "reconoció" legalmente y en forma *ex post facto*, como "contratos administrativos" (Art. 3), denominación que momentáneamente fue aplicada a los mencionados contratos a partir de la entrada en vigencia de la ley, y hasta que días después quedaron "extinguidos de pleno derecho."

IV. LA EMPRESA PÚBLICA PDVSA PETRÓLEO S.A, COMO PARTE CONTRATANTE EN LOS CONTRATOS PARA SERVICIOS CONEXOS NO ERA UNA "PERSONA MORAL DE CARÁCTER PÚBLICO"

Como hemos indicado, conforme al primero de los estándares propuestos por Henrique Iribarren para definir los contratos administrativos, conforme al cual estos sólo serían los suscritos por las "personas morales de derecho público," [81] los contratos que habían sido suscritos por PDVSA Petróleos S.A. para la prestación de los servicios conexos con la industria petrolera antes de la nacionalización de 2009, tampoco hubieran calificado como contratos adminis-

---

81 Véase Henrique Iribarren Monteverde, "El equilibrio económico en los contratos administrativos y la teoría de la imprevisión," en *Los Contratos Administrativos. Los Contratos del Estado, VIII Jornadas Internacionales de Derecho Administrativo "Allan Randolph Brewer Carías*, Funeda, Caracas 2006, pp. 117-119.

trativos, pues PDVSA Petróleo S.A., no era una "persona moral de derecho público."

En nuestro criterio, estamos de acuerdo con que dichos contratos no eran contratos administrativos, pero no porque el ente público contratante fuera una empresa del Estado (persona moral de derecho privado) y no una persona moral de derecho público, sino fundamentalmente por su objeto, no vinculado a necesidades colectivas algunas. En realidad, en nuestro criterio, nada impediría que una persona jurídica estatal de derecho privado pueda celebrar un contrato administrativo.

Sin embargo, dejando aparte esta objeción al estándar utilizado por Iribarren y si se aceptase su validez, es evidente que los contratos no calificarían como "contratos administrativos" porque las empresas del Estado no son personas morales de derecho público. En efecto, estas últimas, en el ordenamiento jurídico venezolano, son sólo las personas político territoriales que conforman el Estado (la República, los Estados y los Municipios) y además, los institutos autónomos o públicos y el Banco Central de Venezuela (Arts. 145, 318, 322, Constitución). Las empresas del Estado, como el caso de PDVSA y de PDVSA Petróleo S.A., de acuerdo con la Ley Orgánica de la Administración Pública son personas jurídicas estatales de derecho privado constituidas conforme al Código de Comercio, y ninguna de ellas es una "persona moral de derecho público."[82]

Por tanto, y siguiendo el estándar propuesto, en el caso de los referidos contratos que fueron suscritos entre PDVSA Petróleo S.A. y empresas o consorcio privados, el ente público contratante es una sociedad mercantil o empresa del Estado constituida en segundo grado, es decir, filial de Petróleos de Venezuela S.A., sometida a

---

82 Véase artículo 29 de la Ley Orgánica de la Administración Pública. Véase Decreto N° 6.217 15-07-2008, *Gaceta Oficial* N° 5890 Extraordinario de 31-07-2008. Véase sobre la distinción entre las personas jurídicas estatales en Venezuela, Allan R. Brewer-Carías, "La distinción entre las personas jurídicas y las personas privadas y el sentido de la problemática actual de la clasificación de los sujetos de derecho" en *Revista Argentina de Derecho Administrativo*, N° 17, Buenos Aires 1977, pp. 15-29; y en *Revista de la Facultad de Derecho*, N° 57, Universidad Central de Venezuela, Caracas 1976, pp. 115-135; y "Sobre las personas jurídicas en la Constitución de 1999," en *Derecho Público Contemporáneo. Libro Homenaje a Jesús Leopoldo Sánchez*, Estudios del Instituto de Derecho Público, Universidad Central de Venezuela, enero-abril 2003, Volumen 1, pp. 48-54.

todo el régimen de derecho privado de las sociedades anónimas.[83] Tal como lo dispone expresamente el artículo 107 de la Ley Orgánica de la Administración Pública, "las empresas del Estado se regirán por la legislación ordinaria," por lo establecido en las disposiciones de la propia Ley Orgánica de la Administración Pública, "las demás normas aplicables; y sus trabajadores se regirán por la legislación laboral ordinaria."

En torno a dicho régimen jurídico de PDVSA y de PDVSA Petróleo, S.A., la Sala Constitucional del Tribunal Supremo de Justicia en sentencia No. 464 de 18 de marzo de 2002 (Caso *Interpretación del Decreto de la Asamblea Nacional Constituyente de fecha 30 de enero de 2000, mediante el cual se suspende por 180 días la negociación de la Convención Colectiva del Trabajo*), señaló lo siguiente:

"observa la Sala que aunque Petróleos de Venezuela S.A. es una compañía constituida y organizada en forma de sociedad anónima, está fuera de dudas, y así lo reafirma la Constitución de la República Bolivariana de Venezuela, que la misma se encuentra enmarcada en la estructura general de la Administración Pública Nacional [...]

En cuanto a las empresas operadoras iniciales, estima la Sala que la intención del legislador era crearlas con forma de sociedades anónimas, motivo por el cual se constituyeron en el ordenamiento jurídico venezolano como personas estatales con forma de derecho privado. En la actualidad, PDVSA Petróleo S.A., y las demás compañías filiales de Petróleos de Venezuela S.A. tienen igual naturaleza jurídica.

En definitiva, se observa que Petróleos de Venezuela S.A. y sus compañías filiales tienen un régimen legal que permite diferenciarlas claramente, no sólo de la Administración Pública centralizada y de los institutos autónomos, sino también de otras em-

---

83 Véase sobre la naturaleza jurídica de PDVSA y sus filiales, como empresas del Estado o personas jurídicas de derecho privado en Allan R. Brewer-Carías, "El proceso jurídico organizativo de la industria petrolera nacionalizada en Venezuela" en *Revista de la Facultad de Ciencias Jurídicas y Políticas*, N° 58, Universidad Central de Venezuela, Caracas 1976, pp. 53-88; "Consideraciones sobre el régimen jurídico administrativo de Petróleos de Venezuela S.A." en *Revista de Hacienda*, N° 67, Año XV, Ministerio de Hacienda, Caracas 1977, pp. 79-99.

presas del Estado. Por tanto, esta Sala debe concluir que la identificación de la naturaleza jurídica de dichas compañías como personas estatales con forma jurídica de derecho privado, plantea, sin duda, como consecuencia que el régimen jurídico aplicable a las mismas sea un régimen mixto, tanto de derecho público como de derecho privado, aún cuando sea preponderantemente de derecho privado, debido a su forma, pero no exclusivamente, dado que su íntima relación con el Estado, las somete a reglas obligatorias de derecho público dictadas para la mejor organización, funcionamiento y control de ejecución de la Administración Pública, por parte de los órganos que se integran a ésta o coadyuvan al logro de sus cometidos. [84]

Conforme a dicha sentencia, la Sala Constitucional concluyó señalando que PDVSA "y sus empresas filiales son empresas del Estado, pero con un régimen de empresa privada," de lo que resulta evidente que la persona jurídica estatal contratante en los contratos de servicios conexos, PDVSA Petróleo S.A. es una sociedad anónima del Estado, constituida de acuerdo con las reglas del derecho privado (comercial), sometida básicamente al derecho privado excepto por lo que se refiere a la competencia y formación de la voluntad del ente público para dar consentimiento al contrato y al control que sobre ellas pueda ejercer la Administración Pública conforme a las previsiones de derecho público que se apliquen respecto de su organización y funcionamiento, y que no afectan sus relaciones contractuales con empresas privadas.

Es decir, PDVSA Petróleo S.A. no es "una persona moral de derecho público" sino una persona jurídica de derecho privado, que en los términos del artículo 29 de la Ley Orgánica de la Administración Pública, es uno de los "entes descentralizados funcionalmente con forma de derecho privado," es decir, es una de las "personas jurídicas constituidas de acuerdo a las normas del derecho privado" y regidas como lo dijo la Sala Constitucional en la mencionada sentencia por "un régimen mixto, tanto de derecho público como de derecho privado, aún cuando sea preponderantemente de derecho privado."

Por tanto, si el primer requisito para la existencia de un "contrato administrativo," como condición necesaria para su existencia,

---

84 Véase en *Revista de Derecho Público*, Nº 89-92, Editorial Jurídica Venezolana, Caracas 2002, pp. 219-20.

fuera efectivamente que al menos una de las partes contratantes sea "una persona moral de derecho público" – con lo que como hemos dicho, no estamos de acuerdo - entonces sería evidente que los contratos suscrito entre PDVSA Petróleo S.A y empresas privadas para la prestación de servicios conexos antes de la nacionalización de 2009, nunca habrían sido "contratos administrativos" pues como se ha dicho, PDVSA Petróleo S.A. en el ordenamiento jurídico venezolano no es una persona jurídica o moral de derecho público, sino una persona jurídica o moral de derecho privado. Las personas jurídicas o morales de derecho público en Venezuela,[85] se insiste, básicamente son de acuerdo con la terminología constitucional, la República, los Estados, los Municipios, los institutos autónomos o públicos y las así expresamente denominadas en la Constitución como el Banco Central de Venezuela (Arts. 145, 318, 322, Constitución).

Por otra parte, siendo la empresa PDVSA Petróleo S.A. la parte estatal contratante en los contratos para los servicios conexos, una empresa del Estado constituida bajo la forma de sociedad anónima conforme a las reglas del derecho privado que rigen su funcionamiento, la misma, en general no podía ni puede dictar actos administrativos, pues no tiene asignada mediante ley potestad alguna expresa del Poder Público para ello. Es decir, no hay en ley alguna de la República en la cual se hayan descentralizado competencias públicas hacia empresas del Estado como PDVSA Petróleo S.A., constituida en segundo grado por PDVSA, para ejercer potestad alguna del Poder Público y poder emitir actos administrativos, como manifestaciones de la autoridad estatal. Ni siquiera la Ley de Contrataciones Públicas sancionada en 2008,[86] por ejemplo, autori-

---

85 Véase sobre las personas jurídicas en el derecho público en Venezuela, Allan R. Brewer-Carías, "Sobre las personas jurídicas en la Constitución de 1999" en *Derecho Público Contemporáneo. Libro Homenaje a Jesús Leopoldo Sánchez*, Estudios del Instituto de Derecho Público, Universidad Central de Venezuela, enero-abril 2003, Volumen 1, pp. 48-54; "El régimen de las personas jurídicas estatales político-territoriales en la Constitución de 1999" en *El Derecho constitucional y público en Venezuela. Homenaje a Gustavo Planchart Manrique*, Tomo I, Universidad Católica Andrés Bello; Tinoco, Travieso, Planchart & Núñez, Abogados, Caracas 2003, pp. 99-121.

86 La Ley fue dictada mediante Decreto Ley N° 5.929 de fecha 11 de marzo de 2008 en ejecución de la Ley habilitante de 2007, habiendo derogado la Ley de Licitaciones de 2001. La Ley de Contrataciones Públicas fue inicialmente publicada en *Gaceta Oficial* N° 5.877 de fecha 14-03-2008, y republicada,

zó a empresas del Estado contratantes para imponer sanciones con motivo de la ejecución de contratos públicos, correspondiendo la potestad sancionatoria allí regulada al Servicio Nacional de Contratistas (Art. 131).[87]

En el derecho administrativo venezolano, como sucede en cualquier parte del mundo, la competencia es siempre asignada mediante texto expreso, y no se presume. Como lo ha afirmado la antigua Corte Suprema de Justicia de Venezuela, la competencia de los órganos de la Administración Pública siempre "debe emerger del texto expreso de una regla de derecho, ya sea la Constitución, la Ley, el Reglamento o la Ordenanza" por lo que "a falta de disposición expresa, la autoridad carece de cualidad para efectuar el acto."[88] Como lo indica el artículo 4 de la Ley Orgánica de la Administración Pública, la Administración Pública siempre "se organiza y actúa de conformidad con el principio de legalidad, por el cual *la asignación*, distribución y ejercicio de sus competencias se sujeta a lo establecido en la Constitución de la República Bolivariana de Venezuela, las leyes y los actos administrativos de carácter normativo dictados formal y previamente conforme a la ley." En consecuencia, PDVSA Petróleo S.A., como empresa del Estado consti-

---

por error de copia, en *Gaceta Oficial* N° 38895 de 25-03-2008. Dicha Ley fue reformada por Ley publicada en *Gaceta Oficial* N° 39.165 de 24-04-2009. Mediante Decreto N° 6.708 de 19-05-2009 se dictó el Reglamento de la Ley de Contrataciones Públicas, en *Gaceta Oficial* N° 39.181 de 19-05-2009, mediante el cual, entre otros, se derogó el Decreto N° 1.417 sobre Condiciones Generales de Contratación para la Ejecución de Obras, en *Gaceta Oficial* N° 5.096 Extraordinario de fecha 31-07-1996. Véase sobre la Ley de Contrataciones Públicas, los diversos comentaros en el libro de Allan R. Brewer-Carías *et al*, *Ley de Contrataciones Públicas*, Editorial Jurídica Venezolana, Caracas 2008; Segunda Edición, Caracas 2009.

87 Véase los comentarios sobre el alcance de la potestad sancionatoria en la contratación pública, en Carlos García Soto, "Posición de la Administración en su actividad contractual. El caso de la Ley de Contrataciones Públicas," en Allan R. Brewer-Carías et al., *Ley de Contrataciones Públicas*, Editorial Jurídica Venezolana, Caracas 2008, p. 184; y Manuel Rojas Pérez, "Control fiscal y régimen sancionatorio en el Decreto Ley de Contrataciones Públicas," en *Idem*, pp. 214-215.

88 Véase sentencia de 28-01-1968, *Gaceta Oficial*, N° 27.367 de 13-02-1964 y sentencia de 11 de agosto de 1965, *Gaceta Oficial*, N° 27.845 de 22-09-1965. Véase también en Allan R. Brewer-Carías, *Jurisprudencia de la Corte Suprema 1930-1974 y Estudios de Derecho Administrativo*, t. III, vol. 1, Caracas, 1976, pp. 197-198.

tuida en segundo grado por PDVSA, si bien forma parte de la llamada Administración Pública descentralizada, en los casos de los contratos de prestación de servicios conexos de la industria petrolera suscritos antes de 2009, no tenía competencia legal expresa alguna asignada para ejercer atribuciones del Poder Público y poder emitir, por ejemplo, actos administrativos, como manifestaciones de la autoridad estatal.

V. LOS SERVICIOS CONEXOS CON LA INDUSTRIA PETROLERA NACIONALIZADOS EN 2009 CONTRATADOS CON PARTICULARES POR PDVSA PETRÓLEO S.A. NO ERAN SERVICIOS PÚBLICOS

Los contratos suscritos por PDVSA Petróleo S.A. y empresas o consorcios privados para la prestación de los servicios conexos con la industria petrolera, como luego se identificó en la Ley de Reserva de 2009 (art. 2), tuvieron por objeto, en general, la prestación para PDVSA Petróleos S.A. de servicios de inyección de agua, de vapor o de gas, y de compresión de gas; y los en cuanto servicios a los vinculados a las actividades en el Lago de Maracaibo, de servicios de lanchas, de barcazas, de remolcadores, de gabarras y de mantenimiento de buques. Dichos contratos, en forma alguna tenían por objeto la ejecución de servicio público alguno, además de que las actividades objeto de los mismos no eran actividades reservadas al Estado.

Es decir, el objeto antes mencionado de los contratos nunca fue un servicio público pues no había ley alguna – ni la hay - que estableciera una obligación legal para la Administración Pública de prestarlo o satisfacerlo. Tampoco eran servicio público, pues su objeto no era la satisfacción de necesidad colectiva alguna, o de la colectividad en general, ni tenía "naturaleza prestacional" alguna en relación con toda la colectividad.

El objeto de los contratos era en realidad la prestación de servicios, por ejemplo, de tratamiento e inyección de agua o gas, o de transporte marítimo de materiales en el Lago de Maracaibo que los contratistas privados prestaron en beneficio de una sola persona jurídica, en este caso una empresa del Estado, para la realización de su actividad industrial, que ni siquiera eran una actividad que dentro de la industria petrolera hubiese reservada al Estado.

La reserva al Estado de la actividad objeto de los contratos, en realidad, sólo se decretó mediante la Ley de Reserva de 2009.

Por otra parte, la actividad petrolera en general en Venezuela nunca ha sido considerada como "servicio público," recibiendo tal calificación en forma expresa en la LOH y en la LOHG sólo unas actividades prestacionales destinadas a satisfacer necesidades colectivas.

Como hemos indicado, conforme al segundo de los estándares propuestos por Iribarren Monteverde para definir los contratos administrativos, conforme al cual estos sólo serían aquellos que tienen como objeto la "ejecución de un servicio público,"[89] los contratos que habían sido suscritos por PDVSA Petróleos S.A. para la prestación de los servicios conexos con la industria petrolera antes de la nacionalización de 2009, no calificaban como contratos administrativos, pues los mismos en ningún caso podían calificarse como "servicios públicos."

En nuestro criterio, es evidente que dichos contratos no eran "contratos administrativos," pero no porque los contratos administrativos solo puedan tener por objeto la ejecución de servicios públicos. Los mismos, en realidad pueden tener por objeto otros fines de interés colectivo, como la construcción de obras públicas, el uso y explotación de bienes del Estado o la explotación de recursos naturales. Lo fundamental para identificar el contrato administrativo, es por tanto su objeto, vinculado a necesidades colectivas, por lo que nada impide que además de la prestación de un servicio público, los contratos administrativos tengan también otras finalidades de interés colectivo.

Sin embargo, dejando aparte esta objeción al estándar utilizado por Iribarren y si se aceptase su validez, es evidente que los contratos mencionados no calificaban como contratos administrativos porque el objeto de los mismos nunca podría considerarse como la prestación de un servicio público.

En el ordenamiento venezolano, para que una actividad pueda ser calificada como "servicio público," además de que la misma deba ser reservada al Estado en forma excluyente o no, quedando por tanto excluida del ámbito pleno de la libertad económica, fun-

---

89 Véase Henrique Iribarren Monteverde, "El equilibrio económico en los contratos administrativos y la teoría de la imprevisión," en *Los Contratos Administrativos. Los Contratos del Estado, VIII Jornadas Internacionales de Derecho Administrativo "Allan Randolph Brewer Carías*, Funeda, Caracas 2006, pp. 117-119.

damentalmente tiene que tratarse de una actividad destinada a satisfacer necesidades colectivas,[90] lo que en forma alguna está presente en los "servicios conexos a las actividades primarias de Hidrocarburos," y en cambio, por ejemplo, si está presente en los servicios de ferrocarriles, de transporte, de gas, de electricidad, de agua, e incluso de suministro de gasolina para usos colectivos.

Este último es el caso, precisamente en el campo de las actividades en la industria petrolera, de las actividades calificadas como "servicio público" y que son única y exclusivamente las actividades prestacionales para la satisfacción de una necesidad colectiva o de consumo colectivo, que conforme a la Ley Orgánica de Hidrocarburos, son las actividades de suministro, almacenamiento, transporte, distribución y expendio de los productos derivados de los hidrocarburos que señale el Ejecutivo Nacional, destinados al *consumo colectivo interno* (Arts. 59, 60); y conforme a la Ley Orgánica de Hidrocarburos Gaseosos, son las actividades relacionadas, directa o indirectamente, con el transporte y distribución de gases de hidrocarburos *destinados al consumo colectivo* (Art. 5).

De lo anterior resulta, que la Ley de reserva de 2009, como se explica más adelante, lo que ha hecho es una manipulación arbitraria del concepto de "servicio público," pues es evidente que el objeto de los contratos celebrados por PDVSA Petróleo S.A. y empresas o consorcios privados para la prestación de los ya mencionados servicios conexos con la industria petrolera, como inyección de agua y gas y servicios de lanchas o gabarras en el Lago de Maracaibo, no constituían "servicio público." Dichas actividades no eran ni son actividades prestacionales destinadas a satisfacer necesidades públicas y colectivas del público en general, o de consumo;" ninguna ley había ni ha indicado, a pesar de su importancia para las actividades conexas con la explotación petrolera, que dichos servicios sean de prestación obligatoria por parte de un ente de la Administración Pública; y ninguna ley ha establecido un régimen de derecho público de esas actividades, que es esencialmente de carácter conexa y técnica.

---

90 Véase por ejemplo la sentencia de la Sala Político Administrativa N° 224 de 07-02-2007 (Caso: *Armando Casal Casal; Interpretación del Art. 86 de la Ley Orgánica para la Prestación de los Servicios de Agua Potable y de Saneamiento*, publicada en la G.O. N° 5.568 de fecha 31-12-2001, en *Revista de Derecho Público*, N° 109, Editorial Jurídica Venezolana, Caracas 2007, p. 135 ss. 8

VI. LOS CONTRATOS PARA LA PRESTACIÓN DE SERVICIOS CONEXOS SUSCRITOS ANTES DE 2009, REGULABAN LOS DERECHOS DE LAS PARTES, NO EXISTIENDO EN LAS LEYES APLICABLES A LOS MISMOS PODERES EXORBITANTES ALGUNOS QUE PUDIERAN ESTAR ATRIBUIDOS A PDVSA PETRÓLEO S.A.

Los contratos para la prestación de los servicios conexos con la industria petrolera entre PDVSA Petróleo S.A. y empresas o consorcios privados, como todos los contratos suscritos por PDVSA, en general responden a un modelo que la empresa suministra a los contratistas, y en los mismos se regulan exhaustivamente las relaciones entre las partes.

Si a los mismos aplicamos el tercer estándar antes mencionado propuesto por Henrique Iribarren Monteverde para calificar contratos como "contratos administrativos,"[91] tampoco podrían ser calificados como "contratos administrativos" pues en relación con los mismos no hay en ley alguna cláusula exorbitante del derecho común que autorice a PDVSA Petróleos S.A. a adoptar decisiones no reguladas en el contrato o contrarias a las que en el mismo se establecen.

Es decir, en relación con el objeto de los contratos para la prestación a PDVSA Petróleos S.A. de los servicios conexos, dicha empresa del Estado no tenía atribuido por ley "poder exorbitante" alguno, ni en las cláusulas contractuales se podía conseguir, en general, previsión alguna de poderes exorbitantes que hubiera podido utilizar en la ejecución del mismo, estando sus facultades expresamente reguladas en el texto del contrato. En dichos contratos, en realidad, lo único que regía en su ejecución era el texto mismo de sus cláusulas (elaboradas en general por la misma empresa estatal), en las cuales por lo demás comúnmente se regulan entre las partes derechos contractuales que aunque podrían ser similares a las que en general se consideran como las típicas cláusulas o potestades exorbitantes, se trata de regulaciones contractuales como son, por

---

91 Véase Henrique Iribarren Monteverde, "El equilibrio económico en los contratos administrativos y la teoría de la imprevisión," en *Los Contratos Administrativos. Los Contratos del Estado, VIII Jornadas Internacionales de Derecho Administrativo "Allan Randolph Brewer Carías*, Funeda, Caracas 2006, pp. 117-119.

ejemplo, la terminación unilateral de los contratos, y la modificación unilateral de los mismos. Lo cierto es que en general, ni en las cláusulas de dichos contratos, ni en la legislación aplicable a su ejecución, se podía identificar poderes extraordinarios algunos.

En esta materia debe observarse que incluso cuando se trata de contratos administrativos –que no era el caso de los contratos para los servicios conexos de la industria petrolera – la consecuencia fundamental de que un contrato se considere como un "contrato administrativo" es la posibilidad de que el ente público contratante pueda hacer uso de ciertas prerrogativas públicas, llamadas como *cláusulas exorbitantes de derecho común*, es decir, poderes extraordinarios que corresponden a las entidades públicas con el objeto de preservar el interés público, y que no se encuentran en los contratos de derecho privado. Pero lo contrario no puede afirmarse. Es decir, no es correcto decir que porque en un contrato haya posibilidad de que el ente público haga uso de cláusulas exorbitantes entonces el contrato es administrativo. Tal como lo ha decidido la antigua Corte Suprema de Justicia en la sentencia del 17 de agosto de 1999 (Caso *Apertura Petrolera*), dichos poderes extraordinarios no definen el contrato administrativo como tal, ya que las mismas son consecuencia y no la condición para su determinación; agregando que el hecho de que un contrato tenga o no esas cláusulas no es sino la consecuencia de la necesaria y obligatoria protección del interés general.[92]

En efecto, como lo ha expresado la antigua Corte Suprema de Justicia en Sala Plena en la antes referida sentencia, al referirse a los contratos administrativos, "estas cláusulas exorbitantes se presentan como disposiciones implícitas en el contrato administrativo, que recogen prerrogativas en favor de la Administración Pública, justificadas por el interés *colectivo* involucrado en esa contratación, y cuya proporción es de tal magnitud que en una relación contractual común resultan inaceptables," agregando que se trata de "disposiciones que un particular no aceptaría insertar en un contrato con otro particular, porque son ellas las que en definitiva ponen de re-

---

92 Véase el texto de la decisión de la Corte en Pleno de 17 de agosto de 1999 en Allan R. Brewer-Carías, *Crónica de una destrucción. Concesión, Nacionalización, Apertura, Constitucionalización, Desnacionalización, Estatización, Entrega y Degradación de la Industria Petrolera*, Colección Centro de Estudios de Regulación Económica-Universidad Monteávila, N° 3, Editorial Jurídica Venezolana, Caracas, 2018 (Apéndice).

lieve o materializan en el negocio jurídico las potestades administrativas."[93] Estos poderes o prerrogativas públicas que siempre tienen que tener una fuente legal pues no hay competencia pública que pueda ejercerse por un ente público si una ley atributiva de la misma, se han considerado como inherentes o implícitas en los contratos administrativos, no siendo necesario que estén incorporados en las cláusulas contractuales.[94] Así se admitió, por ejemplo, por la Sala Político Administrativo del Tribunal Supremo de Justicia en sentencia No. 384 de 21 de abril de 2004, al señalar que "los *poderes atribuidos por ley* a la Administración Pública, incluso cuando no estén expresamente incorporados en el texto del contrato, deben considerarse insertos en el mismo,"[95] pero con la importante observación de que como lo indicó la Corte, tales poderes tienen que estar "atribuidos por ley." Como lo ha sostenido José Ignacio Hernández, "si las cláusulas exorbitantes son en realidad poderes extracontractuales, su fuente no puede anclarse en el objeto del contrato sino en realidad, en la Ley. Es la Ley –y no el contrato- quien legitima a la Administración para desplegar esas potestades, por lo que su ejercicio mal podría supeditarse al objeto del contrato, o sea a su carácter administrativo." De resto, agrega Hernández, "estas facultades sólo podrán ejercerse en tanto ellas hayan sido expresamente consagradas en el texto del contrato."[96]

Estas cláusulas exorbitantes en los contratos administrativos, son, por ejemplo, los poderes que tiene la Administración contratante para dirigir y controlar la ejecución del contrato; para sancionar los incumplimientos de la contraparte en el contrato; para modificar unilateralmente las cláusulas del contrato, o para resolver unilateralmente la rescisión del contrato.[97]

---

93 *Idem.*

94 Véase Allan R. Brewer-Carías, *Contratos Administrativos, op. cit.*, pp. 43, 47, 164.

95 Véase Caso *David Goncalves Carrasqueño vs. Alcaldía del Municipio Miranda del Estado* Zulia disponible en http://www.tsj.gov.ve/decisiones/spa/Abril/00384-210404-2003-0654.htm.

96 Véase José Ignacio Hernández, "El contrato administrativo en la Ley de Contrataciones Públicas venezolana," en Allan R. Brewer-Carías, et al., *Ley de Contrataciones Públicas*, Editorial Jurídica venezolana, Caracas 2008, pp. 234-235.

97 Véase Carlos García Soto, "Posición de la Administración en su actividad contractual. El caso de la Ley de Contrataciones Públicas," en Allan R. Bre-

Dichos poderes, por otra parte, por el principio de la atribución de competencia mediante ley, siempre tienen que estar regulados en algún texto legal, como por ejemplo sucedió en la Ley de Promoción a la Inversión Privada bajo el régimen de Concesiones de 1999,[98] donde se regula expresamente las potestades de la Administración concedente, de inspección y control (Art. 37); de interpretación unilateral (Art. 38); de modificación unilateral (Art. 39); de orden sancionatorio por faltas del concesionario (Art. 43); de rescisión unilateral del contrato debido al incumplimiento grave de las obligaciones del concesionario (Art. 46.c); y de rescatarse anticipado de la concesión por causa de utilidad o interés público (Art. 53).

Dichas prerrogativas o poderes extraordinarios de la Administración contratante, por supuesto, también podrían estar expresamente regulados y establecidos en el texto de los contratos, lo que generalmente ocurre en los que tradicionalmente se han calificado como "contratos administrativos," por ejemplo, en los contratos de obra pública o de concesión de servicios públicos, de cuya práctica precisamente derivan las normas de la mencionada Ley de Promoción a la Inversión Privada bajo el régimen de Concesiones. Por ello, por ejemplo, en relación con los contratos de obra pública, el viejo reglamento que establecía las Condiciones Generales de Contratación, con el carácter de cláusulas obligatorias (Decreto 1.417),[99] preveía expresamente los poderes que el ente público contratante podía ejercer para supervisar y controlar la ejecución de los trabajos.[100]

En el caso de la Ley Contrataciones Públicas sancionada en 2008, [101] la misma solo autoriza excepcionalmente a los entes pú-

---

wer-Carías et al., *Ley de Contrataciones Públicas*, Editorial Jurídica Venezolana, Caracas 2008, p. 184; Allan R. Brewer-Carías, *Contratos administrativos, op. cit.,* pp. 164-185.

98 *Gaceta Oficial,* N° 5.394 Extr. de 21-10-1999.

99 Véase Decreto N° 1821, de 30-08-1991, *Gaceta Oficial* N° 34.797 de 09-09-1991.

100 Véase Allan R. Brewer-Carías, *Contratos Administrativos, op. cit.*, p. 165.

101 La Ley de Contrataciones Públicas fue dictada mediante Decreto Ley N° 5.929 de fecha 11 de marzo de 2008 en ejecución de la Ley habilitante de 2007, habiendo derogado la Ley de Licitaciones de 2001. Fue inicialmente publicada en *Gaceta Oficial* N° 5.877 de fecha 14 de marzo de 2008, y republicada, por error de copia, en *Gaceta Oficial* N° 38895 de 25 de marzo de 2008. Véase sobre esta Ley de Contrataciones Públicas, los diversos

blicos contratante para decidir unilateralmente mediante actos administrativos aspectos relativos a la ejecución de los contratos, por ejemplo, en materia de modificaciones unilaterales a las cláusulas relativas a las prestaciones del contrato (art. 130 ss.) o de rescisión unilateral del contrato (art. 152).

Pero en todo caso, el tema de las cláusulas exorbitantes que se ha desarrollado respecto de los contratos administrativos, no se podía aplicar en forma alguna a los contratos de derecho privado de la Administración celebrados antes de 2009 por PDVSA Petróleos S.A. con empresas o consorcios privados para la prestación a la misma de los servicios conexos con la industria petrolera. En relación con dichos contratos no había ni hay previsión alguna en el ordenamiento jurídico que le hubiera asignado a una empresa del Estado como PDVSA Petróleo S.A., subsidiaria de PDVSA, el ejercicio explícito o implícito de poderes extraordinarios algunos.

En general, los derechos de las partes están en las cláusulas de los contratos, de manera que incluso en relación con el posible uso de poderes extraordinarios, cuando los mismos están establecidos y regulados expresamente en las cláusulas contractuales, la Administración contratante no puede en ningún caso ejercerlos contrariando su contenido. El artículo 1159 del Código Civil, que es aplicable a todo tipo de contratos, dispone que las cláusulas del contrato tienen fuerza de ley entre las partes, por lo que, incluso tratándose de contratos administrativos y contratos de derecho privado de la Admi-

---

comentarios en el libro de Allan R. Brewer-Carías, Carlos García Soto, Gustavo Linares Benzo, Víctor Hernandez Mendible, José Ignacio Hernández, Luis A. Herrera Orellana, Miguel Mónaco, Manuel Rojas Pérez, Mauricio Subero M., *Ley de Contrataciones Públicas*, Editorial Jurídica Venezolana, Caracas 2008). Dicha Ley fue reformada por Ley publicada en *Gaceta Oficial* Nº 39.165 de 24 de abril de 2009 y posteriormente por Ley publicada en *Gaceta Oficial* Nº 39.503 de 6 de septiembre de 2010 (Sobre dicha Ley de Contrataciones Públicas de 2010, véase los diversos comentarios en el libro de Allan R. Brewer-Carías, Víctor Hernandez Mendible, Miguel Mónaco, Aurilivi Linares M., José Ignacio Hernández, Carlos García Soto, Mauricio Subero M., Alejandro Canónico S., César A. Estéves Alvarado, Gustavo Linares Benzo, Manuel Rojas Pérez, Luis A. Herrera Orellana, Víctor Raúl Díaz Chirino, *Ley de Contrataciones Públicas*, Editorial Jurídica Venezolana, 3ª edición actualizada, Caracas 2012). Posteriormente la Ley fue de nuevo reformada por Decreto Ley publicado en *Gaceta Oficial* Extra Nº 6.154 de 19 de noviembre de 2014, actualmente vigente.

nistración, sus cláusulas son obligatorias para las partes. E incluso, en caso de que puedan existir poderes extraordinarios que no están establecidos en el contrato, sino en normas legales, su ejercicio cuando corresponda por la Administración contratante tampoco podría ignorar las cláusulas contractuales, si en las mismas, precisamente, se reguló su ejercicio.

En el caso de los contratos celebrados para la prestación de los servicios conexos de la industria petrolera antes de la entrada en vigencia de la Ley de Reserva de 2009, que no eran contratos administrativos, la realidad que se deriva del texto uniforme de los mismos es que en ausencia de poderes legales asignados a PDVSA Petróleo S.A. para ejercer potestades públicas, era en las propias cláusulas del contrato donde se regularon expresamente lo que podría ser equivalente a lo que en contratos administrativos serían las mencionadas "cláusulas exorbitantes," en particular, la posibilidad de suspensión de las actividades objeto del contrato; la posibilidad de terminación anticipada unilateral del contrato; y la posibilidad de modificación o cambio unilateral del contrato.

En efecto, en general, en dichos contratos, conforme al modelo elaborado por la empresa estatal, era en su propio texto donde se regularon las mencionadas situaciones expresamente. Por ejemplo, respecto de la posibilidad para la Administración contratante, es decir, de PDVSA Petróleo S.A. de poder introducir cambios o modificaciones en los contratos, en general se dispuso que sólo podían hacerse mediante documento complementario firmado por los representantes autorizados de ambas partes; y en cuanto a los cambios en el servicio, es decir, alteraciones, modificaciones, ampliaciones o reducciones del alcance de los servicios, ésos sólo podían solicitarse por PDVSA Petróleo S.A. al contratista siguiendo determinados pasos regulados en el texto de los contratos. Con cláusulas como estas, ningún otro cambio se permitía realizar en los contratos a iniciativa de PDVSA Petróleo S.A., y por supuesto, ningún cambio en las cláusulas económicas de los contratos podía adoptarse por el ente público contratante, ya que estas son siempre inamovibles en cualquier contrato, e incluso en materia de contratos administrativos.[102]

---

102 Véase Eloy Lares Martínez, *Manual de Derecho Administrativo*, Caracas, 1983, p. 335; Allan R. Brewer-Carías, *Contratos Administrativos*, *op. cit.*, p. 191.

Por ello, si el ente público contratante, sea en la ejecución de un contrato administrativo o de un contrato de derecho privado de la Administración, mediante decisiones unilaterales afecta derechos del co-contratante previstos en las cláusulas contractuales, particularmente si se trata de las cláusulas económicas o de protección del co-contratante, entonces la Administración estaría obligada a indemnizar al co-contratante por los daños y perjuicios que le cause. Por ello es que incluso el ejercicio de poderes extraordinarios cuando no se regulan en las cláusulas contractuales, nunca pueden afectar las cláusulas económicas o de protección del co-contratante, y si los derechos contractuales resultasen afectados o disminuidos ello siempre implica la obligación por parte de la Administración contratante de indemnizar al co-contratante.[103] Como lo indicó el profesor Eloy Lares Martínez, incluso en los llamados "contratos administrativos" las cláusulas económicas del mismo son siempre "intocables e inmutables,"[104] y constituyen, incluso, el límite esencial al poder de modificación unilateral de los contratos administrativos. De ello se trata cuando se habla de la inmutabilidad de las cláusulas económicas de los contratos públicos, que en ningún caso pueden modificarse sino en la forma prevista en las cláusulas contractuales, de manera que si no se restablece el equilibrio económico del contrato y se satisface el derecho a una justa compensación que resulte de cualquier alteración de las cláusulas económicas por la Administración, resultaría en definitiva en una confiscación de los derechos contractuales, lo que está prohibido en el artículo 116 de la Constitución.

De lo anterior resulta, que, en los contratos públicos, e independientemente de su consideración o no como "contrato administrati-

---

103 Véase Gustavo Linares Benzo, "El equilibrio financiero del contrato administrativo en el decreto Ley de Contrataciones Públicas," en Allan R. Brewer-Carías *et al.*, *Ley de Contrataciones Públicas*, Editorial Jurídica venezolana, Caracas 2008, p. 187-197; Miguel Mónaco, "El derecho al precio del contratista en los contratos administrativos," en *Los Contratos Administrativos. Contratos del Estado, VIII Jornadas Internacionales de Derecho Administrativo "Allan Randolph Brewer-Carías,"* Fundación Estudios de Derecho Administrativo, Caracas 2006, Tomo II, pp. 134-137; Allan R. Brewer-Carías, *Contratos Administrativos, op. cit.*, pp. 160, 211 ss.

104 Véase Eloy Lares Martínez, *Manual de Derecho Administrativo*, Caracas, 1983, p. 335; Allan R. Brewer-Carías, *Contratos Administrativos, op. cit.*, p. 191.

vo," cualquier modificación de las cláusulas económicas contractuales por la Administración, es una violación al contrato, la cual no puede encubrirse con el supuesto ejercicio de poderes exorbitantes por parte de la misma, que no existen ni pueden existir en materia de contratos públicos para justificar la ruptura o violación de los contratos.

De todo lo anteriormente expuesto, en consecuencia, y aplicando por ejemplo, los estándares antes mencionados que indicó en uno de sus trabajos Henrique Iribarren Monteverde,[105] resulta evidente que los contratos suscritos por PDVSA Petróleo S.A. y empresas o consorcios privados antes de la nacionalización de 2009, para la prestación de los servicios conexos de la industria petrolera y que no eran actividades reservadas, eran "contratos de derecho privado de la Administración," es decir, no eran "contratos administrativos," pues en los mismos y conforme al modelo de contrato elaborado por la empresa estatal, no había en ellos cláusulas exorbitantes del derecho común que autorizasen a PDVSA Petróleos S.A. para poder adoptar decisiones no reguladas en el texto de los propios contratos o contrarias a las que en los mismos se establecían. Es decir, en relación con el objeto de los contratos, PDVSA Petróleo S.A. no tenía atribuido por ley "poder exorbitante" alguno, ni en las cláusulas contractuales había previsión alguna de poderes exorbitantes que hubiera podido utilizar en la ejecución del mismo, estando sus facultades expresamente reguladas en el texto del contrato. PDVSA Petróleo S.A., en dichos contratos y conforme al modelo que había elaborado, no tenía facultad alguna para ejercer "potestades públicas" ni tenía "posición de privilegio" algunas, rigiendo en su ejecución el texto de sus cláusulas, incluso de aquellas previstas por las partes para regular, por ejemplo, la terminación unilateral del contrato, y la modificación unilateral del contrato.

---

105 Véase Henrique Iribarren Monteverde, "El equilibrio económico en los contratos administrativos y la teoría de la imprevisión," en *Los Contratos Administrativos. Los Contratos del Estado, VIII Jornadas Internacionales de Derecho Administrativo "Allan Randolph Brewer Carías*, Funeda, Caracas 2006, pp. 117-119.

QUINTA PARTE

EL DERECHO APLICABLE A LOS CONTRATOS PARA LA PRESTACIÓN DE LOS SERVICIOS CONEXOS CON LAS ACTIVIDADES PETROLERAS

I. EL CONTRATO COMO LEY ENTRE LAS PARTES

Las cláusulas de los contratos suscritos por PDVSA Petróleo S.A., conforme al modelo elaborado por la propia empresa estatal y suministrado a los contratistas, como sucede con cualquier contrato público o privado e independientemente de que se trate de un contrato administrativo o de un contrato de derecho privado de la Administración, constituían la ley entre las partes, la cual derivaba del propio texto de los mismos y de las leyes que supletoriamente se le podían aplicar y que estaban vigentes cuando los contratos se suscribieron, desde la década de los noventa, o que habiendo entrado en vigencia posteriormente contenían normas de orden público que debían aplicarse.

Por ello los contratos suscritos, rigieron y se ejecutaron hasta su extinción de pleno derecho en 2009, de conformidad con la legislación de la República; teniendo los contratistas en general, la obligación de cumplir con todas las leyes, reglamentos, decretos, resoluciones y demás normas legales nacionales, estadales y municipales, incluyendo ordenanzas locales relativas a la ejecución de los contratos, y en particular por el tipo de servicios conexos, la legislación ambiental. Además, es evidente, conforme a las cláusulas contractuales, los contratistas tenían la responsabilidad de obtener todas las aprobaciones, permisos licencias que pudieran exigir las leye

En algunos casos, incluso, en relación con la ley aplicable a los contratos, en algunos contratos para la prestación de los servicios conexos con la industria petrolera, se previeron cláusulas conforme a las cuales las partes convinieron en que también se debían aplicar a los contratos lo dispuesto en los tratados internacionales relativos a la protección mutua de la inversión extranjera, de los que fuera parte Venezuela y el país de donde proviniera alguno de los contratistas. Ello implicaba que PDVSA Petróleos S.A., en esos contratos, aceptaba responder en relación con los contratistas por las obligaciones asumidas por Venezuela al ser parte de los mencionados tratados bilaterales de inversiones. En consecuencia, aparte de las leyes específicas que se hubiesen sancionado, y que en alguna forma incidieran en una forma u otra el objeto de los contratos, y de lo dispuesto en los mencionados tratados internacionales de protección de inversiones, el derecho aplicable a los contratos estaba conformado fundamentalmente por lo que establecían sus propias cláusulas y por las disposiciones del Código Civil que son supletorias respecto de las mismas. Ese derecho del contrato, era la ley entre las partes.

En particular, en cuanto a las regulaciones de derecho administrativo que pudieran ser aplicables a los contratos para la ejecución de los servicios conexos de la industria petrolera suscritos antes de 2009, a pesar de no tratarse de contratos administrativos, sino de un contrato de derecho privado de la Administración, las mismas ante todo debieron haber sido establecidas en leyes sancionadas por la Asamblea Nacional, en virtud de ser la ley formal la fuente más importante de esta disciplina. Tal sería el caso, por ejemplo, de las normas de la Ley Orgánica de la Administración Pública, de la Ley de Hidrocarburos, de la Ley Orgánica del Ambiente y de la Ley Penal del Ambiente, para sólo mencionar algunas. Estas leyes especiales, en general, proporcionaban un marco importante para la actividad contractual del Estado aplicable a todos los contratos tanto a los contratos administrativos, como a los de derecho privado de la Administración como era el caso de los contratos para la prestación de los servicios conexos.

A título de ejemplo, puede mencionarse a la Ley Orgánica de la Administración Pública que regula a los entes públicos y sus órganos,[106] incluso la competencia específica para contratar, y en parti-

---

106 Véase Decreto Ley N° 6.217 15-07-2008, *Gaceta Oficial* N° 5890 Extraordinario de 31-07-2008. Esta Ley derogó la Ley que se había dictado en

cular de los institutos autónomos o públicos y empresas del Estado, que en la práctica administrativa son los entes que generalmente suscriben contratos con los particulares (Art. 29.32). Por ejemplo, en cuanto a los contratos celebrados por personas estatales de derecho privado, como era el caso de los contratos para los servicios conexos, el artículo 102 de la Ley Orgánica de la Administración Pública define a las empresas del Estado, en este caso PDVSA Petróleo S.A., como sociedades mercantiles en las cuales un ente público estatal sea titular de más del 50% del capital social, siendo incluso posible su creación con un solo accionista (Art. 105). La personalidad jurídica de las mismas, al igual que la de cualquier sociedad mercantil, se adquiere mediante el registro de los estatutos en el registro mercantil conforme al Código de Comercio (Arts. 103).

Pero aparte de ese orden jurídico de derecho público que en cada caso le puede ser aplicable a los contratos del Estado, incluyendo los contratos de derecho privado de la Administración celebrados para la prestación de los servicios conexos con la industria petrolera antes de 2009, los mismos se regían básicamente, primero, y ante todo, por las cláusulas establecidas en el texto de los contratos mismos, y, por supuesto por las normas del Código Civil, siendo éste de aplicación supletoria en el sentido que sus normas rigen aquellas materias no reguladas expresamente por las partes en los textos contractuales. En consecuencia, las partes en los contratos del Estado, y salvo las cláusulas obligatorias constitucional o legalmente establecidas[107] y las previsiones de leyes específicas que regulen materias de orden público, en principio tienen completa libertad para establecer el contenido de sus obligaciones y relaciones contractuales en las cláusulas que estimen conveniente a sus intereses particulares de parte contractual, sin estar sujetas a las regulaciones generales o especificas del Código Civil salvo en materias de orden público. La consecuencia de lo anterior, es que en material contractual, el principio sigue siendo que salvo las mencionadas regulaciones legales, las del Código Civil son supletorias a la voluntad de las

---

2001, en *Gaceta Oficial,* N° 37.305 de 17-10-2001. Véase Allan R. Brewer-Carías *et al.*, *Ley Orgánica de la Administración Pública*, Caracas 2009, pp. 14-17; 68-81.

107 Véase Allan R. Brewer-Carías, "Principios especiales y estipulaciones obligatorias en la contratación administrativa" en *Estudios de Derecho Administrativo*, Ediciones Rosaristas, Colegio Nuestra Señora del Rosario, Bogotá 1986 pp. 91-124.

partes y sólo se aplican en ausencia o insuficiencia de las previsiones adoptadas por ellas.

Por ello es que de acuerdo con el artículo 1.270 del Código Civil, las obligaciones contenidas en los contratos deben cumplirse precisamente como se han contraído; y de acuerdo con el artículo 1.160 del mismo Código, los contratos deben cumplirse de buena fe y las partes están obligadas no sólo a cumplir con lo expresamente establecido en el contrato, sino con todas las consecuencias que resulten de los mismos, de acuerdo con la equidad, el uso y la ley. Incluso, en muchos de los contratos suscritos por PDVSA Petróleos S.A. para la prestación de servicios conexos se indicaba expresamente que "Las partes reconocen que el artículo 1.160 del Código Civil de Venezuela será aplicable al presente Contrato y que, en consecuencia, todas las obligaciones previstas en el mismo serán cumplidas de buena fe y conforme a la equidad, al uso y a la Ley."

De acuerdo con el ordenamiento jurídico venezolano, en consecuencia, la relación contractual entre las partes está establecida en el texto del contrato, siendo el límite legal básico que tienen, al regularlas, de acuerdo con el artículo 6 del Código Civil, la imposibilidad de que mediante contratos puedan las partes alterar las regulaciones legalmente establecidas o contrariar al orden público y a las buenas costumbres. El concepto de orden público, en el sistema legal venezolano, se refiere a situaciones en las cuales la aplicación de una disposición legal concierne al orden legal general e indispensable para la existencia de la propia comunidad, el cual no puede ser relajado por la voluntad de las partes, concepto que por supuesto, no se aplica en los asuntos que sólo conciernen a las partes en una controversia contractual. Por ejemplo, normas de orden público son aquellas que establecen competencias o atribuciones de los entes y órganos del Estado, incluso las competencias de los jueces, y aquellas que conciernen a los poderes tributarios de las entidades públicas. En el campo del derecho privado, por ejemplo, todas las leyes o normas relativas al estado de las personas (por ejemplo, *patria potestas*, divorcio, adopción) son normas en las cuales está interesado el orden público y las buenas costumbres.[108]

En otros casos, es el mismo legislador el que ha expresamente indicado, en ciertas leyes, que las mismas son de orden público, en

---

108 Véase Allan R. Brewer-Carías, *Contratos Administrativos, op. cit.*, pp. 265-268.

el sentido de que sus normas no pueden ser modificadas mediante relaciones contractuales. Es el caso, por ejemplo, precisamente, de la Ley Orgánica que reserva al Estado bienes y servicios conexos a las actividades primarias de Hidrocarburos de mayo de 2009, en cuyo artículo 7 se estableció que "Las disposiciones de la presente Ley son de *orden público* y se aplicarán con preferencia a cualquier otra disposición legal vigente en la materia."[109] Declaratoria que por supuesto no tiene ni puede tener efecto retroactivo por prohibirlo la Constitución y sólo tiene vigencia a partir de mayo de 2009, no siendo aplicable en forma alguna a los contratos suscritos por PDVSA Petróleos S.A. para la prestación de servicios conexos antes de la entrada en vigencia de dicha Ley.

En consecuencia, puede decirse que, en general, las cláusulas de dichos contratos de derecho privado de la Administración para la prestación de los servicios conexos de la industria petrolera, habiendo sido elaborados por la empresa estatal y no conteniendo previsiones contrarias al orden público o a las buenas costumbres, en general tenían fuerza de ley entre las partes (Art. 1159 CC), y las obligaban a cumplir lo que estaba expresamente regulado en las cláusulas contractuales y cumplir las obligaciones precisamente como fueron contraídas (Arts. 1160 y 1270 CC.).

En virtud de ese carácter que tienen los contratos, incluyendo los contratos del Estado, de tener la fuerza de ley entre las partes, las obligaciones contractuales, particularmente en los contratos estatales de derecho privado de la Administración como dichos contratos para la prestación de los servicios conexos, tenían que configurarse conforme a las cláusulas contractuales, a las normas legales que resultaban aplicables en el sector de la actividad económica en el cual se concluyeron los contratos (hidrocarburos), y supletoria-

---

109 Véase en *Gaceta Oficial* N° 39.173 del 7 de mayo de 2009. Sobre el tema véase Allan R. Brewer-Carías, "Sobre la *"publicatio"* en el derecho público y las nociones de "reserva al Estado," "utilidad pública," "interés social," "servicio público," "dominio público" y "orden público," en Jaime Rodríguez Arana Muñoz, Carlos E. Delpiazzo Rodríguez, Olivo Rodríguez Huertas, Servio Tulio Castaños Guzmán y Maria del Carmen Rodríguez Martín-Retortillo (Editores), *Bases y retos de la Contratación Pública en el Escenario Global, Actas del XVI Foro Iberoamericano de Derecho Administrativo, Santo Domingo, 1 y 3 de octubre de 2017,* Foro Iberoamericano de Derecho Administrativo, Asociación Dominicana de Derecho Administrativo, Fundación Institucionalidad y Justicia, FINJUS, Editorial Jurídica Venezolana International, Santo Domingo, pp. 873-890.

mente, conforme a las normas del Código Civil. Y no podría pretenderse en estos casos que se pudiera invocar alguna cláusula supuestamente exorbitante del derecho privado para contradecir el texto expreso de los contratos. Ello, además, de ser improcedente, atentaría contra la seguridad jurídica, la buena fe y el principio de confianza legítima, entre otros.

A los contratos para la prestación de los servicios conexos con la industria petrolera suscritos entre PDVSA Petróleo S.A. y empresas o consorcio privados, por tanto, como sucede con cualquier tipo de contrato, y salvo exclusión expresa en sus cláusulas o en una ley, les eran aplicables supletoriamente las previsiones del Código Civil. Entre esas normas supletorias previstas en el Código Civil, por ejemplo, estaba la cláusula del artículo 1168 referida a los contratos bilaterales conforme a la cual "cada contratante puede negarse a ejecutar su obligación si el otro no ejecuta la suya, a menos que se hayan fijado fechas diferentes para la ejecución de las dos obligaciones." Dicha cláusula, como toda cláusula supletoria, sin embargo, para aplicarse en cualquier contrato, está condicionada por las disposiciones de las cláusulas del propio contrato bilateral en relación al cumplimiento de las obligaciones de cada parte, por los remedios establecidos en el contrato frente a los incumplimientos de cada parte; y en los contratos públicos o del Estado, además, por el objeto mismo del contrato y el grado de diligencia que se exija en el contrato al co-contratante.

Por ejemplo, si se tratase de un contrato administrativo para la prestación de un servicio público, como por ejemplo el previsto en el artículo 60 de la LOH para "el suministro, almacenamiento, transporte, distribución y expendio de los productos derivados de los hidrocarburos *destinados al consumo colectivo interno*," respecto de los cuales la misma Ley impone la necesidad de "garantizar el suministro, la eficiencia del servicio y evitar su interrupción;" el contratista concesionario del servicio no sólo estaría obligado a cumplir la prestación con diligencia máxima,[110] sino que estaría limitado en caso de incumplimiento de las obligaciones contractuales por el ente público, en cuanto a poder invocar pura y simplemente le cláusula *non adimpleti contractus* del Código Civil para proceder a "interrumpir" la prestación del servicio público. Sobre esta cláusula respecto de los contratos públicos hemos indicado que:

---

110 Es lo que hemos indicado en Allan R. Brewer-Carías, *Contratos Administrativos, op cit.*, p. 242.

"El régimen de la remuneración contractual en los contratos de la Administración es semejante al de los contratos de derecho privado, es decir, en principio, si el co-contratante tiene la obligación de ejecutar las prestaciones a que se ha obligado en el contrato, la Administración también está obligada a remunerar al co-contratante por su cumplimiento. De esta manera, tratándose de un contrato sinalagmático y salvo limitaciones provenientes del interés público, en principio el co-contratante de la Administración puede negarse a ejecutar su obligación si la Administración no ejecuta la suya, salvo que se hayan fijado fechas diferentes para la ejecución de ambas obligaciones."[111]

Las referidas "limitaciones provenientes del interés público" son precisamente, por ejemplo, las que se imponen en materia de servicios públicos para asegurar su continuidad y no interrupción, y son las que han dado origen una jurisprudencia restrictiva respecto de la posibilidad de invocación de la cláusula *non adimpleti contractus* en materia de contratos administrativos. Es el caso, por ejemplo, de la sentencia Nº 175 de 11 de abril de 2000 (*caso Pedarca*) dictada por la Sala Político Administrativa del Tribunal Supremo, en materia de contratos de obra pública, en la cual sostuvo que "cuando la Administración reclama del co-contratante el cumplimiento de alguna previsión contenida en un contrato administrativo, éste queda imposibilitado para oponer la excepción *non adimpleti contractus*" a cuyo efecto la Sala citó como antecedente la sentencia de la antigua Corte Federal y de Casación del 5 de diciembre de 1945 (caso *Astilleros La Guaira*).[112] Dicha sentencias, en todo caso, también se refería a un contrato administrativo de obra pública, y segundo, siempre y exclusivamente a casos en los que la cláusula *non adimpleti contractus* no podría ser "opuesta" por el co-contratante a la Administración contratante cuando ésta le reclama el cumplimiento de alguna previsión. Es decir, la limitación establecida por la jurisprudencia en materia de contratos administrativos ni siquiera se refiere a que la cláusula no podría ser alegada frente a la Administración contratante, sino sólo a que la misma en forma par-

---

111 Véase Allan R. Brewer-Carías, *Contratos Administrativos, op. cit.* p. 88.

112 Véase en http://www.tsj.gov.ve/decisiones/spa/Abril/00789-110400-175.htm En igual sentido, e igualmente en relación con contratos administrativos de obra pública, véase la sentencia Nº 845 de la misma Sala de 16 de julio de 2008 (Caso *Constructora Oryana*), en http://www.tsj.gov.ve/decisiones/spa/Julio/00845-17708-2008-2006-0649.html.

ticular no podría ser "opuesta" por el co-contratante a la Administración durante la ejecución del contrato cuando ésta le reclamase el cumplimiento de una obligación.[113]

Ello, por tanto, ni siquiera en materia de contratos administrativos implica rechazo alguno general a la posibilidad eventual de aplicación de la cláusula *non adimpleti contractus* por el co-contratante frente a incumplimientos de la Administración contratante. Por tanto, de dicha jurisprudencia no hay rechazo alguno a la posibilidad de que el co-contratante pueda invocar la *exceptio non adimpleti contractus* ante la Administración, cuando por ejemplo, dicho contratista exija en un proceso judicial posterior, una indemnización por supuestos daños y perjuicios que se hubiesen podido haber derivado de la inejecución durante la ejecución del contrato de alguna obligación por el co-contratante. En esta materia puede decirse que rige el principio de la igualdad ante las cargas públicas, de manera que incluso en materia de contratos administrativos, como por ejemplo lo expresó Marienhoff, "en homenaje a la satisfacción del interés público, no puede pretenderse el sacrificio de una sola persona ni aceptarse, entonces, la ruina económica del co-contratante, agregando que el contratista, en el supuesto de una larga morosidad administrativa, no puede ser constreñido a cumplir igualmente el contrato," por cuanto ello implicaría obligarlo a que actúe como financiador de las obras estatales."[114]

En tal sentido, la antigua Corte Suprema de Justicia en Sala Político Administrativa en sentencia de de 17 de noviembre de 1994 (caso *Sateca Nueva Esparta*) dictada con motivo de la rescisión de un contrato de concesión de prestación del servicio público de aseo urbano, en una forma similar estableció que los contratos administrativos, "deben ejecutarse de buena fe (artículo 1.160 del Código Civil) y la Administración estaría actuando de mala fe y en forma arbitraria si asfixia económicamente a una empresa concesionaria por falta de pago y, a su vez, le exige la prestación del servicio en términos óptimos so pena de rescindir el contrato. En este caso, la Administración estaría usando sus poderes con fines distintos al interés público y estaría violando los derechos económicos fundamentales de la concesionaria que son el derecho a percibir un pago

---

113 *Idem*, p. 183.

114 Véase Miguel Marienhoff, *Tratado de Derecho Administrativo*, Vol. III-A, Buenos Aires 1983, p. 382, citado por Rafael Badell, *Régimen Jurídico del contrato administrativo*, Caracas 2001, p. 165.

por sus servicios o a cobrar a los usuarios una tasa y el derecho a mantener la concesión por el tiempo previsto." (Consultada en original).

II. EL DERECHO DE LOS CONTRATISTAS DE DAR POR TERMINADOS ANTICIPADAMENTE LOS CONTRATOS CONFORME A LAS CLÁUSULAS CONTRACTUALES

En los contratos para la prestación de los servicios conexos con la industria petrolera suscritos por PDVSA Petróleo S.A. con empresas o consorcios privados, y conforme al modelo contractual adoptado en la industria y elaborado por la empresa estatal, en general se reguló expresamente en su texto, el derecho tanto de la empresa del Estado PDVSA Petróleo S.A., como de los contratistas privados a dar por terminado anticipadamente los contratos.

En esa forma, en el mismo texto de los contratos se reguló todo lo concerniente a la terminación unilateral del contrato por parte del ente público contratante, con lo que se enmarcó contractualmente lo que en relación con los llamados "contratos administrativos" se identifica con la potestad de rescisión unilateral del contrato; y además, se reguló el derecho del co-contratante privado a dar también por terminado el contrato cuando el ente público contratante incumpla con alguna de sus obligaciones contractuales, con lo cual se enmarcó contractualmente lo que en ausencia de cláusula de terminación podría dar lugar a la aplicación supletoria de la cláusula *non adimpleti contractus* del Código Civil.

Dichas cláusulas contractuales, en general, en la materia, son particularmente expresas y claras, constituyendo la voluntad de las partes, por lo cual, siendo ley entre las mismas, no podía el ente público contratante desconocerlas. Las cláusulas, por lo demás, no eran cláusulas destinadas a prever que la declaratoria de terminación de los contratos debía ser sólo decretada por decisión judicial; al contrario, en ellas se consagraba el derecho al contratista a terminar anticipadamente los contratos sin perjuicio de la posibilidad de recurrir al arbitramento o a la vía judicial luego de que la conciliación no resultase.

En el derecho venezolano, la previsión en los contratos de cláusulas resolutorias como las establecidas en muchos de los contratos para la prestación de servicios conexos de la industria petrolera, que no afectaban ni el orden público ni las buenas conductas era y es obviamente admisible, estando perfectamente aceptadas, y ninguna doctrina vinculante ha sido establecida en sentido contrario por la Sala Constitucional del Tribunal Supremo de Justicia declarando o considerando nulas dichas cláusulas.

En efecto, vinculado con este tema, la Sala Constitucional dictó la sentencia N° 1658 del 16 de junio de 2003 (Caso *Fanny Lucena Olabarrieta -Revisión de sentencia-*),[115] y la sentencia N° 167 de 4 de marzo de 2005 (Caso; *IMEL C.A., -Revisión de sentencia*);[116] pero de ellas no se puede deducir que exista "doctrina vinculante" que haya resultado de la interpretación de alguna norma constitucional y que haya sido sentada por la Sala Constitucional, y de la cual se pueda deducir que las cláusulas resolutorias en los contratos sean inconstitucionales y nulas. En ninguna de dichas sentencias se aplicó el artículo 335 de la Constitución el cual ni siquiera se menciona en ellas, y la Sala no hizo referencia a norma alguna Constitucional que se pueda considerar que haya sido interpretada en las sentencias. La referencia que se hizo en una de dichas sentencias (N° 1658 /2003) al artículo 138 de la Constitución que dispone en general que "Toda autoridad usurpada es ineficaz y sus actos son nulos," es sólo una simple referencia para considerar como "inexistentes" en ese caso concreto de la sentencia que se revisó, y por tanto, con efectos *at casu et inter partes*, que las actuaciones de los particulares al declarar sus propios derechos, cuando *limitan los derechos y garantías constitucionales* de otros individuos sin intervención judicial.

En efecto, de las mencionadas sentencias no se puede identificar ejercicio de interpretación alguno de dicha norma constitucional conforme al artículo 335 de la Constitución; en ninguna de ellas se efectuó una interpretación vinculante del artículo 138 de la Constitución; y de ellas no se puede deducir, que la Sala Constitucional haya negado en forma absoluta en el derecho venezolano la validez de las cláusulas resolutorias que permitan terminar un contrato unilateralmente, y que haya considerado que la terminación unilateral de un contrato conforme a sus cláusulas sea nula a tenor del Art. 138 de la Constitución."

---

115 Véase el texto de la sentencia de la Sala Constitucional en http://www.tsj.gov.ve/decisiones/scon/Junio/1658-160603-03-0609.htm

116 Véase el texto de la sentencia de la Sala Constitucional en http://www.tsj.gov.ve/decisiones/scon/Marzo/167-040305-04-1518.htm.

Basta la lectura de la sentencias para constatar que la Sala, al dictarlas, primero, no ejerció potestad alguna conforme al artículo 335 de la Constitución, que ni se menciona en las mismas; segundo, no sentó doctrina vinculante alguna sobre la interpretación del artículo 138 de la Constitución; tercero, en la sentencia N° 167 lo único "decidido" por la Sala fue que "no compartió" una decisión de un tribunal de instancia cuando consideró posible y válido que se estableciera en un contrato una cláusula resolutoria sin que mediase intervención judicial, considerando que ese criterio "es contrario y obvia por completo la interpretación vinculante que del artículo 138 de la Constitución asentó en sentencia N° 1658/2003," pero sin percatarse que en esta última sentencia no se había establecido "interpretación alguna vinculante" de norma constitucional alguna; cuarto, en ninguna de las sentencias se afirmó que las cláusulas de resolución unilateral de contratos usurpan la función jurisdiccional; y quinto, en la sentencia N° 1658/2003 que se cita en la sentencia 167/2005 lo que se afirmó fue que las situaciones en las cuales los particulares declaran sus propios derechos "limitando los derechos y garantías constitucionales de otros" es cuando se considera que se usurpa la función jurisdiccional, pero referida a la actuación de un Junta de Condominio de un edificio residencial respecto del derecho a tener agua de uno de los condóminos.

En efecto, de acuerdo con el artículo 335 de la Constitución, "las interpretaciones que establezca la Sala Constitucional sobre el contenido o alcance de las normas constitucionales son vinculantes para las otras Salas del Tribunal Supremo y demás tribunales de la República." Ello implica, ante todo, que para que haya una doctrina vinculante establecida expresamente por la Sala Constitucional, tiene necesariamente que haber una interpretación de una norma constitucional específica. Como lo ha precisado la propia Sala Constitucional, en su sentencia N° 727 de 8 de abril de 2003:

"es propicia la oportunidad para que la Sala insista en que, de un fallo de la Sala Constitucional, lo vinculante es la interpretación sobre el contenido y alcance de las normas constitucionales, como se apresuró a precisarlo en sentencia n° 291 del 03 de mayo de 2000, en estos términos: "... debe puntualizar esta Sala que sus criterios vinculantes se refieren a la interpretación sobre el contenido y alcance de las normas constitucionales y no sobre la calificación jurídica de hechos, ajenos a las normas constitucionales."[117]

Por tanto, no puede haber doctrina constitucional vinculante sin que la Sala haga el ejercicio efectivo de interpretar constitucionalmente en forma expresa, con tal carácter, una previsión constitucional. Como lo hemos expresado en otro lugar:

"el carácter "vinculante" de una interpretación constitucional sobre el contenido o alcance de las normas constitucionales que se haga en una sentencia de la Sala Constitucional no puede recaer sobre cualquier frase o razonamiento interpretativo que contenga la misma. Al contrario, de la sentencia debe derivarse en forma expresa la interpretación de la Sala "sobre el contenido o alcance de las normas constitucionales y principios constitucionales," que es la parte que tiene carácter [vinculante]; lo que no se extiende a cualquier argumento o frase utilizado en la sentencia para la interpretación normativa."[118]

Además, la Sala, expresamente en su sentencia interpretativa de una norma constitucional debe indicar específicamente que está sentando la referida doctrina "vinculante."[119]

---

117 Véase en *Revista de Derecho Público*, N° 93-96, Editorial Jurídica Venezolana, Caracas, 2003, p. 143.

118 Véase Allan R. Brewer-Carías, "La potestad la jurisdicción constitucional de interpretar la constitución con efectos vinculantes," en Jhonny Tupayachi Sotomayor (Coordinador), *El Precedente Constitucional Vinculante en el Perú (Análisis, Comentarios y Doctrina Comparada)*, Editorial ADRUS, Lima, setiembre del 2009, pp. 791-819.

119 Véase, por ejemplo, la sentencia de la Sala Constitucional del Tribunal Supremo N° 285 de 4 de marzo de 2004, que interpretó "con carácter vinculante" el artículo 304 de la Constitución, en *Revista de Derecho Público*, N° 97-98, Editorial Jurídica Venezolana, Caracas, 2004, pp. 278-279, y en http://www.tsj.gov.ve/decisiones/scon/marzo/285-040304-01-2306%20.htm. Igualmente, la sentencia N° 794 de la Sala Constitucional de 27 de mayo de 2011 en la cual resolvió con "carácter vinculante para todos los tribunales de la República, incluso para las demás Salas del Tribunal Supremo de Justicia [...] desaplicar por control difuso de la constitucionalidad el artículo 213 de la Ley de Instituciones del Sector Bancario. Véase Caso: Avocamiento procesos penales sobre delitos bancarios. Véase el texto de la sentencia de la Sala Constitucional en

Es decir, no toda interpretación o aplicación de normas que haga la Sala Constitucional puede o debe considerarse como "interpretación vinculante" de la Constitución; y en la sentencia en la cual la Sala Constitucional haga efectivamente una interpretación vinculante de una norma o principio constitucional necesariamente debe hacer referencia a la aplicación del artículo 335 de la Constitución.[120] Es decir, como lo hemos expresado desde el año 2000, no se pueden considerar como vinculante "los razonamientos o la parte 'motiva' de las sentencias, sino sólo la interpretación que se haga, en concreto, del contenido o alcance de una norma específica de la Constitución."[121] En otros términos, "lo que puede ser vinculante de una sentencia, sólo puede ser la parte resolutiva, de la misma, en la cual la Sala Constitucional fije la interpretación de una norma, *y ello debe señalarlo expresamente.*"[122]

Ahora bien, en el caso específico de la sentencia Nº 1658 del (16 de junio de 2003 Caso *Fanny Lucena Olabarrieta - Revisión de sentencia-*), dictada con ocasión de la revisión a instancia de parte con base en la competencia que tiene atribuida conforme al artículo 336.10 de la Constitución, de una sentencia de un Juzgado Superior en lo Civil, Mercantil y del Tránsito de Caracas, la Sala Constitucional del Tribunal Supremo no procedió a interpretar norma constitucional alguna, ni a fijar una interpretación vinculante de una previsión de la Constitución, sino que lo que hizo fue revisar una sentencia de instancia, al considerar fundamentalmente que la restricción o limitación de derechos y garantías constitucionales sólo pueden declararla los órganos de administración de justicia; de manera que cualquier decisión adoptada por un particular haciéndose justicia por sí mismo y lesionando con ello *derechos y garantías constitucionales*, es una usurpación de autoridad en los términos indica-

---

http://www.tsj.gov.ve:80/decisiones/scon/ma-yo/11-0439-27511-2011-794.html.

120 Véase, por ejemplo, Rafael Laguna Navas, "El recurso extraordinario de revisión y el carácter vinculante de las sentencias de la sala Constitucional del Tribunal Supremo de Justicia," en *Congreso Internacional de Derecho Administrativo en Homenaje al profesor Luis Henrique Farías Mata*, Vol. II, 2006, pp. 91-101.

121 Véase Allan R. Brewer-Carías, *El sistema de justicia constitucional en la Constitución de 1999*, Editorial Jurídica venezolana, Caracas 2000, p 87.

122 Véase Allan R. Brewer-Carías, *La Justicia constitucional. Procesos y procedimientos constitucionales,* Editorial Porrúa, México 2007, p. 415.

dos en el artículo 138 de la Constitución. La Sala, para ello, no sólo no "interpretó" dicha norma, sino que ni siquiera tuvo necesidad de interpretarla y, por tanto, no dispuso doctrina vinculante alguna.

En dicho caso debatido, en efecto, la sentencia objeto de revisión había declarado sin lugar una acción de amparo intentada por la Sra. Lucena contra una Junta de Condominio de un Edificio Residencial, en un caso que nada tenía que ver con contratos, ni con cláusulas resolutorias incluidas en contratos. El conflicto que había motivado el ejercicio de la acción de amparo había sido la decisión de la Junta de Condominio de suspender los servicios de agua a la vivienda de la Sra. Lucena, conforme a lo dispuesto en el Reglamento de Condominio, por falta de pago de la cuota de gastos del condominio. Esta había alegado que la decisión de la Junta de Condominio le habría violado su derecho "para obtener un servicio público de suministro de agua y así asegurar la salud de ella y de su núcleo familiar," habiéndose la Junta de Condominio "tomado la justicia por sí mismo," alegato basado, como lo resumió la Sala Constitucional, en "que la Ley de Propiedad Horizontal establece un mecanismo legal para el cobro de las cuotas de condominio atrasadas;" y en "que el proceder de la Junta implica tomarse la justicia por sus propias manos y conlleva a la violación de la garantía contemplada en el artículo 253 de la Constitución, que establece el monopolio exclusivo que tiene el Estado a través de los órganos que integran el Poder Judicial, para conocer de los asuntos que determinen las leyes."

Examinados los argumentos, la Sala Constitucional procedió a revisar la sentencia de instancia, considerando que la función jurisdiccional está llamada a servir para la "resolución de conflictos entre los particulares," a cuyo efecto debe ser ejercida por "un órgano imparcial y especializado" que pueda "arbitrar con autoridad un conflicto intersubjetivo de intereses," función que ha asumido el Estado "desde tiempos remotos." Esa facultad de administrar justicia, consideró la Sala, "se trata de una función pública encomendada a un órgano del Estado y que tiene por fin la actuación de la ley a casos concretos," y "no está concebido para que los particulares se sustituyan" en la misma "y de manera anárquica y arbitraria persigan dirimir sus conflictos." Se trata de "una función del Poder Público, que a través de los órganos respectivos, previstos en la Carta Fundamental, les corresponde impartir justicia (órganos del Poder Judicial)." De todo ello, concluyó la Sala Constitucional considerando que:

"cuando un particular ante un conflicto de intereses, resuelve actuar limitando los derechos o libertades e impone su criterio, adoptando una determinada posición limitativa de los derechos de otros, constituye una sustracción de las funciones estatales, que pretende sustituirse en el Estado para obtener el reconocimiento de su derecho sin que medie el procedimiento correspondiente, actuación ilegítima y antijurídica que debe considerarse inexistente, a tenor de lo previsto en el artículo 138 de la Constitución, en cuyo contenido se dispone: "Toda autoridad usurpada es ineficaz y sus actos son nulos.""

Consideró además la Sala que el proceder de la Junta de Condominio, en el caso, atentaba "contra un elemento fundamental para el ser humano, para la vida, pues el agua constituye un líquido vital y fundamental para la propia calidad de vida del ciudadano, cuya utilidad el Estado debe tutelar, a tenor de lo previsto en el artículo 55 de la Constitución," concluyendo que la conducta "que se objeta, no sólo es censurable porque se arroga de manera arbitraria y reprochable un derecho del que carece sino que fundamentalmente atenta contra los derechos y garantías previstos en la Constitución" sino que infringe el derecho de todo ciudadano a la vida (artículo 43); a la integridad física, psíquica y moral (artículo 46), a la salud (artículo 83) a una vivienda (artículo 82), a un ambiente libre de contaminación (artículo 127) y a la propiedad (artículo 115).

Como consecuencia de lo anterior la Sala Constitucional procedió a revisar la sentencia y a declararla nula, sin establecer en la misma ninguna doctrina vinculante derivada de alguna interpretación de una norma constitucional, lo que podría ocurrir por ejemplo, al decidir un recurso de interpretación constitucional, o al dictar la Sala Constitucional como Jurisdicción Constitucional una sentencia en materia de control concentrado de la constitucionalidad de las leyes, y con tal motivo como parte de la anulación que es el *thema decidendum*, resolver establecer una interpretación vinculante también con efectos *erga omnes*. En cambio, el caso de las sentencias dictadas en el ejercicio de la potestad de revisión de sentencias en materia constitucional, en casos concretos, como principio general las mismas sólo tienen efectos *inter partes* referidas al caso concreto, es decir *at casu et inter partes*,[123] razón por la cual, como es ob-

---

123 Véase sobre los efectos de las sentencias dictadas por la Sala Constitucional véase Allan R. Brewer-Carías, "Los efectos de las sentencias constitucionales en Venezuela," en *Anuario Internacional sobre Justicia Constitu-*

vio y sucedió en el caso comentado de 2003 (*Fanny Lucena Olabarrieta - Revisión de sentencia-*), la Sala no ordenó su publicación en la *Gaceta Oficial.*[124]

En cuanto a la otra sentencia de la Sala Constitucional que se ha citado, la N° 167 de 4 de marzo de 2005 (Caso; *IMEL C.A., - Revisión de sentencia*), la misma fue también dictada a solicitud de parte y en ejercicio de su poder de revisión de sentencias asignado a la Sala Constitucional conforme al artículo 336.10 de la Constitución. En este caso se trató de la revisión de una sentencia dictada por un Juzgado Superior (Accidental) en lo Civil, Mercantil, Tránsito y Agrario del Estado Bolívar, que había sido dictada con motivo de una demanda de cumplimiento de contrato intentada por una empresa constructora de viviendas (IMEL C.A,) contra una asociación civil sin fines de lucro con motivo de la ejecución de un contrato de obra para la construcción de viviendas. El alegato del solicitante fue que en su criterio una sola de las partes en el caso no podía decidir la rescisión del contrato, y darse "su propia justicia," "sin intervención judicial" alegando que la sentencia cuya revisión se solicitaba había aceptado la rescisión del contrato "sin que mediara decisión judicial dirigida a ese fin, con lo que se lleva por delante el debido proceso." En el caso, en efecto, el contrato respectivo establecía una cláusula de resolución unilateral del mismo cuya invocación el tribunal de instancia consideró válido por ser producto de la libre voluntad de las partes, considerando que nada impedía

---

cional, N° 22, Centro de Estudios Políticos y Constitucionales, Madrid 2008, pp. 19-66.

124 Al contrario, en casos en los cuales la Sala Constitucional adopta una decisión vinculante con efectos *erga omnes*, además de declararlo expresamente, ordena su publicación en *Gaceta Oficial*. Por ejemplo, se destaca la reciente sentencia de la Sala Constitucional de 8-12-2011, mediante la cual la "desaplica por control difuso de la constitucionalidad los artículos 471-a y 472 del Código Penal Venezolano, en aquellos casos en donde se observe un conflicto entre particulares devenido de la actividad agraria" [...], "declara, *con carácter vinculante*, la aplicación *del procedimiento ordinario agrario establecido en el Capítulo VI de la Ley de Tierras y Desarrollo Agrario,* en aquellos casos en donde se observe un conflicto entre particulares devenido de la actividad agraria," y "*ordena* la publicación íntegra del presente fallo en la Gaceta Judicial y en la Gaceta Oficial de la República Bolivariana de Venezuela." Exp. N° 11-0829. Véase en http://www.tsj.gov.ve/informa-cion/notasdeprensa/notasdeprensa.asp?codigo=9054.

"que una parte o ambas, cada una por separado, pueda haberse re-servado en el contrato, la facultad de ponerle fin o de modificarlo por su sola voluntad."

La Sala Constitucional en su decisión N° 167/2005 para decidir revisar la sentencia, observó precisamente que el Juzgado que la dictó había considerado que "en nuestro ordenamiento jurídico, es posible y válido el que en un contrato se establezca la posibilidad de que una de las partes decida ponerle fin a la relación contractual, sin que medie intervención judicial." Este criterio del tribunal de ins-tancia, perfectamente compatible con el ordenamiento constitucio-nal venezolano, sin embargo, en dicha sentencia y sólo en dicha sentencia, con efectos entre las partes del juicio, no fue "comparti-do" por la Sala Constitucional, para lo cual la Sala, sin duda erra-damente, señaló que dicho "criterio" "es contrario y obvia por com-pleto la interpretación vinculante que, del artículo 138 de la Consti-tución de la República Bolivariana de Venezuela, asentó en senten-cia N° 1658/2003 de 16 de junio, caso: *Fanny Lucena Olabarrieta*," cuando en dicha sentencia no se estableció ninguna interpretación vinculante de alguna norma constitucional.

Es decir, es obvio el error en que incurrió la Sala Constitucio-nal, pues en la sentencia citada N° 1658/2003, la Sala no había esta-blecido interpretación vinculante alguna respecto del artículo 138 de la Constitución que, por lo demás se limita a decir que "la auto-ridad usurpada es ineficaz y sus actos son nulos."[125]

Se observa por supuesto, que al igual que en el caso de la sen-tencia N° 1658/2003, que en esta sentencia N° 167/2005 la Sala Constitucional ni siquiera hizo mención del artículo 335 de la Cons-titución que es la norma que regula su potestad de sentar interpreta-ciones vinculantes de la Constitución. Además, en la sentencia no se interpreta norma alguna de la Constitución como para adoptar una interpretación vinculante de la misma, y por supuesto, ello ni siquiera se afirma en su texto. La Sala Constitucional, por tanto,

---

125 La Sala Constitucional, en su sentencia, quizás consciente de su error, hizo la salvedad de que "sólo en los contratos administrativos, en los que pre-valece el interés general sobre el particular, es posible y válida la resolu-ción unilateral del contrato, ya que ello "es el producto del ejercicio de po-testades administrativas, no de facultades contractuales" (Cfr. s.S.C. n° 568/2000, de 20 de junio, caso: *Aerolink International S.A.*; 1097/2001 de 22 de junio, caso: *Jorge Alois Heigl y otros*)." Véase en http://www.tsj.gov.ve/decisiones/scon/Junio/1658-160603-03-0609.htm.

puede decirse que en este caso tampoco sentó interpretación vinculante alguna de ninguna norma constitucional, y lo que hizo fue cometer el evidente error al argumentar que en la sentencia N° 1658/2003 de 16 de junio (Caso: *Fanny Lucena Olabarrieta*) la Sala supuestamente habría sentado una interpretación vinculante del artículo 138 de la Constitución, lo que como se ha dicho, no es cierto, y basta leer el texto íntegro de la sentencia para evidenciarlo.

Como consecuencia de lo anterior la Sala Constitucional procedió a revisar la sentencia y a declararla nula, sin establecer en la misma ninguna doctrina vinculante derivada de alguna interpretación de una norma constitucional. Los efectos de esa decisión también fueron *at casu et inter partes*, y en forma alguna tienen efectos *erga omnes*, razón por la cual, en este caso, como es obvio, la Sala tampoco ordenó su publicación en la *Gaceta Oficial*.

En todo caso, tan no se estableció doctrina vinculante alguna en las antes mencionadas sentencias que permitan considerar como nulas las cláusulas resolutorias expresas de los contratos, que el propio Tribunal Supremo de Justicia, en Sala de Casación Civil ha aceptado la validez de dichas cláusulas. Basta citar, en tal sentido, la sentencia de dicha Sala No. 460 de 5 de octubre de 2011 (Caso: *Transporte Doroca C.A. vs. Cargill de Venezuela S.R.L, Recurso de Casación*),[126] dictada en un caso en el cual se debatió la decisión de una de las partes en un contrato por los incumplimientos de la otra parte de sus obligaciones contractuales, de resolver conforme a lo previsto en las propias cláusulas contractuales, la resolución unilateral del mismo previa notificación a la otra parte, sin necesidad de intervención judicial. En el caso se debatió el valor de las comunicaciones entre las partes vía mensajes electrónicos, con base en la Ley sobre Mensajes de Datos y Firmas Electrónicas que se había denunciado como violada (Casación por infracción de ley), de lo cual concluyó la Sala de Casación declarando sin lugar el recurso interpuesto, resolviendo que los mensajes enviados en el caso eran fidedignos, de lo que concluyó el juez que la empresa demandante había incumplido con cláusulas del contrato, de lo que resultó – dijo la Sala de Casación – por vía de consecuencia:

---

126 Véase el texto de la sentencia de la Sala de Casación Civil en http://www.tsj.gov.ve/decisiones/scc/Octubre/RC.000460-51011-2011-11-237.html.

"que la demandada en aplicación de la cláusula séptima del contrato suscrito por las partes, resolviera de manera anticipada y unilateral el contrato, lo cual podía hacer perfectamente porque así fue pactado y convenido por las partes, en caso que la contratista incumpliera las reglas de transporte y carga de mercancía."

De todo lo anteriormente expuesto se puede concluir que en Venezuela es posible resolver unilateralmente los contratos sin intervención de la autoridad judicial; de manera que las cláusulas contractuales establecidas en los contratos para la prestación de servicios conexos que había suscrito PDVSA Petróleos S.A., en textos contractuales conforme a modelos elaborados por la propia empresa estatal, que preveían la posibilidad de terminación anticipada del contrato por iniciativa de los contratistas, en caso de incumplimiento de sus obligaciones por parte de la empresa estatal, eran completamente válidas, incluso de acuerdo con lo resuelto por la Sala de Casación en la sentencia citada de octubre de 2011.

Debe observarse que por la naturaleza de los servicios prestados conforme a dichos contratos, en general, y a los efectos de evitar su interrupción intempestiva, las cláusulas contractuales respectivas al consagrar el derecho de los contratistas para dar por terminado anticipadamente los contratos, establecían expresamente un procedimiento que se iniciaba con una notificación que de-bía hacerle el contratista a PDVSA Petróleo S.A. de su intención de terminar el contrato, incluyendo las razones por las cuales se había tomado tal decisión, otorgándose en las cláusulas a la empresa estatal un lapso prudencial para que pudiera resolver lo conducente, y en todo caso, para que pudiese tomar las previsiones de manera que no se produjera la interrupción del servicio. En tal sentido, las cláusulas eran lo suficientemente específicas en el sentido de establecer que la terminación anticipada procedía sólo para los incumplimientos que no se hubiesen subsanado en el lapso prudencial establecido.

La obligación de prestar el servicio por parte de los contratistas en dichos contratos para la prestación de servicios conexos, por tanto, de acuerdo con los términos de los contratos, llegaba hasta la finalización del lapso prudencial establecido en las cláusulas de terminación anticipada, no teniendo obligación alguna el contratista de asegurar la continuidad del servicio objeto del contrato con posterioridad al vencimiento de ese lapso. Esa, en realidad, era el deber y la obligación exclusiva de la empresa petrolera estatal PDVSA Petróleo S.A., que debía asumir a partir del vencimiento del lapso prudencial establecido, conforme a los preparativos que debía realizar durante el mismo, para asegurarse la no interrupción del servicio.

Debe mencionarse, por otra parte, que independientemente de las cláusulas de terminación anticipada de los contratos suscritos para la prestación de los servicios conexos de la industria petrolera que se reservaron al Estado con la Ley de Reserva de 2009, dispuso que dichos servicios pasarían a ser ejecutadas por entidades públicas. La Ley Orgánica, sin embargo, no tuvo aplicación inmediata, sino que conforme al artículo 3, que a los efectos de su ejecución, el Ministerio con competencia en materia petrolera debía determinar mediante Resolución, "aquellos bienes y servicios de empresas o sectores que se encuentren dentro de las previsiones de los artículos 1 y 2 de esta Ley" de manera que mientras esas Resoluciones no se dictasen, se dispuso que los contratos que hubiesen sido celebrados "en las materias objeto de la reserva," continuarían en ejecución; y sólo cuando se dictasen las resoluciones previstas en el mencionado artículo 3, "dichos contratos se extinguirán de pleno derecho en virtud de la presente Ley."

En consecuencia, la reserva al Estado de bienes y servicios, conexos a la realización de las actividades primarias previstas en la LOH no tuvo efectos inmediatos con la publicación de la Ley en la *Gaceta Oficial* en relación con los contratos que se hubiesen celebrado en las materias objeto de la reserva, y sólo fue en fecha 19 de mayo de 2009 cuando se publicó la antes mencionada Resolución ministeriales Nº 065 en *Gaceta Oficial* Nº 39.181 de la misma fecha, que ordenaba la Ley para considerar que los contratos otorgados anteriormente se habrían extinguido "de pleno derecho en virtud de la ley" (Art. 3).

Por otra parte, debe decirse que cualquier hecho o situación jurídica ocurridos antes de la entrada en vigencia de la Ley de reserva de 2009, como incluso podría haber ser el ejercicio del derecho por parte de algún contratista a dar por terminado un contrato, no podría ser afectado en forma alguna por dicha ley, por prohibirlo la Constitución al establecer el principio de la irretroactividad de las leyes (Art. 24).

En efecto, en Venezuela, de acuerdo con dicha norma, las leyes, particularmente las de orden público, si bien son de aplicación inmediata, no solo, en principio, no pueden afectar los derechos y obligaciones en efecto y que ya habían surgido cuando la misma se promulgó, sino que tampoco, en ningún caso puede afectar efectos pasados producidos por el contrato, como por ejemplo sería su propia terminación anticipada, ni sus condiciones de validez. Tal como lo expresó el Profesor Sánchez Covisa, uno de los más reconocidos estudiosos de esta materia de la vigencia temporal de las leyes:

"los contratos celebrados antes de la vigencia de la nueva ley se regirán por la ley anterior, en lo que se refiere a sus condiciones extrínsecas e intrínsecas de validez, a sus requisitos probatorios -como veremos de nuevo más adelante-, a los efectos futuros, cuando estos últimos no choquen abiertamente con una disposición de orden público. La nueva ley cuando sea de orden público y tenga voluntad de aplicarse a los contratos en curso, regirá los efectos futuros de tales contratos -en cuanto crea un estatuto legal obligatorio para la relación contractual en cuestión- mas no podrá afectar, en ningún caso, a los efectos pasados, ni a las condiciones de validez de los propios contratos.

Si la nueva ley suprime una figura contractual -si, por ejemplo, suprime a los contratos de juego permitidos por una ley anterior- no hace sino privarla de efectos futuros, sin que retroactúe, como puede parecer equivocadamente, sobre sus condiciones de validez, ya que ha de dejar intactos los efectos pasados que tienen como apoyo y punto de arranque la validez mencionada."[127]

Es una cosa, por tanto, como se indicó, es considerar que las previsiones de orden público de una ley pueden aplicarse de inmediato a los contratos existentes; y otra, pretender aplicarlas retroactivamente para alterar hechos y efectos pasados del contrato o relativos al contrato. En tal sentido, la Sala Constitucional del Tribunal Supremo de Justicia, decidió en sentencia N° 15 de 15 de febrero de 2005 que:

"Asunto por demás complejo es la determinación de en qué casos una norma jurídica es retroactiva y, en consecuencia, cuándo lesiona un derecho adquirido. Para ello, la autorizada doctrina que se citó delimita cuatro supuestos hipotéticos: (i) cuando la nueva Ley afecta la existencia misma de un supuesto de hecho verificado antes de su entrada en vigencia, y afecta también las consecuencias jurídicas subsiguientes de tal supuesto; (ii) cuando la nueva ley afecta la existencia misma de un supuesto

---

127 Véase Joaquín Sánchez-Covisa, *La Vigencia Temporal de la Ley en el Ordenamiento Jurídico Venezolano* (Caracas 1956), Edición de la Academia de Ciencias Políticas y Sociales, Caracas 2007-, p. 222.

de hecho que se verificó antes de su entrada en vigencia; (iii) cuando la nueva ley afecta las consecuencias jurídicas pasadas de un supuesto jurídico que se consolidó antes de su entrada en vigencia; y (iv) cuando la nueva ley sólo afecta o regula las consecuencias jurídicas futuras de un supuesto de hecho que se produjo antes de su vigencia.

En los tres primeros supuestos, no hay duda de que la nueva Ley tendrá auténticos efectos retroactivos, pues afecta la existencia misma de supuestos de hecho (Actos, hechos o negocios jurídicos) o bien las consecuencias jurídicas ya consolidadas de tales supuestos de hecho que se verificaron antes de la vigencia de esa nueva Ley, en contradicción con el principio *"tempus regit actum"* y, en consecuencia, con el precepto del artículo 24 constitucional. En el caso de la cuarta hipótesis, la solución no es tan fácil, ante lo cual Sánchez-Covisa propone –postura que comparte esta Sala- que habrá de analizarse el carácter de orden público o no de la norma jurídica que recién sea dictada, para determinar si su aplicación no puede renunciarse o relajarse por voluntad de las partes (*Ob. cit.,* pp. 166 y ss.) y, en caso afirmativo, la nueva legislación puede válidamente y sin ser retroactiva regular las consecuencias futuras de las relaciones existentes, siempre que se respeten los hechos y efectos pasados."[128]

---

128 Véase sentencia del Tribunal Supremo de Justicia, en Sala Constitucional, N° 15 de 15 de febrero de 2005 (Caso: *Impugnación del Artículo 50, letra d), in fine, de la Ordenanza del Cuerpo de Bomberos del Distrito Metropolitano de Caracas*), en *Revista de Derecho Público* N° 101, Caracas 2005, p. 85. Esta decisión incluso, ratificó las decisiones N° 1760 de 2001; N° 2482 de 2001, N° 104 del 2002 y N° 1507 de 2003 en materia de irretroactividad de las leyes, agregando lo siguiente: "La garantía del principio de irretroactividad de las leyes está así vinculada, en un primer plano, con la seguridad de que las normas futuras no modificarán situaciones jurídicas surgidas bajo el amparo de una norma vigente en un momento determinado, es decir, con la incolumidad de las ventajas, beneficios o situaciones concebidas bajo un régimen previo a aquél que innove respecto a un determinado supuesto o trate un caso similar de modo distinto. En un segundo plano, la irretroactividad de la ley no es más que una técnica conforme a la cual el Derecho se afirma como un instrumento de ordenación de la vida en sociedad. Por lo que, si las normas fuesen de aplicación temporal irrestricta en cuanto a los sucesos que ordenan, el Derecho, en tanto medio institucionalizado a través del cual son impuestos modelos de conducta conforme a pautas de comportamiento perdería buena parte de su há-

Resulta de esta decisión y de lo expresado por el profesor Sánchez Covisa, que si bien una previsión de orden público podría eventualmente afectar efectos futuros de un contrato suscrito antes de que la ley haya comenzado a surtir efectos, por ejemplo, terminándolo en virtud de la propia ley; con ello no podría afectar efectos pasados, como sería por ejemplo, la terminación anticipada del contrato ocurrida con anterioridad, o los efectos jurídicos derivados de derecho y obligaciones surgidos entre las partes con anterioridad, y que conforme al contrato debían producirse en el futuro.

En consecuencia, siendo la Ley de Reserva de 2009, una Ley declarada como de orden público (Art. 7), mediante la misma se decidió que los contratos para la prestación de los servicios conexos con la industria petrolera que se reservaron al Estado y que se hubiesen celebrado con anterioridad, se "extinguirían de pleno derecho" cuando se dictase la resolución ministerial prevista en su artículo 3. Ello implicó, como lo ha resuelto la jurisprudencia y la doctrina, que nadie podía alegar derechos adquiridos para evitar que el Estado sancionase la Ley; pero no significa que los derechos adquiridos con anterioridad a entrada en vigencia de la Ley desaparecen y se extinguieran. Una cosa es la extinción de los contratos por disposición de la ley, y otra cosa es que con ello se pretenda que también se pueda producir la extinción de la obligaciones y derechos surgidos con anterioridad a la entrada en vigencia de la ley, que dan origen a derechos adquiridos y que no pueden ser "extinguidos" con la Ley de orden público.

Por otra parte, la extinción de contratos por una ley de orden público como fue el caso de la ley de nacionalización de 2009, por supuesto que sólo podía producir efectos respecto de los contratos que estaban vigentes para el momento en que se publicó la resolución ministerial, afectándolos hacia el futuro, pero no podría por ejemplo, haber "extinguir" de pleno derecho los contratos que ya habían sido terminados anticipadamente con anterioridad a la publicación de la Resolución. Los efectos producidos en relación con contratos celebrados para la prestación de los servicios conexos con anterioridad a la aplicación de la Ley, no pudieron en ese caso, en forma alguna, ser afectados por la misma, pues ello hubiera impli-

---

lito formal, institucional y coactivo, ya que ninguna situación, decisión o estado jurídico se consolidaría. Dejaría, en definitiva, de ser un orden" *Idem*, p. 85.

cado darle efectos retroactivos, lo que está prohibido en la Constitución.

Eso hubiera ocurrió, precisamente, si se hubiera pretendido aplicar la Ley de Reserva de 2009 a los contratos para la prestación de servicios conexos que ya para cuando la misma entró en aplicación, habían sido terminados anticipadamente en virtud de sus propias cláusulas. En estos casos, conforme a las cláusulas contractuales, el contratista podía considerarse que tenía un derecho adquirido a terminar anticipadamente el contrato, no pudiendo dicho derecho y efecto jurídico ser afectado en forma alguna por la Ley de Reserva de 2009. Es decir, si para el momento en el cual entró en vigencia la ley de Reserva de 2009, la terminación anticipada de un contrato relativa a servicios conexos ya era un supuesto de hecho pasado y consumado, verificado antes de la entrada en vigencia de la Ley, que había producido consecuencias jurídicas también producidas antes de dicha entrada en vigencia, la Ley de Reserva de 2009 no podía en forma alguna afectar y menos modificar.

III. LA PROSCRIPCIÓN DEL ARBITRIO DEL LEGISLADOR EN MATERIA DE CALIFICACIÓN DE CONTRATOS PÚBLICOS COMO "CONTRATOS ADMINISTRATIVOS"

La distinción entre contratos administrativos y contratos de derecho privado de la Administración, a pesar de que la hayamos cuestionado en el sentido de que no puede haber contratos públicos sometidos sólo al derecho privado, sin duda es una distinción que se niega a desaparecer y persiste en el derecho administrativo, basada en la preponderancia del régimen jurídico que les es aplicable.[129]

Así, partiendo del supuesto que a todo contrato público se le aplican necesariamente normas de derecho público, particularmente en su formación; en su ejecución puede haber una preponderancia del régimen jurídico aplicable: preponderancia del régimen de derecho público en el caso de los "contratos administrativos;" o prepon-

---

129 Véase o que hemos expuesto en; Allan R. Brewer-Carías, "Contratos de derecho privado de la Administración y contratos administrativos. Régimen jurídico y Ley de Contrataciones Públicas," Con especial referencia a la potestad pública de modificarlos unilateralmente," en *Temas Fundamentales del Derecho Público en Homenaje a Jesús González Pérez* (Daniela urosa Maggi, Manuel Rojas Pérez y José Rafael Belandria García, Coordinadores), FUNEDA, AVEDA, CIEDEP, Caracas 2020, pp. 21-75.

derancia del régimen de derecho privado en los contratos de derecho privado de la Administración.

Por tanto, y a pesar de la evolución que el concepto de contrato administrativo ha tenido en el derecho administrativo contemporáneo, la distinción en realidad puede decirse que tiene la utilidad de servir para identificar, dentro del universo de los contratos estatales o contratos públicos, a cierto tipo de contrato que por su objeto vinculado, en general, con la prestación de servicios públicos, con la construcción, uso o explotación de obras públicas o con la explotación de bienes públicos, tienen un régimen jurídico preponderantemente de derecho público que permite, sea en sus cláusulas o en la legislación general o sectorial que le son aplicables, identificar la posibilidad para la Administración de poder hacer uso de poderes "exorbitantes" respecto de los que se pueden encontrar en la ejecución de contratos de los contratos de la Administración, en los cuales el derecho aplicable es preponderantemente de derecho privado.

Con base en ello, por tanto, no le es dable al legislador, arbitrariamente, calificar a contratos públicos con régimen preponderante de derecho privado, como "contratos administrativos," o pretender "reconocerle" dicho carácter con efectos retroactivos, para buscar justificar una confiscación de derechos contractuales con motivo de una nacionalización, como la que ocurrió en 2009 en Venezuela con la Ley Orgánica que reservó al Estado los bienes y servicios conexos con actividades primaras de hidrocarburos.

Con ello, en realidad, lo que se hizo fue una manipulación indebida de los términos, vaciando completamente de sentido a la distinción entre contratos administrativos (con régimen preponderantemente de derecho público) y contratos de derecho privado de la Administración (con régimen preponderantemente de derecho privado).

SEXTA PARTE

EL SIGNIFICADO DE LA DECLARATORIA LEGAL DE DETERMINADAS ACTIVIDADES COMO DE "UTILIDAD PÚBLICA O INTERÉS SOCIAL"

Otra de las "declaraciones" contenidas en la Ley de Reserva de los servicios conexos en la industria petrolera de 2009, fue la de considerar los bienes y servicios conexos con la industria petrolera, como de "interés público o social" (art. 5).

Esta declaración, la cual con frecuencia se encuentran en muchas leyes respecto de actividades variadas, en contraste con la reserva de actividades al Estado que origina la *publicatio* del régimen aplicable a las actividades o bienes reservados, no tiene efectos algunos similares con una *publicatio*.

En términos generales, el único propósito del legislador con tales declaratorias, es facilitar y agilizar la eventual posibilidad de que el Estado pueda proceder a expropiar bienes de propiedad privada que sean necesarios para la realización de dichas actividades reguladas en las leyes respectivas.

Es decir, la declaratoria de actividades como de "utilidad pública" o de "interés social," no tiene ningún efecto general de *publicatio* del régimen de las mismas, sino solo de responder a la garantía constitucional de la propiedad privada, que conforme al artículo 115 de la Constitución venezolana le impone al Estado la condición de previa de que para poder decretar la expropiación de cualquier clase de bienes de propiedad privada, la actividad específica motive dicha expropiación, debe haber sido declarada previa y formalmente en una ley como de utilidad pública o interés social.[130]

Así lo dispone expresamente, como se dijo, el artículo 115 de la Constitución venezolana al exigir que para que el Poder Ejecutivo pueda decretar la expropiación de bienes de propiedad privada, ello sólo puede hacerlo por "causa de utilidad pública y social"[131] que debe haber sido declarada previamente en una ley, que es lo que puede motivar y justificar la expropiación. Lo mismo, conforme a la Constitución, se ha exigido tradicionalmente la Ley de Expropiación por causa de utilidad pública o interés social (Arts. 7.1 y 13),[132] como condición previa para poder decretarse la expropiación.

Por ello, la propia Ley de Expropiación, para facilitar la expropiación de bienes, incluye en su artículo 14, una declaratoria general de una serie de actividades consideradas de antemano como de utilidad pública o interés social, a los efectos de exceptuarlas "de la formalidad de declaratoria previa de utilidad pública," que incluyen:

---

130 Sobre la evolución histórica del régimen de la propiedad privada y de la libertad económica, véase Allan R. Brewer-Carías, "El Derecho de Propiedad y la Libertad Económica. Evolución y situación actual en Venezuela," en *Estudios sobre la Constitución* (Libro-homenaje a R. Caldera), Tomo II, Universidad Central de Venezuela, Caracas 1979, pp. 1140 ss.

131 Artículo 115 de la Constitución de la República Bolivariana de Venezuela: "Se garantiza el derecho de propiedad. Toda persona tiene derecho al uso, goce, disfrute y disposición de sus bienes. La propiedad estará sometida a las condiciones, restricciones y obligaciones que establezca la ley con fines de utilidad pública o de interés general. *Sólo por causa de utilidad pública o interés social*, mediante sentencia firme y pago oportuno de justa indemnización, podrá ser declarada la expropiación de cualquier clase de bienes."

132 Véase la Ley de Expropiación por causa de utilidad pública o interés social, en *Gaceta Oficial* N° 37.475 de 01-07-2002. Véanse los comentarios a dicha Ley en Allan R. Brewer-Carías, "Introducción general "Introducción General al régimen de la expropiación," en el libro: Allan R. Brewer-Carías, Gustavo Linares Benzo, Dolores Aguerrevere Valero y Caterina Balasso Tejera, *Ley de Expropiación por Causa de Utilidad Pública o Interés Social*, Colección Textos Legislativos, N° 26, 1ª edición, Editorial Jurídica Venezolana, Caracas 2002, pp. 7-100.

"la construcciones de ferrocarriles, carreteras, autopistas, sistemas de transporte subterráneo o superficial, caminos, edificaciones educativas o deportivas, urbanizaciones obreras, cuarteles, hospitales, cementerios, aeropuertos, helipuertos, los terrenos necesarios para institutos de enseñanza agrícola y pecuaria, las construcciones o ensanche de estaciones inalámbricas o conductores telegráficos; así como los sitios para el establecimiento de los postes, torres y demás accesorios de las líneas conductoras de energía eléctrica; acueductos, canales y puertos; los sistemas de irrigación y conservación de bosques, aguas y cualquiera otra relativa al saneamiento, ensanche o reforma interior de las poblaciones; la colonización de terrenos incultos y la repoblación de yermos y montes."

Respecto de otras actividades no comprendidas en esta enumeración, el requisito de que por ley se las declare como de utilidad pública y social para que pueda decretarse la expropiación de bienes, la condición es la que se cumple a través de múltiples leyes especiales, de manera que sin necesidad de otra ulterior declaratoria de "interés social o utilidad pública" en relación con las actividades que regulan, se pueda proceder a iniciar el procedimiento expropiatorio.

Sólo para citar unos ejemplos, la declaratoria de "utilidad pública o interés social" se puede encontrar por ejemplo, en leyes de larga tradición como la Ley de Aguas[133] (art. 7), la Ley de Bosques[134] (arts. 4), la Ley de Minas[135] (art. 3), la Ley de Tierras y Desarrollo Agrario[136] (art. 68), la Ley del Sistema de Transporte Ferroviario Nacional[137] (art. 2), y la Ley Orgánica de Hidrocarburos[138] (art. 4). Más recientemente, en otras leyes relativas a actividades más específicas, algunas incluso ya derogadas, igualmente se encuentra la declaratoria de utilidad pública a efectos expropiatorios, como es el caso de la Ley para la defensa de las personas en el

---

133 Véase en *Gaceta Oficial* N° 35.595, de 2 de enero de 2007.

134 Véase en *Gaceta Oficial* N° 40.222, de 6 de agosto de 2013.

135 Véase en *Gaceta Oficial* N° 40.222, de 6 de agosto de 2013.

136 Véase en *Gaceta Oficial* N° 5.991 Extraordinario, de 29 de julio de 2010.

137 Véase Decreto Ley N° 6.069 de 14-05-2008, en *Gaceta Oficial* N° 5.889 Extraordinario, de 31 de julio de 2008.

138 Véase Reforma Parcial del Decreto Ley Orgánica N° 1.510 de 02-11-2001, en *Gaceta Oficial* N° 38.493, de 4 de Agosto de 2006.

acceso a los bienes y servicios, en la cual se declararon como de utilidad pública e interés social, todos los bienes necesarios para desarrollar las actividades de producción, fabricación, importación, acopio, transporte, distribución y comercialización de alimentos, bienes y servicios declarados de primera necesidad;[139] la Ley de Salud Agrícola Integral en la cual se declaran de utilidad pública, interés nacional e interés social, los bienes y servicios propios de las actividades de salud agrícola integral, por lo que cuando medien motivos de seguridad, podrá sin mediar otra formalidad, decretarse la adquisición forzosa de la totalidad de un bien o de varios bienes necesarios para la ejecución de obras o el desarrollo de actividades de salud agrícola integral;[140] la Ley del Instituto Nacional de la Vivienda (INAVI), en la cual se declara de utilidad pública la construcción de viviendas de interés social cuya ejecución directa o indirecta corresponda al Instituto Nacional de la Vivienda[141]; y la Ley Orgánica de seguridad y soberanía agroalimentaria, en la cual se declaran de utilidad pública e interés social los bienes que aseguren la disponibilidad y acceso oportuno a los alimentos, así como las infraestructuras necesarias.[142]

En estos casos, así como en todos las demás leyes en las cuales se declaran ciertas actividades como de utilidad pública o interés social, tal declaratoria simplemente tiene el propósito de permitir y agilizar los procedimientos expropiatorios, no implicando que todo lo que corresponda ser realizado en el marco de su regulación esté sometido necesariamente un régimen de derecho público, y que esa sola declaratoria pueda transformar todo el régimen jurídico de una actividad, sometiéndola al derecho público.

Es decir, la declaratoria de una actividad como de utilidad pública o interés social a los efectos de permitir y aligerar los procesos de expropiación de bienes de propiedad privada, en el derecho venezolano no implica en forma alguna una *publicatio* de su régimen jurídico que excluya la actividad del ámbito de la libertad económica, pues con ello nada se reserva al Estado.

---

139 Véase Decreto Ley N° 6.092 de 27-05-2008.
140 Véase Decreto Ley N° 6.129 de 03-06-2008.
141 Véase Decreto Ley N° 6.267 de 30-07-2008 en *Gaceta Oficial* N° 5.892 de julio de 2008.
142 Véase Decreto Ley N° 6.071 de 14-05-2008, *Gaceta Oficial* N° 5.889 Extraordinaria de 31-07-2008.

Por ello, por ejemplo, la Sala Constitucional del Tribunal Supremo de Justicia ha considerado por ejemplo que "para que haya servicio público, incluso, la ley debe haber reservado al Estado la actividad económica, de manera que exista *publicatio* de la misma que excluya la libre iniciativa económica en el sector (artículos 112 y 113 constitucionales)."[143]

En consecuencia, el hecho de que, por ejemplo, la Ley de Minas, que es una ley que sin duda establece un régimen legal de derecho público, en su artículo 3 disponga que "Se declara de utilidad pública la materia regida por esta Ley," no significa que todas las actividades que regula y todos los bienes relativos a las mismas sean reservadas al Estado, y que respecto de todos y todas se haya producido alguna *"publicatio."*

La *publicatio*, en realidad, en el derecho venezolano relativo a la minería sólo se produce respecto de bienes o actividades que el Estado se haya reservado, es decir, que haya excluido de las actividades que pueden realizar los particulares en ejercicio de su libertad económica, y ello no ocurre por la sola declaración de "utilidad pública" o de "interés social" de la materia que regula de la Ley, sino como se ha dicho de otras expresas previsiones que en materia minera están en la propia Ley, como son la consideración de los las minas o yacimientos de cualquier clase existentes en el territorio nacional como *bienes del dominio público*, que pertenecen a la República, y que son inalienables e imprescriptibles (art. 2); o la *reserva al Estado de las actividades de exploración y explotación* de las sustancias minerales, en particular de las ubicadas en las minas o yacimientos, las cuales solo pueden realizar los particulares mediante concesión administrativa otorgada por el Estado, que "otorgan derechos e imponen obligaciones a los particulares para el aprovechamiento de los recursos minerales existentes en el territorio nacional" (art. 24).

---

143 Véase la sentencia No 825 de la Sala Constitucional de 06-05-2004 (Caso: *Banco del Caribe C.A. Banco Universal vs. Superintendencia de Bancos y otras Instituciones Financieras*), en *Revista de Derecho Público*, N° 97-98, Editorial Jurídica Venezolana, Caracas 2004, pp. 273-274. Ratificada por sentencia de la Sala Constitucional N° 266 de 16-03-2005 (Caso: Impugnación de los artículos 10 y 16 de la Ordenanza sobre Tarifas del Servicio de Aseo Urbano y Domiciliario en el Municipio Libertador del Distrito Federal), en *Revista de Derecho Público*, N° 101, Editorial Jurídica Venezolana, Caracas 2005, p. 156.

En el mundo de los hidrocarburos, por otra parte, también se ha declarado como de utilidad pública o interés general las actividades reguladas en la Ley Orgánica de Hidrocarburos y en la Ley Orgánica de Hidrocarburos Gaseosos a los solos efectos expropiatorios.

En efecto, la Ley Orgánica de Hidrocarburos dispone en su artículo 4 que todas las actividades de la industria y el comercio de los hidrocarburos a las cuales se refiere dicha Ley, así como las obras que su realización requiera, "se declaran de utilidad pública y de interés social." Igualmente, el artículo 4 de la Ley Orgánica de Hidrocarburos Gaseosos dispone que las actividades a las cuales se refiere la ley relativa a los hidrocarburos gaseosos, así como las obras que su manejo requiera, "se declaran de utilidad pública."

Esta declaratoria de determinadas actividades en el derecho venezolano como de "utilidad pública o interés social," como antes ya hemos dicho, básicamente tiene relación directa y está destinada a preparar la posibilidad para el Estado de poder ejercer la potestad expropiatoria cuando ella sea necesaria para el desarrollo de las actividades reguladas en dichas leyes, agilizando los procedimientos expropiatorios; de manera que la misma no implica, en absoluto, que el régimen de la misma sea necesariamente un régimen de derecho público, y que la sola declaratoria pueda transformar el régimen jurídico de una actividad.

No es posible afirmar, por tanto, que las actividades o las obras declaradas de utilidad pública o interés social en una ley están por ello, sujetas a un régimen regulatorio especial de derecho público. Una cosa no implica la otra, de manera que la declaratoria de una actividad como de utilidad pública o interés social a los efectos de aligerar los procesos de expropiación de bienes de propiedad privada, no implica una *publicatio* de su régimen jurídico, y que el mismo se convierta automáticamente en un régimen regulatorio especial de derecho público lo que no es cierto en el ordenamiento jurídico venezolano.

Por otra parte, menos aún podría afirmarse que una de las consecuencias del carácter de utilidad pública e interés social de una determinada actividad, sería que los contratos que celebren los entes públicos en ejecución de tales actividades, por ello revistan el carácter de "contratos administrativos;" lo que no tiene asidero alguno en el derecho administrativo venezolano. Una cosa es que una actividad se declare de utilidad pública o interés social, y otra es la naturaleza de los contratos del Estado que puedan celebrarse en su ámbito. Lo cierto es que tal declaratoria en la ley que se formula exclusivamente con fines expropiatorios no implica ni la *publicatio* general de la actividad ni de los contratos que puedan celebrarse en la misma.

En el mismo sentido, tampoco podría identificarse el concepto de "utilidad pública" con el de "servicio público," las cuales son nociones jurídicas completamente distintas. La antigua Corte Suprema de Justicia y el Tribunal Supremo de Justicia en Sala Político Administrativa, en muchas sentencias ha hecho referencia a ambos conceptos, a veces en forma confusa, pero nunca identificando la "utilidad pública" o el "interés general" con el "servicio público," ni ha calificado a contratos como "contratos administrativos" porque tengan sólo una "finalidad de utilidad pública," exigiendo siempre cuando hace referencia a la finalidad de los mismos que esté envuelto un interés *colectivo*.

Así ocurrió, por ejemplo, en la sentencia dictada en el caso *Acción Comercial* en 14 de junio de 1983, [144] en la cual la Sala Político Administrativa, al destacar el objeto del contrato considerado en ese caso como contrato administrativo, se refirió a que el mismo tenía precisamente por objeto una actividad de "interés *colectivo*" de carácter prestacional, para "la satisfacción de determinadas necesidades" "de interés general o *colectivo*." No se trataba, por tanto, de cualquier actividad de utilidad pública o interés general, sino de la satisfacción de interés colectivo para lo cual la Administración se aseguraba "la colaboración del particular en la satisfacción" de dichas necesidades colectivas. En otra sentencia de la Sala Político Administrativa del Tribunal Supremo Nº 1628 de 13 de julio de 20005 en el caso *Inversiones Luixu 2051* C.A., se consideró el contrato al cual se refería el caso como "contrato administrativo," no porque su objeto tuviese simplemente "una finalidad de utilidad pública," sino porque tenía precisamente por objeto "la prestación de un servicio público" como eran "trabajos de alumbrado"[145] lo que siempre es de carácter colectivo.

Adicionalmente, en otra sentencia de la Sala Político Administrativa del Tribunal Supremo Nº 187 de 31 de enero de 2002 (caso

---

144 Citada en sentencia de la Sala Político Administrativa Nº 820 de 31 de mayo de 2007, en http://www.tsj.gov.ve/deci-siones/spa/Mayo/00820-31507-2007-1995-11922.html.

145 Véase en http://www.tsj.gov.ve/decisiones/spa/Julio/01628-130700-16310.htm.

Dioselina Rivero de Oropesa) en la cual se consideró el contrato al cual se refería el caso como "contrato administrativo," no porque su objeto tuviese simplemente "una finalidad de utilidad pública" sino porque en ese caso tenía por objeto otorgar "una concesión de uso" de bienes públicos como son los terrenos ejidos, los cuales conforme a la Constitución son "inalienables e imprescriptibles" y como tales en definitiva se destinan a asegurar el bienestar de la colectividad (Art. 181); contratos que al otorgar concesiones de uso de bienes públicos, como lo dijo el Tribunal, "sin importar bajo qué figura jurídica son otorgados (compraventa, arrendamiento, comodato, etc.)," la jurisprudencia del Tribunal, por su objeto referido a concesión sobre bienes públicos, siempre los ha considerado como 'contratos administrativos."[146]

En ninguna de dichas sentencias, por ejemplo, se utilizaron como sinónimas las expresiones "utilidad pública" y "servicio público," conceptos que además, en la industria petrolera en ningún caso podrían tener el mismo significado cuando el Legislador, expresamente, las ha distinguido claramente en disposiciones precisas de la LOH (Arts. 4 y 60) como en la LOHG (Arts. 4, 5) antes mencionadas.

---

146 Publicada en 5 de febrero de 2002. Véase en http://www.tsj.gov.ve/decisiones/spa/Febrero/00187-050202-0412.htm.

SÉPTIMA PARTE

EL SIGNIFICADO DE LA DECLARATORIA LEGAL DE DETERMINADAS ACTIVIDADES COMO "SERVICIO PÚBLICO" Y SU MANIPULACIÓN POR EL LEGISLADOR

Otra de las arbitrarias declaratorias, *ex post facto*, contenidas en la Ley de Reserva al Estado de las actividades conexas con la industria petrolera de 2009, fue la de declarar los servicios conexos con la industria petrolera, como eran, por ejemplo, los de inyección de agua y gas y los servicios de lanchas o gabarras en el Lago de Maracaibo, como un "servicio público" (art. 5).

Se trata, sin duda, de una declaratoria legal de gran importancia, y por ello no puede ser manipulada por el legislador, pues con ella, en contraste con la declaratoria legal de una actividad como de utilidad pública o interés social, sí se puede producir la *publicatio* de las mismas, pues en definitiva en este caso, se trata de actividades que el Estado se reserva mediante ley, con tal carácter de "servicios públicos," y con la *explícita voluntad* de retirarla del área del quehacer económico propio de la libertad de empresa.

Sin embargo, en el derecho venezolano no basta en realidad para que una actividad pueda ser declarada como servicio público, que así lo haga así sea arbitrariamente el legislador,

La noción de "servicio público," en efecto, en el derecho venezolano se refiere solo a las actividades *destinadas a para satisfacer necesidades colectivas*, conforme a declaración y regulación expresa en una ley,[147] como sucede por ejemplo con la activi(

---

147 Véase Allan R. Brewer-Carías, *Administrative Law in Venezuela*, EJV International, 2015, pp. 209-212.

transporte ferroviario regulado como de servicio público en la Ley del Sistema de Transporte Ferroviario Nacional,[148] o por ejemplo, en los artículos 4 y 60 de la Ley Orgánica de Hidrocarburos,[149] o en los artículos 4 y 5 de la Ley Orgánica de Hidrocarburos Gaseosos.[150]

En el ámbito de estas dos últimas leyes, en las cuales se declara, en general, a las actividades que regulan como de utilidad pública o interés social,[151] por ejemplo, solo se declaran como "servicio público" las actividades de suministro, almacenamiento, transporte, distribución y expendio de los productos derivados de hidrocarburos *para el consumo colectivo interno, por estar destinadas a satisfacer necesidades colectivas*, es decir, del público en general, a la colectividad en su conjunto, y que por tanto, requieren, por ello, de continuidad."[152] Como textualmente lo indica el artículo 60 de la Ley de Hidrocarburos: *"constituyen un servicio público* las actividades de suministro, almacenamiento, transporte, distribución y expendio de los productos derivados de los hidrocarburos, señalados por el Ejecutivo Nacional (conforme al artículo 59), destinados al consumo colectivo interno."

Esa declaración legal implica, por ejemplo, que conforme al artículo Art. 61 de la propia Ley Orgánica de Hidrocarburos, los precios de dichos productos deben ser fijados por el Ejecutivo Nacional por órgano del Ministerio de Energía y Minas. Dichos precios pueden fijarse mediante bandas o cualquier otro sistema que resulte adecuado, tomando en cuenta las inversiones y la rentabilidad de las mismas. Además, el Ministerio debe adoptar medidas para garantizar el suministro, la eficiencia del servicio y evitar su interrupción. Además, por tratarse de servicios públicos, las personas naturales o jurídicas que deseen ejercerlas deben obtener previamente permiso

---

148 Véase *Gaceta Oficial* N° 37.313 de 30 de octubre de 2001.

149 Véase *Gaceta Oficial* N° 37.323 del 13 de noviembre de 2001.

150 Véase *Gaceta Oficial* N° 36.793 de 23 de septiembre de 1999.

151 El artículo 4 de la Ley Orgánica de Hidrocarburos, y de la Ley Orgánica de Hidrocarburos Gaseosos establecen, con el mismo texto, que: "Las actividades a las cuales se refiere esta Ley, así como las obras que su realización requiera, se declaran de utilidad pública y de interés social."

152 Esto lo ha confirmado la Sala Político Administrativa del Tribunal Supremo en sentencia No. 255 de 09-02-2006 (caso *Estación San Luis Del Este II, C.A vs. Shell Venezuela Productos)*, en *Revista de Derecho Público*, No. 105, Editorial Jurídica venezolana, Caracas 2005, p. 178.

del Ministerio de Energía y Minas, y su cesión o traspaso requiere la autorización previa del Ministerio de Energía y Minas.

Disposiciones similares se encuentran incorporadas en la Ley Orgánica de Hidrocarburos Gaseosos de 1999, en la cual se declara, entre todas las actividades que regula, que sólo constituyen un "servicio público" aquellas relacionadas, directa o indirectamente, con el transporte y distribución de gases de hidrocarburos destinados al *consumo colectivo*. Por ello, también, la misma Ley establece que los almacenadores, transportistas y distribuidores de hidrocarburos gaseosos tienen la obligación de prestar el servicio en forma. Tratándose de servicios públicos, el artículo 12 de la Ley Orgánica de Hidrocarburos Gaseosos también autoriza al Ministerio de Energía y Minas para determinar los precios de los hidrocarburos gaseosos desde los centros de producción y procesamiento, atendiendo principios de equidad. Además, los Ministerios de Energía y Minas y de la Producción y el Comercio, conjuntamente, deben fijar las tarifas que se aplicarán a los consumidores finales y a los servicios que se presten de conformidad con la Ley.

De lo anterior resulta, por tanto, conforme a esos ejemplos regulatorios, que por voluntad expresa del legislador, en las leyes respectivas el Estado se reserva determinadas actividades destinadas a *satisfacer necesidades colectivas* de la población en general, que además, las asume como obligación prestacional, y que por tanto, los particulares no pueden realizar sino en virtud de una concesión o permiso del propio Estado. Esas son las actividades que pueden ser consideradas como "servicio público," lo que, por tanto, siempre requiere de un texto legal expreso que las califique, estableciendo además, el sentido de la reserva al Estado de las mismas.

En efecto, la expresión "servicio público" en el ordenamiento jurídico venezolano no puede usarse indiscriminadamente para calificar como tal a toda actividad de interés público. Al contrario, como lo hemos explicado hace años, la noción de servicio público en el derecho administrativo venezolano está referida a las actividades prestacionales que debe asumir el Estado, *tendientes a satisfacer necesidades generales o colectivas*, en cumplimiento de una obligación constitucional o legal y en relación con las cuales, los particulares se encuentran limitados en cuanto a poder desarrollarlas libremente, sea porque el Estado en algunos casos se las ha reservado, o sea porque el Estado las regula y ordena.[153] En esta forma, cuando se vincula el contrato administrativo con la idea del servicio público, como lo ha resuelto la Sala Político Administrativa del Tribunal Supremo, se exige que "el objeto del contrato está vinculado a la *prestación de un servicio público* que *tiende a la satisfacción de un interés general*, como lo es la educación"[154] en el sentido de *necesidad colectiva, que interesa a toda la colectividad.*

De esta definición sobre lo que en Venezuela es un "servicio público," resulta entonces lo siguiente: en *primer lugar,* que siempre se trata de una actividad, consistente en *dar o hacer algo a favor de otros*, colectivamente, en suma, de prestar. Se trata, por tanto, de una actividad prestacional; pero no de cualquier tipo de prestación sino de una que es de *interés público colectivo*, de toda la población, es decir, de la colectividad en general, por lo que los sujetos a los cuales se destina son todos, al público en general, como sería por ejemplo, el *servicio ferroviario de transporte, el servicio de correos, el servicio de protección a la salud, los servicios de transporte colectivo terrestre, los servicios de educación o el servicio de distribución de productos* derivados del petróleo o gas. Como lo ha dicho la Sala Político Administrativa del Tribunal Supremo de Justicia al referirse al servicio de agua potable y de saneamiento, los mismos "constituyen verdaderos servicios públicos, y

---

153 Véase Allan R. Brewer-Carías, "Comentarios sobre la noción de servicio público como actividad prestacional del Estado y sus consecuencias," en *Revista de Derecho Público*, N° 6, EJV, Caracas, 1981, pp. 65-71; "El régimen constitucional de los servicios públicos," en *VI Jornadas Internacionales de Derecho Administrativo "Allan R. Brewer-Carías",* Fundación de Estudios de Derecho Administrativo, Tomo I, Caracas 2002; y en *Estudios de Derecho Administrativo 2005-2007*, Editorial Jurídica Venezolana, Caracas 2007, pp. 528 ss.; y Allan R. Brewer-Carías, *Administrative Law in Venezuela*, EJV International, 2015, pp. 209-212. Véase también, José Ramón Parada, *"Los servicios públicos en España",* en *El derecho Público a comienzos del Siglo XXI. Estudios en Homenaje al Profesor Allan R. Brewer-Carías*, Madrid, 2003, pp. 1845-1869.

154 Véase la sentencia de la Sala Político Administrativa del Tribunal Supremo N° 592 de 07-05-2009 (Caso: *Universidad de Carabobo vs. Ministerio de Salud*), en *Revista de Derecho Público*, N° 118, Editorial Jurídica Venezolana, Caracas 2009, p. 291.

como tales se encuentran dirigidos *a satisfacer necesidades de interés general o colectivo.*"[155]

En *segundo lugar,* esa actividad prestacional para ser considerada como "servicio público" por su vinculación al interés general, corresponde cumplirla *obligatoriamente* al Estado, es decir, a los entes públicos, por estar así establecido como *obligación en la Constitución o en las leyes,*[156] como la establecida en el artículo 60 de la Ley Orgánica de Hidrocarburos. Por tanto, no toda actividad prestacional de interés público que realicen los entes públicos puede considerarse como un "servicio público," pues hay prestaciones que no se imponen obligatoriamente al Estado, sino sólo aquellas que éstos asumen porque cumplen una obligación constitucional o legal. Por ello, precisamente es que los servicios públicos no pueden ser prestados libremente por los particulares, sino mediante concesión, licencia, permiso o autorización, como por ejemplo sucede con los servicios públicos domiciliarios y los servicios de policía, o los servicios de suministro de productos derivados en la industria petrolera, todos para satisfacer necesidades colectivas. Por ello, en las le-

---

155 Véase sentencia de la Sala Político Administrativa No. 224 de 07-02-2007 (Caso: *Armando Casal Casal; Interpretación del Art. 86 de la Ley Orgánica para la Prestación de los Servicios de Agua Potable y de Saneamiento,* publicada en la *Gaceta Oficial* N° 5.568 de fecha 31-12-2001. Véase además, en *Revista de Derecho Público,* N° 109, Editorial Jurídica Venezolana, Caracas 2007, p. 135 ss. En esta sentencia, la Sala agregó que "Estos servicios públicos, pueden ser de dos tipos: i) *"uti universi"* o ii) *"uti singuli"*. En el primer caso, los gastos de organización y funcionamiento son cubiertos, en principio, mediante impuesto (*vgr.* servicios de seguridad y defensa de la nación, policía de seguridad, etc), pues dichos servicios se encuentran directamente vinculados a la vida misma del Estado, siendo la comunidad el verdadero beneficiario. En el segundo de los casos, servicios *"uti singuli"*, excepcionalmente, dichos gastos son pagados a través del impuesto. Por lo general, son pagados por el usuario en su totalidad (gas, teléfono, agua, transporte, etc.) o en parte (correos y telégrafos); pues, de lo contrario tales gastos, mediante el impuesto, recaerían sobre la totalidad de los habitantes en perjuicio de quienes no utilizan dichos servicios. (*Ver.* Miguel Marienhoff. *Tratado de Derecho Administrativo.* Tomo II)." *Idem* p. 138.

156 Por ello, en relación con la noción de servicio público, algunos autores han concluido que solo las actividades expresamente calificadas como tales en las leyes pueden ser consideradas como servicios públicos. Véase José Peña Solís, *Manual de Derecho Administrativo,* Vol. 3, Caracas 2003, pp. 336 *ss.*

yes que los regulan, como lo ha constatado la Sala Político Administrativa del Tribunal Supremo, se declara expresamente que tales servicios constituyen "servicios públicos" atribuyéndose al Estado su prestación. [157]

En *tercer lugar,* tratándose de una actividad prestacional que corresponde como obligación al Estado, de acuerdo al principio de alteridad, los usuarios, es decir, la colectividad o el público en general, tienen un correlativo derecho constitucional o legal a recibir la prestación, como sucede, por ejemplo, con el derecho a la protección de la salud, que las personas incluso, pueden reclamar judicialmente. Por ello, el artículo 259 de la Constitución de 1999 le atribuye a la jurisdicción contencioso-administrativa competencia para resolver los "reclamos por la prestación de los servicios públicos" (Art. 259), lo que se regula en la Ley Orgánica de la Jurisdicción Contencioso Administrativa al considerar como sujetos a control "las entidades prestadoras de servicios públicos en su actividad prestacional" (Arts. 7.5; 9.5) estableciendo el procedimiento para conocer de "los reclamos por la omisión, demora o deficiente prestación de los servicios públicos"(Art. 65.1). Estos servicios públicos, por supuesto, no son cualquier prestación o actividad de interés general, sino las actividades prestacionales obligatorias impuestas al Estado respecto de las cuales los ciudadanos tienen derecho de percibirlos en forma regular y continua, teniendo el derecho además para reclamarlos judicialmente.

En *cuarto lugar,* desde el momento en el cual una actividad se configura legalmente como un servicio público a cargo de los entes públicos, la misma queda sustraída de las que pueden ser desarrolladas libremente por los particulares, en el sentido que esencialmente y conforme se establezca en las leyes (reserva legal), el Estado puede limitarlas y restringirlas. Esto no significa ni implica que el Estado necesariamente se haya reservado la actividad quedando entonces excluida del ámbito de la libertad económica de los particulares, sino que en relación con ella, ésta no puede desarrollarse libremente, sino sometida a las limitaciones o restricciones que legalmente se establezcan y requiriéndose para ello, en general una

---

157 Véase en relación con el servicio público de electricidad, por ejemplo, la sentencia N° 846 de 31-05-2007 (Caso: *C.A. La Electricidad de Caracas vs. Ministro de Producción y el Comercio (Ministro del Poder Popular para las Industrias Ligeras y el Comercio),* en *Revista de Derecho Público,* N° 110, Editorial Jurídica Venezolana, Caracas 2007, p. 159-161.

concesión, una autorización o cualquier tipo de autorización o habilitación,[158] sometiéndose entonces la actividad a un régimen de derecho público. Es decir, la obligación impuesta al Estado de realizar la prestación en el caso de los servicios públicos, no implica que su realización necesariamente quede siempre reservada al Estado con carácter de exclusividad y que quede excluida la libertad económica de manera que los particulares no puedan realizarla.

En estos casos, la libertad económica, como derecho de toda persona de "dedicarse libremente a la actividad económica de su preferencia" (Art. 112 de la Constitución), lo que está es limitada, constitucional o legalmente, en una proporción inversa al grado de asunción de la actividad por parte del Estado: en unos casos, excepcionales, la libertad económica queda excluida totalmente por la reserva al Estado de los servicios (servicios de la defensa nacional y policía); en otros casos, aún reservada al Estado y excluida del ámbito de la libertad económica, la actividad puede desarrollarse por los particulares mediante concesión otorgada por el Estado; y en otros casos, en ausencia de reserva al Estado y existiendo la libertad económica de los particulares para realizarlas, lo que ésta es restringida o limitada, pudiendo realizarse por los particulares mediante autorizaciones o habilitaciones del Estado.[159]

Así, por ejemplo, en otros tiempos, cuando la Ley de Correos de 1938 estableció, en su artículo 1°, que "el correo es un servicio público federal exclusivo del Estado", la norma quería decir preci-

---

158 Véase Allan R. Brewer-Carías, "Comentarios sobre la noción de servicio público como actividad prestacional del Estado y sus consecuencias" en *Revista de Derecho Público*, N° 6, Editorial Jurídica Venezolana, Caracas, 1981, pp. 68 ss.

159 En algunas decisiones, sin embargo, la Sala Constitucional ha considerado que para que haya servicio público, incluso, la ley debe haber reservado al Estado la actividad económica, de manera que exista "*publicatio* de la misma que excluya la libre iniciativa económica en el sector (artículos 112 y 113 constitucionales." Véase la sentencia N° 825 de la Sala Constitucional de 06-05-2004 (Caso: *Banco del Caribe C.A. Banco Universal .vs. Superintendencia de Bancos y otras Instituciones Financieras*), en *Revista de Derecho Público*, N° 97-98, Editorial Jurídica Venezolana, Caracas 2004, pp. 273-274. Ratificada por sentencia de la Sala Constitucional N° 266 de 16-03-2005 (Caso: Impugnación de los artículos 10 y 16 de la Ordenanza sobre Tarifas del Servicio de Aseo Urbano y Domiciliario en el Municipio Libertador del Distrito Federal), en *Revista de Derecho Público*, N° 101, Editorial Jurídica Venezolana, Caracas 2005, p. 156.

samente eso, que esa era una actividad reservada y exclusiva del Estado y, además, excluyente de toda prestación por parte de particulares. En cambio, en materia de telecomunicaciones, la Ley de Telecomunicaciones de 1946 a pesar que reservaba al Estado los servicios de telecomunicaciones permitía que se otorgaran concesiones de explotación de dichos servicios a los particulares. En estos dos casos de régimen de reserva al Estado, la diferencia era que en el primero, la reserva era excluyente y en el segundo no excluía la posibilidad de otorgar el derecho a realizar la actividad a los particulares. Por tanto, la declaración de una actividad como servicio público puede implicar la exclusión total de cualquier posibilidad de que los particulares puedan prestar el servicio, como precisamente se ha establecido a partir de mayo de 2009 en la Ley de Reserva de 2009 respecto de los "servicios conexos a las actividades primarias de Hidrocarburos" que se han definido como servicios públicos reservados al Estado; o puede implicar que el servicio se pueda prestar por los particulares mediante concesión o permiso otorgado por el ente público, como sucede en general con los servicios públicos; o los servicios públicos pueden prestarse en forma concurrente entre el Estado y los particulares, sin mayores limitaciones, como sucede por ejemplo con los servicios de salud o de educación.[160]

Por su parte, en relación a los servicios públicos en los cuales no hay reserva, por ejemplo, el servicio público de educación, la Ley de Educación sólo exige la necesidad de un registro para que los establecimientos particulares puedan desarrollar actividades educativas y ejercer su derecho y libertad de educar, en el marco de los programas de educación oficiales.

El grado de asunción por el Estado de la prestación del servicio, es decir, el grado de reserva al Estado de la misma, por tanto, tiene una repercusión fundamental respecto de las actividades que puedan o no realizar los particulares. Hay actividades de servicios públicos reservadas al Estado, donde no existe libertad económica, pero respecto de las cuales los particulares pueden realizarlas mediante concesión; y hay actividades de servicios públicos que no han sido reservadas al Estado respecto de las cuales existe libertad económica de los particulares para realizarlas. En las primeras, no

---

160 Véase Allan R. Brewer-Carías, "Comentarios sobre la noción de servicio público como actividad prestacional del Estado y sus consecuencias" en *Revista de Derecho Público*, Nº 6, EJV, Caracas, 1981, pp. 68 *ss.*

existiendo libertad económica dada la reserva al Estado, éste sin embargo puede otorgar el derecho a los particulares a realizarlas, generalmente mediante concesión, que por su carácter constitutivo crea en cabeza del concesionario el derecho que se le otorga; en cambio, en las segundas, tratándose de una limitación al derecho y libertad económica que tienen los particulares, las intervenciones del Estado se manifiestan en otras formas, por ejemplo, a través de la exigencia de actos administrativos declarativos de los derechos y que habilitan su ejercicio, como son las autorizaciones (habilitaciones, licencias, permisos); de actos administrativos homologadores de derechos, como las aprobaciones; o de actos administrativos de declaración de certeza de derechos, como las inscripciones y registros.

En todo caso, la idea clave a los efectos de la conceptualización jurídica del servicio público, es la existencia de una obligación constitucional o legal a cargo del Estado para la realización de la actividad prestacional. Ello contribuye a deslindar los servicios públicos de las actividades prestacionales que el Estado asume y realiza como mero empresario pero que no se ejecutan en virtud del cumplimiento de una obligación constitucional o legal alguna, y respecto de las cuales también existe el derecho de los particulares a desarrollarlas libremente.

Por ello, el servicio público así entendido, como obligación prestacional a cargo del Estado, sólo puede tener su origen directamente en la Constitución o en la ley,[161] como es el caso, por ejemplo, de las ya mencionadas previsiones de la Ley Orgánica de Hidrocarburos y de la Ley Orgánica de Hidrocarburos Gaseosos, pues sólo en los textos legales, conforme al principio de reserva legal previsto en la propia Constitución (Art. 112), es que puede limitarse o restringirse la libertad económica.[162]

---

161 Véase José Peña Solís, *Manual de Derecho Administrativo*, Vol. 3, Caracas 2003, pp. 336 *ss.*

162 Precisamente por ello, la Ley Orgánica de Hidrocarburos reserva la calificación como "servicio público" única y exclusivamente a las actividades de suministro, almacenamiento, transporte, distribución y expendio de los productos derivados de los hidrocarburos que señale el Ejecutivo Nacional, destinados al *consumo colectivo interno* (Arts. 59, 60); y la Ley Orgánica de Hidrocarburos Gaseosos también reserva la calificación como "servicio público" única y exclusivamente a las actividades relacionadas, directa o indirectamente, con el transporte y distribución de gases de hi-

En consecuencia, la declaración de una actividad como servicio público que, por tanto, se cumple por el Estado en ejecución de una obligación constitucional o legal, da origen a dos consecuencias fundamentales en relación a los particulares: Por una parte, derivado del principio de la alteridad, la obligación jurídica que se impone al Estado implica la existencia de una relación jurídica, en cuyo otro extremo está, como correlativo a la obligación, un derecho de los administrados a percibir la prestación de tales servicios públicos; y por otra parte, que la presencia del Estado como prestador de servicios públicos implica la posibilidad de restringir, a la vez, la libertad económica de los administrados.

El servicio público así entendido, implica siempre, la posibilidad de restricción a la libertad económica de los particulares, lo cual por supuesto, debe hacerse mediante ley conforme al principio constitucional de reserva legal. Por ello es que la creación de un servicio público, es decir, el establecimiento de la obligación prestacional a cargo del Estado, sólo puede tener su origen directamente en la Constitución o en la ley, pues sólo en esos textos, conforme al principio de reserva legal previsto en la propia Constitución (Art. 112), es que puede limitarse o restringirse la libertad económica.

En nuestro criterio, esta consecuencia de la noción de servicio público es la más importante desde el punto de vista jurídico; que cuando una actividad prestacional se erige en servicio público, es decir, se impone obligatoriamente al Estado, sea a la República, a los Estados o a los Municipios, automáticamente se abre un campo de restricción a la libertad económica de los particulares en el sentido de que no pueden ejercerla libremente en dicha actividad. Sin embargo, como se ha dicho, ello no implica que la calificación de una actividad como servicio público conlleve automáticamente que la misma quede reservada al Estado y que la libertad económica quede excluida.

Es decir, el ámbito de la restricción a la libertad económica no es uniforme, pues depende de la regulación concreta que se establezca en la Constitución o en la ley. Las normas pueden establecer una variada gama de restricciones a la libertad económica que, como se ha dicho, pueden ir desde la exclusión total de la actividad

---

drocarburos *destinados al consumo colectivo* (Art. 5). En ambos casos, el elemento esencial es la actividad prestacional para la satisfacción de una necesidad colectiva o de consumo colectivo.

económica de los particulares en el ámbito de la actividad prestacional reservada, por ejemplo, cuando el Estado se la reserva con carácter de exclusividad y excluyente un servicio (servicios públicos de policía); hasta la previsión de una concurrencia casi sin restricciones entre la actividad pública y la actividad privada (servicios públicos de educación, servicios de telecomunicaciones); pasando por los supuestos en los cuales, a pesar de que el Estado se haya reservado la actividad y esté obligado a prestar el servicio, los particulares pueden prestarlo mediante concesión o permiso (servicios públicos de trasporte público o domiciliarios).

De lo anterior resulta, entonces que hay diversas categorías de servicios públicos, según el grado de reserva y la mayor o menor incidencia y restricción que impliquen sobre la libertad económica, pues ello permite determinar el grado de intervención del Estado en los mismos. En efecto, según la intensidad de la restricción a la libertad económica que acarrea la consideración de una actividad como servicio público, se pueden distinguir dos grandes categorías de servicios públicos: *en primer lugar*, **los servicios públicos reservados al Estado**, que se subdividen en dos subcategorías: los servicios públicos totalmente reservados al Estado, en forma **exclusiva y excluyente**, que no pueden ser desarrollados por los particulares; y los servicios públicos reservados al Estado, en forma **exclusiva pero no excluyente, que pueden ser concedibles** u otorgables a los particulares; y en *segundo lugar*, **los servicios públicos concurrentes** entre el Estado y los particulares, en relación a cuyas actividades los particulares tienen libertad económica de realizarlas, aún cuando sometidos a técnicas autorizatorias variadas.

En cuanto a los primeros, es decir, los servicios públicos reservados al Estado, en los mismos se excluye la libertad económica de los particulares. Sin embargo, sólo en los exclusivos y excluyentes no es posible la actividad de los particulares, la cual no puede realizarse ni siquiera mediante concesión; pero en cambio en el caso de los servicios públicos reservados no exclusivos, es decir, concedibles, los particulares los pueden desarrollar cuando el derecho a realizar actividades de prestación de los mismos, les sea otorgado o concedido generalmente mediante concesión. En cuanto a los segundos, es decir, los servicios públicos no reservados al Estado, que por tanto son por naturaleza concurrentes, en los mismos los particulares tienen derecho a realizar sus actividades económicas con las limitaciones establecidas en las leyes, en particular la necesidad de obtener una autorización, permiso, licencia, habilitación o registro para ello.

Ahora bien, esta noción de servicio público en su sentido propio, como la actividad prestacional obligatoria del Estado destinada a satisfacer necesidades colectivas, es la que se sigue en el derecho venezolano, tanto en la doctrina de derecho administrativo[163] como en la jurisprudencia;[164] y también en el derecho administrativo comparado, donde a pesar de las sucesivas crisis de la noción,[165] la

163 Véase Allan R. Brewer-Carías, "Comentarios sobre la noción del servicio público como actividad prestacional del Estado y sus consecuencias" en *Revista de Derecho Público*, N° 6, Editorial Jurídica Venezolana, Caracas 1981, pp. 65-71; "El régimen constitucional de los servicios públicos" en *VI Jornadas Internacionales de Derecho Administrativo Allan Randolph Brewer-Carías El nuevo servicio público. Actividades reservadas y regulación de actividades de interés general (electricidad, gas, telecomunicaciones y radiodifusión)*, Caracas 2002, Fundación de Estudios de Derecho Administrativo FUNEDA, Caracas 2003, pp. 19-49; José Araujo Juárez, *Derecho Administrativo General. Servicio Público*, Ediciones Paredes, Caracas 2010, 58-79; José Araujo Juárez, "Régimen Jurídico de los servicios económicos de interés general," en *El Derecho Público a comienzos del Siglo XXI: Estudios en Homenaje al Profesor Allan R. Brewer-Carías*, Ed. Civitas, Madrid, 2003, pp. 1.969-1.978; Eloy Lares Martínez, *Manual de Derecho Administrativo*, 12ª ed., Universidad Central de Venezuela, Caracas 2001, pp. 203-209; José Peña Solís, *Manual de Derecho Administrativo*, Vol. 3, Col. Estudios Jurídicos, Tribunal Supremo de Justicia, Caracas, 2003, pp. 325-345; José Ignacio Hernández G., "Un ensayo sobre el concepto de servicio público en el derecho venezolano," en *Revista de Derecho Público*, N° 89-92, Editorial Jurídica venezolana, Caracas, 2002, pp. 47-75.

164 Por ejemplo, en la sentencia de la Sala Político Administrativa del Tribunal Supremo de Justicia N° 1811 de 10-12-2011 (Caso: *Tadeo-Anzoátegui, C.A. vs. Municipio Turístico El Morro "Licenciado Diego Bautista Urbaneja" Del Estado Anzoátegui*), al considerar el servicio público de aseo consideró que en el mismo "priva el interés general de la comunidad sobre el particular de la contratista, tratándose de una necesidad básica de la población que comporta la protección de derechos humanos fundamentales, tales como: el derecho a la salud, a la vida digna de la sociedad y a la preservación del medio ambiente, consagrados en la Constitución de la República Bolivariana de Venezuela, en virtud de lo cual la autoridades deben actuar de manera célere y eficiente para garantizar la debida prestación del servicio." En *Revista de Derecho Público*, N° 120, Editorial Jurídica Venezolana, Caracas 2009 pp. 137-139.

165 Véase entre los más recientes ensayos en la materia: Jaime Orlando Santofimio, "Los servicios públicos: vicisitudes y fundamentos de un tema jurídico inconcluso e impreciso" en *El derecho Público a comienzos del Siglo XXI: Estudios en Homenaje al Profesor Allan R. Brewer-Carías*, Ed.

misma no llega a ser identificada con cualquier actividad desarrollada por el Estado, pues carecería de todo sentido.[166]

Al contrario se la vincula con una actividad prestacional para
satisfacer necesidades colectivas que debe ser asegurada o asumida
por el Estado; y este ha sido el sentido tradicional del término *"service publique"* en la doctrina francesa general de derecho administrativo,[167] incluso la más reciente influenciada por las exigencias del
derecho comunitario europeo.[168] Igualmente ha sido el sentido tra-

Civitas, Madrid, 2003, pp. 1882-1956; Diego Zegarra Valdivia, *El servicio
Público. Fundamentos*, Palestra, Lima 2005.

166 Por ejemplo, en la doctrina española, Fernando Garrido Falla sobre la noción de servicio público dijo que "De la total actividad prestadora realizada por el Estado hay una parte de ella -la más importante desde luego- que
ha sido asumida como competencia propia por razones inmediatamente
derivadas el interés público, es decir, porque con tal actividad se satisface
directamente una necesidad de carácter público." Véase Fernando Garrido
Falla, *Tratado de derecho administrativo,* Vol. II *(Parte general, Conclusión)*, Décima Edición, Madrid 1992, pp. 332 ss.

167 Véase en general Guy Braibant y Bernard Stirn, *Le droit administratif fran-
çais,* 5e éd., Col. Amphithéâtre, Presses de Sciences-Po – Dalloz, Paris
1999, pp. 139-143; René Chapus, *Droit administratif général,* T. I, 9e éd.,
Col. Domat Droit Public, Montchrestien, Paris, 1995, pp. 513-525; Pierre
Delvolvé, *Le droit administratif,* 3e éd., Coll. Connaissance su droit, Dalloz, Paris 2002, pp. 42-47; Jacques Moreau, *Droit administratif,* Coll.
Droit fondamental – Droit administratif, PUF, Paris, pp. 311-316; Jean
Waline, *Précis de Droit administratif,* 22e ed., Coll. Droit public – Sci-
ence politique, Dalloz, Paris 2008, pp. 339-359.

168 Véase en general, Stéphane Braconnier, *Droit des services publics*, 2e éd.,
Col. Thémis droit, PUF, Paris, 2007, pp. 157-184; Claudie Boiteau, «Vers
une définition du service public (À propos de l'arrêt du Conseil d'État,
Section, 22 février 2007, Association du personnel relevant des établisse-
ments pour inadaptés – APREI),» en *Revue française de droit administratif,* 2007, N° 4, pp. 803-811; Sabine Boussard, «L'éclatement des catégo-
ries de service public et la résurgence du «service public par nature», en
Revue française de droit administratif, 2008, N° 1, pp. 43-49; Laetitia Ja-
nicot, «L'identification du service public géré para une personne privée,»
en *Revue française de droit administratif*, 2008, N° 1, pp. 67-79; Michaël
Karpenschif, «Vers une définition communautaire du service public,» en
Revue française de droit administratif, 2008, N° 1, pp. 58-66; Christophe
Le Berre, «La logique économique dans la définition du service public,»
en *Revue française de droit administratif*, 2008, N° 1, pp. 50-57; Marceau
Long. «Service public et réalités économiques du XIX siècle au droit
communautaire,» en *Revue française de droit administratif*, 2001, N° 6,

dicional en América Latina, por ejemplo, en la doctrina argentina.[169] Igual sucede con la doctrina del derecho administrativo anglosajón, donde la expresión "servicio público" tiene precisamente el particular significado relativo a *"public utility,"*[170] expresión que identifica a los servicios *prestados al público en general* por entidades o corporaciones públicas o mediante concesión de estas. En consecuencia, también en el derecho anglosajón, no toda actividad de interés público puede ser considerada como servicio público, sino sólo aquellas que consisten en una actividad de prestación de interés público destinada a satisfacer las necesidades colectivas o del público en general o de confort y conveniencia de la comunidad entendida como globalidad, como por ejemplo son los servicios de ferrocarriles, de transporte, de teléfonos, de gas, de electricidad, de agua, pueden considerarse como "servicios públicos." En consecuencia, no es correcto identificar *"servicio público"* con cualquier actividad de interés general, pues de lo contrario, la noción carecería de utilidad.

Por ejemplo, una actividad prestacional de un servicio de transporte por parte de una empresa privada a una empresa del Estado,

---

pp. 1161-1168; François Séners, «L'identification des organismes privés chargés d'une mission de service public,» Concl. Sur CE, Sect., 6/4/2007, Ville d'Ais-en Provence,» en *Revue française de droit administratif,* 2007, N° 4, pp. 812-820. Note Jean-Claude Nouence, pp. 821-827.

169 Véase, por ejemplo, Agustín Gordillo, *Tratado de Derecho Administrativo*, Tomo 2 La Defensa del Usuario y del Administrado, 4ta Edición, Buenos Aires 2000, pp. VI-33 ss.; Juan Francisco Linares. *Derecho Administrativo*, Buenos Aires, 1986, pp. 509 ss.; Benjamín Villegas Basavilvaso, *Derecho Administrativo*, Vol. III (Primera Parte General, Instituciones Fundamentales), Buenos Aires, 1951. pp. 4 ss.

170 Véase por ejemplo Peter L Strauss et al., *Administrative Law. Cases and Comments*, University Casebooks Series, New York, 1995, pp. 339 *ss. Cf.* José Peña Solís, *Manual de Derecho Administrativo*, Vol. 3, Caracas 2003, p. 381. Conforme al *Black's Law Dictionary,* el término *"public service"* se aplica a las actividades o entidades "que especialmente satisfacen las necesidades del público en general o que conducen al confort y conveniencia de la comunidad entera, como las compañías de ferrocarriles, de gas, de agua o de luz eléctrica; y compañías que suministran transporte público." Si el servicio público es prestado por una empresa privada debe tener "una apropiada concesión del Estado para satisfacer la necesidad o conveniencia del público general, incapaz de ser satisfecha mediante a través de empresas privadas en competencia." Véase Allan R. Brewer-Carías, *Administrative Law in Venezuela*, EJV International, 2015, p. 210.

para garantizarle transporte aéreo el personal de dicha empresa mediante aviones ejecutivos, no se puede nunca calificar como un *"servicio público,"* pues es una actividad prestacional, de carácter comercial, si, ciertamente, de un "servicio," pero no "público" sino en beneficio solo y exclusivamente de una empresa del Estado para la realización de sus actividades cualquiera que ellas sean.

En consecuencia, de acuerdo con el derecho venezolano, en sentido equivalente a las nociones de *"service public"* o de *"public service or public utility"* antes indicadas, un servicio público ante todo es siempre una actividad mediante la cual un ente público o una empresa mediante concesión, presta regularmente un servicio al público en general o a la comunidad entera, como por ejemplo son los servicios de gas, teléfono, agua, electricidad, transporte. Se trata, siempre, como hemos dicho de una actividad de prestación, mediante la cual la entidad pública directamente satisface necesidades públicas generales dando un servicio a la comunidad entera o al público general para satisfacer necesidades públicas de manera continua y regular, y que el ente público tiene que asumir en virtud de una obligación constitucional o legalmente establecida. Por ello es que los particulares no son libres de asumir dichas actividades prestacionales y sólo pueden cumplirlas mediante un contrato de concesión otorgado por el ente público respectivo, o en su caso, un permiso, una autorización o un registro en oficina pública.[171] Por ello es que en el ámbito de la actividad de la industria petrolera, por ejemplo, precisamente la LOH reserva la calificación como "servicio público" única y exclusivamente a las actividades de suministro, almacenamiento, transporte, distribución y expendio de los productos derivados de los hidrocarburos que señale el Ejecutivo Nacional, destinados al *consumo colectivo interno* (Arts. 59, 60); y la LOHG también reserva la calificación como "servicio público" única y exclusivamente a las actividades relacionadas, directa o indirectamente, con el transporte y distribución de gases de hidrocarburos *destinados al consumo colectivo* (Art. 5). En ambos casos, el elemento esencial es la actividad prestacional para la satisfacción de una necesidad colectiva o de consumo colectivo.

---

171 Véase Allan R. Brewer-Carías", "El régimen constitucional de los servicios públicos," en *VI Jornadas Internacionales de Derecho Administrativo Allan Randolph Brewer-Carías El nuevo servicio público. Actividades reservadas y regulación de actividades de interés general (electricidad, gas, telecomunicaciones y radiodifusión),* Caracas 2002, Fundación de Estudios de Derecho Administrativo FUNEDA, Caracas 2003, pp. 19-49.

De lo anterior resulta, en relación con los servicios públicos, que su declaración legal como tales "servicios públicos" no implica necesariamente una reserva automática de la actividad al Estado, por lo que más bien, dependiendo del grado intervención estatal, los mismos pueden ser prestados por particulares mediante concesiones conforme al artículo 113 de la Constitución; o pueden prestarse por los particulares en forma concurrente. Pero en todo caso, una ley que regule la actividad como servicio público es siempre necesaria para ser tenidos como tal. En una importante decisión del Tribunal Supremo de Justicia sobre la noción de servicio público, y para resolver un recurso de nulidad que se había interpuesto contra una Resolución del antiguo Ministerio de Transporte y Comunicaciones, la Sala Político Administrativa de dicho Tribunal mediante sentencia de 5 de agosto de 2004 (caso *DHL Fletes Aéreos C.A.*), consideró "necesario estudiar la actividad del correo a la luz de los conceptos emanados de la doctrina, normativa y jurisprudencia, bajo el marco conceptual del servicio público," estableciendo el siguiente criterio, coincidente con el que hemos sostenido:

> "El servicio público puede ser definido como la actividad administrativa de naturaleza prestacional destinada a satisfacer necesidades colectivas de manera regular y continua, previamente calificada como tal por un instrumento legal, realizada directa o indirectamente por la Administración Pública y por tanto, sometido a un régimen de Derecho público. (José Peña Solís. "La Actividad Administrativa de Servicio Público: Aproximación a sus Lineamientos Generales", en *Temas de Derecho Administrativo. Libro Homenaje a Gonzalo Pérez Luciani*, Vol. I. Tribunal Supremo de Justicia. Colección Libros Homenaje Nº 7, Caracas 2002. Pág. 433).

> Los servicios públicos contienen una serie de elementos que los caracterizan, entre los que están la actividad prestacional, la satisfacción de necesidades colectivas (o la vinculación al principio de la universalidad del servicio), la regularidad y continuidad del servicio, la calificación por ley de la actividad como servicio público (*publicatio*), la gestión directa o indirecta de la Administración Pública, y su consecuencial régimen de Derecho público." [172]

---

172 Véase sentencia Nº. 1002 de la Sala Político Administrativa del Tribunal Supremo de Justicia de 05-08-2004 (Caso: *DHL Fletes Aéreos C.A. y*

En otra sentencia de la Sala Constitucional del Tribunal Supremo No. 825 de 6 de abril de 2004 (Caso: *Banco del Caribe C.A. Banco Universal vs. Superintendencia de Bancos y otras Instituciones Financieras*) al considerar que efectivamente la actividad de intermediación financiera que realizan los bancos está "vinculada con la preservación de un interés general," sin embargo, dijo la Sala, "no constituye una actividad de prestación de servicio público, ya que, entre otros aspectos de derecho sustantivo, no existe en la mencionada ley o en la Constitución una reserva a favor del Estado de dicha actividad económica, es decir, no existe *publicatio* de la misma que excluya la libre iniciativa económica en el sector (artículos 112 y 113 constitucionales)."[173]

En el caso de la Ley de Minas, por ejemplo, en la misma no se ha declarado a actividad minera alguna como "servicio público, como en cambio sí ocurrió por ejemplo, como se ha mencionado, en la Ley Orgánica de Hidrocarburos y en la Ley Orgánica de Hidrocarburos Gaseosos para actividades destinadas a satisfacer necesidades colectivas (servicio de gas por ejemplo). La Ley de Minas, en cambio, lo que estableció fue que para el caso de que alguna de las actividades conexas a la actividad minera (como por ejemplo podría ser el trasporte o almacenamiento), lo preste un particular "a terceros como actividad lucrativa," la ley estableció no que dicha actividad sea un servicio público, sino que "revisten el carácter de servicio público" a los efectos de la fijación de tarifas por el Estado, es decir, que por considerarse que "revisten el carácter de servicio público [...] en consecuencia, estarán sujetas al pago de las tarifas que establezca el Ministerio de Energía y Minas" (art. 87)

Es decir, en materia minera la *publiciatio* sólo se ha operado respecto de las actividades de exploración y explotación mineras, y

---

otros), en http://www.tsj.gov.ve/deci-siones/spa/Agosto/01002-050804-1995-11546.htm.

173 Véase sentencia Nº 825 de la Sala Constitucional de 06-05-2004 (Caso: *Banco del Caribe C.A. Banco Universal vs. Superintendencia de Bancos y otras Instituciones Financieras*), en *Revista de Derecho Público*, Nº 97-98, Editorial Jurídica Venezolana, Caracas 2004, pp. 273-274; ratificada por sentencia de la Sala Constitucional Nº 266 de 16-03-2005 (Caso: *Impugnación de los artículos 10 y 16 de la Ordenanza sobre Tarifas del Servicio de Aseo Urbano y Domiciliario en el Municipio Libertador del Distrito Federal*), en *Revista de Derecho Público*, Nº 101, Editorial Jurídica Venezolana, Caracas 2005, p. 156.

no respecto de las actividades auxiliares o conexas, las cuales además de no estar reservadas al Estado, tampoco han sido declaradas como servicio público reservado al Estado, lo cual, por lo demás, en ningún caso podría derivarse de lo que se establece en el artículo 87 de la Ley cuando dispone que cuando algunas de las actividades auxiliares o conexas (almacenamiento, tenencia, beneficio, transporte, circulación y comercio de los minerales):

> "sean prestadas a terceros como actividad lucrativa, revisten el carácter de servicio público y, en consecuencia, estarán sujetas al pago de las tarifas que establezca el Ministerio de Energía y Minas."

Esta previsión no declara a todas las actividades conexas o auxiliares a la minería como servicio público, sino sólo prevé que cuando alguna de ellas se realice por un particular, concesionario o no, "como actividad lucrativa," la misma "reviste el carácter de servicio público" a los efectos de que estén "sujetas al pago de las tarifas" que establezca el Ministerio de Energía y Minas.

Ello, por supuesto, tiene un alcance limitado en el marco de las regulaciones económicas, que es el de considerar que ciertas actividades auxiliares o conexas que realicen los particulares (concesionarios o no) como actividad lucrativa "revisten el carácter de servicio público" a los efectos de sujetar su pago a una tarifa fijada por el Estado; lo que en ningún puede llevar a considerar que se trata de declaratoria general de todas las actividades conexas o auxiliares como "servicio público", pues ello implicaría la reserva de las mismas al Estado, lo que no está previsto en la ley.

De todo lo anteriormente dicho, por tanto, la noción de "servicio público" no puede ser definida en un sentido absolutamente amplio equiparándola a conceptos tales como "actividades de interés general" "utilidad pública" e "interés social." Ello significaría vaciar totalmente de contenido y de sentido a la noción de servicio público lo cual no es admisible ni en Venezuela ni en país alguno de régimen administrativo. Precisamente por ello, en cuanto a las actividades desarrolladas en la industria petrolera, las mismas en general no son ni nunca han sido consideradas como "servicio público" con la sola excepción de las mencionadas actividades reguladas y así declaradas expresa y exclusivamente como tales "servicios públicos" en el artículo 60 de la Ley Orgánica de Hidrocarburos y en el artículo 5 de la Ley Orgánica de Hidrocarburos Gaseosos, las cuales además, no son actividades reservadas al Estado. Esas actividades declaradas expresamente como "servicio público" son las de suministro, almacenamiento, transporte, distribución y expendio de los productos derivados de los hidrocarburos, y las relacionadas "con el transporte y distribución de gases de hidrocarburos destinados al consumo colectivo;" siguiendo la Ley el concepto de servicio público en su correcto sentido, como lo ha puntualizado el Tribunal Supremo de Justicia, como actividad prestacional de ejercicio legalmente obligatorio por parte del Estado para la satisfacción de necesidades generales y colectivas.

Es evidente, en consecuencia, que el objeto de los contratos de prestación de los servicios conexos con la industria petrolera relativos a inyección de agua, de vapor o de gas, a compresión de gas; y a las actividades en el Lago de Maracaibo, como los servicios de lanchas para el transporte de personal, buzos y mantenimiento; de barcazas con grúa para transporte de materiales, diesel, agua industrial y otros insumos; de remolcadores; de gabarras planas, boyeras, grúas, de ripio, de tendido o reemplazo de tuberías y cables subacuáticos; de mantenimiento de buques en talleres, muelles y diques de cualquier naturaleza, que se enumeran en el artículo 2 de la Ley de Reserva de 2009, no eran actividades que podían ser calificadas como de "servicio público," pues no solo no estaban reservada al Estado, ni conforme a la Ley de Nacionalización Petrolera de 1975 ni conforme a la Ley Orgánica de Hidrocarburos de 2001, sino que no eran ni son actividades destinadas a satisfacer necesidades colectivas.

Por otra parte, a pesar de la importancia que pueda tener dichas actividades, legalmente las mismas no eran actividades "de explotación de hidrocarburos" ni eran parte integral de estas; eran simplemente, servicios conexos con la industria petrolera. Por muy importantes que fueran y son, como lo son todas las actividades conexas respecto de una actividad principal, conforme a la Ley de Nacionalización de 1975 las mismas no fueron en forma alguna, objeto de reserva al Estado, y sólo fueron reservadas con la Ley de Reserva de 2009.

En consecuencia, su declaración ex post facto como "servicio público" en esta última Ley Orgánica, no fue otra cosa que otra arbitraria manipulación realizada por parte del Legislador, para buscar declarar la *publicatio* total de las mismas.

OCTAVA PARTE

EL SIGNIFICADO DE LA DECLARATORIA LEGAL DE UNA LEY, COMO DE "ORDEN PÚBLICO"

Otra de las declaratorias, *ex post facto*, de la Ley de Reserva de las actividades y servicios conexos de la industria petrolera de 2009, fue la de declarar que el texto de la misma era de "orden público," y que sus disposiciones "se aplicarán con preferencia a cualquier otra disposición legal vigente en la materia" (art. 7).

Una de las nociones fundamentales en el campo tanto del derecho público como del derecho privado, particularmente relacionado también con la contratación pública y privada, es la noción de "orden público" que en el ordenamiento jurídico venezolano se refiere a la condición que tienen determinadas previsiones legales que por su contenido y significación para el orden jurídico, son de aplicación inmediata, de carácter mandatorio e imperativo, incluso para contratos existentes, y que no pueden en forma alguna relajarse o modificarse por convenios entre particulares. De allí la previsión del artículo 6 del Código Civil, que dispone que "no pueden renunciarse ni relajarse por convenios particulares las leyes en cuya observancia están interesados el orden público o las buenas costumbres."

Este concepto de normas de orden público se aplica por tanto a disposiciones legales que conciernen al orden legal general e indispensable para la existencia de la propia comunidad, o que conforman la estructura básica de la sociedad, o que establecen limitaciones a la libertad económica como la propia libertad de contratar (lo que sólo puede hacerse mediante ley formal), como por ejemplo, en materia de derecho público general, son las que establecen competencias o atribuciones de los entes y órganos del Estado, entre ellas las competencias de los jueces, aquellas que conciernen, por ejemplo, a los poderes tributarios de las entidades públicas, al debido proceso de garantías legales o las que se refieren a la inalienabilidad de bienes del Estado, como son los del dominio público, todas las cuales son de aplicación obligatoria y ninguna de las cuales puede relajarse por convenios entre particulares.[174] En el campo del derecho privado, por otra parte, que fue donde se originó el concepto, se consideran como normas en las que está interesado el orden público, todas las relativas al estado de las personas, como, por ejemplo, las relativas al matrimonio, la *patria potestad*, el divorcio o la adopción.[175]

Como lo explicó Joaquín Sánchez-Covisa:

"Las normas de orden público son aquellas normas que encarnan en un momento dado el concepto objetivo de justicia que rige en una colectividad humana. Al establecer una norma de orden público, el Estado determina el "deber ser" forzoso e imperativo que exige en ese momento la conciencia jurídica colectiva. Es por eso que tales normas no pueden ser renunciadas ni relajadas por convenios entre particulares. En tal sentido, el deber de fidelidad entre los cónyuges, la indemnización de los accidentes profesionales o el pago de impuestos no pueden ser relajados por la voluntad de los particulares. Son normas de orden

---

174 Por ejemplo, en la sentencia N° 276 de la Sala de Casación del Tribunal Supremo de Justicia del 31 de Mayo de 2007, se considera como norma de orden público no es cualquiera, sino las de *orden público constitucional* en relación con la garantía del debido proceso y del derecho a la defensa que son las que con razón se consideran en la sentencia como de orden público, y respecto de las cuales en la misma se afirma que: "el concepto de orden público representa una noción que *cristaliza todas aquellas normas de interés público que exigen observancia incondicional*, y que no son derogables por disposición privada. La indicación de estos signos característicos del concepto de orden público, esto es, la necesidad de la observancia incondicional de sus normas, y su consiguiente indisponibilidad por los particulares, permite descubrir con razonable margen de acierto, cuándo se está o no en el caso de infracción de una norma de orden público." Véase el texto de la sentencia en http://historico.tsj.gob.ve/decisiones/scc/mayo/RC-0276-310502-00959.HTM.

175 Véase Allan R. Brewer-Carías, *Contratos Administrativos,* en Allan R. Brewer-Carías, *Contratos Administrativos. Contratos Públicos. Contratos del Estado*, Editorial Jurídica Venezolana, Caracas 2013, pp. 316-323.

público y, en cuanto tales, representan la idea de lo objetivamente justo en una comunidad jurídica de nuestros días."[176]

Conforme a este concepto, el mismo Sánchez-Covisa argumentó que "la puesta en vigor de una norma de orden público significa que un nuevo concepto objetivo de justicia es exigencia imperiosa de la colectividad en un determinado sector de la vida social, o sea, que es un concepto definido del interés colectivo rige en las materias afectadas por la norma en cuestión." [177]

Dentro de estas disposiciones de orden público se mencionan, por ejemplo, las que "regulan la duración de la jornada de trabajo, la tarifa de transporte o la participación del empleado en las utilidades de la empresa,"[178] siendo así la "naturaleza de la provisión" el único aspecto que permite calificar una disposición como de "orden público" y por lo tanto de aplicación obligatoria.[179] Entre esas normas de orden público, en el ámbito del derecho público, están, como antes se ha indicado, las disposiciones de las leyes en las cuales se atribuyen competencias a los órganos o entes de la Administración Pública, por lo que por ejemplo, el artículo 26 de la Ley Orgánica de la Administración Pública,[180] al regular el principio de la competencia dispone que:

---

176   Véase Joaquín Sánchez-Covisa, *La vigencia temporal de la Ley en el ordenamiento jurídico venezolano*, Academia de Ciencias Políticas y Sociales, Caracas 2007, p. 179. En este mismo sentido, Francisco López Herrera, citando a Henri De Page (*Traité Élementaire de Droit Civil Belge*, Bruilant, Bruxelles, 1941-1949, Vol. I, p. 101), "declaró que "las disposiciones y leyes de orden público son las que se refieren a los intereses esenciales del Estado que afectan a la colectividad, o que fijan en el derecho privado el fundamento jurídico fundamental basado en el orden económico y moral de una sociedad determinada. Para determinar que una provisión como de orden público, es necesario analizar en cada caso, el espíritu de la institución y examinar qué y por qué tiene relación con las demandas esenciales de la colectividad o la base fundamental del derecho privado." Véase Francisco López Herrera, *La nulidad de los contratos en la legislación civil de Venezuela*, Caracas 1952, p. 96.

177   *Idem*, p, 180.

178 *Idem*, p. 185.

179 *Idem*, p. 206.

180 Véase en *Gaceta Oficial* N° 6147 de 17 de noviembre de 2014.

"*Artículo 26.* Toda competencia atribuida a los órganos y entes de la Administración Pública será de obligatorio cumplimiento y ejercida bajo las condiciones, límites y procedimientos establecidos; será irrenunciable, indelegable, improrrogable y *no podrá ser relajada por convención alguna*, salvo los casos expresamente previstos en las leyes y demás actos normativos."

Ahora bien, aplicando estos conceptos al ámbito de los contratos, incluyendo los contratos públicos, los mismos entonces se rigen fundamentalmente por lo acordado por las partes en sus cláusulas, siéndoles aplicable las normas del Código Civil y de las demás leyes que rigen por ejemplo determinados sectores de actividad, o en general a los contratos públicos, en forma supletoria, salvo que contengan disposiciones de orden público en cuyo caso las mismas son de aplicación obligatoria en los contratos sin que las partes puedan relajarlas mediante convención. Por ello, es los contratos tienen que tener en cuenta al redactar las cláusulas contractuales, cuáles son las normas de orden público que puedan estar establecidas en los textos de las leyes que puedan ser aplicables a la relación contractual, y que no pueden comprometerse mediante las mismas; siendo absolutamente excepcional que la totalidad de las disposiciones de una Ley sean declaradas expresa y globalmente como de orden público.

Una excepción de ese tipo en Venezuela fue, por ejemplo, la Ley de Precios Justos se 2014,[181] en cuyo artículo 2 se dispuso que "Las disposiciones de la presente Ley son de orden público e irrenunciables por las partes;" y también fue el caso como hemos destacado, de la Ley de reserva de 2009. Igualmente, la mal llamada "Ley Constitucional" antibloqueo de 2020, también tiene un artículo que declara que sus disposiciones "son de orden público y de interés general y serán aplicadas por todas las ramas del Poder Público [...] así como por las personas naturales y jurídicas, públicas y privadas en todo el territorio nacional" (art. 2).[182]

En el caso del régimen de los contratos públicos, la Ley de Contrataciones Públicas de 2014,[183] como cuerpo normativo que se aplica a todos los contratos públicos que tienen por objeto la adquisición de bienes, la prestación de servicios y ejecución de obras (art.

---

181 Véase en *Gaceta Oficial*, N° 40.340 de 23-01-2014.

182 Véase en *Gaceta Oficial*, N° 6583 Extra. de 12 de octubre de 2020. Véanse los comentarios a esta "Ley" en la última parte de este libro.

183 Véase en *Gaceta Oficial* N° 6.154 Extra. de 19 de noviembre de 2014.

1) celebrados por los entes públicos que se enumeran en la misma (art. 3), no contiene alguna declaración similar de carácter general que declare que todas sus disposiciones son de orden público, lo que no excluye por supuesto que la misma contenga algunas disposiciones que pueden considerarse como de orden público, como lo son las relativas a los procesos de selección de contratistas para adjudicación de contratos, o aquellas que por referirse a competencias del poder público atribuidas a los órganos o entes públicos, son de obligatoria aplicación.

Es decir, la Ley de Contrataciones Públicas en su globalidad no es una ley de orden público, ni así ha sido declarada en su texto, ni en el artículo 1° de la misma se ha declarado que todas sus normas sean de "obligatorio cumplimiento." La última frase del artículo 1°, que declara mandatorio los "procesos" regulados en la Ley, que se agregó en la reforma de la Ley en 2014, debe considerarse sólo como una ratificación de que las disposiciones de la ley que se refieren a los "procesos de adjudicación de contratos o selección de contratistas" que si son obligatorias, y que se refiere al aspecto medular que dio origen a la Ley.

En efecto, desde la promulgación de la Ley de Licitaciones en 1990, [184] que fue sustituida por la Ley de Contrataciones Públicas dictada en 2008, [185] el propósito del legislador fue básicamente regular los procesos de selección de contratistas para la adjudicación de los contratos públicos, habiendo la nueva Ley continuado básicamente regulando dichos procesos, casi exclusivamente. Por ello, al comentar dicha Ley de Contrataciones Públicas de 2008, expresamos que:

"a pesar de su nombre, la Ley ni regula todos los contratos estatales, ni regula la actividad de contratación pública en general de los entes públicos ni de las Administraciones Públicas (nacional, estadal y municipal). En realidad, sigue siendo, con alguna modificación una Ley de delimitado alcance, destinada básicamente a regular el procedimiento de selección de contratistas (licitación) y respecto de ciertos (no todos) los contratos públicos. Por ello, la única Ley precedente que deroga expresamente esta nueva Ley es la vieja Ley de Licitaciones, por lo

---

184 Véase en *Gaceta Oficial*, N° 39.181 del 19 de mayo de 2009.

185 Véase en *Gaceta Oficial* N° 38.895 del 25 de marzo de 2008. La Ley fue reformada posteriormente en varias ocasiones.

que en su parte medular, sigue siendo un cuerpo normativo destinado a regular el régimen de selección de contratistas (art. 36 a 92) en ciertos contratos públicos."[186]

La reforma de dicha Ley de 2014, como se expresó en la Exposición de Motivos de la misma que la precede en la publicación en la *Gaceta Oficial,* estuvo motivada por la preocupación sobre la persistencia de "algunas deficiencias significativas *en los procesos,*" y el propósito de reforzar los procesos de adjudicación de contratos y selección de contratistas de conformidad con las disposiciones de la Ley. Por ello, sin duda, el propósito de la introducción en el texto de la reforma de la Ley en 2014, de la última frase del artículo 1°, era ratificar el carácter de "obligatorio cumplimiento" de "los procesos referidos en la Ley" que no son otros que los destinados a la adjudicación de contratos y selección de contratistas (concurso abierto, concurso cerrado, contratación directa, contratación elec-trónica).

Esos procesos de selección de contratistas, y no la totalidad de los artículos y previsiones de la ley, son los que el legislador quiso reforzar en su imperatividad al ratificar que son de obligatorio cumplimiento. Los mencionados procesos fueron establecidos desde la promulgación de la *Ley de Licitaciones* de 1990 y luego, como se dijo, incorporados en el texto de la Ley de Contrataciones Públicas del 2008, indicando igualmente su carácter de obligatorio cumplimiento. Por lo tanto, la reforma de 2014, con el agregado de la mencionada última frase del artículo 1°, en realidad no innovó en nada, sino que ratificó el carácter de los procesos de selección de contratistas como de cumplimiento obligatorio.

Pero además de las previsiones de la Ley relativas a los procesos de selección de contratistas, en la Ley de Contrataciones Públicas también se han regulado expresamente en dicha Ley diversas potestades de la Administración contratante en relación con todos los contratos públicos, como por ejemplo, las potestades de modificación unilateral de las condiciones de ejecución de las prestaciones objeto del contrato (arts. 130, 131); de sancionar las faltas del contratante (Art. 139); y de rescisión unilateral del contrato (Art. 127;

---

186   Véase Allan R. Brewer-Carías, "Ámbito de aplicación de la Ley de Contrataciones Públicas," en Allan R. Brewer-Carías *et al., Ley de Contrataciones Públicas,* Editorial Jurídica Venezolana, Caracas 2008, pp. 11-12.

arts. 152 ss.).[187] Dichas prerrogativas o poderes extraordinarios de la Administración contratante, deben considerarse como previsiones de orden público, independientemente de que puedan ser objeto de regulación en las cláusulas de los contratos públicos, como sucede con frecuencia.

Por último, debe precisarse que como solo en las leyes se pueden establecer previsiones de orden público, por tratarse de disposiciones limitativas a la libertad de contratar, que es manifestación de la libertad económica, las mismas en ningún caso podrían establecerse en reglamentos, como por ejemplo el Reglamento de la Ley de Contrataciones Públicas, a cuyas normas en ningún caso podría atribuírseles el carácter de orden público.

En todo caso, y respecto de la declaratoria en la Ley de Reserva de 2009, de sus disposiciones como de "orden público" si bien dicha declaratoria tiene aplicabilidad inmediata, ello no significó que pudiera tener efectos retroactivos, lo cual está prohibido en Venezuela (Art. 24, Constitución).

Por tanto, dicha declaratoria, así como las otras de la Ley sobre utilidad pública o servicio público, solo puede considerarse que tuvieron carácter constitutivo, *ex nunc*, y comenzaron a tener vigencia a partir de la publicación de la Ley.

Ello confirma, además, en forma precisa, que antes de esa fecha, las actividades a las que se referían los contratos para la prestación de los servicios conexos no eran actividades reservadas al Estado, no eran consideradas como "servicio público," no estaban reguladas por normas de "orden público," ni dichos contratos podía considerarse como "contratos administrativos."

Dichos contratos para la prestación de servicios conexos, como cualquier contrato, se regían básicamente por lo dispuesto en sus cláusulas, las cuales en todo caso remitían a la legislación que les era aplicable y que conformaban la ley de los contratos, de obligatorio cumplimiento para las partes.

---

187 Véase Carlos García Soto, "Posición de la Administración en su actividad contractual. El caso de la ley de Contrataciones Públicas y su reglamento," en Allan R. Brewer-Carías et al., *Ley de Contrataciones Públicas*, Editorial Jurídica Venezolana, Caracas 2012, pp. 198 ss.; y José Ignacio Hernández, "El contrato administrativo en la Ley de Contrataciones Públicas venezolana," en Allan R. Brewer-Carías, et al., *Ley de Contrataciones Públicas*, Editorial Jurídica Venezolana, Caracas 2012, pp. 184-186.

Dichas cláusula de los contratos de prestación de servicios conexos con la industria petrolera, elaborados conforme al modelo dispuesto por la empresa petrolera, y suscritos por PDVSA Petróleo S.A. con empresas o consorcios privados, por tanto, en general regularon expresamente el régimen de la modificación unilateral del contrato por parte de PDVSA Petróleo S.A.; limitando los poderes de PDVSA Petróleo S.A. de manera que no podía modificar los contratos fuera de los supuestos regulados en sus propias cláusulas, y menos aún modificar las cláusulas económicas del contrato.

NOVENA PARTE

LA MANIPULACIÓN JURISPRUDENCIAL DE LA NOCIÓN DE "CONTRATOS DE INTERÉS PÚBLICO" PARA EVADIR EL CONTROL PARLAMENTARIO PREVIO PARA LA CELEBRACIÓN DE CIERTOS CONTRATOS PÚBLICOS

La manipulación de conceptos básicos del derecho administrativo en Venezuela, en los últimos años, no ha sido solo monopolio del Poder Legislativo, sino que también el Poder Judicial ha participado en ese proceso; en este caso mediante sentencias de la Sala Constitucional del Tribunal Supremo de Justicia, como ha ocurrido con el concepto de "contratos de interés público nacional," el cual ha sufrido intentos de mutación a los efectos de evadir la autorización previa de la Asamblea Nacional requerida por ejemplo, para la celebración de ciertos contratos de crédito público o para la constitución de empresas mixtas para la explotación petrolera.

1. *De nuevo sobre la noción de "contratos de interés público nacional"*

En efecto, la Constitución de Venezuela de 1999, en sus artículos 150, 151, 187.9, 236.14 y 247, como la anterior de 1961, utiliza la expresión "contratos de interés público" y sus derivados, "contratos de interés público nacional," "contratos de interés público estadal" y "contratos de interés público municipal," como sinónimo de "contratos públicos" o "contratos del Estado," lo que siempre ha exigido la necesidad de encuadrar dicha expresión en la doctrina del derecho administrativo, y en particular, en el derecho de los contratos administrativos, públicos o del Estado, en particular, en cuanto a la intervención contralora de la Asamblea Nacional, autorizándolos o aprobándolos.[188]

Dichos artículos de la Constitución, en los cuales se hace mención a los contratos de interés público en sus diversas vertientes (nacional, estadal y municipal), en efecto, son los siguientes:

Artículo 150. La celebración de los **contratos de interés público nacional** requerirá la aprobación de la Asamblea Nacional en los casos que determine la ley.

No podrá celebrarse **contrato alguno de interés público municipal, estadal o nacional**, o con Estados o entidades oficiales extranjeras o con sociedades no domiciliadas en Venezuela, ni traspasarse a ellos sin la aprobación de la Asamblea Nacional.

La ley podrá exigir en los **contratos de interés público** determinadas condiciones de nacionalidad, domicilio o de otro orden, o requerir especiales garantías"

Artículo 151. En los **contratos de interés público**, si no fuere improcedente de acuerdo con la naturaleza de los mismos, se considerará incorporada, aun cuando no estuviere expresa, una cláusula según la cual las dudas y controversias que puedan suscitarse sobre dichos contratos y que no llegaren a ser resueltas amigablemente por las partes contratantes, serán decididas por los tribunales competentes de la República, de conformidad con sus leyes, sin que por ningún motivo ni causa puedan dar origen a reclamaciones extranjeras.

Artículo 187. Corresponde a la Asamblea Nacional: [...] 9. Autorizar al Ejecutivo Nacional para celebrar **contratos de interés nacional**, en los casos establecidos en la ley. Autorizar los **contratos de interés público nacional, estadal o municipal** con Estados o entidades oficiales extranjeros o con sociedades no domiciliadas en Venezuela."

---

188 Nuestra primera aproximación al tema la hicimos en 1964 en el estudio: Allan R. Brewer-Carías, "La formación de la voluntad de la Administración Pública Nacional en los contratos administrativos," en *Revista de la Facultad de Derecho*, N° 28, Universidad Central de Venezuela, Caracas 1964, pp. 61-11.

Artículo 236. Son atribuciones y obligaciones del Presidente de la República: [...] 14. Celebrar los **contratos de interés nacional** conforme a esta Constitución y la ley.

Artículo 247. La Procuraduría General de la República asesora, defiende y representa judicial y extrajudicialmente los intereses patrimoniales de la República, y será consultada para la aprobación de los **contratos de interés público nacional.**"

Sobre dichos contratos de interés público, en efecto, como antes hemos dicho, hemos considerado que la expresión abarca a "todos aquellos contratos en los cuales una de las partes (pueden ser las dos –contratos inter-administrativos-) es una persona jurídica estatal,[189] es decir, que está integrada en la organización general del Estado, sea que se trate de una persona jurídica político territorial (República, Estados, Municipios), o de personas de derecho público (pe. los institutos autónomos) o de personas de derecho privado (por ejemplo. las sociedades anónimas del Estado o empresas del Estado) estatales." [190]

---

189 Véase Allan R. Brewer-Carías, "Sobre las personas jurídicas en la Constitución de 1999," en *Derecho Público Contemporáneo: Libro Homenaje a Jesús Leopoldo Sánchez*, Estudios del Instituto de Derecho Público, Universidad Central de Venezuela, enero-abril 2003, Volumen 1, pp. 48-54.

190 Véase en Allan R. Brewer-Carías, "Sobre los Contratos del Estado en Venezuela," en *Derecho Administrativo Iberoamericano (Contratos Administrativos, Servicios públicos, Acto administrativo y procedimiento administrativo, Derecho administrativo ambiental, Limitaciones a la libertad)*, IV Congreso Internacional de Derecho Administrativo, Mendoza, Argentina, 2010, pp. 837-866, y en *Revista Mexicana Statum Rei Romanae de Derecho Administrativo,* No. 6, Homenaje al Dr. José Luis Meilán Gil, Facultad de Derecho y Criminología de la Universidad Autónoma de Nuevo León, Monterrey, Enero-Junio 2011, pp. 207-252. Dicho estudio tuvo su origen en la Ponencia elaborada para el IV Congreso Internacional de Derecho Administrativo de Mendoza, paralelo al *IX Foro Iberoamericano de Derecho Administrativo*, Facultad de Derecho, Universidad de Cuyo, Mendoza, Argentina, septiembre 2010, para cuya redacción, partimos de otros escritos, entre ellos, "Nuevas consideraciones sobre el régimen jurídico de los contratos del Estado en Venezuela", en *VIII Jornadas Internacionales de Derecho Administrativo Allan Randolph Brewer-Carías. Contratos Administrativos. Contratos del Estado,* Fundación de Estudios de Derecho Administrativo FUNEDA, Caracas, 2006, pp. 449-479, y en *Revista de Derecho Administrativo (RDA),* Círculo de Derecho Administrativo (CDA), Año 1, N° 2, Lima Diciembre 2006, pp. 46-69; y "Los contratos del Estado y la Ley de

Conforme a ese criterio, que he sostenido desde 1981,[191] estos contratos del Estado, "son los que han sido denominados en la Constitución como "contratos de interés público" (nacional, estadal o municipal), y en el pasado, en escasísimas leyes, algunos de ellos fueron denominados como "contratos administrativos," agregando lo siguiente:

> "La Constitución de 1999, como la ley suprema y principal fuente del derecho administrativo, en materia de contratos del Estado, en la Sección Cuarta del Capítulo I del Título IV sobre el "Poder Público", regula a los "contratos de interés público," noción que en los artículos 150 y 151 se adoptó para identificar a los contratos suscritos por las entidades públicas, es decir, las personas jurídicas estatales, o las que integran el sector público y que en general se engloban en la noción de "Estado."[192]

Esa noción de contratos de interés público, como hemos dicho, puede considerarse como equivalente a las nociones de contratos públicos, contratos del Estado, o contratos de la Administración, como fue la intención de la propuesta que formulamos respecto de la norma del articulo 150 en la Asamblea Nacional Constituyente durante la elaboración de la Constitución de 1999,[193] a lo que nos referiremos más adelante.

Hemos agregado, además, que;

Contrataciones Públicas. Ámbito de aplicación," en Allan R. Brewer-Carías et al, *Ley de Contrataciones Públicas*, Editorial Jurídica Venezolana, 2ª. Edición, Caracas 2009, pp. 13 ss.

191 Véase en particular Allan R. Brewer-Carías, "Los contratos de interés nacional y su aprobación legislativa», en *Estudios de Derecho Público (Labor en el Senado)*, Tomo I, Ediciones del Congreso, Caracas 1983, pp. 183-193; y "La aprobación legislativa de los contratos de interés nacional y el contrato Pdvsa-Veba Oil», en *Estudios de Derecho Público (Labor en el Senado)*, Tomo II, Ediciones del Congreso, Caracas 1983, pp. 65-82; *"Los contratos de interés público nacional y su aprobación legislativa," en Revista de Derecho Público,* Nº 11, Caracas, 1982, pp. 40-54..

192 Véase Allan R. Brewer-Carías, "Sobre los contratos del Estado en Venezuela," en *Revista Mexicana Statum Rei Romanae de Derecho Administrativo,* Nº 6, Homenaje al Dr. José Luis Meilán Gil, Facultad de Derecho y Criminología de la Universidad Autónoma de Nuevo León, Monterrey, Enero-Junio 2011, pp. 207-252.

193 Véase Allan R. Brewer-Carías, *Debate Constituyente (Aportes a la Asamblea Nacional Constituyente)*, Tomo II, Caracas 1999, pp. 173 *ss.*

"En virtud de que Venezuela está organizada como un Estado federal (Art. 4, C.) con tres niveles de gobierno (nacional, estadal, municipal) (Art. 136 C.), la intención de la regulación de los "contratos de interés público" en el artículo 150 de la Constitución, que se clasifican en "contratos de interés público nacional", "contratos de interés público estadal" y "contratos de interés público municipal"; fue referirse a los contratos suscritos, respectivamente, por entidades públicas nacionales, entidades públicas estadales y entidades públicas municipales.[194] En consecuencia, la intención de la regulación constitucional fue considerar como contratos de interés público nacional, a aquellos concernientes al nivel nacional de gobierno (diferente a los niveles estadales y municipales de gobierno), porque son suscritos por entidades públicas nacionales, es decir, por la República o institutos autónomos nacionales o empresas del Estado nacionales."[195]

Durante la vigencia de la Constitución de 1961, y en virtud de la redacción que entonces tenía la norma del artículo 126, sin embargo, surgieron discusiones doctrinales sobre la noción de contra-

---

194 Véase *en* general, Jesús Caballero Ortiz, "Los contratos administrativos, los contratos de interés público y los contratos de interés nacional en la Constitución de 1999", *en Estudios de Derecho Administrativo: Libro Homenaje a la Universidad Central de Venezuela,* Volumen I, Imprenta Nacional, Caracas, 2001, pp. 139-154; Jesús Caballero Ortíz, *"Deben subsistir los contratos administrativos en una futura legislación?,"* en *El Derecho Público a comienzos del siglo XXI: Estudios homenaje al Profesor Allan R. Brewer-Carías,* Tomo II, Instituto de Derecho Público, UCV, Civitas Ediciones, Madrid, 2003, pp. 1765-1777; Allan R. Brewer-Carías, "Los contratos de interés público nacional y su aprobación legislativa" en *Revista de Derecho Público,* N° 11, Caracas, 1982, pp. 40-54; Allan R. Brewer-Carías, *Contratos Administrativos,* Caracas, 1992, pp. 28-36.

195 Sobre ello, por lo demás, vigente la Constitución de 1961, de nuevo en 1992 reiteramos en que "no hay complicación alguna en señalar que contrato de interés público, en la Constitución, es todo contrato suscrito por los entes públicos territoriales, cualquiera que sea su naturaleza y contenido, es decir, por la República, los Estados y los Municipios, y aún más, también, por los entes descentralizados de derecho público de esos tres niveles. Por tanto, un contrato suscrito por un instituto autónomo nacional, estadal o municipal, también puede considerarse como contrato de interés público." Véase Allan R. Brewer-Carías, *Contratos Administrativos,* Editorial Jurídica Venezolana, Caracas 1992.

tos de interés nacional, al considerar algunos autores que a la noción formal antes mencionada debía agregarse una noción material sobre la "importancia" nacional del objeto de los contratos para poder ser calificados como tales contratos de "interés nacional." Sobre esta discusión, la Sala Constitucional del Tribunal Supremo de Justicia hizo mención en su sentencia No 2.241 del 24 de septiembre de 2002 (caso: *Andrés Velásquez, Elías Mata y Enrique Márquez, nulidad del artículo 80 de la Ley Orgánica de Administración Financiera del Sector Público*), [196] en la cual, al analizar la noción de contratos de interés nacional, recordó que:

"...la noción de contrato de interés público, expresión que aparece por primera vez en la Constitución de 1893 y se mantiene en los Textos Constitucionales de 1901, 1904, 1909, 1914, 1922, 1925, 1925, 1928, 1929, 1931, 1936, 1945, 1947, 1951, 1961, hasta la vigente de 1999, la doctrina nacional ha propuesto distintas interpretaciones, como la desarrollada por el autor Eloy Lares Martínez, quien al referirse a la expresión examinada, para entonces contenida en el artículo 126 de la Constitución de 1961 señaló: 'existe una expresión genérica –la de contratos de interés público- que consideramos administrativo y expresiones específicas que son: contratos de interés nacional, contratos de interés estadal y contratos de interés municipal, ya que el interés público puede ser nacional, estadal o municipal' ('Contratos de Interés Nacional', en *Libro Homenaje al Profesor Antonio Moles Caubet*, Tomo I, Caracas, UCV, 1981, p. 117).

En tal sentido, para el autor citado es necesario, pero no suficiente, que una de las partes en la contratación fuera la República, debiendo además exigirse que el contrato celebrado tuviera por finalidad el atender, de modo inmediato y directo, requerimientos de interés general (Cfr. *Manual de Derecho Administrativo*, Caracas, UCV, 1996, p. 321).

Un sector de la doctrina, en armonía con la actual regulación constitucional de los contratos de interés público, ha sostenido, atendiendo a la división en tres niveles político-territoriales del Poder Público, que los contratos de interés público constituyen

---

196   Véase el texto de la sentencia de la Sala Constitucional en http://historico.tsj.gob.ve/decisiones/scon/septiembre/2241-240902-00-2874%20.HTM.

el género mientras que los contratos de interés público nacional, estadal y municipal constituyen especies de aquél (Cfr. Allan R. Brewer Carías, *Estudios de Derecho Público*, Tomo I, Caracas, 1983, pp. 186 y 187), mientras que otro sector, apartándose de las interpretaciones precedentes, y haciendo énfasis en aspectos cuantitativos, ha expresado que cuando en los textos constitucionales se adopta la fórmula contrato de interés público, ha sido para referirse a aquellas 'grandes contrataciones' susceptibles de comprometer gravemente el patrimonio económico de la República, de exponerla a pérdidas graves o inclusive a reclamaciones internacionales que pudieran llegar a atentar contra la soberanía o la integridad del país (Cfr. José Melich Orsini, "La Noción de Contrato de Interés Público," en *Revista de Derecho Público* n° 7, Caracas, 1981, p. 61).

Profundizando en el criterio cuantitativo acogido por la última de las interpretaciones referidas, se ha advertido en distintos análisis respecto del sentido que ha de atribuírsele que la noción de contrato de interés público, que la gran preocupación del constituyente, al aprobar los textos de las Constituciones antes indicadas, ha girado en torno a cuestiones como los compromisos económicos o financieros que pueden resultar a cargo del Estado, el temor a que se malgasten o dilapiden los fondos públicos, la necesidad de conservar los bienes patrimoniales o los recursos naturales del Estado, o que los mismos no sirvan para beneficiar a unos pocos en detrimento de todos, los requerimientos, inherentes a todo sistema democrático de gobierno, de control sobre los poderes de la Administración, para evitar abusos, favoritismos, etc. (Cfr. Gonzalo Pérez Luciani, "Contratos de Interés Nacional, Contratos de Interés Público y Contratos de Empréstito Público," en *Libro Homenaje al Doctor Eloy Lares Martínez*, Tomo I, Caracas, 1984, p. 103).

La discusión doctrinal existente durante la vigencia de la Constitución de 1961, entre las expresiones contrato de interés público y contrato de interés nacional, ha sido, como se indicara previamente, resuelta por la Constitución de la República Bolivariana de Venezuela, ya que en su artículo 150 estableció claramente la relación de género-especies que existe entre la noción de contrato de interés público y las nociones de contrato de interés público nacional, estadal y municipal, en las cuales lo determinante sería la participación de la República, los Estados o los Municipios."[197]

Sin embargo, esa relación género especie a la que nos hemos referido, que desglosa a los contratos de interés público en contratos de interés público nacional, contratos de interés público estadal y contratos de interés público municipal, si bien apunta a contratos celebrados en los tres niveles territoriales del Poder Público, no implica como hemos dicho que solo se refieran a los celebrados respectivamente por "la República, los Estados o los Municipios," sino que en realidad se refieren a los celebrados en los tres niveles territoriales por los sujetos de derecho estatales que en cada uno existen, y que además de República, los Estados o los Municipios, son los institutos autónomos y las empresas del Estado que existan en cada uno de esos niveles, y que forman la Administración descentralizada en los mismos.

Ello es así, además, porque, en definitiva, en el derecho administrativo contemporáneo, lo más normal y común es que quienes por parte del Estad celebran contratos públicos son los entes descentralizados, siendo más bien la excepción que sean directamente República, los Estados o los Municipios.

2. El sentido de las previsiones constitucionales relativas a los "contratos de interés público nacional" y a la aprobación y autorización parlamentaria

El anterior, además, estimamos que es el sentido de las previsiones de la Constitución. Así resulta del primer de la Constitución que trata sobre el tema de los contratos de interés público, que es el artículo 150, en el cual se establecieron dos casos de control parlamentario en relación con la celebración de contratos de interés público, disponiéndose la necesaria "aprobación de la Asamblea Nacional:" en primer lugar, en cuanto a la celebración de los contratos de interés público nacional, "en los casos que determine la ley"; y en segundo lugar, en cuanto a los "contratos de interés público municipal, estadal o nacional con Estados o entidades oficiales extranjeras o con sociedades no domiciliadas en Venezuela."

---

197 Véase el texto de la sentencia de la Sala Constitucional en http://historico.tsj.gob.ve/decisiones/scon/septiembre/2241-240902-00-2874%20.HTM.

De esta previsión constitucional se derivan, en nuestro criterio, que conforme al sistema constitucional de distribución vertical o territorial del Poder Público entre "el Poder Municipal, el Poder Estadal y el Poder Nacional" (art. 136) existen como hemos dicho, tres categorías de "contratos de interés público:" los "contratos de interés público municipal," los "contratos de interés público estadal," y los "contratos de interés público nacional." Algunas normas constitucionales solo se aplican a los contratos de interés público nacional,[198] y otras se aplican en cambio a los contratos de interés público, es decir, a los contratos de interés público nacional, estadal y municipal.[199]

Lo anterior implica, *primero,* que, respecto de esos contratos de interés público, la Constitución siguiendo una larga tradición que se remonta a fines del siglo XIX, estableció un régimen de control parlamentario respecto de la celebración de dichos contratos, y que en relación con los "contratos de interés público nacional," conforme al artículo 150 de la Constitución, solo deben someterse a la aprobación de la Asamblea Nacional "*en los casos que determine la ley.*"

Ello implica que, de acuerdo con la Constitución de 1999, tiene que haber una ley que expresamente indique que determinados contratos deben ser sometido a aprobación legislativa para que ello sea exigido, habiéndose puesto así, fin, en la Constitución de 1999, a las discusiones que en el pasado existieron en el país sobre cuándo la

---

198 Por ejemplo, el artículo 247 de la Constitución mencionado, que dispone que "La Procuraduría General de la República asesora, defiende y representa judicial y extrajudicialmente los intereses patrimoniales de la República, y será consultada para la aprobación de los contratos de interés público nacional." Esta previsión es aplicable solo en el caso de contratos de interés público nacional."

199 La otra norma que emplea la expresión de contratos de interés público es el artículo 151 de la Constitución, en el cual como se indicó, dispone que: "En los contratos de interés público, si no fuere improcedente de acuerdo con la naturaleza de los mismos, se considerará incorporada, aun cuando no estuviere expresa, una cláusula según la cual las dudas y controversias que puedan suscitarse sobre dichos contratos y que no llegaren a ser resueltas amigablemente por las partes contratantes, serán decididas por los tribunales competentes de la República, de conformidad con sus leyes, sin que por ningún motivo ni causa puedan dar origen a reclamaciones extranjeras." La previsión es aplicable a todos los contratos de interés público, sea que sean "contratos de interés público municipal, estadal o nacional."

intervención parlamentaria era necesaria. En consecuencia, de acuerdo con el primer supuesto de la norma constitucional, los contratos de interés público estadal o municipal en ningún caso requieren aprobación por la Asamblea Nacional, y en cuanto a los contratos de interés público nacional solo lo requieren, cuando lo determine expresamente una ley.

En tal sentido, por ejemplo, el artículo 33 de la Ley Orgánica de Hidrocarburos establece respecto de los contratos de interés público de asociación para "la constitución de empresas mixtas y las condiciones que regirán la realización de las actividades primarias," que se han suscrito siempre por empresas filiales de Petróleos de Venezuela S.A. (y no por la Republica), los mismos están sujetos a la *aprobación previa de la Asamblea Nacional*, "a cuyo efecto el Ejecutivo Nacional, por órgano del Ministerio de Energía y Minas, deberá informarla de todas las circunstancias pertinentes a dichas constitución y condiciones, incluidas las ventajas especiales previstas a favor de la República."[200]

Y *segundo* que aparte de los casos de aprobación de los contratos de interés público nacional por parte de la Asamblea Nacional en los *casos determinados en la ley*, la Constitución también exige que en todo caso de "contratos de interés público municipal, estadal o nacional" que vayan a celebrarse con "Estados o entidades oficiales extranjeras o con sociedades no domiciliadas en Venezuela," o cuando vayan a traspasarse a ellos, los mismos deben someterse a la autorización de la Asamblea Nacional, sin necesidad, en este caso, de que deba haber alguna ley que lo exija.

---

200   Esta norma fue inconstitucionalmente cambiada por la Sala Constitucional del Tribunal Supremo, asumiendo, la propia Sala, la competencia para otorgar dicha autorización previa, en la polémica sentencia No. 156 de 29 de marzo de 2017, al decidir un recurso de interpretación que habían intentado el día anterior, el 28 de marzo de 2017, los apoderados de la Corporación Venezolana del Petróleo, SA (CVP), empresa filial de Petróleos de Venezuela, S.A. PDVSA, referido específicamente al artículo 33 de la Ley Orgánica de Hidrocarburos. Véase sobre dicha sentencia Allan R. Brewer-Carías, "El reparto de despojos: la usurpación definitiva de las funciones de la Asamblea Nacional por la Sala Constitucional del Tribunal Supremo de Justicia al asumir el poder absoluto del estado (sentencia no. 156 de la Sala Constitucional), New York, 30 de marzo de 2017, en http://allanbrewercarias.com/wp-content/uploads/2017/04/149.-doc.-Brewer.-Usurpaci%C3%B3n-definitriva-funciones-AN-por-al-Sala-Const.-Sent-156-SC-29.3.pdf.

De lo anterior resulta entonces, específicamente en cuanto a la intervención del órgano legislativo en materia de celebración de "contratos de interés público," que la Constitución distingue tres supuestos:

Primero, la aprobación por la Asamblea Nacional solo es necesaria respecto de "contratos de interés público *nacional*," en los casos en los cuales así expresamente lo determine una ley, e independientemente del criterio que se utilice para la definición;

Segundo, la autorización por la Asamblea Nacional, en todo caso, de "contratos de interés público municipal, estadal o nacional" cuando la contraparte en los mismos sean "Estados o entidades oficiales extranjeras o con sociedades no domiciliadas en Venezuela," y

Tercero, igualmente la autorización de la Asamblea Nacional es necesaria en todo caso de "contratos de interés público municipal, estadal o nacional" ya suscritos, cuando vayan a traspasarse a "Estados o entidades oficiales extranjeras o con sociedades no domiciliadas en Venezuela."

Ahora bien, en relación con estos tres supuestos de intervención legislativa en materia de control parlamentario respecto de contratos de interés público, como se ha indicado, además de los casos de "aprobación" parlamentaria a que se refiere el artículo 150 de la Constitución, se debe destacar que el artículo 187.9 de la misma Constitución, también se refiere al tema, pero utilizando la expresión "autorizar" en lugar de "aprobar," al disponer entre las competencias de la Asamblea Nacional, las siguientes dos atribuciones:

Primero, "autorizar al Ejecutivo Nacional para celebrar contratos de interés nacional, en los casos establecidos en la ley; y

Segundo, "autorizar los contratos de interés público municipal, estadal o nacional con Estados o entidades oficiales extranjeros o con sociedades no domiciliadas en Venezuela."

Del uso indiscriminado de las expresiones "aprobar" (artículo 150) y "autorizar" (artículo 187.9) y teniendo en cuenta que conforme a principios generales de derecho, la acción de aprobar es un mecanismo de control *a posteriori* y, en cambio, la acción de autorizar es un mecanismo de control *a priori*, la Sala Constitucional del Tribunal Supremo de Justicia en la misma sentencia N° 2241 de 24 de septiembre de 2002 Caso: *Andrés Velásquez y otros, nulidad parcial artículo 80 de la Ley Orgánica de Administración Financie-*

ra del sector Público) se refirió al tema en cuanto a lo previsto en los dos mencionados artículos 150 y 187.9 de la Constitución, sentando como criterio que en los casos de control parlamentario respecto de los contratos de interés público nacional *cuando así lo determine la ley*, la "aprobación" a la cual se refiere la Constitución debe otorgarla la Asamblea Nacional con posterioridad a la suscripción del contrato; en cambio, en los casos de control parlamentario respecto de los contratos de interés público nacional que vayan a suscribirse con *Estados o empresas extranjeras no domiciliadas en el país*, la "autorización" a la cual se refiere la Constitución debe otorgarla la Asamblea Nacional con anterioridad a la suscripción del contrato. La Sala en efecto argumentó como sigue:

> "En el encabezado y en el primer aparte del artículo 150 de la Constitución de la República Bolivariana de Venezuela se consagraron dos supuestos de hecho distintos, que dan lugar a dos mecanismos de control por parte de la Asamblea Nacional sobre los contratos de interés público nacional celebrados por el Ejecutivo Nacional, correspondiendo el primero de ellos al ejercido por el órgano legislativo nacional con posterioridad a la celebración del contrato -como condición de eficacia de la contratación- sólo en aquellos casos en que expresamente lo determine la ley; y el segundo, al ejercido por el órgano legislativo nacional con anterioridad a la celebración del contrato -*como condición de validez de la contratación*- en todos aquellos casos en que la República (así como los Estados y Municipios) a través del Ejecutivo Nacional, suscriba contratos con Estados, entidades oficiales extranjeras y sociedades no domiciliadas en Venezuela." [201]

Es decir, concluyó la Sala que en el segundo caso:

> "en virtud de la expresión "no podrá celebrarse contrato alguno de interés público municipal, estadal o nacional..." contenida en la primera de las referidas disposiciones constitucionales (artículo 150), debe concluirse que este segundo mecanismo de control consiste en una autorización que debe ser otorgada en forma previa a la celebración del contrato de interés público na-

---

201 Véase el texto de la sentencia de la Sala Constitucional en http://historico.tsj.gob.ve/decisiones/scon/septiembre/2241-240902-00-2874%20.HTM.

cional, estadal o municipal por el órgano legislativo nacional, al efecto de que la contratación a celebrar pueda reconocerse como válida, de acuerdo con la Constitución."[202]

3. El comienzo del intento de restringir la noción de "contratos de interés nacional" y el tema de la aprobación / autorización parlamentaria

La Sala Constitucional del Tribunal Supremo de Justicia en la antes referida sentencia No 2241 de 24 de septiembre de 2002 Caso: *Andrés Velásquez y otros, nulidad parcial artículo 80 de la Ley Orgánica de Administración Financiera del sector Público*), sin embargo, aparte al precisar cuándo se requiere de una "autorización" y cuándo de una "aprobación" en materia de control parlamentario sobre los contratos de interés nacional, lamentablemente y sin que ello fuera necesario para decidir la acción propuesta, y sin que fuera por tanto parte del *thema decidendum*, que era -como se verá más adelante - la nulidad del último párrafo del artículo 80 de la Ley Orgánica de Administración Financiera del Sector Público, realizó una serie de consideraciones teóricas y doctrinales sobre los contratos de interés público- se insiste sin relación alguna con la resolutiva de la sentencia -, que dio origen a lo que se puede considerar como un inconveniente proceso de restricción sobre la noción de contratos de interés nacional, para cercenar competencias de la Asamblea Nacional. Para ello, la Sala en la sentencia, comenzó expresando su criterio de que con las previsiones de la Constitución de 1999 se:

---

202   *Idem.* La Sala, en este punto citó lo expuesto por Jesús Caballero Ortíz: "si el contrato no puede celebrarse, evidentemente, se trata de una autorización, de una *condicio iuris* para su validez, y el texto mismo de la norma confirma que se trata de un acto previo, pues –insistimos- el contrato ‹no podrá celebrarse›. Entonces, la disposición contenida en el artículo 187, numeral 9 es la que debe prevalecer y aparece correctamente redactada: corresponde a la Asamblea Nacional autorizar al Ejecutivo Nacional para celebrar contratos de interés nacional y autorizar los contratos de interés municipal, estadal y nacional con Estado o entidades nacional extranjeras o con sociedades no domiciliadas en Venezuela." Véase, Jesús Caballero Ortíz, "Los contratos administrativos, los contratos de interés público y los contratos de interés nacional en la Constitución de 1999," en *Libro Homenaje a la Universidad Central de Venezuela, Caracas*, TSJ, 2001, p. 147.

"eliminó la distinción que la Constitución de la República de Venezuela de 1961 establecía entre contratos de interés público y contratos de interés nacional, por cuanto de la letra misma de los artículos 150 y 187, numeral 9, antes citados, se evidencia la adopción por el constituyente de la categoría genérica "contratos de interés público," de la cual serían especies las de contratos de interés público "nacional, "estadal" y "municipal", siendo así irrelevante en el presente caso entrar a examinar las distinciones o similitudes que en el pasado pudieran haberse formulado entre nociones jurídicas que, en la actualidad, se encuentran debidamente formuladas por el Texto Constitucional;"

agregando, sin embargo, que:

"La discusión doctrinal existente durante la vigencia de la Constitución de 1961,[203] entre las expresiones contrato de interés público y contrato de interés nacional, ha sido, como se indicara previamente, resuelta por la Constitución de la República Bolivariana de Venezuela, ya que en su artículo 150 estableció claramente la relación de género-especies que existe entre la noción de contrato de interés público y las nociones de contrato de interés público nacional, estadal y municipal, en las cuales lo

---

203 Véase por ejemplo, lo expuesto antes de la entrada en vigencia de la Constitución de 1999, entre otros, por: Allan R. Brewer-Carías, "La formación de la voluntad de la Administración Pública Nacional en los contratos administrativos," en *Revista de la Facultad de Derecho*, N° 28, Universidad Central de Venezuela, Caracas 1964, pp. 61-11; "Eloy Lares Martínez, *Manual de Derecho Administrativo*, Universidad Central de Venezuela, Caracas 1983, p. 306; Eloy Lares Martínez, "Contratos de Interés Nacional", en *Libro Homenaje al Profesor Antonio Moles Caubet*, Tomo I, Caracas, UCV, 1981, p. 117; *José Melich Orsini, "La Noción de Contrato de Interés Público,"* en *Revista de Derecho Público* N° 7, Caracas, 1981, p. 61; Allan R. Brewer-Carías, "Los contratos de interés público nacional y su aprobación legislativa" en *Revista de Derecho Público*, N° 11, Caracas, 1982, pp. 40-54; *Allan R. Brewer Carías, Estudios de Derecho Público Tomo I, Caracas, 1983, pp. 186 y 187; Gonzalo Pérez Luciani,* "Contratos de Interés Nacional, Contratos de Interés Público y Contratos de Empréstito Público," en *Libro Homenaje al Doctor Eloy Lares Martínez, Tomo I, Caracas, 1984*, p. 103; Allan R. Brewer-Carías, *Contratos Administrativos,* Caracas, 1992, pp. 28-36; Allan R. Brewer-Carías, *Debate Constituyente, Aportes a la Asamblea Nacional Constituyente*, Tomo II, Caracas, 1999, p. 173.

determinante sería la participación de la República, los Estados o los Municipios."[204]

En realidad, como hemos indicado, lo determinante en la Constitución para identificar los contratos de interés público no es la participación de la República, de los Estados o de los Municipios, sino que lo determinante es la participación de las personas estatales de derecho público o de derecho privado de los tres niveles territoriales, y que, además de la República, los Estados o los Municipios son, por ejemplo, los institutos autónomos o las empresas del Estado de los tres niveles territoriales.

Sin embargo, la Sala Constitucional, haciendo referencia de nuevo a las discusiones doctrinales que había habido en el pasado sobre la distinción entre contratos de interés público y contratos de interés público nacional conforme a las previsiones de la Constitución de 1961, en la misma sentencia procedió a elaborar una marco definitorio de los "contratos de interés público" y de los "contratos de interés público nacional," de carácter restrictivo, indicando que "son subsumibles" en el género de los contrato de interés público "todos aquellos contratos celebrados por la República, los Estados o los Municipios en los cuales esté involucrado el interés público nacional, estadal o municipal," y que:

"estarán incluidos dentro de la especie de contratos de interés público nacional, todos aquellos contratos celebrados por la República, a través de los órganos competentes para ello del Ejecutivo Nacional cuyo objeto sea determinante o esencial para la realización de los fines y cometidos del Estado venezolano en procura de dar satisfacción a los intereses individuales y coincidentes de la comunidad nacional y no tan solo de un sector particular de la misma, como ocurre en los casos de contratos de interés público estadal o municipal, en donde el objeto de tales actos jurídicos sería determinante o esencial para los habitantes de la entidad estadal o municipal contratante, que impliquen la asunción de obligaciones cuyo pago total o parcial se estipule realizar en el transcurso de varios ejercicios fiscales posteriores a aquél en que se haya causado el objeto del contrato, en vista de las implicaciones que la adopción de tales com-

---

204   Véase el texto de la sentencia de la Sala Constitucional en http://historico.tsj.gob.ve/decisiones/scon/septiembre/2241-240902-00-2874%20.HTM.

promisos puede implicar para la vida económica y social de la Nación."

Toda esta precisión terminológica que se hizo en la sentencia, y la referencia que se hizo al analizar la noción de los contratos de interés público, mencionando a los solos celebrados por la República, los Estados y los Municipios, sin incluir ni enumerar en la calificación a los contratos de interés público celebrados por los institutos autónomos y las empresas del Estado; en realidad no tenía ninguna justificación o necesidad de ser expresada para resolver lo que se había demandado, que era solo la nulidad del último párrafo del artículo 80 de la Ley Orgánica de Administración Financiera del Sector Público porque, como se comenta de seguidas, permitía que se pudieran celebrar contratos de interés público con Estados o entidades oficiales extranjeras o con sociedades no domiciliadas en Venezuela, sin la autorización previa de la Asamblea Nacional.

Lo único que ésta argumentación de la Sala Constitucional originó, en realidad, fue confusión, pues con la inconveniente mención restrictiva que dio la Sala sobre los contratos de interés púbico nacional, podría pensarse que habrían quedado reducidos a los celebrados solo por la "República," excluyéndose de dicha categoría de contratos de interés público nacional, a los que puedan celebrar las entidades descentralizadas, como los institutos autónomos y empresas del Estado, los cuales, por lo demás, en la mayoría de los casos son los más importantes, siendo casi excepcional que los grandes contratos del Estado se firmen directamente por el Ejecutivo Nacional, teniendo como contraparte a la República. Piénsese solo en el campo de la industria nacionalizada más importante del país, que es la actividad más importante del Estado, que es la industria petrolera, en la cual todos los contratos se celebran de parte del Estado, por Petróleos de Venezuela S.A. y sus empresas filiales, en tal carácter de empresas del Estado nacionales. Sin embargo, si se adoptase un criterio restrictivo como el expresado por la Sala Constitucional, esos contratos no serían contratos de interés público nacional lo que no tiene mayor sentido en derecho administrativo.

En todo caso, sobre la innecesaria y restrictiva referencia seguida por la Sala Constitucional, en su momento advertimos como señal de alarma que la misma podía conducir a excluir "de la denominación a los contratos públicos suscritos por los institutos autónomos o empresas del Estado; doctrina que no compartimos," indicando que:

"Al contrario, en nuestro criterio, los contratos suscritos por ejemplo por institutos autónomos o empresas del Estado nacionales, tienen que ser considerados como "contratos de interés público nacional" conforme al artículo 150 constitucional. Lo contrario no tiene sentido, y conduciría a considerar de acuerdo con la doctrina del Tribunal Supremo que, por ejemplo, un contrato suscrito por Petróleos de Venezuela (PDVSA) no podría considerarse como un contrato de interés público nacional, lo que, insistimos, no tiene sentido alguno. A pesar de esa errada doctrina, sin embargo, y sin duda, ese contrato es un contrato de interés público, es decir, es un contrato de interés público nacional suscrito por una entidad pública estatal, en particular, una empresa del Estado o persona jurídica de derecho privado estatal." [205]

En todo caso, y a los efectos de dejar clarificado lo resuelto en la sentencia N° 2241 de 24 de septiembre de 2002, hay que insistir en que lo que se discutió fue la nulidad de la última parte del artículo 80 de la Ley Orgánica de la Administración Financiera del Sector Público vigente para ese momento, pero no en relación con alguna supuesta aprobación parlamentaria de cada contrato de crédito público como contrato de interés público nacional, como había ocurrido en el pasado, lo que no se estableció en dicha la Ley Orgánica; sino en relación con el mecanismo de intervención parlamentaria previsto en dicha Ley Orgánica consistente en dos fases: primero, la sanción de una ley anual de endeudamiento conjuntamente con la sanción de la ley de presupuesto, y segundo, un sistema de información periódica -y no de autorización previa- por parte del Ejecutivo

---

205 Véase en Allan R. Brewer-Carías, "Nuevas consideraciones sobre el régimen jurídico de los contratos del Estado en Venezuela", en *VIII Jornadas Internacionales de Derecho Administrativo Allan Randolph Brewer-Carías. Contratos Administrativos. Contratos del Estado,* Fundación de Estudios de Derecho Administrativo FUNEDA, Caracas, 2006, pp. 449-479; "Sobre los contratos del Estado en Venezuela," en *Revista Mexicana Statum Rei Romanae de Derecho Administrativo,* N° 6, Homenaje al Dr. José Luis Meilán Gil, Facultad de Derecho y Criminología de la Universidad Autónoma de Nuevo León, Monterrey, Enero-Junio 2011, pp. 207-252; y en *Revista de Derecho Administrativo (RDA),* Círculo de Derecho Administrativo (CDA), Año 1, N° 2, Lima Diciembre 2006, pp. 46-69; y "Los contratos del Estado y la Ley de Contrataciones Públicas. Ámbito de aplicación," en Allan R. Brewer-Carías et al, *Ley de Contrataciones Públicas,* Editorial Jurídica Venezolana, 2ª. Edición, Caracas 2009, pp. 13 ss.

Nacional a la Asamblea Nacional de las operaciones de crédito público. En dicha norma, en efecto, se estableció, en su último aparte, que:

> *Artículo 80*. […] Una vez sancionada la ley de endeudamiento anual, el Ejecutivo Nacional procederá a celebrar las operaciones de crédito público en las mejores condiciones financieras que puedan obtenerse e informará periódicamente a la Asamblea Nacional"

Este último párrafo del artículo fue el que fue demandado en nulidad por inconstitucionalidad ante el Tribunal Supremo de Justicia, por los Sres. Andrés Velásquez, Elías Mata y Enrique Márquez, por considerar que la norma violaba los artículos 150 y 187.9 de la Constitución, al estimar que la misma facultaba "al Ejecutivo Nacional a realizar, sin necesidad de autorización previa por parte de la Asamblea Nacional, operaciones de crédito público en las mejores condiciones financieras que puedan obtenerse, una vez sancionada la ley de endeudamiento anual," aun cuando se tratara de contratos de crédito público celebrados con "Estados o entidades oficiales extranjeras o con sociedades no domiciliadas en Venezuela."

En la sentencia, la Sala Constitucional consideró que:

> "la Ley Orgánica de la Administración Financiera del Sector Público únicamente puede autorizar al Ejecutivo Nacional a celebrar operaciones de crédito público mediante la sola aprobación de la Ley de Endeudamiento para el Ejercicio Fiscal respectivo, sin necesidad del control consagrado en los artículos 150 y 187, numeral 9, de la Constitución de la República Bolivariana de Venezuela, cuando tales operaciones consistan en, por ejemplo, la emisión o colocación de títulos o la celebración de contratos de interés público nacional con sociedades domiciliadas en Venezuela, pero no cuando tales operaciones impliquen la celebración de contratos de interés público nacional con Estados o entidades oficiales extranjeras o sociedades no domiciliadas en Venezuela, pues en tales casos es ineludible la aplicación del sistema del control previo o autorización para la contratación por parte de la Asamblea Nacional."

De ello, concluyó entonces la Sala, en su sentencia, anulando la última parte del artículo 80 de la Ley Orgánica de la Administración Financiera del Sector Público, por considerar que mediante la misma había resultado "vulnerado el sentido, propósito y razón de las disposiciones constitucionales" contenidas en los artículos 150 y 187.9 de la Constitución, al no haberse fijado una excepción o referencia al control preceptivo (autorización) por parte de la Asamblea Nacional sobre la celebración por parte del Ejecutivo Nacional en el marco de operaciones de crédito público de contratos de interés público nacional con Estados o entidades oficiales extranjeras o sociedades no domiciliadas en Venezuela, sino en lugar de ello preverse "una autorización general mediante la aprobación de la Ley de Endeudamiento Anual y un régimen de información periódica a la Asamblea Nacional."

Es decir, la Sala consideró que el último aparte del artículo 80 de la Ley Orgánica de la Administración Financiera del Sector Público, contrariaba:

> "en forma directa y manifiesta lo establecido en los artículos 150, primer aparte, y 187, numeral 9, segunda parte, de la Constitución, al no consagrar la obligación constitucional del Ejecutivo Nacional de requerir la autorización de la Asamblea Nacional para la celebración de contratos de interés público nacional, en el marco de operaciones de crédito público, cuando dichos contratos sean celebrados con Estados, entidades oficiales extranjeras o sociedades no domiciliadas en Venezuela."

Y en consecuencia, como la norma citada preveía que el Ejecutivo Nacional, "una vez sancionada la Ley de Endeudamiento Anual, podía efectuar operaciones de crédito público que no implicaran la celebración de contratos de interés público nacional con Estados, entidades oficiales extranjeras o sociedades no domiciliadas en Venezuela, las cuales son fundamentales para el normal funcionamiento de los órganos y entes que conforman el Estado," la Sala anuló el párrafo impugnado del artículo 80 de la mencionada Ley, resolviendo que dicha norma a partir de la sentencia "quedó redactada" como sigue:

> *Artículo 80.* […]. Una vez sancionada la ley de endeudamiento anual, el Ejecutivo Nacional podrá celebrar operaciones de crédito público en las mejores condiciones financieras que puedan obtenerse e informará periódicamente a la Asamblea Nacional, salvo aquellas que impliquen la celebración de contratos de interés público nacional, estadal o municipal con Estados o entidades oficiales extranjeras o con sociedades no domiciliadas en Venezuela, en cuyo caso se requerirá la autorización previa de la Asamblea Nacional."

Para llegar a esta conclusión, es claro y evidente que no era necesario para la Sala entrar en una disquisición, como la antes comentada, sobre la noción de contratos de interés nacional, refiriéndose a los mismos solo mencionando a la República, lo que sólo podría justificarse porque el artículo 80 de la Ley que se anulaba solo se refería a los contratos suscritos por el Ejecutivo Nacional, no refiriéndose, por ello, a los contratos de interés nacional que celebren los entes descentralizados nacionales.

Sin embargo, a pesar de que la Sala en su argumentación no excluyó expresamente de la categoría de contratos de interés nacional a los celebrados por los institutos autónomos y empresas del Estado, la sentencia con la enumeración restrictiva que mencionó, lo único que logró fue sembrar confusión, permitiendo que una década después se buscara reforzar alguna definición restrictiva de los contratos de interés público nacional, con el propósito específico de reducir los poderes de control de la Asamblea Nacional sobre el gobierno y la Administración Pública, particularmente cuando a partir de 2016 ello se convirtió en política de Estado, al haber pasado la Asamblea Nacional a estar controlada por la oposición.

Como ello implicaba la posibilidad de que efectivamente el órgano legislativo comenzara a efectuar actividades de control político respecto de las acciones del gobierno y de la Administración Pública; lo que había dejado de realizar en la década precedente por el control mayoritario que desde 2005 el gobierno había ejercido respecto de la Asamblea, correspondió entonces al Tribunal Supremo, en combinación con el Poder Ejecutivo, anular a la Asamblea Nacional, truncándole todas sus funciones, lo que en su momento calificamos como la implantación de una "dictadura judicial."[206]

Afortunadamente, sin embargo, al formular sus innecesarias consideraciones, la Sala Constitucional en el caso de la sentencia N°

---

206   Véase en relación con todas las sentencias dictadas por la Sala Constitucional del Tribunal Supremo cercenándole las funciones a la Asamblea Nacional: Allan R. Brewer-Carías, *La consolidación de la Tiranía Judicial. El Juez Constitucional controlado por el Poder Ejecutivo, asumiendo el poder absoluto*, Colección Estudios Políticos, N° 15, Editorial Jurídica Venezolana International. Caracas / New York, 2017; y. *La Dictadura Judicial y la perversión del Estado de derecho. El Juez Constitucional y la destrucción de la democracia en Venezuela* (Prólogo de Santiago Muñoz Machado), Ediciones El Cronista, Fundación Alfonso Martín Escudero, Editorial IUSTEL, Madrid 2017.

2241 de 24 de septiembre de 2002 *no estableció ninguna "interpretación" que hubiera sido ni sea "vinculante" conforme al artículo 335 de la Constitución – norma que ni siquiera se menciona en la sentencia -, sobre la noción de contratos de interés público*, y que pudiera conducir a considerar que los suscritos por entes descentralizados del Estado no entrarían en dicha categoría y que los mismos habrían quedado reducidos solo a los celebrados por la República, los Estados y Municipios.

La sentencia N° 2241 de 24 de septiembre de 2002, en efecto, *no contiene interpretación vinculante alguna que se hubiese dictado conforme a la previsión del artículo 335 de la Constitución*, ni sobre la noción de contratos de interés nacional ni sobre ningún otro concepto. Sobre ello, debo puntualizar que nunca he aceptado y mucho menos afirmado o argumentado en ninguno de mis múltiples trabajos en los que he comentado la decisión N° 2241, que la misma contenga decisión vinculante alguna, y menos sobre la noción de contrato de interés público nacional. Por ello debo dejar aquí aclarado que a pesar de que en una "nota al pie de página" de un estudio mío publicado en 2005, antes mencionado, en el cual me referí críticamente a la sentencia,[207] luego de citarla y mencionar el carácter "restrictivo" de la aproximación o interpretación efectuada, el calificativo de "vinculante" apareció agregado en lo que no fue sino un lamentable e inadvertido error material, que apareció por supuesto sin argumentación alguna - pues no la podía haber -, ya que ello no solo no era ni es cierto, sino que no respondía a mi propio criterio sostenido desde 2000, sobre cuándo y cómo es que la Sala Constitucional establece interpretaciones "vinculantes" en los términos del artículo 335 de la Constitución,[208] lo que no existe en el caso de la sentencia No. 2241 de 24 de septiembre de 2002. [209]

207 Véase Allan R. Brewer-Carias, "Nuevas consideraciones sobre el régimen jurídico de los contratos del estado en Venezuela" en *VIII Jornadas Internacionales de Derecho Administrativo Allan R. Brewer-Carías*, TOMO II, Fundación Estudios de Derecho Administrativo, Caracas 2005, p. 451.

208 Véase Allan R. Brewer-Carias, *El sistema de justicia constitucional en la Constitución de 1999,* Editorial Jurídica Venezolana, Caracas 2000, pp. 84-87. Véase también lo argumentado en las páginas 126 y ss. de este libro.

209 Por ello, al criticar la sentencia en la primera edición de este libro (pp. 230-238), en ninguna parte indique que en la misma se hubiera establecido interpretación vinculante alguna. En el mismo sentido, antes, en otros tra-

Lamentablemente, el error material incluido en la referida nota al pie de página,[210] fue reproducido *verbatium* en otras publicaciones realizadas posteriormente, en las cuales se recogió literalmente el texto del estudio de 2005, sobre todo en el exterior[211] y, asimis-

---

bajos en los cuales desde 2013 me referí la sentencia del caso Andrés Velázquez, nunca argumenté ni elaboré sobre que la misma pudiera contener decisión vinculante alguna, pues no la tiene. Véase por ejemplo, la primera edición de Allan R. Brewer-Carías, *Administrative Law in Venezuela*, Editorial Jurídica Venezolana, 2013, p. 119; y en Allan R. Brewer-Carías, "La mutación de la noción de contratos de interés público nacional hecha por la Sala Constitucional, para cercenarle a la Asamblea Nacional sus poderes de control político en relación con la actividad contractual de la administración pública y sus consecuencias," in *Revista de Derecho Público*, No. 151-152, (julio-diciembre 2017), Editorial Jurídica Venezolana, Caracas 2017, pp. 376-377. Available at: http://allanbrewercarias.com/wp-content/uploads/2019/01/RDP-151-152-PARA-LA-WEB-9789803654412-txt.pdf.

210 No puedo sino lamentar la evidente falla en la revisión del manuscrito original del estudio, pero debo recordar que su redacción la hice durante el mes de octubre de 2005, coincidiendo con las azarosas semanas del comienzo de mi ahora largo exilio en Nueva York, estando como estaba destinado dicho estudio a ser presentado en las *VIII Jornadas Internacionales de Derecho Administrativo Allan R. Brewer-Carías* que se celebraron en Caracas, unas semanas después, a comienzos de noviembre de 2005, y a las cuales obvia y lamentablemente no pude asistir.

211 El texto del estudio de 2005 se reprodujo literalmente con posterioridad y con diversos propósitos académicos (junto con la mención errada en la nota), en diversas Revistas y Obras colectivas, entre otras, en la *Revista Mexicana Statum Rei Romanae de Derecho Administrativo,* No. 6, Homenaje al Dr. José Luis Meilán Gil, Facultad de Derecho y Criminología de la Universidad Autónoma de Nuevo León, Monterrey, Enero-Junio 2011, pp. 207-252; en el libro colectivo dirigido por Juan Carlos Cassagne (Director), *Tratado General de los Contratos Públicos*, Ed La Ley, Buenos Aires 2013, Tomo II, pp. 8-66; en mi *Tratado de Derecho Administrativo. Derecho Público en Iberoamérica. Tomo III. Los actos administrativos y los contratos administrativos*, Editorial Civitas Thomson Reuters, Madrid 2013; Fundación de Derecho Público, Editorial Jurídica Venezolana, Caracas 2013, pp. 833, 893, 878; en la primera edición de la obra *Contratos Administrativos, Contratos Públicos, Contratos del Estado*, Colección Estudios Jurídicos, No. 100, Editorial Jurídica Venezolana, Caracas 2013, pp. 316, 370, 388.

mo, en igual forma inadvertida, apareció reproducida en la primera edición de este libro.[212]

En este último caso (la primera edición de este libro), el carácter de error material que significó el inadvertido agregado del calificativo de "vinculante" en la mencionada nota al pie de página, resultaba más que evidente, pues en dicha primera edición no sólo critiqué la sentencia sino que me referí extensamente al tema de cuándo es que la Sala Constitucional establece interpretaciones vinculantes,[213] lo que no era el caso de la sentencia No. 2241 de 24 de septiembre de 2002, en la cual la Sala Constitucional, como he dicho, no estableció ninguna interpretación vinculante sobre el artículo 150 de la Constitución ni sobre la noción de contratos de interés público nacional.

Cualquier lector más o menos conocedor de mi obra hubiera podido haberse percatado de que se trataba de un inadvertido error

---

212 En las notas número 37 y 90 de la primera edición de este libro (Allan R. Brewer-Carías, *Sobre las nociones de contratos administrativos, contratos de interés público, servicio público, interés público y orden público, y su manipulación legislativa y* jurisprudencial, Caracas 2019 (pp. 86 y 119); libro en el cual incluso también elaboré sobre el tema de cuándo es que una sentencia de la Sala Constitucional puede considerarse que contiene una "interpretación vinculante" (pp. 147-157), (que es lo mismo que se expresa en las páginas 126 y ss., Quinta Parte, de esta segunda edición), lo cual evidentemente no se aplica a la sentencia No. 2241. Por ello, en ninguno de los análisis críticos que sobre esa sentencia comencé a escribir a partir de 2013 (Ver, por ejemplo, Allan R. Brewer-Carías, *Administrative Law in Venezuela*, Editorial Jurídica Venezolana, 2013, p. 119; y en Allan R. Brewer-Carías, "La mutación de la noción de contratos de interés público nacional hecha por la Sala Constitucional, para cercenarle a la Asamblea Nacional sus poderes de control político en relación con la actividad contractual de la administración pública y sus consecuencias," en *Revista de Derecho Público,* No. 151-152, (julio-diciembre 2017), Editorial Jurídica Venezolana, Caracas 2017, pp. 376-377), hice mención alguna a que dicha sentencia hubiera establecido interpretación alguna de carácter vinculante sobre la noción de contratos de interés público. Precisamente por ello, dicha expresión no la utilicé en forma alguna cuando, siguiendo el último de los trabajos indicados, hice un análisis crítico sobre la misma sentencia No 2441 en el propio texto de la primera edición de este libro (pp. 230-238) (en el mismo sentido de lo que se expresa en las pp. 191 ss. de este libro)

213 Véase primera edición Quinta Parte, pp. 148-158; que es lo que está escrito en las páginas 126 ss. de esta segunda edición.

material, sobre cuya existencia, sin embargo, yo mismo no me percaté sino hasta cuando en los primeros meses del año 2020, con ocasión de un proceso judicial en Nueva York en el cual argumenté en un *Informe Legal* que la mencionada sentencia No 2441 no contiene – como en efecto no contiene - ninguna interpretación vinculante respecto de la noción de contratos de interés público ni respecto del contenido o alcance del artículo 150 de la Constitución. En esa ocasión, el error material fue mencionado, aun cuando con el fin de argumentar, sin razón, que yo supuestamente me estaba contradiciendo.[214] No hubo contradicción alguna, pues nunca, antes, ni después he argumentado que esa sentencia tenía tal carácter, como no lo podía tener conforme a mi propio criterio sobre cuándo es que la Sala Constitucional establece con base en el artículo 335 de la Constitución esas interpretaciones vinculantes.

En todo caso, relación con esto mismo, Rafael Badell Madrid ha sido enfático en argumentar, al analizar la sentencia Nº 2241 de 24 de septiembre de 2002, que, al dictarla, la Sala Constitucional señaló expresamente que su examen se concretaba a determinar si "el Ejecutivo Nacional al realizar operaciones de crédito público puede celebrar contratos susceptibles de ser incluidos en la noción de contratos de interés público nacional...", por lo que:

"No estaba sometido a la consideración de la Sala Constitucional, en el referido recurso de nulidad por inconstitucionalidad, dilucidar el alcance del artículo 150 Constitucional, ni determinar si las personas jurídicas de la administración pública

---

214 Véase los escritos que presenté como *Testigo Legal Experto* ante la *United States District Court, Southern District of New York*, en el juicio *Petróleos de Venezuela S.A , PDVSA Petróleo S.A and PDV Holding, Inc., against Mufo Union Bank, N.A., and Glas Americas LLC;* cuyos textos son públicos y están disponibles en los documentos del juicio en: https://www.courtlistener.com/recap/gov.uscourts.nysd.525475/gov.uscourts.nysd.525475.119.2.pdf; y en https://www.courtlistener.com/recap/gov.uscourts.nysd.525475/gov.uscourts.nysd.525475.162.0.pdf. En todo caso, no puedo sino agradecer que el referido error material haya sido llevado a mi conocimiento en el curso de dicho proceso, pues ello me ha dado la oportunidad, en esta segunda edición de esta obra, de explicar el evidente e inadvertido error material, y en todo caso, *ratificar el criterio que siempre he tenido* en el sentido de que la sentencia Nº 2241 de 24 de septiembre de 2002 *no contiene interpretación vinculante alguna sobre nada,* y menos sobre el artículo 150 de la Constitución y la noción de contratos de interés público nacional.

funcional pueden suscribir contratos de interés público. El caso subjudice se refería a contrataciones de la República y de allí que el fallo se limitó a la consideración de los contratos de interés público a ser suscritos por la República.

Por otra parte, el alcance del recurso de nulidad por inconstitucionalidad, previsto en el artículo 336.1 de la Constitución, se concreta en la declaratoria de nulidad o validez de la norma impugnada con efectos *erga omnes.* En este caso, se decidió la nulidad con efectos ex nunc. *No se trató de un recurso de interpretación de la norma constitucional que regula los contratos de interés público,* caso en el cual habría podido disponer el tribunal en la parte dispositiva del fallo el carácter vinculante de la interpretación, como lo permite el artículo 335 de la Constitución.

En este caso, *el dispositivo se limita a anular la norma*, al no haberse fijado una excepción o referencia al control preceptivo de la Asamblea Nacional sobre la celebración por parte del ejecutivo nacional, en el marco de operaciones de crédito público, de contratos de interés público nacional, sino en lugar de ello una autorización general mediante la ley de endeudamiento anual y una información posterior.

De manera que con vista a la materia debatida, el contenido de los motivos del fallo, la naturaleza del recurso decidido y el texto de la dispositiva, puede afirmarse que la sentencia Andrés Velásquez, Elías Mata y otros estableció criterios, que han sido reiterados en fallos posteriores por el máximo tribunal, según se desarrollará a continuación, *pero que en ningún caso puede entenderse como un criterio vinculante de exclusión de los entes de la administración funcionalmente descentralizada como posibles sujetos de los contratos de interés público, sometidos por tanto a la autorización parlamentaria.* Esto explica que, en fallos posteriores, aun reiterando afirmaciones del caso Andrés Velásquez, Elías Mata y otros, el máximo tribunal haya admitido, expresa o implícitamente, como se verá de seguidas, que un ente descentralizado funcionalmente puede suscribir contratos que se consideran de interés público, si se cumplen las otras características cuantitativas mencionadas, en cuyo caso, sería pertinente la aplicación del régimen constitucional de autorización parlamentaria."[215]

En efecto, como lo he argumentado anteriormente *in extenso* en este mismo libro al comentar sobre el derecho de los contratistas de dar por terminados anticipadamente los contratos conforme a las cláusulas contractuales y refiriéndome específicamente a las sentencias de la Sala Constitucional N° 1658 del 16 de junio de 2003 (Caso *Fanny Lucena Olabarrieta -Revisión de sentencia-*), y la sentencia N° 167 de 4 de marzo de 2005 (Caso; *IMEL C.A., -Revisión de sentencia*), (a lo cual me remito),[216] bastaba la lectura de dichas sentencias para constatar que la Sala, al dictarlas no ejerció potestad alguna conforme al artículo 335 de la Constitución, que ni se menciona en las mismas, no habiendo sentado doctrina vinculante alguna en aquellos casos sobre la interpretación en ese caso del artículo 138 de la Constitución.

Lo mismo debe decirse, como lo confirmó Rafael Badell en la cita antes mencionada, de la sentencia N° 2241 de 24 de septiembre de 2002 en la cual nada se expresó sobre que tuviera "carácter vinculante" ni se citó el artículo 335 para dictarla.

Como antes explicamos, el carácter "vinculante" de una interpretación constitucional sobre el contenido o alcance de las normas constitucionales que se haga en una sentencia de la Sala Constitucional, debe indicarse expresamente en el texto de la sentencia, y debe referirse al *thema decidendum* o médula de lo que se resuelve; no pudiendo recaer sobre cualquier frase o razonamiento interpretativo que contenga la sentencia. Es decir, como hemos dicho, del texto mismo de la sentencia debe derivarse en forma expresa la interpretación de la Sala "sobre el contenido o alcance de las normas constitucionales y principios constitucionales," que es la parte que tendría tal carácter vinculante "lo que no se extiende a cualquier argumento o frase utilizado en la sentencia para la interpretación normativa."[217]

---

215 Véase Rafael Badell Madrid, "Contratos de interés público," en *Revista de Derecho Público*, No. 159-160, Editorial Jurídica Venezolana, Segundo semestre de 2019, p. 15.

216 Véase lo expuesto en la Quinta Parte de este libro, pp. 126 y ss.

217 Véase Allan R. Brewer-Carías, "La potestad la jurisdicción constitucional de interpretar la constitución con efectos vinculantes," en Jhonny Tupayachi Sotomayor (Coordinador), *El Precedente Constitucional Vinculante en*

Por tanto, como lo hemos indicado antes, la Sala, en su sentencia interpretativa de una norma constitucional debe indicar expresa y específicamente que está sentando la referida doctrina "vinculante" y, además, debe hacer referencia a la aplicación del artículo 335 de la Constitución.[218] Ello, como he dicho, lo he sostenido desde 2000, al haber indicado que no se pueden considerar como vinculante "los razonamientos o la parte 'motiva' de las sentencias, sino sólo la interpretación que se haga, en concreto, del contenido o alcance de una norma específica de la Constitución."[219] En otros términos, "lo que puede ser vinculante de una sentencia, sólo puede ser la parte resolutiva, de la misma, en la cual la Sala Constitucional fije la interpretación de una norma, y ello debe señalarlo expresamente."[220]

Por ello, en el caso de la sentencia Nº 2241 de 24 de septiembre de 2002, lo único vinculante de la misma es la anulación *erga omnes* del artículo 80 de la Ley Orgánica de Administración Financiera del Sector Público, y nada más.

4. *La continuación del intento de la definición restrictiva de los "contratos de interés público nacional" adoptada por la Sala Constitucional del Tribunal Supremo, en el marco de la reducción judicial de los poderes de control de la Asamblea Nacional*

Ahora bien, en el marco de activismo judicial restrictivo de las funciones de la Asamblea Nacional que la Sala Constitucional del Tribunal Supremo de Justicia ha desarrollado desde 2016, la misma dictó una nueva sentencia citando la sentencia Nº 2241 de 24 de septiembre de 2002, con su enumeración restrictiva de los contratos de interés nacional, pero en este caso con el propósito específico de asegurar la exclusión del control parlamentario respecto de deter-

el *Perú (Análisis, Comentarios y Doctrina Comparada)*, Editorial ADRUS, Lima, setiembre del 2009, pp. 791-819.

218 Véase, por ejemplo, Rafael Laguna Navas, "El recurso extraordinario de revisión y el carácter vinculante de las sentencias de la sala Constitucional del Tribunal Supremo de Justicia," en *Congreso Internacional de Derecho Administrativo en Homenaje al profesor Luis Henrique Farías Mata*, Vol. II, 2006, pp. 91-101.

219 Véase Allan R. Brewer-Carías, *El sistema de justicia constitucional en la Constitución de 1999*, Editorial Jurídica venezolana, Caracas 2000, p 87.

220 Véase Allan R. Brewer-Carías, *La Justicia constitucional. Procesos y procedimientos constitucionales*, Editorial Porrúa, México 2007, p. 415.

minados contratos de préstamo celebrados por el Banco Central de Venezuela, que por lo demás, es una entidad descentralizada del Estado.

La sentencia tuvo su origen en un recurso de interpretación constitucional que una ciudadana formuló en relación con los artículos 150, 187.9, 236.14 y 247 de la Constitución, específicamente en relación con un determinado contrato de crédito público que se había anunciado a ser suscrito entre el Banco Central de Venezuela y una institución de crédito internacional que se había creado mediante un Convenio Internacional aprobado por Ley. El recurso de interpretación se introdujo el 8 de julio de 2016, y en tiempo récord, luego de que el representante del Banco Central presentase un escrito una semana después, el 14 de julio de 2016, unos días después, la Sala Constitucional admitió la demanda, y decidió el juicio el mismo día, dictando la sentencia Nº 618 de 20 de julio de 2016 (caso: *Brigitte Acosta Isasis*, *"Interpretación Constitucional de los artículos 150, 187.9, 236.14 y 247 de la Constitución).*[221] En ella, la Sala procedió, también innecesariamente, a hacer referencia a la argumentación sobre la noción de los contratos de interés nacional que había formulado en la antes mencionada sentencia Nº 2.241 del 24 de septiembre de 2002 (caso: *Andrés Velásquez, Elías Mata y Enrique Márquez, Anulación del artículo 80 de la Ley Orgánica de Administración Financiera del Sector Público).*[222]

La Sala, en efecto, en esta sentencia, argumentó que la noción de "contratos de interés público nacional" utilizada en los artículos 150, 187.9, 236.14 y 247 de la Constitución, habría sido reducida en su aplicación a solos los contratos de interés público nacional *suscritos por* la *República*, sin mencionar para tal calificación, todos los contratos suscritos por los diversos entes de la Administración Pública Nacional descentralizada, es decir, por los institutos autónomos y empresas del Estado, que como se ha dicho son la gran mayoría de los que se celebran en el mundo contemporáneo por entes del Estado; y todo ello, para excluir específicamente de la necesidad de la aprobación parlamentaria prevista en la Ley Orgá-

---

221 Véase el texto de la sentencia de la Sala Constitucional en http://historico.tsj.gob.ve/decisiones/scon/julio/189144-618-20716-2016-16-0683.HTML.

222 Véase el texto de la sentencia de la Sala Constitucional en http://historico.tsj.gob.ve/decisiones/scon/septiembre/2241-240902-00-2874%20.HTM.

nica de Administración Financiera del Sector Público para los contratos de deuda pública, a los contratos de préstamo suscritos por el Banco Central de Venezuela como ente descentralizado con personalidad de derecho público de rango constitucional, con una entidad internacional.

El recurso de interpretación formulado, así como el escrito de adhesión al mismo que presentó el apoderado del Banco Central de Venezuela, en efecto tenía por objeto específico lograr que la Sala Constitucional decidiera que el Banco Central de Venezuela quedaba excluido del control parlamentario respecto de la firma de contratos de interés nacional que suscribiera, específicamente en materia de crédito público, así como del control jurídico que corresponde a la Procuraduría General de la República, respecto de dichos contratos de interés nacional conforme a la Constitución.

Si la sentencia N° 2.241 del 24 de septiembre de 2002 hubiera contenido alguna interpretación "vinculante," que como se ha dicho no la tiene, le hubiera bastado a la Sala decir, que como el Banco Central de Venezuela no era la República, el contrato de préstamo no era un contrato de interés nacional y no debía someterse a la autorización parlamentaria. Pero no fue así, y lo que hizo la Sala fue elaborar toda una confusa tesis de que el Banco Central de Venezuela no era parte de la Administración Nacional descentralizada, lo que es errado.

En efecto, la Sala, concluyó su decisión afirmando que:

"el potencial contrato de préstamo a ser suscrito por el Banco Central de Venezuela con el Fondo Latinoamericano de Reservas (FLAR), se realiza en ejecución de un Convenio Internacional suscrito y ratificado por La República Bolivariana de Venezuela (Ley Aprobatoria del Convenio para el Establecimiento del Fondo Latinoamericano de Reservas, publicada en la Gaceta Oficial de la República de Venezuela n.º 34.172 del 6 de marzo de 1989) y en consecuencia, no debe considerarse como un contrato de interés público nacional, y, por ende, no está sujeto a la autorización de la Asamblea Nacional, ni requiere la consulta a la Procuraduría General de la República, órgano asesor del Ejecutivo Nacional, tal como expresamente lo consagra el artículo 247 de la Constitución de la República Bolivariana de Venezuela."

Para decidir, la Sala declaró incluso inadmisible el recurso de interpretación formulado por la abogada recurrente, por falta de legitimación, y, en cambio, admitió el escrito de adhesión del apoderado del Banco Central de Venezuela, donde argumentó en síntesis que "de manera indefectible" el artículo 150 de la Constitución no era aplicable al Banco Central y que:

> "es falsa la afirmación que suele hacerse respecto a que la totalidad de contratos que impliquen de algún modo el endeudamiento de la nación por ser operaciones de crédito público, son susceptibles de catalogarse como contratos de interés público."

Con la sentencia, sin embargo, a petición en definitiva del propio Banco Central de Venezuela, la Sala Constitucional, a los efectos de excluirlo del control parlamentario por parte de la Asamblea Nacional, no lo hizo por considerar que solo la República podría suscribir contratos de interés público nacional, sino que lo que hizo para eludir el control parlamentario, fue eliminarle el carácter de ente descentralizado de la Administración del Estado que el Banco Central de Venezuela que sin duda tiene a pesar de haber sido constitucionalizado; ccopiando, sin embargo, los conceptos restrictivos argumentados en la sentencia N° 2241 de 24 de septiembre de 2002; pero reconociendo, a la vez, que "con la entrada en vigencia del Texto Constitucional de 1999, no se indicó el sentido que debía atribuírsele a la noción de contrato de interés público nacional."

5. *Sobre las razones de la inclusión de la noción de "contratos de interés nacional" en el artículo 150 en la Constitución de 1999 y su desconocimiento por la Sala Constitucional*

La anterior afirmación incluida en la sentencia de 2016, sin embargo, es sencillamente falsa, y lo que evidencia es que la Sala Constitucional, para "interpretar" la norma constitucional del artículo 150 no acudió a estudiar la primera de las fuentes de interpretación que en este caso, era la documentación que justificaba la propuesta misma de preservar e incluir esa norma en la Constitución, y así determinar la intención del constituyente.

Lo cierto es que a mí me correspondió, como miembro de la Asamblea Nacional Constituyente de 1999, proponer formalmente que se mantuviera en el texto de la Constitución de 1999 una previsión que siguiera lo regulado en el artículo 127 de la Constitución de 1961 y, por tanto, que se preservara e incluyera la misma previsión como artículo 150 de la nueva Constitución, confrontando con ello, la propuesta que había formulado el Presidente Hugo Chávez, quien buscaba eliminar la norma y sustituirla por otra previsión menos protectiva de los intereses púbicos.[223] En la propuesta que formulamos, específicamente sobre la noción de contrato de interés nacional, indicamos lo siguiente:

"En relación con el artículo 127 de la Constitución, ante todo, resulta necesario precisar qué ha de entenderse por contrato de interés público (Véase Allan R. Brewer-Carías, "Los contratos de interés nacional y su aprobación legislativa", *Revista de Derecho Público*, N° 11, 1982, Caracas, págs. 49 ss.), a los efectos de determinar a cuáles se aplica esta cláusula.

La Constitución, en efecto, se refiere a la noción de contratos de interés público, en genérico, como sucede en el artículo 127; y aparte especifica las especies de contratos de interés público, al indicar que pueden ser de interés público nacional, de interés público estadal o de interés público municipal (art. 126).

La noción de interés público, por tanto, es de carácter genérico, en contraste con las especies (nacional, estadal o municipal), lo que resulta de la forma Federal del Estado conforme a la distribución vertical del Poder (nacional, estadal y municipal).

Por ello, el texto constitucional habla de interés público nacional, de interés público estadal y de interés público municipal, para hacer referencia a un solo interés público que concierne a los tres niveles territoriales.

Por tanto, contratos de interés público son los contratos suscritos por la República, cualquiera que sea su contenido, y también todos los contratos suscritos por los Estados y por los Municipios, y por sus entes descentralizados de derecho público. Por lo demás, esta noción de interés público, que engloba los tres niveles territoriales, tiene relación con otros aspectos fundamentales

---

223   Véase "Propuesta sobre la cláusula de inmunidad relativa de jurisdicción y sobre la cláusula calvo en los contratos de interés público (Comunicación enviada a los presidentes de las Comisiones de Integración y Relaciones con la Comunidad Internacional, de la Comisión de Poder Público Nacional, de la Comisión de lo Económico y Social y de la Comisión Constitucional el 08-09-1999)," en Allan R. Brewer-Carías, *Debate Constituyente (Aportes a la Asamblea Nacional Constituyente), Tomo I (8 agosto-8 septiembre 1999)*, Fundación de Derecho Público-Editorial Jurídica Venezolana, Caracas 1999, pp. 209-233.

del Derecho Público Venezolano, como el concepto de Estado o el de Poder Público.

De lo anterior resulta que contrato de interés público, en la Constitución de 1961, es todo contrato suscrito por los entes públicos territoriales, cualquiera que sea su naturaleza y contenido, es decir, por la República, los Estados y los Municipios, y aún más, también, por los entes descentralizados de derecho público de esos tres niveles. Por tanto, un contrato suscrito por un instituto autónomo nacional, estadal o municipal, también puede considerarse como contrato de interés público."[224]

Precisamente por esta noción amplia de contrato de interés público, la antigua Corte Suprema de Justicia en sentencia dictada el 17 de agosto de 1999 (Caso: *Acción de nulidad del Acuerdo del Congreso estableciendo las condiciones de contratación de los contratos de la "Apertura Petrolera"*), dictada cuando estábamos en pleno debate en la Asamblea Nacional Constituyente, consideró a los contratos celebrados con motivo de la ejecución de la llamada "apertura petrolera" celebrados por PDVSA y sus empresas subsidiarias, evidentemente, eran contratos de interés público nacional.[225]

Todo ello estaba acorde con lo que habíamos definido hace tiempo sobre el tema, al expresar:

"La expresión "interés nacional", para calificar determinados contratos, sin duda constituye un concepto jurídico indeterminado o impreciso que establecido en el texto constitucional, da amplio margen al legislador para determinar o precisar, discrecionalmente, su contenido. Por tanto, en definitiva, determinar con precisión qué es "interés nacional" (artículos 101 y 126), "interés público" (artículo 127), "conveniencia nacional" (ar-

---

224 *Idem.* Véase también en Allan R. Brewer-Carías, *Contratos Administrativos, Contratos Públicos, Contratos del Estado*, Colección Estudios Jurídicos, N° 100, Editorial Jurídica Venezolana, Caracas 2013, p. 78.

225 Véase el texto de la decisión de la Corte en Pleno de 17 de agosto de 1999 en Allan R. Brewer-Carías (Comp.), *Documentos del Juicio de la Apertura Petrolera (1996-1999)*, Caracas 2004, disponible en www.allanbrewercarias.com (Biblioteca Virtual, I.2. Documentos, N° 22, 2004), pp. 280-328.

tículo 97), "interés social" (artículos 96 y 105), "función social" (artículo 106), es una tarea que corresponde al legislador.

Por tanto, ante todo, un contrato será de "interés nacional" cuando así lo determine el legislador. Sin embargo, no es frecuente que la ley califique expresamente, en los términos del artículo 126 de la Constitución, a un contrato "como de interés nacional". Por ello, los esfuerzos doctrinales que se han hecho tendientes a determinar su naturaleza, por contraposición a unos contratos que no son de interés nacional, y que podemos resumir como sigue:

1. Podría decirse, así, que contrato de interés nacional, es aquel que interesa al ámbito nacional (en contraposición al ámbito estadal o municipal), porque ha sido celebrado por una persona jurídica estatal nacional, de derecho público (la República o un instituto autónomo) o de derecho privado (empresa del Estado). Por tanto, no serán contratos de interés nacional aquellos que son de interés estatal o municipal, porque sean celebrados por personas jurídicas estatales de los Estados o de los Municipios, incluyendo los Institutos Autónomos y empresas del Estado de esas entidades político-territoriales. Esta parece ser la interpretación más directa respecto a lo que se entiende, en el artículo 126 de la Constitución, por "interés nacional", contrapuesto a "interés estadal", o "interés municipal".

Todos los contratos de interés nacional, estadal o municipal, serían, por supuesto, contratos de "interés público" (artículo 127),[226]en el mismo sentido que la noción de Poder Público (Título IV de la Constitución) comprende al Poder Nacional, a los Poderes de los Estados y al Poder Municipal.

De acuerdo a este criterio, los contratos celebrados por un Estado miembro de la Federación o sus Institutos Autónomos o empresas del Estado estadales, o por un Municipio o sus Institutos Autónomos o empresas del Estado municipales, no serían contratos de interés nacional, en los términos del artículo 126 de la Constitución.

---

226 Véase Eloy Lares Martínez, "Contratos de interés nacional", en *Libro Homenaje al Profesor Antonio Moles Caubet*, Universidad Central de Venezuela, Tomo I, Caracas 1981, p. 117.

En nuestro criterio, en ausencia de una precisión del legislador sobre qué ha de entenderse por "interés nacional", la única interpretación que admite el texto constitucional para identificar los "contratos de interés nacional" son los que corresponden al ámbito nacional, por contraposición al estadal o municipal. Por eso, en principio, aquéllos requieren aprobación del Congreso (órgano que ejerce el Poder Legislativo Nacional) (Título V) y éstos no lo requieren. Los contratos de interés de los Estados o Municipios, por tanto, son contratos que no serían de interés nacional."[227]

Sin embargo, ignorando el sentido de la fundamentación de la propuesta formulada para que se incorporara en la Constitución la norma del artículo 150 que regula la materia, ya en la sentencia citada de la Sala Constitucional N° 2.241 del 24 de septiembre de 2002, indicó erróneamente que:

"la Constitución vigente no indica qué sentido ha de atribuírsele a la noción de contrato de interés público, motivo por el cual esta Sala, tomando en consideración las interpretaciones previamente examinadas, en tanto máximo y último intérprete del Texto Constitucional, considera que son subsumibles en dicho género todos aquellos contratos celebrados por la República, los Estados o los Municipios en los cuales esté involucrado el interés público nacional, estadal o municipal."[228]

La enumeración restrictiva que hizo la sentencia al citar solo a la República al referiré a los contratos de interés nacional, en una argumentación marginal lejos del objeto de la sentencia que fue, como se dijo, decidir sobre una demanda de nulidad del artículo 80 de la Ley Orgánica de Administración Financiera del Sector Público, en realidad fue contraria a la intención de la inclusión de la regulación constitucional que fue, como lo hemos explicado, la de considerar "como contratos de interés público nacional, a aquellos concernientes al nivel nacional de gobierno (diferente a los niveles

---

227   Véase en Allan R. Brewer-Carías, *Contratos Administrativos*, Colección Estudios Jurídicos, N° 44, Editorial Jurídica Venezolana, Caracas 1992.

228   Véase el texto de la sentencia de la Sala Constitucional en http://historico.tsj.gob.ve/decisiones/scon/septiembre/2241-240902-00-2874%20.HTM.

estadales y municipales de gobierno), porque son suscritos por entidades públicas nacionales, es decir, por la República o institutos autónomos nacionales o empresas del Estado nacionales."[229]

6. *El inconveniente intento jurisprudencial de exclusión del control parlamentario sobre "contratos de interés nacional" celebrados por las entidades descentralizadas de la Administración Nacional*

Y en el mismo sentido en contra del sentido de las regulaciones constitucionales, e ignorando de nuevo lo que motivó la propuesta de inclusión de la norma del artículo 150 en la Constitución de 1999, la Sala Constitucional se pronunció en la sentencia N° 618 de 20 de julio de 2016 (caso: *Brigitte Acosta Isasis, Interpretación Constitucional de los artículos 150, 187.9, 236.14 y 247 de la Constitución*), al resolver, sin realmente interpretar nada, si un contrato de préstamo que el Banco Central de Venezuela tenía planeado suscribir con el Fondo Latinoamericano de Reservas (FLAR), debía o no considerarse como contrato de interés nacional y debía o no requerir de la autorización previa de la Asamblea Nacional, "precisó los elementos esenciales que imprimen a los contratos, el carácter de interés público nacional," indicando que a su juicio eran los siguientes:

"1. Que sean celebrados por la República, a través de los órganos que componen al Ejecutivo Nacional competentes en esta materia.

2. Que su objeto sea determinante o esencial para la realización de los fines y cometidos del Estado Venezolano.

3. Que satisfagan los intereses individuales y coincidentes de la comunidad nacional y no tan sólo de un sector particular de la misma, como ocurre en los casos de contratos de inte-

---

229 Véase Allan R. Brewer-Carías, "Sobre los Contratos del Estado en Venezuela," en *Derecho Administrativo Iberoamericano (Contratos Administrativos, Servicios públicos, Acto administrativo y procedimiento administrativo, Derecho administrativo ambiental, Limitaciones a la libertad)*, *IV Congreso Internacional de Derecho Administrativo*, Mendoza, Argentina, 2010, pp. 837-866; y en *Revista Mexicana Statum Rei Romanae de Derecho Administrativo,* N° 6, Homenaje al Dr. José Luis Meilán Gil, Facultad de Derecho y Criminología de la Universidad Autónoma de Nuevo León, Monterrey, Enero-Junio 2011, pp. 207-252.

rés público estadal o municipal, en donde el objeto de tales actos jurídicos sería determinante o esencial para los habitantes de la entidad estadal o municipal contratante.

4. Que impliquen la asunción de obligaciones cuyo pago total o parcial se estipule realizar en el transcurso de varios ejercicios fiscales posteriores a aquel en que se haya causado el objeto del contrato, en vista de las implicaciones que la adopción de tales compromisos puede generar en la vida económica y social de la Nación."[230]

En todo caso, al igual que como sucedió con la sentencia No. Nº 2.241 del 24 de septiembre de 2002 (caso: *Andrés Velásquez, Elías Mata y Enrique Márquez, Anulación del artículo 80 de la Ley Orgánica de Administración Financiera del Sector Público*) en los términos que antes hemos argumentado, en esta sentencia Nº 618 de 20 de julio de 2016 (caso: *Brigitte Acosta Isasis, Interpretación Constitucional de los artículos 150, 187.9, 236.14 y 247 de la Constitución*), la Sala Constitucional *tampoco sentó ninguna interpretación vinculante alguna sobre la noción de contratos de interés nacional,* habiéndose centrado su interpretación de las normas constitucionales exclusivamente en relación con un contrato específico, de crédito púbico, celebrado por un ente específico, como es el Banco Central de Venezuela – quitándole su carácter de ente descentralizado del Estado -, con una entidad específica de carácter internacional, como es el Fondo Latinoamericano de Reservas.

Con base en la anterior reiteración de criterios, al analizar el primero de los "elementos esenciales" que según la Sala Constitucional le imprimirían a un contrato de interés público el carácter de contrato de interés púbico nacional, que sería que supuestamente sea suscrito solo por la República, la misma constató de acuerdo con las previsiones de la Constitución y de la Ley del Banco Central de Venezuela, sobre dicha institución, que dicho Banco Central de Venezuela:

"es una persona jurídica de derecho público, de rango constitucional, de naturaleza única, con plena capacidad pública y privada, integrante del Poder Público Nacional, con patrimonio

---

230 Véase el texto de la sentencia de la Sala Constitucional en http://historico.tsj.gob.ve/decisiones/scon/julio/189144-618-20716-2016-16-0683.HTML.

propio, […] dotado de autonomía para el ejercicio de las políticas de su competencia, que no forma parte ni de la Administración Central ni de la Administración Descentralizada funcionalmente, sino que, atendiendo a las disposiciones de la Constitución de la República Bolivariana de Venezuela que lo regulan y que han sido desarrolladas por la Ley Especial que lo rige, forma parte de la llamada Administración con autonomía funcional, la cual constituye un elemento fundamental para el cumplimiento de los fines que la ley le asigna; por lo que, requiere de un ordenamiento y organización especiales, propio y diferente del común aplicable a las demás entidades públicas o privadas. Así se declara." [231]

No siendo la República la que iba a suscribir el contrato de préstamo en cuestión, sino el Banco Central de Venezuela, la Sala constitucional, sobre si el contrato de préstamo que tenía previsto suscribir esta institución estaba o no exceptuado de la autorización parlamentaria para las operaciones de crédito público (art. 101, Ley Orgánica de la Administración Financiera del Sector Público), la misma consideró entonces que resultaba "forzoso concluir" que dicha institución "no requiere de autorización para realizar operaciones de crédito público." Y en cuanto al contrato de préstamo a celebrarse con el Fondo Latinoamericano de Reservas (FLAR), la Sala concluyó que:

"se realiza en ejecución de un Convenio Internacional suscrito y ratificado por La República Bolivariana de Venezuela (Ley Aprobatoria del Convenio para el Establecimiento del Fondo Latinoamericano de Reservas, publicada en la Gaceta Oficial de la República de Venezuela n.º 34.172 del 6 de marzo de 1989) y en consecuencia, no debe considerarse como un contrato de interés público nacional, y, por ende, no está sujeto a la autorización de la Asamblea Nacional, ni requiere la consulta a la Procuraduría General de la República, órgano asesor del Ejecutivo

---

231 Véase el texto de la sentencia de la Sala Constitucional en http://historico.tsj.gob.ve/decisiones/scon/julio/189144-618-20716-2016-16-0683.HTML.

Nacional, tal como expresamente lo consagra el artículo 247 de la Constitución de la República Bolivariana de Venezuela."[232]

De nuevo, siendo el objetivo de la demanda de interpretación el excluir del control parlamentario por parte de la Asamblea Nacional al contrato de préstamo que el Banco Central de Venezuela suscribiría con Fondo Latinoamericano de Reservas (FLAR) creado por un Convenio internacional que había sido aprobado mediante Ley, la verdad es que tampoco se requería que la Sala volviera a formular una enumeración restrictiva a los contratos de interés público nacional en su sentencia.

En realidad, con todo ello, en relación con la noción de contratos de interés nacional, lo que hizo la Sala Constitucional fue sentar las bases para pretender definitivamente vaciar dicha noción de contenido, buscando reducirla a ser aplicada solo a los contratos suscritos directamente por la República, es decir, por el Presidente de la República o los Ministros directamente, los cuales son excepcionalísimo, pues la mayoría de los contratos de interés público nacional son suscritos por entes públicos descentralizados nacionales. Por ello, refiriéndose al control de la Asamblea Nacional sobre los contratos públicos, la Sala argumentó que:

"Las disposiciones constitucionales transcritas definen la potestad de control que tiene la Asamblea Nacional, sobre los contratos de interés público que suscriba el Ejecutivo Nacional, cuya celebración estará supeditada, en los casos que establezca la Ley, a la autorización que debe otorgar el referido cuerpo legislativo nacional."

Con esta sentencia, en definitiva, si dicha interpretación fuera a continuar aplicándose puntualmente – ya que como se dijo, la Sala Constitucional no estableció ninguna interpretación vinculante en ese caso - la noción de contrato de interés nacional en cuanto a las funciones de control por parte de la Asamblea Nacional, perdería totalmente de sentido, pues como es bien sabido, el grueso de los contratos del Estado que se celebran, precisamente, se hacen a través de las entidades descentralizadas del Estado.

---

232 Véase el texto de la sentencia de la Sala Constitucional en http://historico.tsj.gob.ve/decisiones/scon/julio/189144-618-20716-2016-16-0683.HTML.

Por tanto, al analizar "el potencial contrato de préstamo a ser suscrito por el Banco Central de Venezuela con el Fondo Latinoamericano de Reservas (FLAR)," sobre si "pudiera considerarse como un contrato de interés público nacional, y, por ende, sujeto a la aprobación de la Asamblea Nacional y que requiera la consulta a la Procuraduría General de la República," la Sala consideró que se debían "configurar concomitantemente los elementos para calificarlo como de interés público nacional," sentados en la sentencia mencionada de 2002. En consecuencia, como el mencionado "potencial contrato de préstamo a ser suscrito por el Banco Central de Venezuela con el Fondo Latinoamericano de Reservas (FLAR)," no iba a ser celebrado por *la República, a través de los órganos que componen al Ejecutivo Nacional competentes en esta materia,*" sino por el Banco Central, entonces, la Sala simplemente concluyó que no era un contrato de interés público nacional.

Y ello, particularmente porque se iba a celebrar por el Banco Central de Venezuela que era "una persona jurídica de derecho público, de rango constitucional, de naturaleza única, con plena capacidad pública y privada, integrante del Poder Público Nacional, con patrimonio propio" que, además, en criterio de la Sala:

> "no forma parte ni de la Administración Central ni de la Administración Descentralizada funcionalmente, sino que, atendiendo a las disposiciones de la Constitución de la República Bolivariana de Venezuela que lo regulan y que han sido desarrolladas por la Ley Especial que lo rige, forma parte de la llamada Administración con autonomía funcional, la cual constituye un elemento fundamental para el cumplimiento de los fines que la ley le asigna; por lo que, requiere de un ordenamiento y organización especiales, propio y diferente del común aplicable a las demás entidades públicas o privadas. Así se declara."

O sea, la Sala Constitucional del Tribunal Supremo, estando al servicio del Poder Ejecutivo Nacional como lo ha estado en los últimos lustros, no sólo minimizó todo tipo de control de la Asamblea Nacional sobre el Banco Central de Venezuela al declarar la inconstitucionalidad de la Ley de Reforma de la Ley reguladora de la institución en la sentencia N° 259 de 31 de marzo de 2016,[233] sino que

---

233 Véase el texto de la sentencia de la Sala Constitucional en http://historico.tsj.gob.ve/decisiones/scon/marzo/186656-259-31316-2016-2016-0279.HTML Véanse los comentarios sobre dicha sentencia en Allan

con el objeto de coartar aún más las funciones de la Asamblea Nacional, y excluir los contratos de interés público nacional que celebre el Banco Central de cualquier posibilidad de control parlamentario conforme al artículo 150 de la Constitución, distorsionó en forma general una noción tan tradicional e importante del derecho administrativo como es la de contratos de interés nacional, vaciándola materialmente de todo contenido efectivo.

7. *Conclusión: Las inconvenientes consecuencias que tendría el eliminar de la calificación como "contratos de interés público nacional" a los suscritos por los entes descentralizados del Estado, en cuanto al principio de la inmunidad de jurisdicción y de la llamada "Cláusula Calvo"*

La más notoria consecuencia que podrían tener las decisiones de la Sala Constitucional del Tribunal Supremo de Justicia, antes citadas N° 618 de 20 de julio de 2016 (caso: *Brigitte Acosta Isasis*, "*Interpretación Constitucional de los artículos 150, 187.9, 236.14 y 247 de la Constitución*),[234] y N° 2.241 del 24 de septiembre de 2002 (caso: *Andrés Velásquez, Elías Mata y Enrique Márquez, Anulación del artículo 80 de la Ley Orgánica de Administración Financiera del Sector Público*),[235] si con las mismas se pretendiera reducir la noción de "contratos de interés público" a solo los suscritos por la República, los Estados y los Municipios, y en consecuencia, se pretendiera reducir la noción de "contratos de interés público nacional" a los suscritos solo por la República, sería que respecto de los contratos públicos suscritos por los entes públicos nacionales descentralizados, por ejemplo, el Banco Central de Venezuela, los institutos autónomo y las empresas del Estado como PDVSA y sus filiales, materialmente los artículos 150, 151, 187.9, 236.14 y 247 de la Cons-

---

R. Brewer-Carías, "La sentencia de muerte de la Asamblea Nacional. El caso de la nulidad de la Ley de reforma del BCV. Marzo 2016," en http://www.allanbrewercarias.com/Content/449725d9-f1cb-474b-8ab241efb849fea3/Content/Brewer.%20La%20sentencia%20de%20muerte%20AN.%20Sentencia%-20SC%20Ley%20BCV.pdf.

234 Véase el texto de la sentencia de la Sala Constitucional en http://historico.tsj.gob.ve/decisiones/scon/julio/189144-618-20716-2016-16-0683.HTML.

235 Véase el texto de la sentencia de la Sala Constitucional en http://historico.tsj.gob.ve/decisiones/scon/septiembre/2241-240902-00-2874%20.HTM.

tituci\u00f3n no tendr\u00edan aplicaci\u00f3n alguna respecto de los mismos, lo que ser\u00eda absurdo e inconstitucional.

Primero, respecto de lo establecido en el primer p\u00e1rrafo del art\u00edculo 150 y 187.9, la consecuencia de la interpretaci\u00f3n jurisprudencial se\u00f1alada, que afortunadamente no tiene car\u00e1cter vinculante, ser\u00eda que la ley solo podr\u00eda determinar la necesidad de la aprobaci\u00f3n de la Asamblea Nacional respecto de los contratos de inter\u00e9s p\u00fablico nacional suscritos por la Rep\u00fablica, y en particular, por el Presidente de la Rep\u00fablica de acuerdo con el art\u00edculo 236.14 de la Constituci\u00f3n, pero respecto de dicho requisito podr\u00eda incluso interpretarse que no podr\u00eda ser exigido por ley, respecto de los contratos p\u00fablicos nacionales suscritos por los entes p\u00fablicos descentralizados nacionales, como son los contratos regulados en la Ley de Hidrocarburos a cargo de Petr\u00f3leos de Venezuela S.A. y sus empresas filiales, en relaci\u00f3n con los cuales se estableci\u00f3 legalmente el requisito de la autorizaci\u00f3n legislativa (art. 33); o como son el Banco Central de Venezuela, los institutos aut\u00f3nomos y las dem\u00e1s empresas del Estado, lo que no tendr\u00eda sentido alguno.

Segundo, respecto de lo establecido en el segundo p\u00e1rrafo del art\u00edculo 150 y en el 187.9, la consecuencia de la interpretaci\u00f3n jurisprudencial se\u00f1alada ser\u00eda que los contratos p\u00fablicos que suscriban los entes p\u00fablicos nacionales, como son el Banco Central de Venezuela, los institutos aut\u00f3nomos y las empresas del Estado, como Petr\u00f3leos de Venezuela S.A. y sus empresas filiales, podr\u00edan suscribirse libremente con Estados o entidades oficiales extranjeras o con sociedades no domiciliadas en Venezuela, e incluso traspasarse a ellos sin que fuera necesario obtener la autorizaci\u00f3n de la Asamblea Nacional, lo que tampoco tend\u00eda sentido alguno, y ser\u00eda inconstitucional.

Tercero, respecto de lo establecido en el segundo p\u00e1rrafo del art\u00edculo 151, la consecuencia de la interpretaci\u00f3n jurisprudencial se\u00f1alada ser\u00eda que en los contratos p\u00fablicos que suscribieran los entes p\u00fablicos nacionales, como son los el Banco Central de Venezuela, institutos aut\u00f3nomos y las empresas del Estado, como Petr\u00f3leos de Venezuela S.A. y sus empresas filiales, no se considerar\u00eda incorporada una cl\u00e1usula, como se exige respecto de todos los contratos de inter\u00e9s p\u00fablico, incluyendo los de inter\u00e9s p\u00fablico nacional "de acuerdo con la naturaleza de los mismos," y "aun cuando no estuviere expresa," conforme a la cual "las dudas y controversias que puedan suscitarse sobre dichos contratos y que no llegaren a ser resueltas amigablemente por las partes contratantes, ser\u00e1n decididas por los tribunales competentes de la República, de conformidad con sus leyes, sin que por ningún motivo ni causa puedan dar origen a reclamaciones extranjeras."

Ello significaría que respecto de los contratos públicos que suscribieran los entes públicos nacionales, como son los institutos autónomos y las empresas del Estado, como Petróleos de Venezuela S.A. y sus empresas filiales, en los mismos podría establecerse libremente que el derecho que les es aplicables es algún derecho extranjero y que la jurisdicción aplicable pudiera ser la de los tribunales de cualquier otro Estado o la de tribunales arbitrales, aun cuando la naturaleza del contrato no lo permitiera, lo que no tiene asidero en el derecho venezolano, e igualmente sería inconstitucional.

Cuarto, respecto de lo establecido en el segundo párrafo del artículo 247, la consecuencia de la interpretación jurisprudencial señalada sería que para la celebración de los contratos públicos que suscribieran los entes públicos nacionales descentralizados, como son el Banco Central de Venezuela, los institutos autónomos, y las empresas del Estados como Petróleos de Venezuela S.A. y sus empresas filiales, no tendrían que ser consultado el Procurador General de la República, pues de acuerdo a esa norma, solo sería necesaria dicha consulta para la aprobación de los contratos de interés público nacional que celebre la República, lo que distorsionaría el sentido de la norma, y sería igualmente inconstitucional.

De las anteriores cuatro consecuencias que podrían derivarse si se siguiera la interpretación jurisprudencial restrictiva que podría derivarse de las sentencias comentadas de la Sala Constitucional del Tribunal Supremo de Justicia No. 2144 de 2002 y No. 618 de 2016 sobre la noción de contratos de interés nacional, quizás la segunda sería la más catastrófica en materia de principios del derecho administrativo venezolano relativos a los contratos públicos o contratos del Estado; pues significaría el abandono total de los principios más tradicionales de nuestro derecho público en la materia, como son, específicamente, los de la competencia de los tribunales nacionales y de la aplicación de la ley nacional para la solución de controversias derivados de los mismos cuando la naturaleza de los mismos lo exija, y el de la llamada "Cláusula Calvo," por lo que se refiere a los contratos públicos celebrados por los entes descentralizados del Estado.

En efecto, en primer lugar, si se adoptase la errada e inconveniente interpretación jurisprudencial, ello implicaría que, en dichos contratos celebrados por entes descentralizados en los tres niveles territoriales del Estado, podría estimarse que no debería considerarse constitucionalmente inserta tácitamente, si no es improcedente de acuerdo con la naturaleza de los mismos, la cláusula prevista en el artículo 151 de la Constitución, cuyo objeto es, primero, estipular que la interpretación, aplicación y ejecución de esos contratos debe someterse a la ley venezolana, y segundo, que las controversias y dudas que de ellos surjan, deben también someterse al conocimiento de los tribunales venezolanos, todo lo cual deriva del principio universal del derecho internacional, de la inmunidad de jurisdicción de los Estados extranjeros. [236]

Hay que recordar que la cláusula del artículo 151 de la Constitución venezolana, desde el ángulo de la inmunidad jurisdiccional, como sucedió con la Constitución de 1947, se apartó del carácter absoluto tradicional, y encaja dentro de la llamada "inmunidad relativa de jurisdicción" que permite, acuerdo con la naturaleza de los contratos, someterlos a derecho extranjero y a la resolución de los conflictos por tribunales extranjeros, lo que además, se extiende, además de a la República, a los entes públicos nacionales descentralizados del Estado. [237]

Sin embargo, toda esta elaboración que concluyó con la previsión en la Constitución de 1999 aplicable a los contratos de interés público nacional (art. 151), se pondría de lado si se siguiera la "interpretación" dada por la Sala Constitucional del Tribunal Supremo en relación con los contratos públicos celebrados por los entes descentralizados del Estado, a los cuales si se siguiera la interpretación de la Sala, no se aplicaría, lo cual, como hemos dicho, no tiene sentido.

Pero además, en segundo lugar, si se siguiera la interpretación de la Sala Constitucional, lo más grave es que también se podría concluir que la llamada "Cláusula Calvo" no se aplicaría a los contratos públicos celebrados por los entes descentralizados del Estado, por ejemplo, el Banco Central de Venezuela, los institutos autónomos y las empresas del Estado nacionales; conforme a la cual por

---

236   Véase, Tatiana Bogdanowsky de Maekelt, "Inmunidad de Jurisdicción de los Estados," en *Libro Homenaje a José Melich Orsini*, Vol. 1, Caracas, 1982, pp. 213 y ss.

237   Véase en general, Ian Sinclair, "The Law of Sovereign Inmunity. Recent Development", Académie International de Droit Comparé, *Recueil des Cours*, 1980, Vol. II, La Haya, 1981, pp. 201 y ss.

ningún motivo ni causa la ejecución de esos contratos puede dar origen a reclamaciones extranjeras, tal como lo establece el mismo artículo 151 de la Constitución.

El origen de esta cláusula también se remonta a la Constitución de 1893 (art. 149) en la cual, al regularse los contratos de interés público se señaló que los mismos en ningún caso podían ser motivo de reclamaciones internacionales, ratificando la improcedencia de reclamaciones diplomáticas contra el Estado Venezolano por parte de Estados extranjeros actuando por cuenta de súbditos extranjeros, los cuales hallándose en las mismas condiciones que los nacionales, si tienen alguna reclamación deben acudir únicamente ante los órganos locales cuando se puedan considerar lesionados. El objeto de la cláusula, en definitiva, es impedir que las divergencias que pudieran surgir entre partes contratantes en la cual una parte fuera un ciudadano extranjero, pudieran ser consideradas como de naturaleza internacional.

Como se sabe, la denominación de "Cláusula Calvo", derivó de la exposición que hizo Carlos Calvo, en su libro *Tratado de Derecho Internacional*, editado inicialmente en 1868, [238] en el cual, después de estudiar la intervención franco-inglesa en el Río de La Plata y la intervención francesa en México, expresó lo siguiente:

> "Además de móviles políticos, las intervenciones han tenido siempre por pretexto aparente lesiones a intereses privados, reclamaciones y pedidos de indemnizaciones pecuniarias a favor de extranjeros cuya protección no era justificada la mayoría de las veces. Según el derecho internacional estricto, el cobro de créditos y la gestión de reclamaciones privadas no justifican de plano la intervención armada de los gobiernos, y como los Estados europeos siguen invariablemente esta regla en sus relaciones recíprocas, no hay razón para que no se la impongan también en sus relaciones con los otros Estados del Nuevo Mundo."[239]

Incluso, la propia "Cláusula Calvo" influyó en la concepción de la llamada Doctrina Drago formulada en 1902 por el Ministro de

---

238   Véase Carlos Calvo, *Le Droit International Théorique et Pratique*, París, 1887.

239   Véase la cita en L. A. Podestá Costa, *Derecho Internacional Público*, tomo I, Buenos Aires, 1955, pp. 445 y 446.

Relaciones Exteriores de Argentina, Luis María Drago, quien, ante medidas de fuerza adoptadas por Alemania, Gran Bretaña e Italia contra Venezuela, formuló su tesis denegatoria del cobro compulsivo de las deudas públicas por los Estados.[240]

Por ello, cuando propusimos que se mantuviera la norma del artículo 127 en la Constitución (ahora artículo 151) estimamos que "la *Cláusula Calvo* debe ser obligatoria en los contratos que celebre la República y los demás entes de derecho público, conforme a nuestra tradición constitucional, y debe mantenerse en la nueva Constitución."[241]

Como hemos argumentado, a pesar de toda la manipulación jurisprudencial realizada sobre la noción de contratos de interés público nacional, lo cierto es que las sentencias antes mencionadas, ni ninguna otra de la Sala Constitucional, estableció interpretación "vinculante" alguna sobre la noción de contratos de interés público nacional, estando comprendidos en dicha noción no sólo los contratos celebrados por la República, sino por los entes de la Administración descentralizada del Estado, y entre ellos, el Banco Central de Venezuela, los institutos autónomos y las empresas del Estado, como lo hemos sostenido desde 1982.[242]

---

240 Véase Victorino Jiménez y Núñez, *La Doctrina Drago y la Política Internacional*. Madrid, 1927.

241 Véase Allan R. Brewer-Carías, *Debate Constituyente (Aportes a la Asamblea Nacional Constituyente)*, Tomo II, Caracas 1999, pp. 173.

242 Véase Allan R. Brewer-Carías, "Los contratos de interés nacional y su aprobación legislativa," en *Estudios de Derecho Público, Tomo I, (Labor en el Senado 1962),* Ediciones del Congreso de la República, Caracas l985, pp. 183-193; y "La aprobación legislativa de los contratos de interés nacional y el contrato Pdvsa-Veba Oil," en *Estudios de Derecho Público, Tomo II, (Labor en el Senado 1983),* Ediciones del Congreso de la República, Caracas l985, pp. 65-82.

DÉCIMA PARTE

LA MANIPULACIÓN JURISPRUDENCIAL DEL CONCEPTO DE "NACIÓN" Y SU ERRADA MUTACIÓN Y CONFUSIÓN CON EL CONCEPTO DE "REPÚBLICA"

El artículo 305 de la Constitución de 1999, al referirse a la seguridad alimentaria, dispone lo siguiente:

Artículo 305. El Estado promoverá la agricultura sustentable como base estratégica del desarrollo rural integral a fin de garantizar la seguridad alimentaria de la población; entendida como la disponibilidad suficiente y estable de alimentos en el ámbito nacional y el acceso oportuno y permanente a éstos por parte del público consumidor. La seguridad alimentaria se alcanzará desarrollando y privilegiando la producción agropecuaria interna, entendiéndose como tal la proveniente de las actividades agrícola, pecuaria, pesquera y acuícola. La producción de alimentos es de interés nacional y fundamental para el desarrollo económico y social de la Nación. A tales fines, el Estado dictará las medidas de orden financiero, comercial, transferencia tecnológica, tenencia de la tierra, infraestructura, capacitación de mano de obra y otras que fueren necesarias para alcanzar niveles estratégicos de autoabastecimiento. Además, promoverá las acciones en el marco de la economía nacional e internacional para compensar las desventajas propias de la actividad agrícola.

El Estado protegerá los asentamientos y comunidades de pescadores o pescadoras artesanales, así como sus caladeros de pesca en aguas continentales y los próximos a la línea de costa definidos en la ley

Ante esta norma, la Sala Constitucional del Tribunal Supremo de Justicia, en sentencia No. 1080 de 7 de julio de 2011,[243] luego de analizar el "régimen estatutario de derecho público del derecho agrario," constató que el "derecho a la seguridad agroalimentaria" se había levantado como un "nuevo paradigma en la sociedad venezolana" precisamente en el artículo 305 de la Constitución, en el cual, además se destacó el principio de que "La producción de alimentos es de interés nacional y fundamental para el desarrollo económico y social de la Nación."

La Sala Constitucional, sin embargo, cuestionó que en dicha norma se hubiese utilizado el término "Nación," precisamente para referirse a la "sociedad venezolana," y dijo al interpretar dicha norma que debía aclarar:

"que el Constituyente en el artículo 305 eiusdem cometió un error, al confundir un término eminentemente sociológico como lo es el de Nación cuando debe referirse a estructuras político territoriales como Estado o República".

Por supuesto, en este caso, el Constituyente no cometió error alguno, ni el artículo 305 está errado. El error, y garrafal, es el que cometió la Sala Constitucional al confundir a la "Nación" con la "República" o con el "Estado".

El artículo 305 de la Constitución, en efecto, como resulta de su texto, está destinado a regular los principios de la seguridad alimentaria y del desarrollo agrícola, a cuyo efecto el Constituyente deliberadamente utilizó los términos "*Estado*" y "*Nación*" en dos sentidos diferentes: por una parte, al establecer, obligaciones asignadas a los entes públicos; y por la otra, al definir los objetivos de políticas públicas, en la forma siguiente:

En el primer sentido, en efecto, la noma precisó una serie de obligaciones a cargo del Estado, en particular, las de promover la agricultura sustentable como base del desarrollo rural integral; las de dictar las medidas necesarias para alcanzar niveles estratégicos

---

[243] Sentencia N° 1080/2011 dictada con motivo de la revisión constitucional de una sentencia dictada por un Juez Superior Agrario en la cual desaplicó los artículos 699 al 711 del Código de Procedimiento Civil en un proceso agrario. Véase en http://www.tsj.gov.ve/decisiones/scon/Julio/1080-7711-2011-09-0558.html

de autoabastecimiento; y las de proteger los pescadores artesanales y caladeros de pesca en las costas.

En el segundo sentido, la norma definió como marco general de política pública en materia de seguridad alimentaria y desarrollo agrícola, declarando como se indicó, que "la producción de alimentos es de interés nacional y fundamental para el desarrollo económico y social de la Nación."

Es evidente de dicha norma, que ambos términos, Estado y Nación, fueron utilizados con sentido diferente: la palabra Estado, para referirse al conjunto de entes públicos, que en definitiva son sujetos de derecho público, a los cuales se asignan obligaciones públicas que deben cumplir; y la palabra Nación, para referirse al objetivo final del cumplimiento de sus obligaciones por el Estado, que como política pública no es otro que lograr el desarrollo de la "Nación" en el sentido de la globalidad de la sociedad venezolana.

Por tanto, la Sala Constitucional no tenía nada que "aclarar" y menos señalar que el Constituyente supuestamente habría cometido un "error" al utilizar correctamente la palabra "Nación" en dicha norma, precisamente en su sentido propio como "término eminentemente sociológico" para distinguirlo de Estado, como término jurídico que apunta a identificar sujetos de derecho público.

No sólo el error no existe, sino que, de existir, la propia Sala Constitucional habría incurrido en él, en su propia sentencia, cuando en párrafos anteriores, utilizando precisamente las mismas expresiones "Estado" y "Nación" indicadas en el artículo 305, pero respecto de la "competencia agraria," puntualizó que la Constitución había concebido

> "una reforma del marco institucional del Estado, que traza una redefinición estructural del arquetipo para el desarrollo de la nación y, particularmente de las competencias del Estado -los órganos del Poder Público- (Vid. Sentencia de esta Sala N° 1.444/08), la legislación vigente y la sociedad, en orden a armonizarlo con los fines que le han sido constitucionalmente encomendados."[244]

Al atribuir erradamente un "error" a la Asamblea Constituyente de 1999, la Sala Constitucional no se percató que ella misma, en la

---

[244] *Idem.*

misma sentencia, en párrafos anteriores a su desacertada afirmación, había incurrido en el mismo supuesto "error."

En todo caso, la acusación infundada de la Sala Constitucional, amerita aclararle, para evidenciar su propio error,[245] que en el ordenamiento constitucional y administrativo venezolano, el significado y alcance de los términos: *Estado, República* y *Nación*, los cuales se utilizan a lo largo del articulado de la Constitución, tienen sentido esencialmente diferente, particularmente en relación con el tema de la personalidad jurídica en derecho público.[246]

I. EL ESTADO EN LA CONSTITUCIÓN

El "Estado" en Venezuela es un término que se utiliza en la Constitución para identificar a Venezuela como la comunidad política independiente (art. 1) organizada como Estado federal descentralizado (art. 4), denominada "República Bolivariana de Venezuela" (art. 1), con su sistema de gobierno (art. 6) y agrupando a sus habitantes en el territorio nacional (art. 16). Aun cuando sólo los ciudadanos son los que tienen derechos políticos para la elección de sus autoridades como sus representantes (Art. 40), excepcionalmente, sin embargo, los extranjeros tienen derecho a voto en las elecciones estadales y municipales (Art. 64).

---

[245] Véase Allan R. Brewer-Carías, "El Estado, la República y la Nación. Precisión sobre las personas jurídicas estatales en la Constitución de 1999 y sobre el error en el que incurrió la Sala Constitucional al confundir la "Nación" con la "República," en *Revista de Derecho Público*, No. 134 (abril-junio 2013), Editorial Jurídica Venezolana, Caracas 2013, pp. 205-216.

[246] Sobre lo cual nos hemos ocupado repetidamente durante las últimas décadas, en Allan R. Brewer-Carías, "Sobre las personas jurídicas en la Constitución de 1999" en *Derecho Público Contemporáneo. Libro Homenaje a Jesús Leopoldo Sánchez*, Estudios del Instituto de Derecho Público, Universidad Central de Venezuela, enero-abril 2003, Volumen 1, pp.48-54; "El régimen de las personas jurídicas estatales político-territoriales en la Constitución de 1999" en *El Derecho constitucional y público en Venezuela. Homenaje a Gustavo Planchart Manrique*, Tomo I, Universidad Católica Andrés Bello,de Tinoco, Travieso, Planchart & Núñez, Abogados, Caracas 2003, pp.99-121; "La distinción entre las personas jurídicas y las personas privadas y el sentido de la problemática actual de la clasificación de los sujetos de derecho" en *Revista Argentina de Derecho Administrativo*, N° 17, Buenos Aires 1977, pp. 15-29, y en *Revista de la Facultad de Derecho*, N° 57, Universidad Central de Venezuela, Caracas 1976, pp. 115-135.

En esta forma, el Estado, así considerado, se lo identifica en la Constitución utilizándose dos términos jurídicos: el de Estado y el de República Bolivariana de Venezuela, teniendo dos ámbitos de proyección: uno, en el orden internacional, como sujeto de la comunidad internacional; y otro, en el orden interno, integrado por un conjunto de personas jurídicas o sujetos de derecho público que derivan de la organización política y territorial del Estado.

1. El uso de la palabra Estado en la Constitución

En una sentencia dictada por la propia Sala Constitucional del Tribunal Supremo en sentencia No. 285 de 4 de marzo de 2004, al interpretar con carácter vinculante el artículo 304 de la Constitución, la misma señaló:

"El Estado, al menos entre nosotros, es visto como la personificación de la República a efectos internacionales (en el entendido de que sólo la República tiene poder para las relaciones exteriores) e incluso como la forma de englobar el conjunto de personas públicas a ciertos efectos nacionales (como sería el caso de asuntos atribuidos a todas las personas públicas, incluso no territoriales, por lo que no es necesario distinguir entre ellas y se les trata en común; tal es el supuesto del deber del Estado de procurar la salud o la educación de la población, que en ningún caso puede ser considerado como una obligación exclusiva de un ente)."[247]

Es decir, la palabra Estado se utiliza para identificar, por una parte, al Estado venezolano o a la República Bolivariana de Venezuela como *sujeto de derecho internacional*; y por la otra, como la representación del conjunto de personas jurídicas de derecho público estatales *que lo integran en el orden interno,* y que son la *República* como persona jurídica estatal en el ámbito nacional, los *Estados* de la federación como personas jurídicas estatales en el ámbito estadal y los *Municipios* como personas jurídicas municipales en el ámbito municipal. Como lo dijo la misma Sala Constitucional en la sentencia antes citada de 2004: "en Venezuela existe una división político-territorial a tres niveles –República, Estados y Municipios-,

---

[247] Véase en *Revista de Derecho Público*, N° 97-98, Editorial Jurídica Venezolana, Caracas, 2004, pp.278-279. Véase igualmente en http://www.tsj.gov.ve/decisiones/scon/marzo/285-040304-01-2306%20.htm

y los entes de cada uno de ellos gozan de personalidad jurídica (la República, que es una sola; 23 Estados y 335 Municipios)."[248]

En relación con la utilización de la palabra "Estado" en la Constitución, en su proyección hacia el ámbito interno (refiriéndose al conjunto de conjunto de personas jurídicas de derecho público territoriales), por ejemplo, se la emplea para establecer su responsabilidad patrimonial (Art. 140) o para prever obligaciones prestacionales por ejemplo en materia de salud o educación (Arts. 83 y 102), casos en los cuales, por supuesto, las normas se refieren en global y en conjunto a todas las personas que en el ámbito interno puedan configurar al Estado, es decir, a la República, a los Estados de la Federación, a los municipios, al Distrito capital y a los distritos municipales.

El "Estado", en ese contexto, no sólo es la "República" como persona jurídica *nacional*, sino el conjunto de entidades o comunidades políticas que conforman la organización política de la sociedad venezolana. Es en este sentido global que la Constitución también utiliza la expresión "Estado" en el Preámbulo y en los artículos 2; 3; 4; 5; 15; 19; 26; 29; 30; 31; 43; 46;49,1,8; 52; 55; 56; 59; 62; 67; 75; 76; 78; 79; 80; 81; 82; 83; 84; 85; 86; 87; 88; 89; 89,6; 91; 94; 96; 98; 99; 100; 101; 102; 103; 104; 106; 108; 109; 110; 111; 112; 113; 118; 119; 120; 121; 122; 123; 125; 126; 127; 128; 129; 135; 136; 140; 142; 145; 152; 156,32; 189,1,3; 211; 226; 272; 274; 281,2; 281,9; 285,4; 299; 305; 306; 307; 308; 309; 310; 312; 318; 321; 322; 326 y 347. Esta puede decirse, por tanto, que es la regla en la Constitución, es decir, la utilización de la palabra "Estado" principalmente para calificar a Venezuela como la globalidad de su comunidad política; siendo excepcionales los casos en que se utiliza la expresión para identificar a una sola de las personas jurídicas que conformen al Estado en el ámbito interno.

Este último es el caso, por ejemplo, de los artículos 37; 49,8; 250; 251; 254; 273; 301; 302; 313; 320; 324 y 328 de la Constitución donde se utiliza la expresión "Estado" pero para referirse, en realidad, sólo a una de las personas jurídicas del Estado en el ámbito interno, a la "República" como persona jurídica político territorial *nacional*.

---

[248] Idem.

2. El uso de la expresión *República Bolivariana de Venezuela en la Constitución*

Por otra parte, como se dijo, la Constitución también utiliza para identificar al Estado, globalmente considerado, la expresión "República Bolivariana de Venezuela," lo que ocurre, por ejemplo, los artículos 1, 4 y 6 de la Constitución, al referirse a la "República Bolivariana de Venezuela" como Estado independiente, o como Estado Federal descentralizado o para determinar los principios del gobierno. En esos casos, los artículos se refieren al "Estado" venezolano como organización política de la sociedad que comprende a la República, a los estados y a los municipios y demás entidades locales. En igual sentido los artículos 69; 186; 299; 318 emplean la expresión "República Bolivariana de Venezuela" como sinónimo de "Estado."

Sin embargo, también en este caso de la frase "República Bolivariana de Venezuela," se pueden encontrar normas de la Constitución donde se la utiliza para referirse sólo a una de las personas jurídicas que en el orden interno organizan al Estado, es decir a la República como persona jurídica *nacional,*" en contraposición con los Estados y los Municipios, como sucede en los artículos 312 y 315 cuando se refiere a la "República Bolivariana de Venezuela." En estos casos, en realidad las normas se refieren a la República como persona jurídica nacional y no a las diversas personificaciones del Estado.

En otros casos, en lugar de República Bolivariana de Venezuela para identificar al "Estado" como titular del Poder Público (en todas sus ramas nacional, estadal y municipal) y comprensivo de las diversas personas jurídicas políticos territoriales que lo comprenden (República, estados, municipios y otras entidades locales), se ha recurrido a la palabra "República" como ocurre en el Preámbulo de la Constitución y sus artículos 8, 10, 11, 19, 32, 36, 50 y 278.

Por todo lo anterior, y a pesar de algunas inconsistencias, no en todos los casos los conceptos, Estado y República, tienen el mismo significado,[249] y menos aún con el concepto de Nación.

---

[249] Véase Allan R. Brewer-Carías, *Estado de derecho y control judicial*, Madrid 1985, pp. 571 y ss, donde se critica la sentencia de la Sala Político Administrativa de 20-01-83, (Véase *Revista de Derecho Público*, Nº 13, Caracas, 1983, pp. 110-163), en la cual se confunden inadecuadamente, dichos conceptos.

II. LA REPÚBLICA COMO PERSONA JURÍDICA NACIO-NAL Y LAS OTRAS PERSONAS ESTATALES EN EL ÁMBITO INTERNO

Conforme a la Constitución, como se ha dicho, el Estado, en el ámbito interno, está configurado por un conjunto de personas jurídicas político territoriales que, como entidades o comunidades políticas, resultan de la distribución vertical del Poder Público en el territorio y que conforman, por tanto, la división político territorial del Estado venezolano.

En este campo, en particular, la forma federal del Estado venezolano como sistema de descentralización política en tres niveles territoriales,es la que origina estas personas jurídicas de derecho público, cuyo establecimiento, en definitiva, lo hizo el Constituyente al sancionar la Constitución, y que son:

(i) *la República*, concebida aquí como una de las personas jurídicas en el ámbito interno (no confundible, en general, con el 'Estado" o con la "República Bolivariana de Venezuela"), cuyos órganos ejercen el Poder Público Nacional y cuyo ámbito de actuación territorial es todo el territorio nacional;

(ii) los *23 estados* federados, cuyos órganos ejercen el Poder Público Estadal, y cuyo ámbito territorial es el territorio que tiene cada Estado de acuerdo a la división político territorial de la República, y

(iii) los *municipios*, cuyos órganos ejercen el Poder Público Municipal, y cuyo ámbito territorial es el territorio que tiene cada municipio de acuerdo a las leyes de división territorial de cada Estado de la federación. También constituyen personas de derecho público político territoriales, el Distrito Capital y los distritos municipales y, en particular, el Distrito Metropolitano de Caracas[250] y el Distrito del Alto Apure[251], cuyos órganos también ejercen el Poder Municipal

Todas estas personas jurídicas político-territoriales, por supuesto, son personas jurídicas *estatales*, en cuanto a que conforman la organización política del Estado venezolano.

---

[250] Ley Especial sobre el Régimen del Distrito Metropolitano de Caracas, *Gaceta Oficial* N° 36.906 de 08-03-2000.

[251] Ley Especial que crea el Distrito del Alto Apure (Ley N° 56), *Gaceta Oficial* N° 37.326 de 16-11-2001.

Ahora bien, concentrándonos en la comunidad política *nacional* con personalidad jurídica, sujeto de derechos y obligaciones, cuyos órganos son los que ejercen el Poder Público Nacional, la Constitución, en general y como se ha dicho, la identifica con el término "República." Esta es la persona jurídica político territorial nacional, como titular del Poder Público Nacional y, por tanto, diferenciada de los Estados y Municipios, siendo como se dijo, en este sentido que se emplea en general el término "República" en la mayoría de las normas constitucionales. Es el caso de los artículos 11; 18; 19; 129; 145; 152; 153; 154; 155; 236,4; 253; 266,4; 267; 324; 336,5 de la Constitución.

Esa personalidad jurídica nacional surge de la Constitución, aun cuando no haya una norma constitucional que señale expresamente que la República "es una persona jurídica," o que tenga personalidad jurídica como, en cambio, sí lo señala respecto de los Estados (Art. 159) y respecto de los Municipios (Art. 168).

En todo caso, la referencia a la República como persona jurídica nacional, por ejemplo, deriva de los artículos 129 y 145 que la identifican como sujeto de derecho contractual, sin necesidad de acudir a la vieja ficción del Fisco como persona, conforme lo regulaba la vieja Ley Orgánica de la Hacienda Pública Nacional; norma que fue expresamente derogada por la Ley Orgánica de la Administración Financiera del Sector Público.

Ahora bien, la República, como persona jurídica, actúa a través de los órganos que ejercen el Poder Público Nacional en sus cinco ramas: Poder Legislativo, Poder Ejecutivo, Poder Judicial, Poder Ciudadano y Poder Electoral (Art. 136). En particular, la República actúa a través de la Asamblea Nacional, integrada por diputados electos que ejercen el Poder Legislativo Nacional; a través del Presidente de la República, también electo popularmente y del vicepresidente de la República, de los ministros, del Procurador General de la República y demás órganos ejecutivos, los cuales ejercen el Poder Ejecutivo Nacional; a través del Tribunal Supremo de Justicia y demás tribunales, los cuales ejercen el Poder Judicial; a través del Contralor General de la República, del Fiscal General de la República y del Defensor del Pueblo, los cuales ejercen el Poder Ciudadano; y a través del Consejo Nacional Electoral, que ejerce el Poder Electoral. Todos estos son órganos lo son de una y única persona jurídica, que es la República, y ninguno de dichos órganos, por tanto tiene ni puede tener personalidad jurídica propia.

Todos estos órganos, por tanto, al actuar, actualizan la personalidad jurídica de la República aun cuando, por supuesto, ésta se manifiesta fundamentalmente cuando actúan los órganos de la Administración Pública en ejercicio del Poder Ejecutivo Nacional, conforme a la Ley Orgánica de la Administración Pública.

Es en todo caso, en este contexto de la expresión "República" como referente a la persona jurídico pública *nacional*, que puede decirse, como lo dijo misma la Sala Constitucional en sentencia No. 794 de la Sala Constitucional de 27 de mayo de 2011, que en el texto constitucional hay una "asimilación entre lo nacional y la República;"[252] no siendo correcto en absoluto decir, como también lo ha dicho la Sala Constitucional, que "Nación es República, de la misma forma en que nacional es lo que a esa República se concede o le interesa." [253]

Es insólitamente simplista asociar lo que son competencias "nacionales" (de los entes u órganos nacionales) establecidas en la Constitución con el término "Nación," sobre todo cuando éste en todos los casos en los cuales se usa y no excepcionalmente como lo afirma la Sala Constitucional, para usar su propia terminología, se "emplea como sinónimo de pueblo." Es decir, en ninguno de los artículos en los cuales el Constituyente utilizó la palabra "Nación" lo hizo refiriéndose a la "República" como persona jurídica nacional. Siempre lo hizo correctamente, es su acepción sociológica.

III. LA NACIÓN EN LA CONSTITUCIÓN

En efecto, el término Nación, en la Constitución, es utilizado en general como un concepto sociológico o socio político, referido a la sociedad venezolana en su conjunto, como comunidad organizada y con su población asentada en un territorio, con sus propias y definidoras características y tradiciones históricas y culturales que la han moldeado durante más de doscientos años.

Ese concepto de Nación no apunta a ninguna persona jurídica específica, ni a identificar ningún sujeto de derecho público específico. No se refiere en general, ni al Estado venezolano o a la República Bolivariana de Venezuela, ni a sus personas territoriales, como

---

[252] Caso, avocamiento procesos penales y desaplicación por control difuso del artículo 231 de la Ley de Instituciones del Sector Bancario de 2010, en http://www.tsj.gov.ve:80/decisiones/scon/mayo/11-0439-27511-2011-794.html

[253] Idem.

la República, los Estados o los Municipios. Se refiere a la sociedad venezolana como comunidad organizada con todos sus componentes, incluso los que configuran al Estado. Por tanto, esencialmente, no es posible confundir la "Nación" con el "Estado" ni con la "República" como persona jurídica nacional.

Por ello, la Sala Constitucional del Tribunal Supremo en la sentencia No. 285 de 4 de marzo de 2004, al interpretar el artículo 304 de la Constitución sobre la declaración de las aguas como del "dominio público de la Nación" se refirió al concepto de Nación, como

> "un vocablo de indudable interés jurídico, pero que tiene un sustrato sociológico: es una forma de referirse a un pueblo, entendido como tal aquél que la Teoría General del Derecho Público exige como uno de los tres elementos definidores del Estado: un conjunto de personas que, sin necesidad de vínculos concretos entre sí, tienen un sentimiento de cercanía que les une indefectiblemente."[254]

El artículo 304 de la Constitución en efecto declara que "Todas las aguas son bienes de dominio público de la Nación, insustituibles para la vida y el desarrollo." La norma no declaró que fueran del dominio público del "Estado" ni de la "República," ni de alguna otra persona jurídico pública; las declaró del dominio público "de la Nación," es decir, de todos, precisamente por ser las aguas insustituibles para la vida y el desarrollo.

Las aguas, en realidad, pertenecen a todos, son por ello esencialmente de uso común conforme a la Ley de Aguas,[255] para beber, bañarse o navegar (art. 61.1), la cual además aclara que "el acceso al agua es un derecho humano fundamental" y que "el agua es un bien social" (art. 5). Otra cosa es la gestión y el manejo de las aguas que por supuesto, corresponde a las personas de derecho público que indica la Ley.

Pero sin embargo, luego de identificar el concepto de Nación, tan diferente del de Estado, la Sala Constitucional en dicha sentencia pasó a afirmar sin mayor argumentación lógica ni jurídica que

---

[254] Véase en *Revista de Derecho Público*, N° 97-98, Editorial Jurídica Venezolana, Caracas, 2004, pp.278-279.

[255] Véase en *Gaceta Oficial* No. 38.595 de 2-1-2007. Véase en general, Allan R. Brewer-Carías, *Ley de Aguas*, Editorial Jurídica Venezolana, Caracas 2007.

"en Venezuela no existe dificultad en asimilar Nación y Estado, estimándose que la Nación es el pueblo que lo forma," y así, pasó a establecer una interpretación constitucional vinculante dicha norma el artículo 304 de la Constitución,[256] indicando en sentido diametralmente contrario a lo en el propio texto de la sentencia indicó, estableciendo que "el término Nación debe ser entendido como sinónimo de República" lo cual es un error; garrafal, por cierto.

Para ello, la Sala Constitucional incluso, llegó a afirmar, también erradamente, que "en la Constitución venezolana figura escasamente el término Nación," siendo el artículo 304 "una de las contadas normas que lo recogen." Nada más errado.

Al contrario, la Constitución usa el término Nación en muchos artículos, y en todos ellos, bien diferenciado de los términos Estado o República. Así resulta de los siguientes artículos donde la Constitución donde se usa la palabra "Nación:" El artículo 1, cuando identifica los "derechos irrenunciables de la Nación" (la independencia, la libertad, la soberanía, la inmunidad, la integridad territorial y la autodeterminación nacional); el artículo 9, cuando indica que los idiomas indígenas constituyen "patrimonio cultural de la Nación y de la humanidad;" el artículo 41 cuando se refiere a los Ministros "de los despachos relacionados con la seguridad de la Nación;" el artículo 99, cuando dispone la inalienabilidad, impres-

---

[256] Fue por ello que recogiendo esa "interpretación vinculante," al citar la sentencia de la Sala Constitucional, indiqué en 2005 que "La República, en la normativa constitucional, como persona político territorial nacional equivale a la Nación, en los términos de titularidad, por ejemplo, del dominio público sobre las aguas." Véase Allan R. Brewer-Carías, *Derecho Administrativo* Tomo I, Universidad Externado de Colombia, Bogotá 2005. La afirmación, insisto, la hice al recoger lo decidido por la Sala Constitucional, pero con cuyo contenido no estaba ni estoy de acuerdo, particularmente en relación con el tema de la declaratoria del dominio público de las aguas. Véase Allan R. Brewer-Carías, "La declaratoria de todas las aguas como del dominio público en el Derecho Venezolano" en *Revista de la Facultad de Derecho y Ciencias Sociales*, Universidad de Montevideo, Nos. 3-4, año XXIII, Montevideo 1975, pp. 157-169; y "El régimen de las aguas en Venezuela. Efectos de su declaratoria general y constitucional como bienes del dominio público," en Jorge Fernández Ruiz y Javier Santiago Sánchez (Coord), *Régimen jurídico del agua. Culturas y Sistemas Jurídicos Comparados, Congreso Internacional de Derecho Administrativo,* Instituto de Investigaciones Jurídicas, Universidad Nacional Autónoma de México, México 2007, pp. 33-86.

criptibilidad e inembargabilidad de los "bienes que constituyen el patrimonio cultural de la Nación;" el artículo 109, al regular a la Universidad y su autonomía, "para beneficio espiritual y material de la Nación;" el artículo 113 al regular la explotación de los "recursos naturales propiedad de la Nación;" el artículo 126, al declarar que los pueblos indígenas " forman parte de la Nación, del Estado y del pueblo venezolano como único, soberano e indivisible;" el artículo 130, al establecer los deberes de los venezolanos de "resguardar y proteger[...] los intereses de la Nación;" el artículo 187.8, al atribuir a la Asamblea Nacional competencia para "aprobar las líneas generales del plan de desarrollo económico y social de la Nación;" el artículo 187.8, al atribuir también a la Asamblea Nacional competencia para "autorizar al Ejecutivo Nacional para enajenar bienes inmuebles del dominio privado de la Nación;" el artículo 236. 23, al atribuir al Presidente de la República, competencia para "convocar y presidir el Consejo de Defensa de la Nación;" el artículo 304, al declarar que "todas las aguas son bienes de dominio público de la Nación, insustituibles para la vida y el desarrollo;" el artículo 305, al declarar que "la producción de alimentos es de interés nacional y fundamental para el desarrollo económico y social de la Nación;" el artículo 309, al disponer que exigir "la artesanía e industrias populares típicas de la Nación, gozarán de protección especial del Estado;" el artículo 318, donde además de regularse al bolívar como "la unidad monetaria de la República Bolivariana de Venezuela," se disponen las funciones del Banco Central de Venezuela "para alcanzar los objetivos superiores del Estado y la Nación;' el artículo 322, en el cual se dispone que "la seguridad de la Nación" si bien "es competencia esencial y responsabilidad del Estado," está "fundamentada en el desarrollo integral de ésta y su defensa es responsabilidad de los venezolanos" y "también de las personas naturales y jurídicas, tanto de derecho público como de derecho privado, que se encuentren en el espacio geográfico nacional; "el artículo 323, que se refiere al Consejo de Defensa de la Nación como máximo órgano de consulta "para la planificación y asesoramiento del Poder Público en los asuntos relacionados con la defensa integral de la Nación, su soberanía y la integridad de su espacio geográfico;" el artículo 325 que se refiere a la reserva de "operaciones concernientes a la seguridad de la Nación;" el artículo 326 que regula la corresponsabilidad "entre el Estado y la sociedad civil" en materia de "seguridad de la Nación;" el artículo 327, que vincula la atención de las fronteras con "los principios de seguridad de la Nación;" el artículo 328, que concibe a la Fuerza Armada Nacional como institución "organizada por el Estado para garantizar la independencia y soberanía de la Nación," que está "al servicio exclusivo de la Nación y en ningún caso al de persona o parcialidad política alguna;" el artículo 329 que regula los componentes de la Fuerza Armada a cargo de "la defensa de la Nación;" el artículo 337, sobre la atribución al Presidente de la República para declarar estados de excepción, en "circunstancias de orden social, económico, político, natural o ecológico, que afecten gravemente la seguridad de la Nación:"el artículo 338 sobre el "estado de alarma" en caso de acontecimientos "que pongan seriamente en peligro la seguridad de la Nación," sobre el "estado emergencia económica" en casos de circunstancias "que afecten gravemente la vida económica de la Nación," y sobre el "estado de conmoción interior o exterior en caso de conflicto interno o externo, que ponga seriamente en peligro la seguridad de la Nación." Además, la palabra nación se utilizó en la Disposición Transitoria Cuarta al disponerse que la ley debía establecer que los miembros del directorio del Banco Central de Venezuela debían representar "exclusivamente el interés de la Nación;" y en la Disposición Transitoria Decimosexta, al referirse al "acervo histórico de la Nación," y al "Archivo General de la Nación."

Incluso, se puede apreciar de estas normas, que en algunas de ellas, al emplear la palabra Nación, en la misma disposición se utiliza la palabra Estado como diferenciada, e incluso la palabra República, también como diferenciada. Así ocurre, por ejemplo, en el artículo 126, al declarar que los pueblos indígenas " forman parte de la **Nación**, del **Estado** y del pueblo venezolano como único, soberano e indivisible;" en el artículo 309, al disponer que "la artesanía e industrias populares típicas de la **Nación**, gozarán de protección especial del **Estado**;" y en el artículo 318, donde además de regularse al bolívar como "la unidad monetaria de la **República Bolivariana de Venezuela**," se regulan las funciones del Banco Central de Venezuela "para alcanzar los objetivos superiores del **Estado** y la **Nación**."

En ninguno de esos artículos, por tanto, incluyendo los artículos 305 y 306, la expresión Nación significa República como persona jurídica nacional.

Distinto es el tema de la expresión Nación usada en la legislación, sobre todo aquella de origen preconstitucional. Bien es sabido que hasta la Constitución de 1961, la palabra Nación era utilizada en el sentido de República, como persona de derecho público nacional, titular del Poder Nacional. Ello se debió a que en la Constitución de 1953 se hubiera identificado a lo que es hoy la República, como persona jurídica nacional, con "Nación," al punto de que los órganos fundamentales de esa persona político territorial nacional (República) se los denominó en la Constitución por ejemplo, como Procuraduría General de la Nación o Contraloría General de la Nación; donde el término Nación era utilizado como equivalente y con el significado de lo que hoy es la República, y en algún caso, como equivalente del Estado.

El ejemplo más clásico de la legislación antigua que emplea el término Nación, como equivalente por ejemplo a República, está en el artículo 19.1 del Código Civil en el cual al regularse las "personas jurídicas" y, por lo tanto, capaces de obligaciones y derechos, se hace referencia a "la Nación y las entidades políticas que la componen." En esta norma, obviamente, la "Nación" es lo que conocemos hoy como República; ocurriendo lo mismo en el artículo 539 del mismo Código al disponer que "los bienes pertenecen a la Nación, a los Estados, a las Municipalidades, a los establecimientos públicos y demás personas jurídicas y a los particulares;" y en el artículo 539, al prescribir que "los bienes de la Nación, de los Estados y de las Municipalidades, son del dominio público o del dominio privado."

Por ello, por ejemplo, y con razón, desde el punto de vista constitucional, la Sala Constitucional en otra sentencia No. 172 de 18 de febrero de 2001 (Caso: Interpretación de los artículos 21, numerales 1 y 2, y 26 de la Constitución de la República Bolivariana de Venezuela),[257] al analizar el artículo 287 del Código de Procedimiento Civil que proviene de las versiones antiguas del mismo, relativo a las costas procesales, que dispone que "Las costas proceden contra las Municipalidades, contra los Institutos Autónomos, empresas del Estado y demás establecimientos públicos, pero no proceden contra la Nación"; llegó a la conclusión correcta de "sólo la Nación, la cual se equipara a la República o al Estado, en la terminología legal, no será condenada en costas."

Para decidir en esta forma, la Sala Constitucional, además, destacó que el referido artículo del Código de Procedimiento Civil estaba en sintonía con el artículo 10 de la vieja Ley Orgánica de la Hacienda Pública Nacional que disponía que: "En ninguna instancia

---

[257] Véase Caso: *Interpretación de los artículos 21, numerales 1 y 2, y 26 de la Constitución de la República Bolivariana de Venezuela*, en *Revista de Derecho Público*, N° 97-98, Editorial Jurídica Venezolana, Caracas, 2004, pp. 195 ss.

podrá ser condenada la Nación en costas, aun cuando se declarasen confirmadas las sentencias apeladas, se negasen los recursos interpuestos, se declarasen sin lugar, se dejasen perecer o se desistiera de ellos." Sobre ello, destacó la Sala, que el artículo 74 de la Ley Orgánica de la Procuraduría General de la República, en cambio, dispuso que: "La República no puede ser condenada en costas, aun cuando sean declaradas sin lugar las sentencias apeladas, se nieguen los recursos interpuestos, se dejen perecer o se desista de ellos."

No es un error, por tanto, que en leyes viejas y de origen preconstitucional se pueda encontrar la palabra Nación para identificar a la República. Sin embargo, tal inconsistencia si se podría calificar de "error" cuando se trata de leyes dictadas con posterioridad a la entrada en vigencia de la Constitución de 1999, como fue el caso, por ejemplo, del artículo 5 de la Ley de Instituciones del Sector Bancario de 2010,[258] en la cual se debió seguir la terminología constitucional.

En efecto, este artículo 5 de dicha Ley, define a la actividad de "intermediación financiera" como aquella "que realizan las instituciones bancarias y que consiste en la captación de fondos bajo cualquier modalidad y su colocación en créditos o en inversiones en títulos valores emitidos o avalados por la Nación o empresas del Estado, mediante la realización de las operaciones permitidas por las Leyes de la República." Sin duda, el término Nación se utilizó allí incorrectamente, en el sentido clásico de las viejas leyes financieras, pues allí debió decir "República," razón por la cual, la Sala Constitucional en sentencia de 794 de 27 de mayo de 2011 (Caso, inaplicación del artículo 312 de la ley de Instituciones del Sector bancario), advirtió que debía aclarar que:

> "el legislador en el artículo 5 eiusdem cometió un error al confundir un término eminentemente sociológico como lo es el de Nación cuando debe referirse a estructuras político territoriales como Estado o República."[259]

La Sala Constitucional, sin embargo, ignorando la razón fundamental histórica de la utilización en la legislación, sobre todo en la de arraigo preconstitucional, de la expresión Nación en lugar de

---

[258] Véase G.O. N° 6.015 extraordinario, del 28 de diciembre de 2010,

[259] Sentencia N° 794/2011 Caso: Avocamiento procesos penales sobre delitos bancarios. Véase en http://www.tsj.gov.ve:80/decisiones/scon/mayo/11-0439-27511-2011-794.html

República, afirmó en la mencionada sentencia de No. 285 de 4 de marzo de 2004 sobre interpretación vinculante del artículo 304 de la Constitución, que "ese significado del término Nación es ya tradicional en Venezuela, al menos en lo referente a la propiedad de los bienes y a la calificación de algunos como del dominio público,"[260] para lo cual citó los antes mencionados artículos 538 y 539 del Código Civil, expresando, sin siquiera haber tenido la curiosidad histórica de averiguar de dónde provenía la expresión, que:

> "Aunque la Sala no interpreta las normas constitucionales con base en disposiciones legales, no puede relegarse al olvido el hecho de que una tradición consolidada ha dado un sentido a las palabras y no es banal el hecho de que precisamente ese sentido se ve reflejado en uno de los textos más antiguos con que cuenta nuestro ordenamiento jurídico." [261]

Y todo ello, para concluir señalando errada y contradictoriamente mente que "debe entenderse que el término Nación equivale a República en el artículo 304 de la Constitución."[262]

De allí dedujo su aún más errada afirmación de que:

> "entendida Nación como sinónimo de República, la conclusión sería que las aguas le pertenecen a ella, como ente político-territorial, negándose entonces la titularidad de las mismas por parte de los estados y los municipios, y más aún por parte de los particulares, sin perjuicio de que, por mecanismos típicos del Derecho Público, personas distintas a la República puedan servirse de las aguas."[263]

Con esta afirmación, además, la Sala Constitucional evidenció su completa ignorancia sobre el significado de lo que son bienes del dominio público por afectación natural, como lo son, precisamente, las aguas del mar, de los lagos, de los ríos, de lluvia o subterráneas o de nieve; o lo son las costas, donde no cabe modernamente usar la expresión de que puedan ser de "propiedad" de nadie, como llegó a

---

[260] Véase en *Revista de Derecho Público*, N° 97-98, Editorial Jurídica Venezolana, Caracas, 2004, pp.278-279. Véase igualmente en http://www.tsj.gov.ve/decisiones/scon/marzo/285-040304-01-2306%20.htm

[261] Idem

[262] Idem

[263] Idem

expresarlo en la misma sentencia al hablar de bienes considerados *"res comunes omnium,"* en el sentido de "bienes del uso común de todos, por lo que se justifica la inalienabilidad y la imprescriptibilidad que les caracteriza." [264] Pero ignorando esos mismos conceptos concluyó la sentencia señalando en un párrafo, por lo demás confuso, que:

> "las aguas son del dominio público de la República, sin perder de vista que ese carácter le exige aprovecharlas en beneficio colectivo, es decir en beneficio del Pueblo. Nación tiene entonces, en el artículo 304 de la Constitución, un doble sentido: propiedad de la República de unas aguas que deben servir a la población en su conjunto." Así se declara. "[265]

En fin, como puede apreciarse de todas estas confusas e incoherentes sentencias que se han analizado, y particularmente las que se refieren a las interpretaciones vinculantes de los artículos 304 y 305 de la Constitución, lo que se evidencia es que la Sala Constitucional confundió Nación con República y aún con Estado, habiendo sido entonces la Sala, realmente la que ha cometido un error, y garrafal. Como lo hemos explicado, el Constituyente no cometió error alguno al utilizar la palabra Nación, en su sentido sociológico y político en los artículos 304 y 305 de la Constitución, como tampoco lo cometió en ninguno de los artículos constitucionales en los cuales utilizó dicho término, en su preciso significado eminentemente sociológico.

Por lo demás, y como Constituyente que fui en la Asamblea que elaboró la Constitución de 1999, me veo en la necesidad de recordarle una vez más a la Sala Constitucional del Tribunal Supremo que no es quien para juzgar los supuestos "errores" del Constituyente, ni para enmendar la Constitución en lo que arbitrariamente piensen sus Magistrados que pueda haber estado errada. La Sala Constitucional está sometida a la Constitución, como lo están todos los órganos del Estado, y no tiene competencia para juzgar la inconstitucionalidad de la Constitución, ni los supuestos errores en los cuales piense que hubiera podido haber incurrido el Constituyente, y menos cuando no los ha habido; ni para mutar el contenido de las normas constitucionales ni el sentido de sus palabras.

---

[264] Idem
[265] Idem

DÉCIMA PRIMERA PARTE

LA DISTORSIÓN DE LA CLASIFICACIÓN DE LAS PERSONAS JURÍDICAS ESTATALES Y LA ERRADA Y CONTRADICTORIA CALIFICACIÓN DE LAS EMPRESAS DEL ESTADO COMO PERSONAS JURÍDICAS "DE DERECHO PÚBLICO CON FORMA DE DERECHO PRIVADO"

El artículo 100 de la Ley Orgánica de la Administración Pública de 2001,[266] dictada apenas sancionada la Constitución de 1999, definía a las empresas del Estado como "las sociedades mercantiles en las cuales la República, los estados, los distritos metropolitanos y los municipios, o alguno de los entes descentralizados funcionalmente regulados en la Ley Orgánica, solos o conjuntamente, tuvieran una participación mayor al 50% del capital social."

Esta definición se eliminó del artículo 102 de la Ley Orgánica de la Administración Pública de 2008, [267] e ignorando la "forma de derecho privado" de las empresas del Estado conforme a los principios de la descentralización establecidos en el artículo 29 de la misma Ley, las empresas del Estado se definieron, eliminándose toda referencia al carácter "de sociedades mercantiles" de las mismas, y en forma totalmente contradictoria, como:

---

[266] *Gaceta Oficial* N° 37.305 de 17-10-2001. Esta Ley Orgánica sólo derogó expresamente la Ley Orgánica de la Administración Central, cuya última reforma había sido la hecha mediante Decreto-Ley N° 369 de 14-9-99, en *Gaceta Oficial* N° 36.850 de 14-12-99.

[267] *Gaceta Oficial* N° *Gaceta Oficial* No. 5890 Extraordinario de 31-07-2008.

*"personas jurídicas de derecho **público constituidas de acuerdo a las normas de derecho privado**,* en las cuales la República, los estados, los distritos metropolitanos y los municipios, o alguno de los entes descentralizados funcionalmente a los que se refiere [la] presente [...] Ley Orgánica, solos o conjuntamente, tengan una participación mayor al cincuenta por ciento del capital social."

Frente a tamaña contradicción, en los comentarios a dicha Ley que hicimos en 2009, expresé que no había "otra conclusión que no sea considerar que se trata de un error de la Ley."[268] Pero en realidad, no era así. En dicha reforma en un afán de publicizar, centralizar y estatizar todo, se introdujeron varias reformas, y entre ellas, destaqué en 2009, las siguientes de orden sustantivo:

"En *primer lugar*, la regulación de la "Administración Pública" como una sola organización que comprende la de la República (nacional), la de los estados y la municipal (art. 1), en forma centralizada, sometida toda a los lineamientos de la planificación centralizada (arts. 15, 18, 23, 32, 44, 48, 60, 77, 84, 91, 99, 119, 121, 131), bajo la dirección del Presidente de la República (art. 46) y la coordinación del Vicepresidente ejecutivo (art. 49,3).

En *segundo lugar*, la previsión expresa de las "misiones" como organizaciones que forman parte de la Administración Pública (arts. 15 y 131), que se agregan a los "órganos y entes" que han sido las organizaciones que tradicionalmente han conformado la misma, pero con la peculiaridad de que se las excluye, en general, de la aplicación de la Ley Orgánica, la cual básicamente se destina a dichos "órganos y entes."

En *tercer lugar*, la incorporación en los órganos superiores de la Administración Pública nacional central (ahora denominada Nivel Central de la Administración Pública Nacional (art. 44), además de los de dirección y de consulta, al de "coordina-

---

[268]   Véase Allan R. Brewer-Carías, "Introducción General al régimen jurídico de la Administración Pública," en el libro: Allan R. Brewer-Carías, Rafael Chavero Gazdik y Jesús María Alvarado Andrade *Ley Orgánica de la Administración Pública, Decreto Ley No. 4317 De 15-07-2008*, Colección Textos Legislativos Nº 24, 4ª edición actualizada, Editorial Jurídica Venezolana. Caracas 2009, p. 70.

ción y control de la planificación centralizada", que es la Comisión Central de Planificación (arts. 44, 57).

En *cuarto lugar*, la incorporación dentro de los órganos superiores de dirección del Nivel Central de la Administración Pública nacional, de las "autoridades regionales" (arts. 44, 70).

En *quinto lugar*, la eliminación de toda noción de "autonomía", reflejada en la transformación de los "servicios autónomos sin personalidad jurídica" en "servicios desconcentrados" (art. 93) y la creación de los "institutos públicos" en lugar de los "institutos autónomos" como entes descentralizados funcionalmente, aun cuando sin eliminar los últimos en virtud de tratarse de una institución con rango constitucional (art. 96).

En *sexto lugar*, la contradictoria calificación de las empresas del Estado como entes "con forma de derecho privado" (art. 29) y, a la vez, como "personas de derecho público" (art. 102)."[269]

En ese marco es que hay que situar la reforma de la Ley Orgánica, y el grave error conceptual en que incurrió el legislador (delegado, pues se trató de un Decreto Ley), contrariando los principios establecidos en la propia Constitución, sobre la personalidad jurídica en nuestro derecho administrativo.

Como hemos dicho en muchas partes, en Venezuela, en efecto, tratándose de un Estado con forma "federación descentralizada" (art. 4 de la Constitución) conforme a la cual "el Poder Público se distribuye entre el Poder Municipal, el Poder Estatal y el Poder Nacional" (art. 13 de la Constitución), el "Estado" está básicamente conformado por un conjunto de personas jurídicas político territoriales como son la República, los Estados y los Municipios, y por otras personas jurídicas estatales producto de la descentralización política y funcional. [270] El Estado, por tanto, se insiste, no es una persona jurídica en el ámbito interno; lo que existen son muchas personas jurídicas que actualizan su voluntad, que son las *personas jurídicas estatales*, en definitiva, que conforman el Estado.

---

[269] Idem p. 11.

[270] Véase Allan R. Brewer-carías, "Sobre las personas jurídicas en la Constitución de 1999" en *Derecho Público Contemporáneo. Libro Homenaje a Jesús Leopoldo Sánchez*, Estudios del Instituto de Derecho Público, Universidad Central de Venezuela, enero-abril 2003, Volumen 1, pp.48-54.

Por supuesto, bajo este ángulo, la "Administración Pública" tampoco es una persona jurídica, ni puede decirse que hay muchas Administraciones Públicas como personas jurídicas. La Administración Pública, en realidad, es una organización que, por supuesto, está conformada por un conjunto de órganos que, además, lo son de las personas jurídicas estatales, y que como tales órganos, sirven para manifestar o actualizar la voluntad de éstas y mediante ellas, del Estado. La Administración Pública, por tanto, está conformada por las personas jurídicas estatales (entes) y por sus órganos, los cuales, como lo precisa la misma Ley Orgánica de la Administración Pública, son las unidades administrativas de dichas personas jurídicas estatales (art. 15).

De lo anterior se entiende la importancia que tiene para el derecho administrativo el tema de la personalidad jurídica, lo que llevó a M. Hauriou, incluso, a definir el derecho administrativo como la rama del derecho público que tiene por objeto la organización y el ejercicio de los derechos de las personas administrativas.[271]

En consecuencia, tan importante para el derecho administrativo el estudio de las personas jurídicas que actualizan la voluntad del Estado, cuyos órganos ejercen el Poder Público; como las unidades administrativas que constituyen los órganos de tales personas jurídicas.

En cuanto a esas personas jurídicas estatales que son los sujetos de derecho cuyos órganos conforman la Administración Pública, ellas son objeto de regulación por parte del derecho administrativo, porque, en definitiva, son los que establecen relaciones jurídico-administrativas con los particulares. La Administración Pública, por tanto, como hemos dicho, no es una persona jurídica en sí misma; sino que los órganos que la conforman lo son de diversas personas jurídicas estatales. Por ello, insistimos, es que el tema de la personalidad jurídica tiene tanta importancia en el derecho administrativo.

En todo caso, como en tantos otros aspectos del derecho administrativo, la construcción de la teoría de la personalidad jurídica no puede hacerse con independencia de los principios y regulaciones de la teoría general del derecho y, en especial del derecho civil, pues la idea de persona jurídica moral, como sujeto de derecho, es y tiene que ser una y única.

---

[271] Véase Maurice Hauriou, *Précis de Droit Administratif*, Paris 1893, pág. 171

En efecto, de acuerdo al Código Civil, en el mundo del derecho, además de las personas naturales, son reconocidos como sujetos de derecho, es decir, como entes capaces de derechos y obligaciones, una serie de "centros de intereses" a los cuales, para protegerlos jurídicamente, el ordenamiento jurídico le asigna el carácter de personas jurídicas o morales, como entidades abstractas. En tal sentido, el artículo 19 del Código Civil dispone:

"Son personas jurídicas y por lo tanto, capaces de obligaciones y derechos:

1°. La Nación y las Entidades políticas que la componen;

2°. Las iglesias, de cualquier credo que sean, las universidades y, en general todos los seres o cuerpos morales de carácter público.

3°. Asociaciones, corporaciones y fundaciones lícitas de carácter privado."

De acuerdo con la enumeración de este artículo del Código Civil, en consecuencia, son personas jurídicas en el ordenamiento jurídico venezolano:

En *primer lugar,* las *personas político-territoriales,* que el Código Civil enuncia como "la Nación y las entidades políticas que la componen", y que conforme a la terminología de la Constitución de 1999integran al Estado la República y las otras personas político territoriales.[272] La forma federal del mismo (art. 4) y la distribución vertical del Poder Público "entre el Poder Municipal, el Poder Estadal y el Poder Nacional" da origen a tres niveles de personas jurídicas que integran al Estado: la República, que ejerce el Poder Nacional, los Estados que ejercen el Poder Estadal y los Municipios y demás entidades locales (entre ellas los Distritos Metropolitanos) que ejercen el Poder Municipal.

En esta forma el "Estado" como se dijo, en el derecho interno comprende a la República, a los Estados y a los Municipios y las demás entidades locales. Por tanto, en el derecho interno, la República es una de las personificaciones del Estado en el ámbito nacio-

---

[272] Véase Allan R. Brewer-Carías, El régimen de las personas jurídicas estatales político-territoriales en la Constitución de 1999" en *El Derecho constitucional y público en Venezuela. Homenaje a Gustavo Planchart Manrique*, Tomo I, Universidad Católica Andrés Bello,de Tinoco, Travieso, Planchart & Núñez, Abogados, Caracas 2003, pp. 99-121.

nal, siendo los Estados Federados y los Municipios también, personificaciones del Estado en sus respectivos ámbitos territoriales.

El Estado, por tanto, no se puede confundir con la República[273] y menos aun cuando la Constitución usa la palabra "Estado" como lo decía la misma exposición de motivos de la Constitución de 1961, para conceptuar "la organización política y jurídica representada por el Poder Público frente a las actividades privadas."[274] La Constitución de 1999, sin duda, sigue el mismo criterio al regular el Estado federal y la distribución vertical del Poder Público.

En *segundo lugar*, de acuerdo al artículo 19 del Código Civil, también son personas jurídicas en el ordenamiento jurídico venezolano, las *personas jurídicas "de carácter público"*, entre las cuales el Código enuncia a "las iglesias de cualquier credo que sean y las universidades". Estas personas jurídicas de carácter público, conforme a la terminología empleada en la Constitución de 1999 (art. 145, en particular) son las *"demás personas jurídicas de derecho público"* (excluidas las político-territoriales) y que comprenden, además de las de carácter corporativo, algunas de las cuales son las que enuncia el ordinal 2 del artículo 19 del Código Civil (iglesias y universidades), y las de carácter institucional (o fundacional) que son los institutos autónomos, terminología acogida también en la Constitución (art. 142, entre otros).

En *tercer lugar*, el Código Civil también considera como personas a las *personas jurídicas "de carácter privado"*, las cuales son *las personas jurídicas de derecho privado*, terminología también seguida en la Constitución (art. 145, entre otros), que comprenden las asociaciones, entre las cuales se destacan las sociedades civiles y sociedades mercantiles, las corporaciones y las fundaciones lícitas, cuya personalidad se adquiere, en principio, con la protocolización de la correspondiente acta constitutiva en la respectiva Oficina Subalterna de Registro.

---

[273] Error en el cual incurrió, muy impropia y lamentablemente la jurisprudencia de la Sala Político Administrativa de la Corte Suprema de Justicia. Véase sentencia de 20-1-83, en *Revista de Derecho Público* N° 13, Editorial Jurídica Venezolana. Véase los comentarios críticos a dicha sentencia en Allan R. Brewer-Carías, *Estado de Derecho y Control Judicial,* Madrid 1985, pp. 571 ss.

[274] Exposición de Motivos de la Constitución de 1961 en *Revista de la Facultad de Derecho,* UCV, N° 21, Caracas 1961, p. 373.

Ahora bien, no todas las personas jurídicas enumeradas en este artículo 19 del Código Civil interesan al derecho administrativo ni son objeto de regulación formal por parte de esta disciplina. Entre ellas son objeto de estudio por el derecho administrativo, aquéllas *que forman parte de la organización general del Estado*, sean de derecho público o de derecho privado, es decir, aquéllas que conforman lo que desde el punto de vista económico constituye el "sector público" (art. 283.3 de la Constitución) y que pueden considerarse como personas jurídicas *estatales* conforme a la terminología que adopta la Constitución (art. 145 y 180 entre otros). [275]

También son objeto de estudio por nuestra disciplina aquellas personas jurídicas con forma de derecho público que, aun siendo no estatales, por el conjunto de potestades que le están atribuidas por Ley están sometidas a un régimen de derecho administrativo.

En efecto, de acuerdo a la enumeración del mismo artículo 19 del Código Civil, entre las personas jurídicas estatales, además de las político-territoriales, están algunas de carácter público o de derecho público, como los institutos autónomos. Sin embargo, no todas las personas de derecho público son estatales, porque ,por ejemplo, si bien los Colegios Profesionales y las Iglesias son "personas de derecho público", no son, en absoluto, de carácter estatal, pues no forman parte de la organización general del Estado.

Por otra parte, también son personas *estatales* todas aquellas personas jurídicas de derecho privado creadas y dirigidas por entes públicos, como sucede con las sociedades mercantiles (empresas del Estado) y civiles del Estado o las fundaciones del Estado. El carácter estatal de todas esas personas jurídicas, por tanto, es independiente de su carácter de derecho público o de derecho privado. Por

---

[275] Véase lo expuesto en Allan R. Brewer-Carías "La distinción entre las personas públicas y las personas privadas y el sentido actual de la clasificación de los sujetos de derecho", en *Revista Argentina de Derecho Administrativo*, No. 12, Buenos Aires, 1977, pp. 15 a 29; en *Revista de la Facultad de Derecho*, UCV, No. 57, Caracas 1976, pp. 115 a 135; y en *Fundamentos de la Administración Pública*, Caracas, 1980, pp. 223 a 248. Véase más recientemente Allan R. Brewer-Carías, "Sobre las personas jurídicas en el derecho administrativo: personas estatales y no estatales, y personas de derecho público y de derecho privado," en el libro: *Estudios de derecho público en Homenaje a Luciano Parejo Alfonso,* Coordinadores: Marcos Vaquer Caballería, Ángel Manuel Moreno Molina, Antonio Descalzo González, Editorial Tirant lo Blanch, 2018, pp. 2113-2136.

pertenecer a la organización administrativa del Estado (sector público), son personas estatales objeto de regulación por parte del derecho administrativo.

Pero, además, como se dijo, también interesan al derecho administrativo y están sometidas a sus regulaciones, todas aquellas personas jurídicas que aun cuando no sean estatales, porque no forman parte de la organización general del Estado, sin embargo, son de *derecho público* o, en la terminología del artículo 19 del Código Civil, son "cuerpos morales de carácter público" como puede suceder, por ejemplo, con los Colegios profesionales o las Academias Nacionales.

De lo anterior resulta, por tanto, el empleo de dos clasificaciones distintas respecto de las personas jurídicas en el derecho administrativo: por una parte, la que distingue entre las *personas jurídicas de derecho público y las de derecho privado*, según la forma jurídica adoptada; y por la otra, la que distingue las *personas estatales de las no estatales*, según la integración del ente a la estructura y organización general del Estado. Estas dos clasificaciones son las adoptadas en la Constitución de 1999, lo que por supuesto contrasta con la clasificación tradicional (personas públicas y personas privadas) que se había hecho de las personas jurídicas en el derecho administrativo.

En efecto, el artículo 145 de la Constitución, al establecer la inhabilitación de los funcionarios públicos para celebrar contratos con entes públicos, previendo la prohibición en la forma siguiente:

"Quien esté al servicio de los Municipios, de los Estados, de la República y demás *personas jurídicas de derecho público o de derecho privado* estatales no podrá celebrar contrato alguno con ellas, ni por si ni por interpósita personas, ni en representación de otro, salvo las excepciones que establezca la ley."

De esta norma lo que a los efectos de este estudio interesa destacar en relación con las personas jurídicas estatales que pueden celebrar contratos de la Administración, es la doble distinción que en ella se establece respecto de las personas jurídicas siendo ello una terminología constitucional: por una parte, entre las *personas jurídicas de derecho público* y las *personas jurídicas de derecho privado*; y por la otra, entre las *personas jurídicas estatales* y las personas jurídicas *no estatales*; clasificación que propusimos hace décadas.[276] La prohibición de contratar que se impone a los funcionarios públicos, por supuesto, es con las personas jurídicas estatales, cualquiera que sea su forma jurídica, de *derecho público o de derecho privado*.

Estas distinciones se recogen, además, en otras normas constitucionales. En cuanto a la forma jurídica de las personas jurídicas, el artículo 322 de la Constitución, al señalar que la seguridad de la Nación es competencia esencial y responsabilidad del Estado, indica que aquélla se fundamenta en el desarrollo integral la Nación y que su defensa es responsabilidad de los venezolanos y de las "*personas naturales y jurídicas, tanto de derecho público como de derecho privado*" que se encuentren en el espacio geográfico nacional. Por otra parte, en los artículos 159 y 168 se atribuye expresamente personalidad jurídica a los Estados y Municipios como personas de derecho público territoriales; en los artículos 142 y 149,1 se regulan los "institutos autónomos" como *personas jurídicas de derecho público* institucionales y el artículo 318 califica expresamente al Banco Central de Venezuela como "*persona jurídica de derecho público.*"

En cuanto a la pertenencia de las personas jurídicas al Estado o al sector público, el artículo 190, al regular las incompatibilidades de los diputados a la Asamblea Nacional, precisa, entre otros aspectos, que no pueden ser propietarios, administradores o directores de empresas "que contraten con personas jurídicas *estatales*". Por otra parte, el artículo 180, al regular la inmunidad tributaria de los entes o personas jurídicas político territoriales (República, Estados y Municipios) entre sí, señala que las inmunidades frente a la potestad impositiva de los Municipios a favor de los demás entes político territoriales "se extiende sólo a las personas jurídicas *estatales* creados por ellos". Además, el artículo 289, al regular las atribuciones de la Contraloría General de la República, precisa la competencia de este órgano para realizar inspecciones y fiscalizaciones respecto de "las personas jurídicas del sector público".

---

[276] Véase lo expuesto en Allan R. Brewer-Carías "La distinción entre las personas públicas y las personas privadas y el sentido actual de la clasificación de los sujetos de derecho", en Revista Argentina de Derecho Administrativo, No. 12, Buenos Aires, 1977, pp. 15 a 29; en Revista de la Facultad de Derecho, UCV, No. 57, Caracas 1976, pp. 115 a 135; y en *Fundamentos de la Administración Pública*, Caracas, 1980, pp. 223 a 248.

De toda esta normativa constitucional deriva, por tanto, como ya hemos señalado, que la expresión genérica de "Estado" comprende a todas las personas jurídicas que en el orden interno y en la organización política del Estado federal se consideran como parte del mismo, conforme a los tres niveles de distribución territorial del Poder Público: nacional, estadal y municipal.

Se establecen así, en la Constitución, como hemos indicado, dos clasificaciones respecto de las personas jurídicas. La primera, que distingue entre las personas jurídicas estadales, que forman parte de la organización general del Estado en sus tres niveles territoriales o, si se quiere del sector público; y las personas jurídicas no estatales, que no forman parte del Estado o del sector público; y la segunda, que distingue, *según la forma jurídica que adoptan las personas jurídicas, entre personas jurídicas de derecho público, como los institutos autónomos, y personas jurídicas de derecho privado, como las sociedades anónimas del Estado* (empresas del Estado, o "empresas públicas" conforme las denominan los artículos 189,1 y 184,4, respectivamente, de la Constitución).

Ahora bien, en virtud de que la Constitución se refiere a las personas jurídicas estatales y a las personas jurídicas de derecho público, como objeto de regulación por el derecho administrativo, ello nos conduce a que tengamos que plantear la interrogante de si dichas personas estatales o las personas de derecho público coinciden o no con lo que de acuerdo a la terminología usada con frecuencia, se ha denominado "personas públicas" por oposición a las "personas privadas".

Ésta, en efecto, puede considerarse como una distinción de las personas jurídicas que pudo haber tenido aplicación hasta comienzos del siglo pasado, cuando no existía la diversidad de entes administrativos que conforman la Administración Pública contemporánea. Por ello, la Constitución de 1999, debido al universo de las entidades que con personalidad jurídica actúan en el mundo contemporáneo, ha desechado la clásica distinción entre personas públicas y personas privadas por resultar insuficiente para clasificarlas.

El proceso de publicización del campo de lo privado, tan característico de la ruptura de los moldes clásicos del Estado liberal abstencionista; y la privatización jurídica del campo de lo público, por la tendencia creciente del Estado de despojarse de su *imperium*, han provocado la obsolescencia y, a veces, imposibilidad de aquella distinción otrora simple[277].

En efecto, esa distinción identificaba la "persona pública" con las organizaciones integradas al Estado (inicialmente las personas territoriales y posteriormente, los establecimientos públicos) que adoptaban solamente las formas jurídicas originarias del derecho público (instituto autónomo, por ejemplo) y que, como consecuencia, estaban regidas por el derecho público; y en el mismo sentido, identificaba a las personas privadas con las organizaciones establecidas por los particulares (sociedades y fundaciones), que adoptaban solamente las formas jurídicas originarias del derecho privado (compañía anónima, por ejemplo) y que, como consecuencia, estaban regidas por el derecho privado.

La realidad jurídica actual, por el contrario, muestra que esa distinción tradicional se rompió, totalmente, al menos en relación a los elementos que le daban sentido, sustituyéndose como hemos dicho por la adoptada por la Constitución que distingue: primero, según la pertenencia a la organización general del Estado en sus tres niveles territoriales o, si se quiere del sector público, que distingue entre las personas jurídicas *estadales*, que forman parte de la misma, y las personas jurídicas *no estatales*, que no forman parte del Estado o del sector público; y segundo, según la forma jurídica que adoptan las personas jurídicas, que distingue entre personas jurídicas *de derecho público*, como los institutos autónomos, y personas jurídicas *de derecho privado*, como las sociedades anónimas del Estado o empresas del Estado.

En consecuencia, fue un grave error, y una tremenda contradicción jurídica, en la que se incurrió la reforma de la Ley Orgánica de la Administración Pública de 2008, ignorando y contradiciendo lo expuesto en el artículo 29 de la misma cuando se refiere a la "forma de derecho privado" de las empresas del Estado conforme a los principios de la descentralización, y proceder a definir a las empresas del Estado en el artículo 102, eliminándose toda referencia al carácter "de sociedades mercantiles" de las mismas, como "**perso-**

---

[277] Véase Allan R. Brewer-Carías, "La interaplicación del Derecho Público y del Derecho Privado a la Administración Pública y el proceso de huida y recuperación del Derecho Administrativo" en *Las formas de la actividad administrativa. II Jornadas Internacionales de Derecho Administrativo Allan Randolph Brewer-Carías, Caracas, 1996,* Fundación Estudios de Derecho Administrativo (FUNEDA), Caracas 1996, pág. 23 a 73.

nas jurídicas de *derecho público* constituidas de acuerdo a las normas de *derecho privado.*"

Mayor disparate es imposible encontrar en una legislación sobre la Administración Pública y sus entes descentralizados.

DÉCIMA SEGUNDA PARTE

LA MANIPULACIÓN LEGISLATIVA DE LAS EXCEPCIONES A LA EXIGENCIA GENERAL DE LA LICITACIÓN PARA LA SELECCIÓN DE CONTRATISTAS EN LA CONRATACIÓN PÚBLICA

I. ANTECEDENTES DEL CONTROL SOBRE LA CONTRATACIÓN PÚBLICA

Si ha habido un principio tradicional inserto formalmente en la legislación sobre contrataciones públicas en Venezuela ha sido el de las limitaciones a la libertad contractual impuestas por la necesidad de controlar el correcto manejo de los fondos públicos, que han apuntado a garantizar que la contratación efectuada obedezca a los mejores intereses del Estado, y que la escogencia de los contratistas de la Administración sea la más adecuada a su satisfacción. [278]

La Administración, en consecuencia, no siempre es libre de contratar ni de seleccionar libremente su cocontratante, de manera que excepto en los contratos que tengas que celebrarse *intuitu personae*, en general, la misma está sometida a normas de control, tanto interno como externo, tendientes a garantizar dichas mejores condiciones para el Estado y en particular, asegurar las mejores

---

[278] Véase sobre esto: Allan R. Brewer-Carías, "De la Ley de Licitaciones a la Ley de Contrataciones Públicas en Venezuela: Una estrecha reforma que amplió el radio de las excepciones al régimen de selección de contratistas y a la corrupción administrativa," en el libro: *Retos de la contratación pública en Iberoamérica. Homenaje a Allan R. Brewer-Carías,* (Prefacio José Moya, Presentación William Zambrano Cetina), Universidad del Rosario, Institut of Latin American Studies, University of Columbia, Foro Iberoamericano de Derecho Administrativo, Editorial Ibañez, Bogotá 2017, pp. 21-46..

condiciones objetivas en la selección de los contratistas para la mejor satisfacción de los interesas que gestiona la Administración.

En el ámbito del control interno, las limitaciones impuestas a la libertad de contratación de las entidades públicas tuvieron su origen en Venezuela en las previsiones de la vieja Ley Orgánica de la Hacienda Nacional sancionada desde comienzos del siglo pasado, de la cual quedan aún en vigencia escasas normas, al prescribir tímidamente una especie de "recomendación" para que "en cuanto sea posible " en las contrataciones públicas de obras públicas y de suministros se empleara la técnica de la licitación pública para escoger los contratistas.[279] En la misma norma ya se exceptuaban los contratos en que estuviese interesada la defensa nacional, los relativos a servicios técnicos y aquellos cuyo monto no excediera de un monto determinado establecido en la Ley que quedaban fuera de la recomendación de acudir a la licitación para escoger a los contratistas.

En cuanto al control externo sobre la contratación, también pueden mencionarse como antecedentes los mecanismos de control fiscal a cargo de la Contraloría General de la República, que comenzaron a establecerse desde que se creó dicho órgano de control en las primeras décadas del siglo pasado, como un régimen de control previo de compromisos.[280]

En la tradición de ese régimen, el artículo 18 de la Ley Orgánica de la Contraloría General de la República de 1975, reformada en 1984[281], por ejemplo, aún disponía que todos los contratos que celebrasen los Despachos del Ejecutivo Nacional que implicaran compromisos financieros para la República, debían someterse a la aprobación previa de la Contraloría General de la República, para entre otros aspectos, verificar por ejemplo, que los precios fueran

---

279 Artículo 427. Véase sobre estos antecedentes véase en Allan R. Brewer-Carías, *Las Instituciones Fundamentales del derecho administrativo y la jurisprudencia venezolana*, Universidad Central de Venezuela, Caracas 1964.

280 Véase sobre estos antecedentes Allan R. Brewer-Carías, "La formación de la voluntad de la Administración Pública Nacional en los contratos administrativos", *Revista de la Facultad de Derecho*, U.C.V. N° 28, Caracas, 1964, pp. 61–112; y en Contratos administrativos, Editorial Jurídica Venezolana, Caracas 1992.

281 Véase en *Gaceta Oficial*. N° 1.712 Extra de 6–1–75 y en *G.O.* N° 3.482 de 14–12–84.

justos y razonables; y que se hubieran previsto las garantías necesarias y suficientes para responder de las obligaciones que debía asumir el contratista.

La regulación era de tal naturaleza, que no podía iniciarse la ejecución de estos contratos mientras las estipulaciones que contenían los respectivos compromisos financieros no hubiesen sido previamente aprobadas por el órgano de control; previendo el artículo 19 de la Ley Orgánica, sin embargo, que mediante ley especial se podía excluir del control previo a los contratos que fueran requeridos para el desarrollo de determinados programas, por el lapso que la misma ley fijase.

También quedaban exceptuados del control previo, de acuerdo con los artículos 21 y 22 de la Ley Orgánica, los contratos que celebrase el Ejecutivo y que debían ser autorizados o aprobados por el Congreso;[282] los casos de adquisición de bienes como consecuencia de un procedimiento expropiatorio; los destinados a la defensa y seguridad del Estado; los celebrados en situaciones de emergencia, como en caso de calamidades públicas o de conflicto interior o exterior, y en otros análogos, cuando fuera de urgente necesidad la ejecución de determinadas obras o la adquisición de bienes, en cuyo caso no se exigía el cumplimiento de la formalidad del control previo. Sin embargo, la Ley precisó que la ejecución de las mencionadas obras debía realizarse "previa consulta al Contralor," con el fin de que dicho funcionario pudiera adoptar las medidas de control que se considerase convenientes.

II. DEL CONTROL EXTERNO AL CONTROL INTERNO EN MATERIA DE CONTRATACIÓN PÚBLICA

El anteriormente mencionado régimen de control externo de los contratos públicos a cargo de la Contraloría General de la República, que en general se refería a todo tipo de contrato público, y que fue en definitiva el más importante instrumento de control establecido para asegurar una adecuada selección de los contratistas en la Administración, Pública, se eliminó a partir de 1975 con la sanción de la nueva Ley Orgánica de la Contraloría General de la República, en la cual en esta materia se sustituyó dicho control externo por

---

282 Véase en tal sentido la doctrina de la Contraloría General de la República en *Dictámenes de la Consultaría Jurídica 1938–1968*, tomo III, Caracas, 1968, p. 57 y tomo IV, pp. 306 y 307.

un sistema de control interno que la Administración estaba obligada a realizar, en particular en materia contractual, derogándose adicionalmente las viejas normas de la Ley Orgánica de la Hacienda Pública Nacional antes mencionadas.

Ese sistema de control interno que se debía implantar en los entes y organismos del sector público, debía garantizar que "antes de proceder a la adquisición de bienes o servicios, o a la elaboración de otros contratos que impliquen compromisos financieros," los funcionarios responsables se asegurasen, entre otros factores, que se hubieran previsto las garantías necesarias y suficientes; que los precios fueran justos y razonables, y que se hubiere cumplido con los términos de la Ley de Licitaciones, en los casos que fuere necesario, y las demás Leyes que fueren aplicables (art. 38).

III. EL INICIO REGLAMENTARIO DEL RÉGIMEN DE LICITACIONES PÚBLICAS EN MATERIA DE CONTRATACIÓN PÚBLICA

Como consecuencia de las anteriormente mencionadas previsiones de la Ley Orgánica de la Contraloría General de la República introducidas a partir de 1975, que dieron origen a la prevalencia del control interno sobre el control externo en materia de contratación pública, puede decirse que se comenzó a consolidar entonces el régimen de licitación pública para la selección de contratistas.

A tal efecto, a comienzos de 1976 y de conformidad con el antes mencionado artículo 427 de la Ley Orgánica de la Hacienda Pública Nacional, el Presidente de la República emitió el Instructivo Presidencial N° 24, sobre *Normas de Licitación para la contratación de obras y adquisición de bienes muebles,*[283] en el cual por primera vez se establecieron normas para la selección de contratistas en los contratos de obra pública y suministros, destinadas a ser aplicadas "a los organismos de la Administración Pública Nacional."[284]

---

283 Véase en *Gaceta Oficial* N° 30.905 de 27 de enero de 1976.

284 También se destinó el Instructivo a ser aplicado a los Institutos Autónomos. En cuanto a las empresas del Estado, se prescribió que éstas debían adoptar normas, adaptadas al Instructivo, aun cuando con la posibilidad de que se previeran modalidades especiales (artículo 1).

Dicho Instructivo N° 24 fue posteriormente modificado con fecha 26 de enero de 1977[285] y luego derogado y sustituido por el *Reglamento sobre Licitaciones Públicas, Concursos Privados y Adjudicaciones Directas para la Construcción de Obras y Adquisición de Bienes Inmuebles por la Administración Central* dictado por Decreto N° 1.980 de 29 de abril de 1983[286]. Este Decreto fue luego modificado tres veces: primero, por Decreto N° 337 de 14 de noviembre de 1984; luego por Decreto N° 534 de 15 de marzo de 1985 y, por último, por Decreto N° 133 de 12 de abril de 1989.[287]

Este Decreto N° 133 de 1989, como su nombre lo indicó, contenía un Reglamento cuyo contenido era directamente aplicable a las contrataciones realizadas por la Administración Central. Por tanto, el sujeto de derecho público contratante, al cual se aplicaba el Reglamento, era la República, cuando actuaba a través de algunos de los órganos que conforman su Administración Central y que se encontraban reguladas en la Ley Orgánica de la Administración Central (Ministerios, Oficinas Centrales de la Presidencia, Autoridades de Área, por ejemplo).[288] Por tanto, a diferencia de lo que establecía el Instructivo N° 24, el contenido normativo de dicho Reglamento no tenía aplicación directa respecto de la denominada Administración Descentralizada, es decir, respecto de los Institutos Autónomos y Empresas del Estado, por lo que éstos no estaban regidos directamente por sus normas. Los Ministros, por ello, fueron encargados de dictar en un breve lapso "las medidas necesarias para que los Institutos Autónomos adscritos a sus Ministerios y las empresas del Estado bajo su tutela se ajustasen a sus disposiciones."[289]

---

285 Véase en *Gaceta Oficial* N° 31.161 de 26 de enero de1977.

286 Véase en *Gaceta Oficial* N° 32.317 de 3 de mayo de 1983.

287 Véase en *Gaceta Oficial* N° 33.105 de 15 de noviembre de 1984, *Gaceta Oficial* N° 33.188 de 20 de marzo de 1985 y *Gaceta Oficial* N° 34.200 de 17 de abril de 1989, respectivamente.

288 Véase sobre la organización de la Administración Central en esa época en Allan R. Brewer-Carías, "Principios generales de la organización administrativa de la Administación Central, con particular referencia a la administración ministerial" en *Revista de Derecho Público*, N° 2, Editorial Jurídica Venezolana, Caracas, abril-junio 1980, pp. 5-22

289 Por ejemplo, la Resolución N° 529 del Ministerio del Ambiente en relación a los contratos a celebrarse por el Instituto Nacional de Obras Sanitarias, en *Gaceta Oficial* N° 32.777 de 28 de julio de 1983.

Debe advertirse, sin embargo, que si bien todas las contrataciones de obras y de suministros de la Administración Central y Descentralizada debían ajustarse al Reglamento, en el artículo 40 del
mismo se estableció la posibilidad expresa de que el Presidente de
la República, a solicitud del Ministro respectivo, pudiera decidir
que las normas del mismo no se aplicasen a la selección de contratistas por parte de determinado ente u organismo, en atención a la
naturaleza de sus actividades o fines. El artículo 40 del Reglamento
prescribió, además, en forma general, que el Presidente de la República podía aprobar también, a solicitud del Ministro correspondiente, normas especiales para la selección de contratistas por parte de
determinados Institutos Autónomos o empresas del Estado o ratificar los regímenes o sistemas existentes sobre la materia.

Se inició, así, en paralelo a la previsión de las normas para la
selección de contratistas, las normas de excepción, que tanto daño
han hecho a la Administración, y que convirtieron finalmente la
excepción en la regla.

IV. LA LEY DE LICITACIONES DE 1990 Y SUS EXCLU-SIONES

El régimen reglamentario antes mencionado estuvo en vigencia
hasta 1990, cuando se promulgó la Ley de Licitaciones de 10 de
agosto de 1990[290], texto que reguló la materia derogando todas las
disposiciones que coli-dían con la misma (artículo 80), estableciendo los procedimientos de selección de contratistas para la ejecución
de obras, la adquisición de bienes y la prestación de servicios (artículo 1) por parte de casi todos los órganos que conforman el sector
público (art 2).[291]

Esta Ley de Licitaciones, sin embargo, desde que se concibió,
fue para no ser aplicada a todos los contratos públicos que celebrase
la Administración Pública, ni para ser aplicada a todos los entes
estatales que la componen. Siempre tuvo, en cambio, un ámbito de
aplicación limitado que se definió en sus dos primeros artículos.

---

290 Véase en *Gaceta Oficial* N° 34.528 de 10 de agosto de 1990. Sobre la Ley,
véase en general Allan R. Brewer–Carías, "El régimen de selección de contratistas en la Administración Pública y la Ley de Licitaciones", en *Revista
de Derecho Público*, N° 42, Caracas 1990, pp. 5 a 26.

291 El Reglamento de la Ley se dictó por Decreto N° 1.400 de fecha 27 de diciembre de 1990 reformado por Decreto 1.906 de 17 de octubre de 1991 en
Gaceta Oficial N° 34.980 de 30 de octubre de 1991.

En efecto, de acuerdo al artículo 19 de la Ley, los contratos a cuyo proceso de selección de contratista se aplicaba la Ley solo fueron los contratos públicos para la ejecución de obras (donde se ubica, por supuesto, a los contratos de obra pública), los contratos para la adquisición de bienes (donde se ubica a los contratos de suministro de bienes muebles) y los contratos para la prestación de servicios (donde están los contratos de obra o de prestación de servicios públicos o personales).

En cuanto a los entes estatales o sujetos de derecho estatal a los cuales se aplicaban los procedimientos de selección de contratistas que reguló la Ley, el artículo 2 precisó que eran: la República, los institutos autónomos nacionales, las asociaciones civiles de la República y las empresas del Estado de la República, en las cuales ésta y los institutos autónomos nacionales tuviesen participación igual o mayor al cincuenta por ciento (50%) del patrimonio o capital social del respectivo ente.

La Ley, en todo caso, previó un régimen particular para la empresa pública petrolera nacionalizada, Petróleos de Venezuela S.A (PDVSA) y sus empresas filiales, al establecer que el Presidente de la República en Consejo de Ministros, dentro de los noventa (90) días siguientes a la publicación de la ley, debía dictar un Reglamento que regulase los procedimientos de selección del contratista que realizasen dichas empresas (artículo 74).[292] Sobre esta excepción, además, el artículo 76 de la Ley agregó que:

"En dicho Reglamento sólo podrán excluirse, por vía de excepción de la aplicación de esta ley, aquellas contrataciones que versen sobre obras, servicios o adquisiciones de significativa complejidad, inherentes a las actividades de exploración, extracción, refinación, procesamiento y comercialización de hidrocarburos y ubicadas en zonas críticas de operación."

La Ley se aplicaba además, a las fundaciones del Estado, y a los contratos para la ejecución de obras, la adquisición de bienes y la prestación de servicios que celebren los Estados y Municipios "cuando los precios de los contratos a que se refiere esta ley hayan de ser total o parcialmente pagados con aportes, distintos a los del Situado Constitucional, de alguno de los sujetos señalados en los ordinales al 59 de este artículo."

---

292 Dicho Reglamento se dictó por Decreto N° 1.247 de 8 de noviembre de 1990, en *Gaceta Oficial* N° 34.591 de 9 de noviembre de 1990.

En consecuencia, los contratos que celebrasen los Estados y Municipios para ser pagados con sus ingresos propios (incluyendo los provenientes del Situado Constitucional) no quedaban sometidos a las normas de la Ley de Licitaciones, teniendo las entidades territoriales mencionadas entera autonomía para regular la materia. Sin embargo, en forma supletoria, la Ley estableció el principio de que sus normas regirían los procesos de selección del contratista por parte de los Estados y Municipios, "en cuanto sea aplicable" (artículo 77).

A pesar de que la Ley se denominó Ley de Licitaciones y de que expresamente el artículo 3 de la misma prescribiera que "todos los procedimientos de selección del contratista," promovidos por los entes a los que se aplicaba, se debían hacer a través de licitaciones, las cuales podían ser generales o selectivas; en realidad, en la Ley se establecieron dos procedimientos generales para la celebración de los contratos, que respondían a las formas clásicas de la contratación de los entes estatales: primero los casos en los cuales el ente estatal podía escoger directamente al cocontratante, sin concurrencia u oposición, de la misma forma como se realiza normalmente en los contratos entre particulares; o segundo, los casos que debían estar regidos por el principio de la concurrencia competitiva entre varios oferentes.

En el primer caso se trataba de la figura de la adjudicación directa, la cual podía proceder conforme al artículo 33 de la Ley, cuando el monto del contrato de adquisición de bienes, contratación de servicios, o construcción de obras, no fuese mayor a una determinada cantidad establecida en la Ley, o su ejecución se encomendase a un organismo del sector público. Además, el artículo 34 de la Ley expresamente permitió proceder por adjudicación directa, siempre y cuando la máxima autoridad del órgano o ente contratante, mediante acto motivado, justificase adecuadamente su procedencia, en casos como "suministros requeridos para el debido desarrollo de un determinado proceso productivo o de trabajos indispensables para el buen funcionamiento o la adecuada continuación o conclusión de una obra, imprevisibles en el momento de la celebración del contrato;" "adquisición de obras artísticas o científicas; cuando "los bienes a adquirir los produce o vende un solo fabricante o proveedor;" "contratos que tengan por objeto la fabricación de equipos, la adquisición de bienes o la contratación de servicios en el extranjero;" o "en caso de calamidades que afecten a la colectividad o de emergencia."

En todos los otros casos en los cuales no procediera la adjudicación directa, la Administración, para la selección de contratistas en los contratos de obra o de suministro, debía seguir el procedimiento de licitación, general o selectiva, la consecuencia de la falta de cumplimiento del procedimiento licitatorio en esos casos, conforme a la ley, la nulidad del contrato (art. 63).

La Ley de Licitaciones, en todo caso, fue objeto de una reforma posterior en 2001 orientada a ampliar el marco de las exclusiones de contrataciones del procedimiento de selección de contratistas, a cuyo efecto se incorporó una norma de exclusión de la aplicación de la misma referida a:

"los contratos que tengan por objeto el arrendamiento de bienes inmuebles, inclusive el financiamiento y la adquisición de bienes inmuebles, los contratos de seguros y los servicios financieros prestados por entidades regidas por la Ley General de bancos y otras Instituciones Financieras (art. 3).

Además, en la misma reforma de la Ley de 2001, se excluyó en general de la aplicación de la misma:

"los procesos de selección de contratistas para la construcción de obras, la adjudicación de bienes y la contratación de servicios, cuyo valor total o parcial haya de ser sufragado con recursos provenientes de acuerdos de cooperación entre la República Bolivariana de Venezuela y otros Estados" (art. 4).

Con ello, la aplicación de la Ley de Licitaciones quedó en buena parte sujeta a la definición de alguna que otra política internacional definida por parte del Gobierno, lo que efectivamente se concretó mediante los innumerables convenios de cooperación que desarrolló suscribió el gobierno durante los últimos veinte años, lo que al menos para la contratación de las grandes obras públicas y adquisiciones de bienes, implicó la exclusión de la aplicación del procedimiento de selección de contratistas, aún cuando limitado a los casos en los cuales el valor total o parcial hubiera de ser sufragado con recursos provenientes de dichos acuerdos de cooperación. Allí estuvieron enmarcadas por ejemplo, las grandes contrataciones públicas de obras de infraestructura con empresa extranjeras.

V. LA LEY DE CONTRATACIONES PÚBLICAS DE 2008 Y LA CONTINUACIÓN DE LA EXCLUSIÓN DE CONTRATOS PÚBLICOS DEL PROCEDIMIENTO LICITATORIO

La Ley de Licitaciones fue derogada por la Ley de Contrataciones Públicas sancionada en 2008,[293] la cual, a pesar de su nombre, en realidad, continuó siendo básicamente una ley reguladora de los procesos de selección de contratistas, pero igualmente con un limitado alcance tanto subjetivo como sustantivo.

Desde el punto de vista *subjetivo*, es decir, de los sujetos de derecho o personas jurídicas estatales a los cuales se aplicaba la Ley, la misma hizo referencia a que se aplicaba a *"la actividad del Estado* para la adquisición de bienes, prestación de servicios y ejecución de obra" (art. 1), con la intención, sin duda, de establecer un marco regulador aplicable omnicomprensivamente a todos las personas jurídicas o sujetos de derecho que componen el "Estado."

Sin embargo, al definirse en el artículo 3 a los sujetos a los cuales se aplica la Ley, la misma incurrió en el error de enumerar entre quienes pueden contratar no sólo a "personas jurídicas" estatales sino a determinados "órganos" de las mismas los cuales por supuesto no tienen "personalidad jurídica." Es decir, la Ley enumeró indistintamente como "contratantes" tanto a diversas personas jurídicas estatales como a diversos órganos de las Administraciones Públicas (nacional, estadal y municipal), los cuales obviamente no son ni sujetos de derecho ni personas jurídicas. La Ley se refirió, en efecto, a "los órganos y entes sujetos" a su normativa, mezclando en la enumeración del artículo 3 tanto a órganos de las Administraciones Públicas nacional, estadal y municipal, como a diversas personas jurídicas estatales que conformen la Administración descentralizada

---

293 Véase en *Gaceta Oficial* No. 38895 de 25 de marzo de 2008. Véanse sobre esta Ley los comentarios en el libro Allan R. Brewer-Carías, Carlos García Soto. Gustavo Linares Benzo, Víctor Hernández Mendible, José Ignacio Hernández G., Luis Alfonso Herrera Orellana, Miguel Mónaco, Manuel Rojas Pérez, Mauricio Subero Mujica, *Ley de Contrataciones Públicas*, Editorial Jurídica Venezolana, Caracas 2008

que pueden ser con forma de derecho privado (por ejemplo, las empresas del Estado y sus empresas subsidiarias, las fundaciones del Estado y las asociaciones civiles del Estado), y con forma de derecho público, en este último caso, apuntando a las personas jurídicas creadas y regidas por normas de derecho público Institutos) y que pueden tener atribuido el ejercicio de potestades públicas.

En cuanto al ámbito *sustantivo* de aplicación de la Ley, es decir, los contratos públicos que se deben regir por sus disposiciones, debe decirse de entrada, que a pesar del nombre de la Ley (Ley de Contrataciones Públicas), no todos los contratos públicos celebrados por los entes públicos quedaron sujetos a las disposiciones de la Ley, ya que ésta, al definir su "objeto" de aplicación, en el mismo artículo 1° redujo dicho ámbito sólo a los *tres tipos* de contratos públicos que se mencionaban en la vieja Ley de Licitaciones: los contratos de adquisición de bienes, los contratos de prestación de servicios y los contratos de ejecución de obras.[294]

En consecuencia, los otros tipos de contratos públicos, como por ejemplo, los contratos de concesión de servicios públicos, los contratos de concesión de obra pública, los contratos de crédito o empréstito público, los contratos de venta de bienes públicos, no están sujetos a sus disposiciones. Tampoco están incorporados en la enumeración del "objeto" de la Ley, los contratos de arrendamiento de bienes. Sin embargo, en este punto no debe dejar de advertirse que al excluir el artículo 5.3 de la misma Ley, a los contratos de "arrendamiento de bienes inmuebles" de la aplicación de las normas relativas a las "modalidades de selección de contratistas," parecía que implícitamente, por interpretación a contrario, respecto de las otras normas de la Ley, las mismas si se aplicaban a los contratos de arrendamiento, aun cuando estos no pudieran ser incluidos dentro de los tres supuestos que se indican taxativamente en la Ley (adquisición de bienes, prestación de servicios y ejecución de obras).

Pero incluso respecto de los tres mencionados tipos de contratos que configuran el "objeto" de la Ley, la misma excluye total o parcialmente de su ámbito de aplicación a algunos de ellos, con lo que el ámbito sustantivo de la misma se encuentra aún más reducido.

---

294 Incluso en el artículo 6.5 de la ley, al definir la palabra "contrato," se indica que "Es el instrumento jurídico que regula la ejecución de una obra, prestación de un servicio o suministro de bienes, incluidas las órdenes de compra y órdenes de servicio".

En efecto, de acuerdo con el artículo 4 de la Ley de Contrataciones Públicas, quedan excluidos de la aplicación de la totalidad de sus normas, los contratos que tengan por objeto la ejecución de obras, la adquisición de bienes y la prestación de servicios:

"que se encuentren en el marco del cumplimiento de acuerdos internacionales de cooperación entre la República Bolivariana de Venezuela y otros Estados, incluyendo la contratación con empresas mixtas constituidas en el marco de estos convenios."

En este caso, la exclusión fue mucho más amplia que la que establecía el artículo 3 de la reforma de la Ley de Licitaciones de 2001, que se refería a esos contratos cuando estuvieren financiados en el marco de esos convenios internacionales.

La Ley de Contrataciones Públicas en cambio eliminó esa referencia, y amplió la exclusión de la aplicación de la totalidad de la Ley en relación a esos contratos cuando los mismos se celebren en el marco del cumplimiento de acuerdos internacionales de cooperación que haya celebrado la República con otros Estados, incluyendo la contratación por parte de las personas jurídicas estatales a las que se aplica la Ley, con empresas mixtas constituidas en el marco de estos convenios. De nuevo, teniendo como marco las centenas de convenios de cooperación firmados por la República con todo tipo de Estados Extranjeros, materialmente ninguna gran obra pública o gran proceso de adquisición de bienes desde 2008 se ha sometido a licitación. Piénsese solo en los contratos celebrados con empresas constructoras extranjeras, como la brasileña Odebrecht, en el marco de las decenas de convenios de cooperación suscritos durante varios lustros entre los gobiernos de Brasil y Venezuela, por los Presidentes Lula Da Silva y Chávez, todos los cuales además, en 2017, seguían paralizados e inconcusos.[295]

Por otra parte, la Ley también previó la exclusión de la aplicación de las modalidades de selección de contratistas que regula, a los contratos públicos de ejecución de obras, de adquisición de bienes y de prestación de servicios, que tengan por objeto, la presta-

---

295 Véase por ejemplo, la reseña de Diego Oré, "Stalled Brazilian Odebrecht projects decay in Venezuela," en *Ruters*, 31 de mayo de 2017, en https://www.cnbc.com/2017/05/31/reuters-america-stalled-brazilian-odebrecht-projects-decay-in-venezuela.html

ción de servicios profesionales y laborales; la prestación de servicios financieros; la adquisición y arrendamiento de bienes inmuebles, inclusive el financiero; la adquisición de obras artísticas, literarias o científicas; las alianzas comerciales y estratégicas para la adquisición de bienes y prestación de servicios entre personas naturales o jurídicas y los órganos o entes públicos contratantes; los servicios básicos indispensables para el funcionamiento del órgano o ente público contratante; y la adquisición de bienes, la prestación de servicios y la ejecución de obras, encomendadas a los órganos o entes de la administración pública. (art. 5).

De lo anterior resulta, por tanto, que la Ley de Contrataciones Públicas, a pesar de su nombre, en su versión de 2008, no fue una ley destinada a regular todos los contratos públicos o contratos del Estado celebrados por las personas jurídicas estatales, es decir, los diversos entes que integran el Estado. Al contrario, se trató de una Ley que sólo reguló algunos contratos públicos (de ejecución de obras, de adquisición de bienes y de prestación de servicios), previendo diferentes casos de exclusión expresa de su aplicación respecto de la totalidad o de algunas de sus normas.

A esas exclusiones de la aplicación de la Ley, en particular en lo que se refiere al proceso de selección de contratistas, habría que agregar, además, la exclusión establecida en los casos de adjudicación directa de los contratos públicos, cuyo ámbito se amplió considerablemente en la propia Ley.

En efecto, el artículo 76 de la misma dispone que la Administración puede proceder excepcionalmente a la contratación directa, independientemente del monto de la contratación, siempre y cuando la máxima autoridad del órgano o ente contratante, mediante acto motivado, justifique adecuadamente su procedencia, en los siguientes supuestos:

1. Si se trata de suministros de bienes, prestación de servicios o ejecución de obras requeridas para la continuidad del proceso productivo, y pudiera resultar gravemente afectado por el retardo de la apertura de un procedimiento de contratación.

2. Cuando las condiciones técnicas de determinado bien, servicio u obra, excluyen toda posibilidad de competencia.

3. En caso de contratos que tengan por objeto la fabricación de equipos, la adquisición de bienes o la contratación de servicios, en los que no fuere posible aplicar las modalidades de contratación, dadas las condiciones especiales bajo las cuales los

fabricantes y proveedores convienen en producir o suministrar esos bienes, equipos o servicios.

4. Cuando se trate de emergencia comprobada, producto de hechos o circunstancias sobrevenidos que tiene como consecuencia la paralización total o parcial de las actividades del ente u órgano contratante, o afecte la ejecución de su competencia.

5. Cuando se trate de la ejecución de obras, adquisición de bienes o prestación de servicios regulados por contratos terminados anticipadamente, y si del retardo en la apertura de un nuevo procedimiento de contratación pudieren resultar perjuicios para el órgano o ente contratante.

6. Cuando se trate de la contratación de bienes, servicios u obras para su comercialización ante consumidores, usuarios o clientes, distintos al órgano o ente contratante, siempre que los bienes o servicios estén asociados a la actividad propia del contratante y no ingresen de manera permanente a su patrimonio.

7. Cuando se trate de contrataciones que tengan por objeto la adquisición de bienes, prestación de servicios o ejecución de obras sobre los cuales una modalidad de selección de contratistas pudiera comprometer secretos o estrategias comerciales del órgano o ente contratante, cuyo conocimiento ofrecería ventaja a sus competidores.

8. Cuando se trate de la adquisición de bienes producidos por empresas con las que el órgano o ente contratante suscriba convenios comerciales de fabricación, ensamblaje o aprovisionamiento, siempre que tales convenios hayan sido suscritos para desarrollar la industria nacional sobre los referidos bienes, en cumplimiento de planes dictados por el Ejecutivo Nacional.

9. Cuando se trata de contrataciones de obras, bienes o servicios requeridos para el restablecimiento inmediato o continuidad de los servicios públicos o actividades de interés general que hayan sido objeto de interrupción o fallas, independientemente de su recurrencia.

10. Cuando se trate de actividades requeridas para obras que se encuentren en ejecución directa por órgano y entes del Estado, y de acuerdo a su capacidad de ejecución, sea necesario por razones estratégicas de la construcción, que parcialmente sean realizadas por un tercero, siempre y cuando esta asigna-

ción no supere el cincuenta por ciento (50%) del contrato original; y

11. Cuando se trate de la adquisición de bienes y contratación de servicios a pequeños y medianos productores nacionales que sean indispensables para asegurar el desarrollo de la cadena agroalimentaria.

Esta norma del artículo 76 se reformó en 2009,[296] agregándose una nueva previsión para justificar la adjudicación directa en el caso siguiente:

12. Cuando se trate de suministros de bienes, prestación de servicios o ejecución de obras para las cuales se hayan aplicado modalidades de contratación y éstas hayan sido declaradas desiertas, manteniendo las mismas condiciones establecidas en la modalidad declarada desierta.

De esto resulta entonces que basta que la Administración contratante en un procedimiento licitatorio declare desierta la licitación, para que con ello la misma tenga libre la vía para la contratación directa, sin procedimiento de selección alguna.

Además, el artículo 77 de la reforma de la Ley de Contrataciones Públicas de 2010,[297] también aumentó el ámbito de posibilidad de las adjudicaciones directa en materia contractual pública, sin necesidad de que hubiera acto motivado alguno, en los siguientes casos:

1. Cuando se decrete cualquiera de los estados de excepción contemplados en la Constitución de la República Bolivariana de Venezuela.

---

296 Véase en *Gaceta Oficial* 391655 de 24 de abril de 2009.
297 Véase en *Gaceta Oficial* No. 39503 de 6 de septiembre de 2010. Véanse los comentarios en el libro: Allan R. Brewer-Carías (Editor y Coordinador), Víctor Hernández Mendible, Miguel Mónaco, Aurilivi Linares Martínez, José Ignacio Hernández G., Carlos García Soto, Mauricio Subero Mujica, Alejandro Canónico Sarabia, Gustavo Linares Benzo, Manuel Rojas Pérez, Luis Alfonso herrera Orellana y Víctor Raúl Díaz Chirino, *Ley de Contrataciones Públicas,* Editorial Jurídica Venezolana, Colección Textos legislativos No. 44 (2ª Edición Actualizada y aumentada), Caracas 2012. Véase igualmente Allan R. Brewer-Carías, "La contratación pública en Venezuela," en Juan Carlos Cassagne (ed.), *Tratado General de los Contratos Públicos*, Ed La Ley, Buenos Aires 2013, Tomo II, pp. 8 ss.

2. Si se trata de bienes, productos y servicios de urgente necesidad para la seguridad y defensa de la Nación, para cuya adquisición se hace imposible la aplicación de las modalidades de selección, dadas las condiciones especiales que los proveedores requieren para suministrar los bienes, productos y servicios.

3. Si se trata de bienes, servicios, productos alimenticios y medicamentos, declarados como de primera necesidad, siempre y cuando existan en el país condiciones de desabastecimiento por no producción o producción insuficiente, previamente certificadas por la autoridad competente.

VI. DE CÓMO LAS EXCEPCIONES A LA APLICACIÓN DE LOS PROCEDIMIENTOS DE SELECCIÓN DE CONTRATISTAS TERMINARON CONVIRTIÉNDOSE EN LA REGLA, EN LA REFORMA DE LA LEY DE CONTRATACIONES PÚBLICAS DE 2014

La Ley de Contrataciones Públicas fue de nuevo reformada en 2014,[298] agregándose en el artículo 1 de la Ley, que regula su objeto, un párrafo indicando que "los procesos a que se refiere la presente [Ley]…, son de obligatorio cumplimiento, salvo las excepciones aquí previstas."

A pesar de esta declaratoria de las normas relativas a la selección de contratistas, como de orden público o de carácter obligatorio, pues dichos procesos son histórica y básicamente los regulados en la Ley, la cual podría hacer creer que se trataría de una declaración sobre el reforzamiento de los procesos licitatorios, la verdad es que la previsión nada agregó a la normativa anterior, ni cambió nada respecto de la evolución señalada de la regulación legislativa que, al contrario, en los últimos años, lo que muestra es una sucesiva ampliación de las exclusiones respecto de la aplicación de los procesos licitatorios.

---

298 Véase en *Gaceta Oficial* No. 6154 Extra de 19 de noviembre de 2014. Véanse los comentarios a dicha Ley en Allan R. Brewer-Carías (Editor y Coordinador), Víctor Hernández Mendible, Miguel Mónaco, Aurilivi Linares Martínez, José Ignacio Hernández G., Carlos García Soto, Mauricio Subero Mujica, Alejandro Canónico Sarabia, Gustavo Linares Benzo, Manuel Rojas Pérez, Luis Alfonso herrera Orellana y Víctor Raúl Díaz Chirino, *Ley de Contrataciones Públicas,* Editorial Jurídica Venezolana, Colección Textos legislativos No. 44 (4ª Edición Actualizada y aumentada), Caracas 2014..

Esa tendencia, incluso se siguió en la propia reforma de la Ley de 2014, en la cual, en el artículo 4 se ampliaron los casos de exclusión de aplicación de la Ley, en los casos de contrataciones que tengan por objeto:

1. La ejecución de obras, la adquisición de bienes y la prestación de servicios, que se encuentren en el marco del cumplimiento de obligaciones asumidas en acuerdos internacionales entre la República Bolivariana de Venezuela y otros Estados, o en el marco de contratos o convenios suscritos con organismos internacionales. 2. La contratación con empresas constituidas en el marco de acuerdos internacionales. 3. Los servicios laborales. 4. El arrendamiento de bienes inmuebles, inclusive el financiero. Y 5. El patrocinio en materia deportiva, artística, literaria, científica o académica.

Y en cuanto a las exclusiones de la aplicación de las modalidades de selección de contratistas indicadas en la Ley, ampliando por el contrario el marco de la adjudicación o contratación directa, el artículo 5 de la Ley enumeró los que tengan por objeto:

1. La prestación de servicios profesionales. 2. La prestación de servicios financieros por entidades regidas por la Ley sobre la materia. 3. La adquisición de bienes inmuebles. 4. La adquisición de semovientes. 5. La adquisición de obras artísticas, literarias o científicas. 6. Las alianzas comerciales o estratégicas para la adquisición de bienes, prestación de servicios y ejecución de obras entre personas naturales o jurídicas y los contratantes. 7. Los servicios básicos indispensables para el funcionamiento del contratante. 8. La adquisición de bienes, la prestación de servicios y la ejecución de obras, suministradas o ejecutadas directamente por los órganos y entes de la Administración Pública. 9. La adquisición de bienes, prestación de servicios y ejecución de obras contratados directamente entre los sujetos señalados en el artículo 3º de presente Decreto con Rango, Valor y Fuerza de Ley. 10. La adquisición de bienes, prestación de servicios y ejecución de obras encomendados a los órganos y entes de la Administración Pública. 11. La adquisición de bienes y prestación de servicios con recursos provenientes de caja chica, hasta el monto máximo que estipule la normativa que regule la materia. 12. La adquisición de bienes, la prestación de servicios y la ejecución de obras, requeridos, cuando se decrete cualquiera de los estados de excepción contemplados en la

Constitución de la República Bolivariana de Venezuela. 13. La adquisición de bienes, la prestación de servicios y la ejecución de obras, destinados a la seguridad y defensa del Estado relacionados con las operaciones de inteligencia y contra inteligencia realizadas por los órganos y entes de seguridad del Estado, tanto en el país como en el exterior, así como para actividades de protección fronteriza y para movimiento de unidades militares en caso de preparación, entrenamiento o conflicto interno o externo. 14. La adquisición de bienes, servicios, productos alimenticios y medicamentos, declarados como de primera necesidad, siempre que existan en el país condiciones de desabastecimiento por no producción o producción insuficiente, previamente certificadas por la autoridad competente.

La norma concluye autorizando al Presidente de la República en Consejo de Ministros para poder dictar medidas temporales "que excluyan de las modalidades de selección de contratistas establecidos en la Ley, determinados bienes, servicios y obras, que se consideren estratégicos," con lo que el ámbito de exclusión de aplicación de la ley se multiplicó, pues agregó la norma que "los contratos a que hacen referencia los numerales anteriores, serán adjudicados directamente por la máxima autoridad contratante."

Con ello quedó precisado entonces que en materia de contratación pública en Venezuela, *la regla en materia de selección de contratistas en los contratos públicos es la excepción*, habiendo desaparecido materialmente la licitación y aumentado el ámbito de la adjudicación directa, el cual se ha expandido en la propia Ley,

A tal efecto, el artículo 101 de la Ley precisó que "se podrá proceder excepcionalmente por Contratación Directa, independientemente del monto de la contratación, siempre y cuando la máxima autoridad del contratante, mediante acto motivado, justifique adecuadamente su procedencia," en los siguientes supuestos que siguen la orientación, aun cuando ampliada, de las leyes anteriores:

1. Si se trata de sum1nrstros de bienes, prestación de servicios o ejecución de obras requeridas para la continu1dad del proceso productivo, y pudiera resultar gravemente afectado por el retardo de la apertura de un procedimiento de contratación.

2. Cuando las condiciones técnicas de determinado bien, servicio u obra así lo requieran o excluyan toda posibilidad de competencia o si, habiendo adquirido ya bienes, equipos, tecnología, servicios u obras a determinado proveedor o contratista,

el contratante decide adquirir más productos del mismo proveedor o contratista por razones de normalización o por la necesidad de asegurar su compatibilidad con los bienes, equipos, la tecnología o los servicios que ya se estén utilizando, y teniendo además en cuenta la eficacia con la que el contrato original haya respondido a las necesidades del contratante, el volumen relativamente bajo del contrato propuesto en comparación con el del contrato original, el carácter razonable del precio y la inexistencia de otra fuente de suministro que resulte adecuada.

3. En caso de contratos que tengan por objeto la adquisición de bienes y la prestación de servicios, en los que no fuere posible aplicar las otras modalidades de contratación, dadas las condiciones especiales, bajo las cuales los oferentes convienen en suministrar esos bienes o prestar los servicios, o por condiciones especiales de la solicitud del contratante, donde la aplicación de una modalidad de selección de contratista distinta a la aquí prevista, no permita la obtención de los bienes o servicios en las condiciones requeridas. Se deberá indicar mediante acto motivado, las razones por las cuales de la apertura de un nuevo procedimiento de contratación, pudieren resultar perjuicios para el contratante.

4. Cuando se trate de emergencia comprobada. A los efectos de esta exclusión, el artículo 102 define como "emergencia comprobada" la que sea "específica e individualmente considerada para cada contratación, por lo que deberá limitarse al tiempo y objeto estrictamente necesario para corregir, impedir o limitar los efectos del daño grave en que se basa la calificación y su empleo será sólo para atender las áreas estrictamente afectadas por los hechos o circunstancias que lo generaron."

5. Cuando se trate de la ejecución de obras, adquisición de bienes o prestación de servicios regulados por contratos terminados anticipadamente, donde la apertura de un procedimiento de selección de contratistas, pudiese resultar perjudicial para el órgano o ente contratante.

6. Cuando se trate de la contratación de bienes, servicios u obras para su comercialización, donación o cualquier otra forma de enajenación ante terceros, siempre que los bienes o servicios estén asociados a la actividad propia del contratante y no ingresen de manera permanente a su patrimonio.

7. Cuando se trate de contrataciones que tengan por objeto la adquisición de bienes, prestación de servicios o ejecución de obras sobre las cuales una modalidad de selección de contratistas pudiera comprometer secretos o estrategias comerciales del contratante, cuyo conocimiento ofrecería ventaja a sus competidores.

8. Cuando se trate de la adquisición de bienes producidos por empresas con las que el contratante suscriba convenios comerciales de fabricación, ensamblaje o aprovisionamiento, siempre que tales convenios hayan sido suscritos para desarrollar la industria nacional sobre los referidos bienes, en cumplimiento de planes dictados por el Ejecutivo Nacional.

9. Cuando se trate de contrataciones de obras, bienes o servicios requeridos para el restablecimiento inmediato o continuidad de los servicios públicos o actividades de interés general que hayan sido objeto de interrupción o fallas, independientemente de su recurrencia.

10. Cuando se trate de actividades requeridas para obras que se encuentren en ejecución directa por los órganos y entes contratantes, y que de acuerdo a su capacidad de ejecución, sea necesario por razones estratégicas de la construcción, que parcialmente sean realizadas por un tercero, siempre y cuando esta asignación, no supere el cincuenta por ciento (50%) del contrato original.

11. Cuando se trate de la adquisición de bienes y contratación de servicios a pequeños y medianos actores económicos que sean indispensables para asegurar el desarrollo de la cadena agroalimentaria.

12. Cuando se trate de suministros de bienes, prestación de servicios o ejecución de obras para las cuales se hayan aplicado la modalidad de consulta de precios y haya sido declarada desierta.

13. Cuando se trate de contrataciones a organizaciones socio-productivas creadas en el marco de la Ley que rige el sistema económico comunal o comunidades organizadas mediante la adjudicación de proyectos para impulsar el desarrollo de las mismas.

14. Cuando se trate de contrataciones con empresas conjuntas o conglomerados creadas en el marco de la Ley que pro-

mueve y regula las nuevas formas asociativas conjuntas entre el Estado y la iniciativa comunitaria privada, siempre y cuando se establezcan las ventajas de la contratación, con base a los principios que regula la norma de creación de estas formas asociativas conjuntas.

De todo lo anterior, por tanto, es fácil entender por qué en los índices publicados de *Transparecy International* sobre Percepción de la Corrupción en las Américas para 2016, de los 176 países reseñados Venezuela ocupaba el lugar 166 entre los de mayor percepción en materia de corrupción;[299] récord al que nos ha conducido el Estado totalitario que padecemos, [300] que ha destruido la democracia[301] y que se ha funcionado basado en una gran mentira. [302]

VII. LA INSTITUCIONALIZACIÓN DE LA CLEPTOCRACIA EN VENEZUELA: LA INCONSTITUCIONAL REFORMA TÁCITA DEL RÉGIMEN DE CONTRATACIONES PÚBLICAS, Y LA INCONSTITUCIONAL ELI-

---

299 Véase en https://www.transparency.org/country/VEN . Ello explica también, por ejemplo, que la Fiscal General de la República quien ejerció como tal durante el régimen totalitario desde 2007, luego de tener que salir del país perseguida por el propio régimen que tanto ayudó a apuntalar persiguiendo a toda la disidencia política, haya acusado al propio Presidente Maduro de estar envuelto de el escándalo de los hechos de corrupción de la empresa constructora Odebrecht. Véase la reseña "Venezuela's ex-attorney general says President Maduro involved in Odebrecht scandal," en The Business Times. Bovernment & Economy, 19 de Agosto de 2017, en http://www.businesstimes.com.sg/government-economy/venezuelas-ex-attorney-general-says-president-maduro-involved-in-odebrecht

300 Véase Allan R. Brewer-Carías, *Estado totalitario y desprecio a la ley. La desconstitucionalización, desjuridificación, desjudicialización y desdemocratización de Venezuela*, Fundación de Derecho Público, Editorial Jurídica Venezolana, 2014, 532 pp.; segunda edición, (Con prólogo de José Ignacio Hernández), Caracas 2015

301 Véase Allan R. Brewer-Carías, *La ruina de la democracia. Algunas consecuencias. Venezuela 2015,* (Prólogo de Asdrúbal Aguiar), Colección Estudios Políticos, No. 12, Editorial Jurídica Venezolana, Caracas 2015; *Dismantling Democracy. The Chávez Authoritarian Experiment,* Cambridge University Press, New York 2010.

302 Véase Allan R. Brewer-Carías, *La mentira como política de Estado. Crónica de una crisis política permanente.Venezuela 1999-2015* (Prólogo de Manuel Rachadell), Colección Estudios Políticos, No. 10, Editorial Jurídica Venezolana, Caracas 2015.

MINACIÓN, POR DECRETO, DE LA LICITACIÓN PARA LA SELECCIÓN DE CONTRATISTAS EN LA INDUSTRIA PETROLERA

Todo lo anteriormente expuesto, de reducción y distorsión progresiva del régimen de selección de contratistas mediante licitación, que en definitiva se ha convertido en una excepción, lamentablemente, se confirmó a comienzos de 2018,[303] por la actuación de la inconstitucional y fraudulentamente Asamblea Nacional Constituyente electa en julio de 2017,[304] la cual, usurpando el poder constituyente del pueblo,[305] ha "sancionado" una llamada "Ley Constitucional," - figura que no existe en el ordenamiento constitucional venezolano -, "contra la guerra económica para la racionalidad y uniformidad en la adquisición de bienes, servicios y obras públicas."[306]

Con dicha Ley, en efecto, contrariamente a lo que se expresa en frases y más frases vacías contenidas a lo largo de su texto, no sólo se reformó parcial y tácitamente la mencionada Ley de Contrataciones Públicas de 2014, sino que al permitir la eliminación de todo proceso transparente de selección de contratistas en la contratación pública, en particular en la industria petrolera nacional, lo que ha hecho es institucionalizar una cleptocracia en el país.

El objeto de la reforma fue supuestamente establecer "normas básicas de conducta para la Administración Pública, en todos sus niveles, que promuevan la honestidad, participación, celeridad, efi-

---

303 Véase sobre esto lo expuesto en Allan R. Brewer-Carías, "La institucionalización de la cleptocracia en Venezuela: la inconstitucional reforma tácita el régimen de contrataciones públicas, y la inconstitucional eliminación, por Decreto, de la licitación para la selección de contratistas en la industria petrolera, y de la nacionalización de las actividades auxiliares o conexas con la industria," en *Boletín de la Academia de Ciencias Políticas y Sociales,* No. 157, enero-diciembre 2018, Caracas 2018, pp. 1497-1526.

304 Véase los trabajos sobre el tema en Allan R. Brewer-Carías y Carlos García Soto (Coordinadores), *Estudios sobre la la Asamblea Nacional Constituyente y su inconstitucional convocatoria en 2017* Editorial Temis, Editorial Jurídica Venezolana, Bogotá 2017, 776 pp.

305 Véase Allan R. Brewer-Carías, *Usurpación Constituyente 1999,2017. La historia se repite: una vez como farsa y la otra como tragedia,* Colección Estudios Jurídicos, No. 121, Editorial Jurídica Venezolana International, 2018, p. 535

306 Véase *Gaceta Oficial* N° 41.318 del 11 de enero de 2018.

ciencia y transparencia en los procesos de adquisición y contratación de bienes, servicios y obras públicas. Facilite los mecanismos de control de tales procesos, y estimule la participación equilibrada de todos los agentes económicos en la inversión y justa distribución de recursos destinados las compras públicas" (art. 1). Pero todo ello no es más que una nueva y gran mentira cuando se analiza el sentido y efecto de lo regulado,[307] lo cual contrariamente asegura la ausencia honestidad, transparencia y control en la contratación pública, pero encubierta con previsiones llenas de galimatías, y declaraciones rimbombantes.

De entrada, el sentido de la reforma, ciertamente, no es fácil de ser identificarla a cabalidad, pero el resultado ha sido, primero, que la Ley de Contrataciones Públicas quedó relegada como ley supletoria en la materia, al disponer la nueva "Ley Constitucional" que sus disposiciones deben ser "aplicadas de forma preferente por la administración pública nacional, estadal y municipal" (art. 2), quedando así la vigencia plena de Ley de Contrataciones Públicas relegada a la discreción interpretativa de cualquier funcionario; y segundo, además, que los principios de la licitación en la selección de contratistas pueden ser eliminados conforme a lo dispuesto en el decreto, como efectivamente ocurrió respecto de las contrataciones en las empresas de la industria petrolera, que es la más importante industria del país, a pesar de su deterioro, eliminándose formalmente toda idea de trasparencia en el manejo de las compras y adquisiciones por parte de las empresas del Estado de la misma.

---

307 Como lo observó Sergio Sáez: "De la lectura [de esta norma] se puede inferir, que transcurridos dieciocho (18) años de éste régimen, visto los nefastos resultados y el desastre al cual ha conducido al país, *después de haber dilapidado más de millón y medio de millones de dólares* de ingresos petroleros, y la inmensa deuda que adquirieron, la carencia de recursos financieros e la imposibilidad de conseguir financiamiento externo que sobrepasa los *doscientos mil millones de dólares*, reconoce el régimen que la grosera corrupción los sobrepasó307, y debe buscar limpiar la negra imagen y retornar a la honestidad, participación, celeridad, eficiencia y transparencia en los procesos de adquisición y contratación de bienes, servicios y obras públicas; y lo más grave, que reconocen la ausencia de los controles derivados de los equilibrios de los poderes públicos (Contraloría General de la República y Comisiones de Finanzas y de Contraloría de la Asamblea Nacional)." En Sergio Sáez, Auditor Social, "¿Qué hay detrás de la Ley Constitucional Contra la Guerra Económica para la Racionalidad y Uniformidad de la Adquisición de Bienes, Servicios y Obras Públicas?, Abril 04 de 2018 (Consultado en original).

Por ello, la declaración e intención incluidas en el artículo 1 de la Ley Constitucional no pasa de ser una previsión normativa vacía, como se dijo, llena de expresiones principistas y rimbombantes que nadie cree que puedan ser aplicados, particularmente en un Estado que no es más que una Cleptocracia; y en el cual, lamentablemente, la propia Ley de Contrataciones Pública había ya dejado de ser aplicada a cabalidad, particularmente en materia de contrataciones públicas derivadas de los marcos de convenios internacionales, como ocurrió con las contrataciones públicas con empresas como las de Brasil, Nicaragua o Cuba, totalmente efectuadas fuera de las previsiones de dicha Ley de Contrataciones Públicas, precisamente porque derivaban de convenios internacionales de "cooperación."

El ejemplo más patente y grave de las contrataciones de los entes del Estado venezolano con la empresa extranjeras, como en el resto de los países de América Latina, fue con la empresa Odebretch, lo que provocó incluso que la Asamblea Nacional hubiera encontrado elementos para considerar que quien ejercía de presidente de la República de Venezuela debía ser enjuiciado por hechos de corrupción.[308]

La misma sustracción del régimen de selección de contratistas de la Ley de Contrataciones públicas de las contrataciones efectuadas con empresas extranjeras en el marco de convenios internacionales de "cooperación," la repitió la nueva "Ley Constitucional," al indicar su artículo 20 que sus previsiones "no afectarán en forma alguna lo establecido en convenios de cooperación, acuerdos y contratos internacionales válidamente suscritos por la República Bolivariana de Venezuela."

Ahora bien, del análisis de conjunto de las disposiciones de la "Ley Constitucional" con fines rimbombantes ("contra la guerra

---

308 Véase el Acuerdo de la Asamblea Nacional de 17 de abril de 2018, mediante el cual se declaró que existen "méritos suficientes" para enjuiciar "por hechos de corrupción" al Sr. Nicolás maduro, Presidente de la República, y "continuar con las investigaciones que se adelantan en la Asamblea nacional, de conformidad con lo establecido en el artículo 187, numeral 3º de la Constitución, por los hechos de corrupción que su pudieran desprender de las vinculaciones del ciudadano Nicolás Maduro Moros y otros funcionarios con la empresa Odebretch." Véase el texto en http://efectococuyo.com/-politica/an-aprueba-juicio-contra-el-presidente-nicolas-maduro-con-105-votos-a-favor (La página oficial de la Asamblea Nacional estaba bloqueada el día 18 de abril de 2018).

económica para la racionalidad y uniformidad en la adquisición de bienes, servicios y obras pública") se puede establecer que son siete los aspectos centrales de su regulación: *primero*, el establecimiento de un sistema absolutamente centralizado para el manejo de las contrataciones públicas en todos los nieles territorial; *segundo*, el régimen del registro único de contratistas; *tercero*, la definición como un galimatías, de la "unidad para el cálculo aritmético del umbral máximo y mínimo; *cuarto*, el régimen del valor agregado nacional; *quinto*, la promoción de la información electrónica en materia de contratación pública; *sexta*, el intento de promoción de "actores económicos del nuevo tejido productivo" que no es otro que el regulado en la Ley Orgánica del Sistema Económico Comunal; y *séptimo*, el régimen de contrataciones pública por parte de las empresas del Estado, y la regulación especial respecto de las empresas de la industria petrolera nacional.

1. *El sistema integrado de contrataciones del Estado*

En primer lugar, la Ley Constitucional estableció el "Sistema Integrado de Contrataciones del Estado," con el objeto de centralizar totalmente la actividad de contratación del Estado, eliminando todo vestigio de federalismo o de autonomía de los Estados y Municipios, indicando el artículo 3 que dicho Sistema "debe prevalecer respecto del conjunto de principios, normas, procesos, sujetos, autoridades, contratos, derechos, deberes, recursos, acciones, fines estatales y demás elementos relacionados con las contrataciones del Estado;" y todo ello:

"con el propósito fundamental de dar impulso y direccionamiento a la inversión pública en función del desarrollo de las políticas de protección del Pueblo, el sistema de misiones y grandes misiones, las obras públicas y servicios, la transformación del aparato productivo nacional, atendiendo al estímulo de nuevos actores económicos, en sus distintas escalas y formas asociativas privadas, mixtas, públicas y comunales" (art. 3).

La Ley tiene entonces por objetico unificar el funcionamiento de dicho Sistema:

"guiado por la armonización de metodologías, criterios y conceptos utilizados por todos los órganos y entes contratantes del Estado, bajo una política orientada a la simplificación de trámites, estandarización tecnológica, promoción de nuevos actores económicos, creación de nuevos métodos de gestión, fomento de la industria nacional, optimización de la inversión pública y lucha contra el burocratismo y la corrupción. El Sistema Integrado en función de un esquema integral de desarrollo, conjuga la demanda social, la promoción económica y financiera de los nuevos actores y formas asociativas y los métodos de gestión" (art. 4).

Es difícil ciertamente encontrar en dos normas de una ley la referencia a tantos principios, plausible muchos de ellos, por cierto; pero que en definitiva nada dicen, particularmente si quien las promulga es un gobierno que representa un Estado totalitario,[309] que gerencia un régimen cuya actuación pública, desde hace lustros, ha estado basado en la mentira como política de Estado, en cuyas declaraciones nadie puede creer,[310] y en el desprecio a la ley y a la democracia representativa.[311]

A las anteriores declaraciones le sigue otras, contenidas en el artículo 5 de la "Ley Constitucional" indicando que "las normas fundamentales establecidas en la ley marco que desarrolle el Sistema Integrado de Contrataciones del Estado:"

"tendrán aplicación preferente en cuanto constituyen la base normativa relativa a los actores, métodos de gestión y los

---

309 Véase Allan R. Brewer-Carías, *Estado totalitario y desprecio a la ley. La desconstitucionalización, desjuridificación, desjudicialización y desdemocratización de Venezuela*, Fundación de Derecho Público, Editorial Jurídica Venezolana, 2014, 532 pp.; segunda edición, (Con prólogo de José Ignacio Hernández), Caracas 2015

310 Véase Allan R. Brewer-Carías, *La mentira como política de Estado. Crónica de una crisis política permanente. Venezuela 1999-2015* (Prólogo de Manuel Rachadell), Colección Estudios Políticos, No. 10, Editorial Jurídica Venezolana, Caracas 2015.

311 Véase Allan R. Brewer-Carías, *La ruina de la democracia. Algunas consecuencias. Venezuela 2015,* (Prólogo de Asdrúbal Aguiar), Colección Estudios Políticos, No. 12, Editorial Jurídica Venezolana, Caracas 2015; *Dismantling Democracy. The Chávez Authoritarian Experiment,* Cambridge University Press, New York 2010.

componentes del sistema que comprende, entre otros: una comisión de compras centralizadas y procura, el sistema nacional de contrataciones, el sistema transaccional de compras públicas y un registro único de contrataciones."

Esta, en definitiva, no es otra cosa que el anuncio de que en el futuro será sancionada una nueva legislación que desarrollará dicho Sistema Integrado de Contrataciones, terminando de centralizar absolutamente todo en la materia.

2. El registro único de contratistas

En todo caso, la "Ley Constitucional," ignorando las previsiones de la Ley de Contrataciones Públicas sobre el "Registro Nacional de Contratistas (arts. 41-53), procedió a regular un "Registro Único de Contrataciones Públicas," estableciendo que, a los fines de la participación en procesos de selección y contratación con el sector público, solo sería necesaria la presentación del comprobante de inscripción en dicho Registro Único (art. 8).

La "Ley Constitucional," sin embargo, dejó amplio poder discrecional a la Administración para aceptar o rechazar dicha inscripción (art. 9), y en una disposición transitoria, habilitó al organismo competente en materia de registro de contratistas del sector público, para inscribir en el mencionado Registro Único a "aquellas personas jurídicas creadas y debidamente inscritas ante el registro correspondiente antes del primero de diciembre de 2017," es decir en el registro nacional de Contratistas que regulaba la ley de Contrataciones Públicas.

3. Un galimatías: la definición de la "unidad para el cálculo aritmético del umbral máximo y mínimo (UCAU)"

Uno de los aspectos "novedosos" de esta "Ley Constitucional" ha sido el establecimiento, como lo indica su artículo 6, de la:

"una unidad de determinación objetiva y simple aplicación aritmética, la cual se denominará Unidad para el Cálculo Aritmético del Umbral Máximo y Mínimo (UCAU), que será utilizada como multiplicador único a los fines de obtener el monto en moneda que corresponde a los umbrales máximos y mínimos establecidos por el ordenamiento jurídico para delimitar rangos de elegibilidad en los procesos de contratación pública, o para el cumplimiento de condiciones o requisitos relacionados con estas."

De esta definición, no hay nada más que concluir que no sea que estamos en presencia de un *galimatías*,[312] es decir, como lo define el *Diccionario de la Real Academia Española* de la Lengua, de un texto contentivo de un "lenguaje difícil de comprender por la impropiedad de las frases o por la confusión de las ideas."

Nada se dice, por lo demás, qué es lo que realmente se persigue con la regulación de esta rimbombante "Unidad para el Cálculo Aritmético del Umbral Máximo y Mínimo." Nada se dice, y solamente se agrega, en otro galimatías, que "mediante resolución conjunta de los ministerios con competencia en materia de finanzas y de planificación," dicha Unidad se podrá disponer como:

"multiplicador en operaciones aritméticas para la determinación de umbrales o montos específicos en la aplicación del ordenamiento jurídico en materia de administración financiera del sector público, pudiendo incluso disponer la sustitución de otras unidades de cálculo aritmético, cuando este sea utilizado como tal."

Y todo lo anterior se complementa con lo dispuesto, en otro galimatías más, contenido en el artículo 7 de la "Ley Constitucional," indicando que:

"La determinación de dicha Unidad deberá realizarse sobre la base de estrictos criterios objetivos relacionados con el ingreso mínimo legal, ajustado a las variaciones del índice Nacional de Precios al Consumidor, u otro marcador de valoración disponible, que permita el ajuste racional y equilibrado de los montos máximos y mínimos de contratación, así como los requisitos o condiciones establecidos para celebrar contrataciones con el sector público, referenciados en moneda."

---

312 El calificativo como "galimatías" es de Sergio Sáez, quien observó: "Me atrevería a preguntar en una sesión de la Asamblea Nacional Constituyente quién de los 545 miembros entienden esto que unánimemente votaron su aprobación con ambas manos alzadas, y nadie lo sabrá responder [...]" En Sergio Sáez, Auditor Social, "¿Qué hay detrás de la Ley Constitucional Contra la Guerra Económica para la Racionalidad y Uniformidad de la Adquisición de Bienes, Servicios y Obras Públicas?, Abril 04 de 2018 (Consultado en original).

Además de recordar que el "Índice Nacional de Precios al Consumidor" tiene años sin publicarse, la "gran novedad" que representa esta regulación, y salvo sí llegara a explicarse su contenido por sus redactores, por lo visto no es tal, pareciendo que no sirve para nada. Parecería, en definitiva, que los párrafos de esos artículos se escaparon de algún otro texto o manual redactado para otros fines.

4. La promoción de la información electrónica en materia de contratación pública

En paralelo a las galimatías, la "Ley Constitucional" pasó al extremo de la modernidad en la Administración Pública, al disponer que los mecanismos de acceso, participación y desarrollo de contrataciones públicas que se efectúen con arreglo a la misma, deben "dar preferencia al uso de medios de información y comunicación electrónicos que incrementen eficiencia y transparencia en los procedimientos de contratación pública," los cuales "deben propender a la estandarización, democratización y equilibrio de la participación de los distintos sujetos económicos involucrados" (art. 12).

De allí, la norma sigue así:

"Los procedimientos de publicidad de pliegos o condiciones de contratación, inscripción, sustanciación de expedientes y solicitud de documentos justificativos o información adicional, presentación de ofertas o catálogos electrónicos, así como las solicitudes y respuestas, deberán realizarse en formato electrónico, disponible de manera general para todos los interesados, con características que permitan la interoperabilidad entre los distintos organismos del sector público involucrados en el proceso o en la verificación de documentación."

Y otra vez, en el artículo 13 se indica que:

"Las aplicaciones o sistemas informáticos utilizados a los cuales deba acceder el público o los interesados, o de los cuales deban disponer para dicho acceso, estarán disponibles de forma gratuita y libre, que evite el desequilibrio en el acceso a la información o a los procedimientos de contrataciones públicas."

En todo caso, lo único que no está sujeto a esta normativa son las "actuaciones que, conforme a su naturaleza, deban ser objeto de la consignación de información en formato físico, o de una respuesta en dicho formato, como la carta de consignación de la oferta, la confirmación del interés del oferente una vez adjudicado, o la adjudicación u otorgamiento de la buena pro," lo que es absolutamente obvio, que por tener que ser consignados en forma física, "no están sujetas a la aplicación de lo dispuesto" en la norma, "pero deberán ser objeto de mecanismos de digitalización e integración al expediente electrónico que se forme, en observancia al principio de unidad del expediente."

5. El régimen del valor agregado nacional

Por otra parte, y siendo una Ley relativa a las contrataciones públicas, la misma buscó promover el Valor Agregado Nacional, como si Venezuela fuese en la actualidad un país donde existiera sector privado y hubiera una industria nacional, cuando ello no es cierto pues, al contrario, la misma ha sido sistemáticamente destruida, perseguida y devastada.

Sin embargo, en la "Ley Constitucional" se dispuso que:

"todo régimen, legal o administrativo, relativo a la contratación pública, así como los mecanismos de implementación directa de estos, deberán contener disposiciones que garanticen la promoción, desarrollo y estímulo de la industria nacional, y establecer márgenes de preferencia porcentual que beneficien la pequeña y mediana industria y organizaciones socioproductivas del Sistema Económico Comunal, productoras de bienes, prestadoras de servicios o ejecutoras de obras, domiciliadas en la República Bolivariana de Venezuela, utilizando esquemas de contratación que impliquen la incorporación de bienes con Valor Agregado Nacional, transferencia de tecnología y la incorporación de talento humano nacional" (art. 15).

A tal efecto, y en relación con el Valor Agregado Nacional la Ley estableció criterios para la aplicación e interpretación de "las leyes especiales relativas a contrataciones públicas [donde está la Ley de Contrataciones Públicas, porque la misma no fue derogada], los actos normativos del Ejecutivo Nacional que las desarrollen [donde está el Reglamento de la Ley de Contrataciones Públicas], así como los procesos llevados a cabo con ocasión de estas," entre ellos, la definición misma de Valor Agregado Nacional (VAN), que es: "el resultado de sumar las contribuciones porcentuales en la formación del precio final de cada uno de los componentes de origen nacional que se utilizan para producir un bien, prestar un servicio o ejecutar una obra" (art. 16.1).

A tal efecto, la "Ley Constitucional" enumeró con todo detalle en el artículo 16, todos dichos componentes de origen nacional, como si Venezuela fuera un país donde se produjera algo, y contara con una sólida y diversificada industria nacional. Como es lo contrario, la enumeración no pasa de ser un ejercicio teórico o una gran mentira o burla, incluyendo, por inefectiva, la enumeración de los elementos o factores que no puede ser Valor Agregado Nacional (art. 17).

6. *El intento de promoción de "actores económicos del nuevo tejido productivo" que no es otro que el regulado en la Ley Orgánica del Sistema Económico Comunal*

Ahora bien, en realidad, como lo indica la "Ley Constitucional" en medio de su lenguaje enumerativo de principios, a veces confuso y otras veces llenos de galimatías, el "fin primordial de todo régimen de contrataciones públicas" a que se refiere la misma, como lo indica expresamente su artículo 18, es:

"la promoción y protección de la pequeña y mediana industria, así como de las organizaciones socio-produc-tivas comunales y del Poder Popular, ubicadas en el país, para lo cual las leyes, reglamentos y demás actos de contenido normativo debían prever medidas suficientes para asegurar la participación de dichos actores económicos de mediana y pequeña escala, escala comunal y del Poder Popular en su desarrollo, crecimiento y permanencia en la economía nacional" (art. 18).

Para tal efecto, la "Ley Constitucional" hace referencia en muchos de sus artículos a la implementación de la Ley Orgánica del Sistema Económico Comunal de 2010,[313] en la cual se estableció inconstitucionalmente, como una pieza más del régimen de las Leyes Orgánicas del Poder Popular,[314] una nueva "Constitución Eco-

---

313 Véase en *Gaceta Oficial* N° 6.011 Extra. de 21 de diciembre de 2010. Véase sobre esta Ley los comentarios en Allan R. Brewer-Carías, "Sobre la Ley Orgánica del Sistema Económico Comunal o de cómo se implanta en Venezuela un sistema económico comunista sin reformar la Constitución," en *Revista de Derecho Público*, No. 124, (octubre-diciembre 2010), Editorial Jurídica Venezolana, Caracas 2010, pp. 102-109

314 Véase en Allan R. Brewer-Carías, Claudia Nikken, Luis A. Herrera Orellana, Jesús María Alvarado Andrade, José Ignacio Hernández y Adriana Vigilanza, *Leyes Orgánicas del Poder Popular, Leyes Orgánicas sobre el*

nómica" para el país, paralela a la prevista en la Constitución de 1999, cambiándola de raíz al establecer para sustituirla un sistema económico comunista, concebido, tal como se lo define en el artículo 2 de dicha Ley, como:

"el conjunto de relaciones sociales de producción, distribución, intercambio y consumo de bienes y servicios, así como de saberes y conocimientos, desarrolladas por las instancias del Poder Popular, el Poder Público o por acuerdo entre ambos, a través de organizaciones socio-productivas bajo formas de propiedad social comunal."

Se trata, en efecto de un sistema económico que se desarrolla exclusivamente "a través de organizaciones socio-productivas bajo formas de propiedad social comunal" que conforme a la Ley son solamente las empresas del Estado Comunal; las empresas públicas del Estado Constitucional; las unidades productivas familiares; o los grupos de trueque, donde está excluida toda iniciativa privada y la propiedad privada de los medios de producción y comercialización de bienes y servicios.

Es en consecuencia, un sistema económico socialista que se pretendió implantar mediante ley, violentando completamente el sistema de economía mixta que garantiza la Constitución, eliminándose en la práctica tanto la libertad económica como el derecho de propiedad privada, y como lo expresamos en 2011 sin pensar que en pocos años a ello llegaría la sociedad venezolana forzada por el régimen,

"estableciéndose previsiones propias de sociedades primitivas y lugareñas que en el mundo globalizado de hoy ya simplemente no existen, que presuponen la miseria como forma de vida, para regular y justificar el "trueque" como sistema, pensando quizás en sociedades agrícolas o recolectoras, donde al fin del día se podrían intercambiar unos pescados por una liebre; o una consulta profesional de un médico por el planchado de una ropa; y para crear una moneda al margen de la de curso legal que es el Bolívar, llamando así como "moneda comunal"

Poder Popular y el Estado Comunal (Los Consejos Comunales, las Comunas, la Sociedad Socialista y el Sistema Económico Comunal), **Colección Textos Legislativos** N° 50, Editorial Jurídica Venezolana, Caracas 2011, 720 pp.

como medio de intercambio de bienes y servicios, a los viejos "vales" de las haciendas de hace más de un siglo, donde el campesino estaba confinado al ámbito geográfico de la economía que controlaba estrictamente el hacendado."[315]

En 2018, con la destrucción del aparato productivo, todo ello lo logró el gobierno, como para ahora justificar la aplicación de la normativa de dicha Ley, y ahora de la "Ley Constitucional," y todo en un mundo "literario" que por lo demás, nada tiene que ver con las contrataciones públicas, donde el sistema económico que se promueve está basado exclusivamente en la propiedad pública del Estado (dominio del Estado) sobre los medios de producción, de manera que en la práctica, su desarrollo, regido por un sistema de planificación centralizada, elimina toda posibilidad de libertad económica e iniciativa privada, y convierte a las "organizaciones socio-productivas" en meros apéndices del aparato estatal.

De allí la mera definición del "modelo productivo socialista" que suministró la Ley del Sistema Económico Comunal, como el:

"modelo de producción basado en la propiedad social, orientado hacia la eliminación de la división social del trabajo propio del modelo capitalista. El modelo de producción socialista está dirigido a la satisfacción de necesidades crecientes de la población, a través de nuevas formas de generación y apropiación así como de la reinversión social del excedente." (art. 6.12)

Cualquier parecido con la definición clásica de qué es una sociedad comunista en su versión más clásica, basada precisamente en los tres elementos de propiedad pública, eliminación de la división del trabajo y reinversión social del excedente, definitivamente no es mera coincidencia.[316]

---

315 Véase en *Gaceta Oficial* N° 6.011 Extra. de 21 de diciembre de 2010. Véase sobre esta Ley los comentarios en Allan R. Brewer-Carías, "Sobre la Ley Orgánica del Sistema Económico Comunal o de cómo se implanta en Venezuela un sistema económico comunista sin reformar la Constitución," en *Revista de Derecho Público*, No. 124, (octubre-diciembre 2010), Editorial Jurídica Venezolana, Caracas 2010, pp. 102-109.

316 Véase sobre esa definición, en Karl Marx and Frederick Engels, "The German Ideology," en *Collective Works*, Vol. 5, International Publishers, New York 1976, p. 47. Véanse además los textos pertinentes en

En todo caso, la "Ley Constitucional" concluye disponiendo que "con el objeto de asegurar el acceso a recursos económicos por parte de los actores económicos de pequeña escala, podrán implementarse mecanismos de anticipo y pronto pago para las empresas de la pequeña y mediana industria, y para las organizaciones socio-productivas que resulten seleccionadas en procesos de contratación pública. Las medidas para la protección de los pequeños actores económicos y formas de organización socio-productivas, deberán guardar suficiente proporcionalidad frente a otras categorías de participantes u oferentes y resultar adecuadas al principio de racionalidad en materia de administración financiera del sector público" (art. 18).

7. El régimen de contrataciones pública por parte de las empresas del Estado, y la regulación especial de las mismas para las empresas de la industria petrolera nacional

Finalmente, la "Ley Constitucional contra la guerra económica para la racionalidad y uniformidad en la adquisición de bienes, servicios y obras públicas," en materia de contrataciones públicas por parte de "entes del Estado con fines empresariales," es decir, las contrataciones públicas por parte de las empresas del Estado que en definitiva son las más importantes, estableció que salvo en lo relativo a "concesiones," (las cuales, por lo demás dejaron de existir hace lustros en el país), las mismas debían ser:

"objeto de regulación especial, en términos tales que otorguen a dichos entes la agilidad y eficiencia suficientes, sin menoscabo de la transparencia de los procesos de contratación y del ejercicio de las funciones de control de los órganos competentes" (art. 19).

Aparentemente, a pesar de la redacción de la norma, se trata de un régimen de exclusión total de la aplicación de las disposiciones de la misma "Ley Constitucional" a las contrataciones pública por parte de las empresas del Estado, salvo respecto de las concesiones las cuales, sin embargo, a pesar de su inexistencia en la práctica, sí estarían sujetas a la "Ley Constitucional."

---

http://www.educa.madrid.org/-cms_tools/files/0a24636f-764c-4e03-9c1d-6722e2ee60d7/Tex-to%20-Marx%20y%20Engels.pdf

En todo caso, el régimen aplicable a las empresas del Estado debe estar establecido en una "regulación especial," siendo la primera de ellas el confuso decreto No. 3.368 de 12 de abril de 2018 contentivo, a su vez, de otro decreto No. 44 dictado en el marco Excepción y Emergencia Económica (Decreto N° 3.239 de 9 de enero de 2018),[317] en el cual, en ejecución de la "Ley Constitucional" comentada (art. 19), se estableció un "régimen especial y transitorio para la gestión operativa y administrativa de la industria petrolera nacional," con una "vigencia hasta el 31 de diciembre de 2018, prorrogable por un (1) año" (art. 12), para que "contribuya de manera definitiva al aumento de las capacidades productivas de Petróleos de Venezuela S.A., PDVSA, sus empresas filiales, y la industria petrolera nacional en general" (art. 1), como si ello pudiera "decretarse."

La ilusión de los gobernantes del Estado forajido que hemos padecido los venezolanos ha sido que, con el solo texto de las leyes, los decretos y las resoluciones que dictan, creen que pueden cambiar la realidad; y esa ilusión parece no tener límites; y lo peor es que algunos efectivamente creen que la realidad cambió con solo "decretarla." Solo porque lo dice la ley o el decreto.

La realidad, en todo caso, es otra, que es la que existe a pesar de la letra de los textos legales; y trágicamente, como es bien sabido, es que la industria petrolera venezolana ya para 2018 estaba en un estado de deterioro como nunca antes visto, de manera que de ser hace veinte años la empresa más importante de toda América Latina, en 2020 ha quedado en la ruina, con una producción disminuida, altamente burocratizada e ineficiente, con refinerías cerradas, con una deuda pública astronómica,[318] y minada por una corrupción

---

317 Véase en *Gaceta Oficial* No. 41.376 de 12 de abril de 2018. En cuanto a basarse en el régimen de Estado de Excepción y emergencia económica, debe recodarse que de acuerdo con el artículo 338 de la Constitución, el mismo sólo puede durar 120 días, aun cuando el decretado ya tiene más de dos años, y sin siquiera haber sido aprobado por la Asamblea Nacional.

318 Véase sobre ello, entre los comentarios expertos más recientes de Francisco Monaldi e Igor Hernández, *Weathering Collapse: An Assessment of the Financial and Operational Situation of the Venezuelan Oil Industry,* CID Working Paper N° 327, 2016; Ramón Espinasa, y Carlos Sucre, *La caída y el colapso de la industria petrolera venezolana,* Agosto de 2017 (consultado en original); Carlos Bellorín *El Furrial: el espectacular declive de un gigante petrolero,* Prodavinci, 11 de agosto de 2016: http://historico.pro-

rampante, al punto de que sus últimos directivos desde 2017 han sido todos detenidos o están escapados, acusados todos de corrupción.[319]

Por ello, como bien lo observó José Ignacio Hernández:

"el decreto no corrige ninguna de las causas que llevaron a ese colapso. Así, nada dispone el decreto sobre cómo se obtendrán las inversiones necesarias para la reconstrucción de la industria petrolera, ni tampoco resuelve la crisis de la deuda pública de PDVSA. Tampoco hay en el decreto ninguna medida que incentive a la inversión privada, limitándose a reducir el alcance de los procedimientos de procura pública (pero sin explicar con qué recursos se pagarán los contratos que serán adjudicados por mecanismos poco transparentes)."

Por ello, concluyó Hernández con razón, que "en realidad, las medidas adoptadas en el decreto Nro. 44, además de inconstitucionales, no resuelven ninguno de los problemas de fondo que han llevado al colapso de la industria petrolera. Por el contrario, esas medidas pudieran comprometer, todavía más, la ya mermada capacidad de producción de las empresas públicas operadoras."[320]

En todo caso, y por lo visto, creyendo en la magia de las palabras de un decreto, con el fin mencionado de supuestamente aumentar la capacidad productiva "de Petróleos de Venezuela S.A., PDVSA, sus empresas filiales, y la industria petrolera nacional en general," se reguló un régimen excepcional en el manejo de las empresas

---

davinci.com/blogs/el-furrial-el-espec-tacular-declive-de-un-gigante-petrolero-por-carlos-bellorin/

319 Véase la reseña: "Fiscal general de Venezuela anuncia la detención de expresidentes de Pdvsa," donde se indica: "El fiscal general de Venezuela, Tarek William Saab, anunció este jueves la detención del exministro para la Energía y Petróleo, Eulogio del Pino, y del expresidente de Petróleos de Venezuela (Pdvsa), Nelson Martínez, por su presunta vinculación con hechos de corrupción en la estatal petrolera." Véase en *Telesur,* 30 de noviembre de 2017, en https://www.telesurtv.net/-news/Fiscal-general-de-Venezuela-anuncia-la-detencion-de-expresidentes-de-Pdvsa-20171130-0033.html

320 Véase José Ignacio Hernández, "¿De qué se tratan las medidas excepcionales que tomó el gobierno sobre PDVSA?," en *Prodavinci,* 17 de abril de 2018, en https://prodavinci.com/de-que-se-tratan-las-medidas-excepcionales-que-tomo-el-gobierno-sobre-pdvsa/?platform=hootsuite

del Estado en la industria petrolera nacional con las siguientes características:

- *Ampliación de los poderes del Ministerio de Petróleos en relación con la organización, gestión y funcionamiento de las empresas de la industria petrolera*

El artículo 2 del decreto, comenzó por atribuir al Ministro del Poder Popular de Petróleo, "además de las facultades de control y tutela establecidas en el ordenamiento jurídico," es decir, en la Ley Orgánica de la Administración Pública y en la Ley Orgánica de Hidrocarburos, "las más amplias facultades de organización, gestión y administración de las empresas de la industria petrolera del sector público, en especial Petróleos de Venezuela S.A., PDVSA, y sus empresas filiales, en los términos expuestos en este decreto," atribuyéndole a dicho Ministro en el mismo en el artículo 3, competencia para:

"1. Crear, suprimir o efectuar modificaciones a las empresas del sector público industrial petrolero, incluida Petróleos de Venezuela S.A., y sus empresas filiales.

2. Crear, suprimir, modificar o centralizar órganos de dirección, administración y gestión de dichas empresas.

3. Conformar y regular uno o varios conglomerados de empresas del sector público petrolero, con vista en las necesidades de incremento de la eficiencia del sector y de conformidad con la legislación especializada en la materia.

4. Fijar, suprimir, modificar o centralizar atribuciones, gestiones o procedimientos en determinadas empresas, o efectuar su estandarización para un grupo de ellas.

5. Establecer normas generales para el cumplimiento de todas las empresas públicas del sector petrolero, o grupos de ellas.

6. Crear, suprimir, modificar o centralizar comisiones de contratación, a partir de criterios de categorización basados en las especificidades del procedimiento, de los bienes o servicios requeridos, o de características propias de los mercados nacionales o internacionales de determinados productos.

7. Establecer normas y procedimientos de registro, inscripción, contratación y suspensión de clientes y proveedores; o proceder directamente a la suspensión del registro o inscripción

mediante acto motivado, cuando de los resultados de la evaluación del cliente o proveedor, o la continuidad de su contratación suponga un riesgo al patrimonio de la empresa, o a su operatividad.

8. Establecer normas y procedimientos especiales de contratación por categoría de productos, bienes o servicios.

9. Ordenar la modificación de los estatutos sociales de las empresas públicas del sector petrolero, sus manuales de procedimientos, normativa interna y demás instrumentos de gobierno interno vigentes. Los representantes, directivas, directivos o responsables de las empresas de la industria petrolera nacional, del sector público, estarán en la obligación de gestionar lo conducente a los fines de materializar las modificaciones que deban realizarse de conformidad con lo dispuesto en este artículo, y en atención a las instrucciones impartidas por el Ministro del Poder Popular de Petróleo."

Es decir, con este decreto se autorizó al Ministro del Petróleo a hacer materialmente lo que le viniera en ganas con las empresas de la industria petrolera nacional, incluso "suprimir" a Petróleos de Venezuela S.A. lo que no sólo es un soberano disparate, sino que sería violatorio de la Constitución (art. 303).

Con ello, se eliminó de hecho el rol que al menos estatutariamente correspondía a Petróleos de Venezuela S.A., como holding de la industria petrolera, perdiendo materialmente toda la relativa autonomía que podía todavía tener como empresa del Estado en su relación con el órgano de tutela, que ya en buena parte se había perdido con el ejercicio simultáneo por la misma persona del cargo de Ministro de Energía y Petróleo y Presidente de PDVSA.

En todo caso, lo único que hasta cierta forma protege la poca racionalidad que se pueda requerir en materias tan delicadas, es que, en el ejercicio de todas esas atribuciones, las decisiones del Ministro en relación a la organización, gestión y funcionamiento de las empresas de la industria petrolera, en ningún caso podrían surtir efectos de inmediato, sino que necesariamente deberían reflejarse en reformas formales de los estatutos de las empresas. Para ello, el artículo 3 del decreto termina indicando que:

"las gestiones relativas a la inscripción y registro de documentos relacionados con dichas modificaciones son obligatorias para los responsables respecto de cada una de las empresas involucradas."

Pero la aparente racionalidad derivada de la exigencia de reformas estatutarias se perdió con lo previsto al final de la misma norma al proclamar que:

"Las reformas normativas o estatutarias que se efectúen de conformidad con lo dispuesto en este artículo podrán modificar lo dispuesto en los respectivos decretos de creación de las empresas del sector público petrolero."

Ello significa que irresponsablemente, un decreto presidencial autorizó a un Ministro a modificar mediante resoluciones lo dispuesto en actos administrativos de rango superior como son los decretos de creación de las empresas. El insensato redactor de tal norma, incluso ignoró que la Ley Orgánica de Procedimientos Administrativos dispone imperativamente que en Venezuela:

"Ningún acto administrativo podrá violar lo establecido en otro de superior jerarquía; ni los de carácter particular vulnerar lo establecido en una disposición administrativa de carácter general, aun cuando fueren dictados por autoridad igual o superior a la que dicto la disposición general" (art. 13).

- *La eliminación de la licitación en la contratación pública por parte de las empresas de la industria petrolera y la derogación "oblicua" de la Ley Orgánica que reserva al Estado bienes y servicios conexos a las actividades primarias de hidrocarburos de 2009*

El decreto No. 3.368 de 12 de abril de 2018, además, eliminó para las contrataciones por parte de Petróleos de Venezuela, S.A., y sus empresas filiales toda forma de licitación pública, es decir, eliminó toda modalidad de control o selección de contratistas basada en principios de transparencia,[321] estableciendo en cambio solo dos

---

321 Como lo observó el antiguo Ministro del petróleo y Presidente de PDVSA, Rafael Ramírez, responsable directo de la debacle de la industria petrolera la cual no ocurrió solo en los últimos años: "Maduro emite un decreto ilegal, donde le da al ministro Quevedo potestades de modificar los contratos de las Empresas Mixtas con los socios privados. Contratos aprobados por la Asamblea Nacional, de interés público, que deben ser del conocimiento, de la discusión de los ciudadanos. Pero no, ya no será así, los modificaran

modalidades de contratación: la consulta de precios y la adjudicación directa.

Con ello, como lo observó José Ignacio Hernández, sin duda se "aceleran los procedimientos de procura de PDVSA y sus empresas filiales, pero reducen los controles que previenen la corrupción y la gestión ineficiente del gasto público, sin que el decreto prevea medidas concretas para atender esos riesgos."[322]

En primer lugar, conforme al artículo 3 del Decreto, se estableció que Petróleos de Venezuela, S.A., y sus empresas filiales debían siempre proceder "a contratar a través de la modalidad de *consulta de precios*, independientemente del monto la compra de bienes, adquisición de servicios o ejecución de obras," específicamente en las siguientes categorías de productos:

"1. La compra de hidrocarburos y sus derivados, diluentes, gas, liquido de gas natural (LGN), petroquímica, insumos para la producción de combustibles y bases lubricantes, para la producción de combustibles y bases lubricantes, materiales para empaque y envasado de productos.

2. La ejecución de obras de infraestructuras complementarias para la prestación de servicios, traslados para la industria petrolera.

3. Adquisición y suministro de servicios de alimentos, transporte, fletamento de buques para crudo, gasolina, gas y asfalteros, sistemas de comunicación, sistemas, equipos y licencias informáticas, sistemas y equipos de protección integral, sistemas y equipos de protección contra incendios."

En segundo lugar, conforme al artículo 5 del decreto, Petróleos de Venezuela, S.A., y sus empresas filiales deben proceder a la

---

las transnacionales de acuerdo a sus intereses. Por otra parte, el Decreto instruye saltarse, así a la torera, ¡todos los procedimientos de control establecidos en la Administración Pública!". Véase en Rafael Ramírez Carreño, "El problema de PDVSA está en Miraflores," en *aporrea.org,* 22 de abril de 2018, en https://www.aporrea.org/-energia/-a262147.html

322 Véase José Ignacio Hernández, "¿De qué se tratan las medidas excepcionales que tomó el gobierno sobre PDVSA?," en *Prodavinci,* 17 de abril de 2018, en https://prodavinci.com/de-que-se-tratan-las-medidas-excepcionales-que-tomo-el-gobierno-sobre-pdvsa/?platform=hootsuite

compra, adquisición y ejecución de obras mediante la modalidad de *contratación directa*, en los siguientes casos:

"1. La compra de materiales y productos químicos, repuestos y equipos relacionados a la actividades de la industria petrolera de: perforación, servicios a pozos, instalaciones de bombeo, estaciones de producción, plantas compresoras y sistemas eléctricos, oleoductos, gasoductos y poliductos que permitan la operatividad de la industria, químicos y catalizadores, aceites, lubricantes, bases lubricantes y aditivos, equipos y repuestos de la flota vehicular terrestre (liviana y pesada) marítima y aérea, sistemas de generación eléctrica, turbo generadores, turbo compresores, moto compresores y sistemas de control, macollas de producción, fabricación de equipos y sus accesorios.

2. La ejecución de obras de infraestructura necesarias para la industria petrolera.

3. La adquisición de servicios integrales de perforación, mantenimiento de pozos, limpieza, estimulación, cañoneo, completación, mantenimiento de instalaciones, plantas compresoras, estaciones de producción, macollas de producción, líneas de gas y crudos, oleoductos, gasoductos y poliductos, servicios a mejoradores, sistemas de generación eléctrica, pateo de almacenamientos, terminal de almacenaje y embalaje, adquisición y mantenimiento de servicio a las monoboyas, terminales marinos, muelles, plataformas de producción costa afuera, plataformas de carga y descarga de buques, plantas de procesamiento de gas, plantas de extracción y fraccionamiento del LGN, plantas de inyección de gas, sistemas de transporte manejo y distribución de gas, servicios industriales de vapor agua y electricidad, mantenimiento de las plantas intermedias del sistema de refinación nacional, mantenimiento de la unidades de craqueo catalítica, mantenimiento de las unidades de destilación, mantenimiento de trenes de procesos, mantenimiento de unidades profundas del circuito de conversión. En fin, todos los servicios de mantenimiento, sistemas, equipos, dispositivos y operación infraestructura de la petrolera."

Si las empresas de la industria petrolera pueden, conforme a este artículo, proceder a contratar mediante adjudicación directa todos dichos servicios enumerados en la norma, con ello, en buena parte, ni más ni menos, el decreto 3.368 de 12 de abril de 2018 lo que hizo fue derogar la Ley Orgánica que reserva al Estado bienes y servicios conexos a las actividades primarias de Hidrocarburos,[323] la cual por su "carácter estratégico" reservó al Estado "los bienes y servicios, conexos a la realización de las actividades primarias previstas en la Ley Orgánica de Hidrocarburos" (Art. 1). Ello implicó que, a partir de 2009, los bienes y servicios y sus obras que se reservaron al Estado, o se nacionalizaron conforme a la enumeración del artículo 2 de la Ley Orgánica, fueron precisamente, los ahora indicados en el artículo 5 del mencionado decreto No. 3.368 de 12 de abril de 2018.

Al redactor del decreto por lo visto se le "olvidó" que a partir de su entrada en vigencia de la Ley Orgánica de reserva de 2009, las actividades auxiliares y conexas reservadas pasaron a ser ejecutadas "directamente por la República; por Petróleos de Venezuela, S.A. (PDVSA) o de la filial que ésta designe al efecto; o, a través de empresas mixtas, bajo el control de Petróleos de Venezuela, S.A., (PDVSA) o sus filiales," (Art. 1), excluyendo la posibilidad de que puedan ser ejecutadas por empresas privadas.

Por ello, no se entiende cómo se puede mediante decreto 3.368 establecer normas para la contratación por adjudicación directa con contratistas privados algunos de dichos servicios auxiliares y conexos, constituyendo ello una derogación tácita de la Ley Orgánica de reserva de 2009, mediante un decreto, lo cual por supuesto es inconstitucional.

APRECIACIÓN CONCLUSIVA

Como puede apreciarse de los comentarios anteriores sobre la "Ley Constitucional contra la guerra económica para la racionalidad y uniformidad en la adquisición de bienes, servicios y obras públicas," la misma, en lugar de contribuir a promover la honestidad, y transparencia en los procesos de adquisición y contratación de bienes, servicios y obras públicas, y facilitar los mecanismos de control de tales procesos, más bien parece un instrumento diseñado para terminar de desmoronar la vigencia de la Ley de Contrataciones Públicas de 2014, ya bastante deteriorada por las expandidas excepciones que estableció para la aplicación de las licitaciones o concursos, decretando ahora incluso su carácter supletorio respecto de la "Ley Constitucional."

---

323 Véase en *Gaceta Oficial* N° 39.173 del 7 de mayo de 2009.

La misma, en sustitución, y reformando tácitamente dicha Ley de 2014, estableció un sistema absolutamente centralizado para el manejo de las contrataciones públicas en todos los nieles territorial, haciendo desaparecer la autonomía de los Estados y municipios, estableciendo un registro único de contratistas. Con disposiciones llenas de declaraciones principistas en las cuales nadie cree, y con galimatías como el usado para definir la "unidad para el cálculo aritmético del umbral máximo y mínimo," que no se explica para qué sirve; normas de promoción de un régimen del valor agregado nacional en la contratación pública, cuando no hay aparato productivo y materialmente no hay nada nacional que agregar en el país, por la devastación provocada en el sector privado, la Ley terminó por definir su objetivo fundamental, que es promover el desarrollo del sistema de economía comunal, establecido en el marco del Poder Popular creado inconstitucionalmente en 2010, conforme al modelo de economía comunista, identificado como los "actores económicos del nuevo tejido productivo."

La Ley Constitucional de enero de 2018, terminó su articulado estableciendo un régimen de contrataciones pública para las empresas del Estado, *para excluirlas de todo régimen de selección de contratistas*, lo que dio origen a la regulación mediante decreto, de un régimen especial para la industria petrolera, ampliación de los poderes del Ministerio de Petróleos en relación con la organización, gestión y funcionamiento de las empresas de la industria petrolera, incluyendo PDVSA; y además, un régimen especial de contrataciones de la industria petrolera nacional, *eliminando totalmente el sistema licitatorio de la misma*, dejando en manos de los funcionarios la contratación por consulta de precios y adjudicación directa, en este último caso, incluso de muchos de los servicios auxiliares y conexos con la actividades primarias, que habían sido nacionalizados en 2009, implicando con ello una inconstitucional derogación de aquella Ley.

La "Ley Constitucional," en su conjunto, por todo lo anterior, lejos de promover la transparencia y buscar resolver los problemas de la industria petrolera que ha sido totalmente colapsada, con son sus despojos, lo que parece ser es un instrumento para institucionalizar la Cleptoracia.

DÉCIMA TERCERA PARTE
EL ARBTRAJE EN LA CONTRATACIÓN PÚBLICA: PROGRESIÓN Y REGRESIÓN

En la Constitución venezolana de 1893, y luego de varias reclamaciones diplomáticas de Estados europeos contra la República en materia de cobro de deuda pública, se incorporó una norma con tres cláusulas específicas en las cuales se estableció, primero, la prohibición de transferir contratos de interés público a Estados extranjeros; segundo, la cláusula de inmunidad absoluta por jurisdicción que estipulaba la obligación de incorporarla a todos los contratos públicos; y tercero, la llamada "cláusula Calvo," que excluye todo reclamo diplomático contra el Estado en lo concerniente a dichos contratos públicos.[324]

Una década después se produjo el bloqueo de los puertos venezolanos por las armadas alemana, británica e italiana con el fin de forzar el cobro de la deuda pública que mantenía el país con Alemania, Inglaterra e Italia, conflicto del cual incluso derivó en la aplicación en Venezuela de la conocida "doctrina Drago," formula-

---

324 El origen de la cláusula, lo que explica su denominación "Calvo", estuvo en el argumento contenido en su libro, *International Law Treaty* (*Tratado de Derecho Internacional*) editado inicialmente en 1868, en el cual su Carlos Calvo refiriéndose a la intervención anglo–francesa en el Río de la Plata y la intervención francesa en México, expresó que las mismas habían estado basadas sólo en el pretexto de proteger intereses comerciales privados, y que de acuerdo con el derecho internacional público, la intervención armada de Estados europeos en los Estados del Nuevo Mundo no podía aceptarse.

da en 1902 por el Ministro de Relaciones Exteriores de Argentina, Luis María Drago, quien ante dichas medidas de fuerza contra Venezuela, formuló su tesis denegatoria del cobro compulsivo de las deudas públicas por los Estados.[325]

Todo ello, aunado a los laudos arbitrales emitidos a finales del siglo XIX en relación con la demarcación de las fronteras con Colombia y Brasil, sin duda, originaron en el país una cultura hostil respecto del arbitraje en materia de contrataciones públicas, que duró durante varias décadas.

Las cláusulas incorporadas en la Constitución de 1893, por ello, continuaron en el texto de las Constituciones posteriores, y solo fue en la Constitución de 1947 cuando solo la segunda de dichas cláusulas fue modificada, transformándose en una cláusula de inmunidad *relativa* por jurisdicción (art. 108), lo cual ha permanecido posteriormente en la Constitución de 1961 (art. 127) y posteriormente, en la Constitución vigente de 1999 (art. 151). [326]

Ese cambio fue el que permitió durante las últimas décadas del siglo pasado la introducción de cláusulas de arbitraje en los contratos públicos, convirtiéndose ello progresivamente en una práctica comúnmente aceptada y reconocida como válida. [327]

---

325 Véase Victorino Jiménez y Núñez, *La Doctrina Drago y la Política Internacional*. Madrid, 1927.

326 Véase sobre este Artículo nuestra propuesta ante la Asamblea Nacional Constituyente, en Allan R. Brewer–Carías, "Propuesta sobre la cláusula de inmunidad relativa de jurisdicción y sobre la cláusula Calvo en los contratos de interés público," en *Debate Constituyente (Aportes a la Asamblea Nacional Constituyente), Vol. I (8–Agosto–8 Septiembre 1999)*, Fundación de Derecho Público/Editorial Jurídica Venezolana, Caracas 1999, pp. 209–233.

327 Véase Allan R. Brewer–Carías, *Contratos Administrativos*, Colección Estudios Jurídicos N° 44, Editorial Jurídica Venezolana, Caracas 1992, pp. 262–265. La posibilidad de incorporar cláusulas de arbitraje en los contratos públicos se estudió por primera vez en Venezuela en 1960, incluso antes de sancionar la Constitución de 1961. Véase Antonio Moles Caubet, "El arbitraje en la contratación administrativa," en la *Revista de la Facultad de Derecho*, N° 20, Universidad Central de Venezuela, Caracas 1960, p. 22. Véase además Alberto Baumeister Toledo, "Algunas consideraciones sobre el procedimiento aplicable en los casos de arbitrajes regidos por la ley de Arbitraje Comercial," en Allan R. Brewer–Carías (Ed.), *Seminario sobre la Ley de Arbitraje Comercial*, Academia de Ciencias Políticas y Sociales,

Esa tendencia se reforzó en 1995, al Venezuela ratificar la Convención del CIADI[328] y asimismo mediante la firma entre 1993 y 1998, de múltiples tratados bilaterales de inversión que estipularon el arbitraje internacional para la solución de controversias. A ello se agregó la sanción, en 1999 de la Ley de Promoción y Protección de Inversiones (en lo adelante: Ley de Inversiones) dictada por Decreto Ley N° 356 de 13 de octubre de 1999, [329] en la cual se establecieron diversos mecanismos de arbitraje, incluyendo el consentimiento expreso del Estado al arbitraje del Centro CIADI, conforme al Artículo 25(1) de la Convención del CIADI. A tal efecto, mediante el artículo 22 de dicha Ley, consideramos que el Estado expresó su consentimiento para someter disputas sobre inversiones al arbitraje internacional ante el Centro CIADI, en la forma de una oferta unilateral abierta y escrita formulada a los inversionistas, sujeta a la aceptación igualmente por escrito de estos, [330] pudiendo los mismos a su elección recurrir a los tribunales nacionales.

Todo ello evidenció, como lo expresó Alfredo Morles Hernández en 2005, al contrario de la hostilidad precedente frente al arbitraje, una actitud favorable hacia el mismo, como tendencia de

---

Caracas 1999, pp. 95–98; Allan R. Brewer–Carías, "El arbitraje y los contratos de interés público," en Allan R. Brewer–Carías (Ed.), *Seminario sobre la Ley de Arbitraje Comercial*, Academia de Ciencias Políticas y Sociales, Caracas 1999, pp. 167–186; Francisco Hung Vaillant, *Reflexiones Sobre el Arbitraje en el Sistema Venezolano*, Editorial Jurídica Venezolana, Caracas 2001, pp. 125–130.

328 *Gaceta Oficia*l N° 35.685 del 3 de abril de 1995.

329 Ley de promoción y Protección de Inversiones, Decreto ley N° 356 de 13–10–1999, en *Gaceta Oficial* N° 5.300 Extra. de 22–10–1999. La Ley fue derogada, y por tanto, el artículo 22 eliminado, mediante la Ley de Inversiones Extranjeras, dictada mediante Decreto ley No. 1438 de 17 de noviembre de 2014, en *Gaceta Oficial* No. 6154 (Extra) de 18 de noviembre de 2014.

330 Entre los distintos formularios de consentimiento por escrito de los Estados Contratantes del CIADI, que incluyen la legislación nacional, véase. el "Informe de los directores ejecutivos del Convenio sobre Arreglo de Diferencias Relativas a Inversiones entre Estados y Nacionales de otros Estados" con fecha 18 de marzo de 1965 ("[...] un estado anfitrión puede, en la legislación que promueve las inversiones, ofrecer que las controversias que surgieren de ciertas clases de inversión sean sometidas a la jurisdicción del Centro, y el inversor podrá dar su consentimiento al aceptar la oferta por escrito."

"aceptación prácticamente universal."[331] El arbitraje, incluso se había aceptado en general década antes, en los contratos públicos referidos a deuda pública (empréstitos públicos), respecto de los cuales la posibilidad de renuncia a la inmunidad jurisdiccional había sido respaldada en 1977 mediante opinión legal de la Procuraduría General de la República, que consideraba aceptable incorporar en dichos contratos de empréstito público externo cláusulas por las que se renunciaba a la inmunidad jurisdiccional del Estado, las cuales fueron ampliamente incorporada en los contratos públicos de esos tiempos. [332]

En el ámbito contractual de derecho privado, debe observarse que luego de que el arbitraje fuera establecido inicialmente como un derecho constitucional en la Constitución de 1830 (Art. 140), [333] y fuera regulado en el siglo XIX como medio alternativo de resolución de disputas de carácter vinculante en las disposiciones de procedimiento civil, a principios del siglo XX, luego de la reforma del Código de Procedimiento Civil de 1916, el arbitraje pasó a ser establecido solo como método no vinculante de resolución de controversias; no siendo obligatorio (Artículos 502–522). Fue en 1986 cuando el Código de Procedimiento Civil fue modificado para permitir a las partes pudieran celebrar un acuerdo vinculante para someter las controversias a los tribunales arbitrales, y así excluir la jurisdicción de los tribunales ordinarios (Artículos 608–629). [334]

---

331 Véase Alfredo Morles Hernández, "Presentación," en Irene Valera (Coord.), *Arbitraje comercial interno e internacional. Reflexiones teóricas y experiencias prácticas*, Academia de Ciencias Políticas y Sociales, Caracas 2005, pp. 12–13.

332 Véase Alfredo Morles Hernández, "La inmunidad de jurisdicción y las operaciones de crédito público," en *Estudios sobre la Constitución, Libro Homenaje a Rafael Caldera*, Universidad Central de Venezuela, Caracas 1979, Vol. III, p. 1717

333 Véase J. Eloy Anzola. "Luces desde Venezuela: La administración de justicia no es monopolio exclusivo del Estado," en la *Revista del Club Español de Arbitraje,* N° 4, 2009, p. 62

334 Véase Para conocer la importancia y el impacto de la reforma del Código de Procedimiento Civil de 1986 en cuestiones de arbitraje, Véase Víctor Hugo Guerra Hernández. "Evolución del arbitraje comercial interno e internacional," en Irene Valera (Coordinadora), *Arbitraje Comercial Interno e Internacional. Reflexiones teóricas y experiencias prácticas*, Academia de Ciencias Políticas y Sociales, Comité Venezolano de Arbitraje, Caracas 2005, pp. 42–44; Arístides Rengel Romberg, "El arbitraje comercial en el

Además, a través de leyes especiales se permitió el arbitraje en áreas relacionadas con los derechos de autor, seguros, protección al consumidor, trabajo y reforma agraria. [335]

Posteriormente, Venezuela ratificó la Convención Interamericana sobre el Arbitraje Internacional y sobre la Eficacia Extraterritorial de las Sentencias y Laudos Arbitrales Extranjeros de 1979, [336] la Convención Interamericana sobre Arbitraje Comercial Internacional de 1975, [337] y la Convención de las Naciones Unidas sobre el Reconocimiento y la Ejecución de Sentencias Arbitrales Extranjeras de 1958 (Convención de Nueva York). [338] En 1998, Venezuela adoptó la Ley de Arbitraje Comercial, [339] que se basa en la Ley Modelo sobre Arbitraje Comercial Internacional de la UNCITRAL. [340]

Por otra parte, específicamente en materia de inversiones extranjeras, y de conformidad con el régimen existente en esos tiempos, el decreto N° 2095 del 13 de febrero de 1992, que contenía la normativa sobre el "Régimen común de tratamiento a los capitales extranjeros y sobre marcas, patentes, licencias y regalías, aprobada

---

Código de Procedimiento Civil y en la nueva Ley de Arbitraje Comercial (1998)," en Allan R. Brewer–Carías (Ed.), *Seminario sobre la Ley de Arbitraje Comercial*, Academia de Ciencias Políticas y Sociales, Caracas 1999; J. Eloy Anzola, "El fatigoso camino que transita el arbitraje," en Irene Valera (Coordinadora), *Arbitraje Comercial Interno e Internacional. Reflexiones teóricas y experiencias prácticas,* Academia de Ciencias Políticas y Sociales, Comité Venezolano de Arbitraje, Caracas 2005, p. 408

335 Véase las leyes enumeradas, incluidas la Ley sobre el Derecho de Autor (1993), la Ley de Empresas de Seguro (1994), la Ley de Protección al Consumidor (1995) y la Ley Orgánica del Trabajo (1990) en Francisco Hung Vaillant, *Reflexiones Sobre el Arbitraje en el Sistema Venezolano*, pp. 90–101; Paolo Longo F., *Arbitraje y Sistema Constitucional de Justicia*, Editorial Frónesis S.A., Caracas, 2004, pp. 52–77; Víctor Hugo Guerra Hernández. "Evolución del arbitraje comercial interno e internacional," *loc. cit.*, pp. 44–46; y en la Sentencia N° 1541 de 2008

336 Véase *Gaceta Oficial* N° 33144 del 15 de enero de 1985

337 Véase *Gaceta Oficial* N° 33170 del 22 de febrero de 1985

338 Véase *Gaceta Oficial* (Extra) N° 4832 del 29 de diciembre de 1994

339 Véase *Gaceta Oficial* N° 36430 del 7 de abril de 1998

340 Véase en general, Arístides Rengel Romberg, "El arbitraje comercial en el Código de Procedimiento Civil y en la nueva Ley de Arbitraje Comercial (1998)," *loc. cit.*, pp. 47 ss.

por Sentencias N.º 291 y 292 de la Comisión del Acuerdo de Cartagena" estipuló en forma general que "se podía utilizar la resolución de controversias o conflictos derivados de la inversión extranjera directa o de inversionistas subregionales o del traspaso de tecnología extranjera, y los mecanismos de jurisdicción o conciliación y arbitraje estipulados en la ley." [341] Por consiguiente, recurrir al arbitraje para la posible resolución de controversias de inversión se convirtió en una práctica generalizada.

Posteriormente, y volviendo al ámbito del arbitraje en la contratación pública, se destaca el Decreto Ley Nº 138 del 20 de abril de 1994 de la Ley orgánica sobre concesiones de obras públicas y servicios públicos nacionales, [342] en la cual se incluyó un artículo que estableció expresamente que el Ejecutivo Nacional y el concesionario podían acordar que las dudas y controversias que pudieran surgir como resultado de la interpretación y ejecución del contrato de concesión serían tratadas por un tribunal arbitral, para el cual las partes determinarían su composición, competencia, procedimiento y ley aplicable" (artículo 10). [343]

Además, debe mencionarse el importante Acuerdo del Congreso Nacional de 4 de julio de 1995 mediante el cual se estableció el marco de Condiciones para los "Convenios de Asociación para la Exploración a Riesgo de Nuevas Áreas y la Producción de Hidrocarburos bajo el Esquema de Ganancias Compartidas," [344] en el cual se estableció expresamente una cláusula arbitral para la solución de controversias en los referidos contratos públicos que se suscribieron en el marco de lo que se llamó la "apertura petrolera" en el manejo de la industria petrolera nacionalizada, permitiéndose la participación del sector privado en la explotación de la misma.

---

341 Véase *Gaceta Oficial* Nº 34930 del 25 de marzo de 1992

342 Véase *Gaceta Oficial* Nº 4719 Extra. del 26 de abril de 1994

343 Véase en Luis Fraga Pittaluga, "El arbitraje y la transacción como métodos alternativos de Resolución de conflictos administrativos," en las *IV Jornadas Internacionales de Derecho Administrativo Allan Randolph Brewer Carías, La relación jurídico–administrativa y el procedimiento administrativo*, Fundación de Estudios de Derecho Administrativo, FUNEDA, Caracas 1998, p. 178. Este autor declaró en 1998 que "la admisión del arbitraje en el campo administrativo es una tendencia irreversible", Íd. p. 177

344 Véase *Gaceta Oficial* Nº 35754 del 17 de julio de 1995

Dicha previsión sobre cláusula arbitral fue impugnada por inconstitucionalidad ante la Corte Suprema mediante una acción popular interpuesta, entre otros, por diputados al Congreso; habiendo sido decidido el asunto por la Corte Suprema en 1999, declarando sin lugar la demanda, ratificando la constitucionalidad del Acuerdo del Congreso, sosteniendo que la incorporación de cláusulas de arbitraje en los contratos públicos de asociación para la explotación petrolera eran válidos en los términos del Artículo 127 de la Constitución de 1961, vigente en ese momento (equivalente al Artículo 151 de la Constitución de 1999). [345]

La sentencia de la Corte Suprema de Justicia, en todo caso, ha sido considerada como un precedente judicial clave en materia de arbitraje en contratos públicos y sobre el sentido de la cláusula de inmunidad relativa de jurisdicción en el país. [346]

---

345 Véase la sentencia en Allan R. Brewer–Carías (Compilador), Documentos del Juicio de la Apertura Petrolera (1996–1999), Caracas, 2004 disponible en http://allanbrewercarias.com/Con-tent/449725d9–f1cb–474b–8ab2–41efb849fea3/Content/I,%-202,%2022.%20%20APERTURA%20PETROLERA.%20DOCUMENTOS%20DEL%20JUICIO.pdf (Biblioteca Virtual, I.2. Documentos, N° 22, 2004), pp. 280–328. La Sala Constitucional del Tribunal Supremo de Justicia confirmó el fallo emitido bajo la Constitución de 1961, que sostenía que el Artículo 151 de la Constitución de 1999 permite la incorporación de normas de arbitraje en contratos de interés público. Véase la Sentencia N° 1541 del 2008 y la Sentencia N° 97 del 11 de febrero de 2009 (Interpretación de los Artículos 1 y 151 de la Constitución. Fermín Toro Jiménez, Luis Brito García et al.). Véanse los comentarios de agosto de 1999 que ratifican la Resolución del Congreso que aprueba el Marco del Convenio de Asociación que realicé al rechazar la propuesta constitucional del Presidente Chávez respecto al Artículo 151 de la Constitución, en Allan R. Brewer–Carías "Propuesta sobre la cláusula de inmunidad relativa de jurisdicción y sobre la cláusula Calvo en los contratos de interés público," en *Debate Constituyente (Aportes a la Asamblea Nacional Constituyente), Vol. I (8–Agosto–8 Septiembre 1999)*, Fundación de Derecho Público/Editorial Jurídica Venezolana, Caracas 1999, pp. 220–229

346 Véase Juan Carlos Balzán, "El arbitraje en los contratos de interés a la luz de la cláusula de inmunidad de jurisdicción prevista en el artículo 151 de la Constitución," en *VIII Jornadas Internacionales de Derecho Administrativo "Allan Randolph Brewer-Carías," Los contratos administrativos. Contratos del Estado*, Fundación de Estudios de Derecho Administrativo, FUNEDA, Vol. II, Caracas 2006, pp. 349–357; Margot Y. Huen Rivas, "El arbitraje internacional en los contratos administrativos," en *VIII Jornadas*

Posteriormente, a finales de los noventa en la Ley de Arbitraje Comercial se incorporó una norma, como artículo 4, con el siguiente texto:

"Cuando en un acuerdo de arbitraje al menos una de las partes sea una sociedad en la cual la República, los Estados, los Municipios y los Institutos Autónomos tengan participación igual o superior al cincuenta por ciento (50%) del capital social, o una sociedad en la cual las personas anteriormente citadas tengan participación igual o superior al cincuenta por ciento (50%) del capital social, se requerirá para su validez de la aprobación de todos los miembros de la Junta Directiva de dicha empresa y la autorización por escrito del ministro de tutela. El acuerdo de arbitraje especificará el tipo de arbitraje y el número de árbitros, el cual en ningún caso será menor de tres (3)." [347]

Se trató de una disposición fundamental, la cual, aun cuando exclusivamente referida al procedimiento administrativo de contratación al imponer que el acuerdo de arbitraje en la contratación pública cuando sea celebrado por entidades descentralizadas del sector público, sea suscrito de conformidad con sus reglamentos, y con la aprobación expresa del Ministro de tutela de la específica entidad descentralizada, se puede considerar como una declaración tácita de aceptación general del arbitraje en la contratación pública, lo que se corroboró en diversas otras leyes.

Es decir, dicha norma, aun establecida en una ley destinada a regular en general el arbitraje comercial, admitió en forma expresa la incorporación de las cláusulas de arbitraje en los contratos públicos, sujetos a la aprobación del órgano competente, lo que evidenció la ratificación y aceptación expresa por parte del Congreso de la posibilidad de incorporar cláusulas arbitrales en dichos contratos públicos, estableciendo a tal efecto, reglas de gestión elementales en la Administración pública, como las derivadas del ejercicio del control administrativo.

Internacionales de Derecho Administrativo "Allan Randolph Brewer-Carías," Los contratos administrativos. Contratos del Estado, Fundación de Estudios de Derecho Administrativo, FUNEDA, Vol. I, Caracas 2005, pp. 438–439

347 Véase Véanse sobre este Artículo los comentarios en Allan R. Brewer-Carías, "El arbitraje y los contratos de interés nacional," *loc. cit.*, pp. 169–204

Esa posibilidad del arbitraje como recurso para la solución de controversias en contratos del Estado, por otra parte, fue reconocida en gran número de sentencias judiciales posteriores. [348] Por ejemplo, el 15 de junio del mismo año 1998, la Sala Político Administrativa del Tribunal Supremo de Justicia dictó la sentencia del caso *Industrias Metalúrgicas Van Dam, C.A. vs. República de Venezuela. Ministerio de la Defensa*, en la cual reconoció las cláusulas de arbitraje en contratos públicos, que en este caso tenían objeto militar, para la solución de controversias sobre los "aspectos técnicos" del contrato, excluyendo las cuestiones de seguridad y defensa nacional. [349]

De lo anterior resulta que en realidad, en las décadas anteriores a 1999 ya se identificaba una tendencia a superar la otrora actitud histórica que existió en el pasado de reticencia respecto de las cláusulas de arbitraje y respecto del tema de la renuncia relativa a la inmunidad de jurisdicción del Estado en los contratos de derecho público, incluso antes de la sanción de la Constitución de 1961 y de la reforma del Código de Procedimiento Civil de 1986. Esta tendencia se consolidó legislativamente, precisamente a partir de 1999, al inicio del gobierno del Presidente Hugo Chávez, al definirse una política económica destinada a atraer inversiones extranjeras, para lo cual el Presidente propuso al Congreso la sanción de una Ley orgánica de habilitación legislativa que lo autorizara a sancionar un conjunto de decretos leyes relacionadas con la administración, las finanzas, los impuestos y la economía públicas, con particular énfasis, en este último campo para promover, proteger e incentivar las inversiones extranjeras en el país.

Con base en el proyecto presentado por el mismo Ejecutivo Nacional, unas semanas después, en abril de 1999, el Congreso san-

---

348 Véase los casos citados en Juan Carlos Balzán, "El arbitraje en los contratos de interés a la luz de la cláusula de inmunidad de jurisdicción prevista en el artículo 151 de la Constitución," *loc. cit*, pp. 333– 335, 349, y en José G. Villafranca, "Precisión jurisprudencial en torno a la inmunidad de jurisdicción en demandas por responsabilidad patrimonial (Comentario a la sentencia de la CSJ–SPA de fecha 30–07–1998)," en *Revista de Derecho Administrativo*, N.° 4, Editorial Sherwood, Caracas 1998, p. 347–360

349 Véase las referencias en Juan Carlos Balzán, "El arbitraje en los contratos de interés a la luz de la cláusula de inmunidad de jurisdicción prevista en el artículo 151 de la Constitución", *loc. cit.*, pp. 349–350

cionó la Ley Orgánica habilitante de abril de ese año 1999, [350] autorizando al Presidente de la República no sólo para dictar normas legislativas para "fomentar la protección y la promoción de inversiones nacionales y extranjeras, con el fin de establecer un marco legal para las inversiones y para ofrecer mayor seguridad jurídica" (Artículo 1.4.f); sino que además lo autorizó para "reformar el Decreto Ley sobre concesiones de obras públicas y servicios públicos nacionales para estimular las inversiones privadas" para proyectos existentes o futuros (Art. 1.4.h) y para emitir las medidas necesarias para la explotación de gas, modernizando la legislación en el tema (Art. 1.4.i).

Fue por tanto el Ejecutivo Nacional el que definió las políticas económicas del país, centrándose en la promoción y protección de las inversiones en general, y en cuestiones de obras y servicios públicos, hidrocarburos, gas y minas, propósito para el cual efectivamente recibió una amplísima y comprensiva autorización legislativa con el fin de sancionar leyes por medio de la legislación delegada. Y fue precisamente a través de esta autorización legislativa que el Poder Ejecutivo emitió el decreto ley que contentivo de la Ley de Inversiones de 1999, así como varios otros decretos ley, incluso antes de sancionarse la Constitución de 1999, emitidos sin embargo, un mes después de que fuera publicada la mencionada sentencia de agosto de 1999 de la antigua Corte Suprema de Justicia, por la cual se rechazó la impugnación del Acuerdo del Congreso sobre los Convenios de asociación petroleros, en los cuales, en todos los casos, se establecieron cláusulas de arbitraje como medio de resolución de controversias entre el Estado y los particulares en contratos públicos. [351] Entre esos decretos ley se destacan los referentes a los hidrocarburos gaseosos, a la promoción y protección de las inversiones a través de concesiones, y la Ley de Inversiones.

En relación con la Ley de hidrocarburos gaseosos, [352] en la misma se dispuso conforme al Artículo 127 de la Constitución de 1961, que en todas las licencias otorgadas a particulares con el fin

---

350 Véase la Ley Orgánica que Autoriza al Presidente de la República para Dictar Medidas Extraordinarias en Materia Económica y Financiera Requeridas por el Interés Público en el *Gaceta Oficial* N° 36.687 del 26 de abril de 1999.

351 Véase *Gaceta* Oficial N° 5382 Extra del 28 de septiembre de 1999

352 Véase Decreto Ley N° 310 del 12 de septiembre de 1999, *Gaceta Oficial* N° 36.793 del 23 de septiembre de 1999

de llevar a cabo actividades de exploración y explotación de hidrocarburos gaseosos, se debía considerar incluida una cláusula (aun cuando no estuviese expresada por escrito), que estipulase que "las dudas y controversias de cualquier tipo que pudiesen surgir como resultado de la licencia, y que las partes no pudieran resolver en forma amigable, incluso por arbitraje, serán resueltas por los tribunales competentes de la República, de conformidad con sus leyes, sin la posibilidad de realizar reclamos extranjeros por ningún motivo o causa" (Artículo 25.6.b). En esta forma, la reconoció en forma expresa la posibilidad de someter a arbitraje las controversias sobre cuestiones relacionadas con las licencias otorgadas por el Estado para la exploración y explotación de los hidrocarburos gaseosos.[353]

En la Ley sobre promoción de la inversión privada bajo el régimen de concesiones, [354] el Presidente dispuso en el decreto ley que la decretó, que en los contratos de concesiones públicas, las partes: "pueden acordar en el contrato respectivo someter sus controversias a la sentencia del Tribunal Arbitral, del cual las partes determinarán de común acuerdo la composición, competencia, procedimiento y ley aplicable, de conformidad con las normas aplicables en la materia." Esta norma pro arbitraje en un área sensible de

---

353 Véase en igual sentido, por ejemplo, J. Eloy Anzola, "El fatigoso camino que transita el arbitraje," en Irene Valera (Coordinadora), *Arbitraje Comercial Interno e Internacional. Reflexiones teóricas y experiencias prácticas*, Academia de Ciencias Políticas y Sociales, Comité Venezolano de Arbitraje, Caracas 2005, p. 419 Expresó: "Debemos suponer que fue realizada con la clara intención de admitir el arbitraje como medio de resolución de conflictos en los contratos de exploración y explotación de conformidad con el texto de la constitución... para incentivar la participación de los particulares, que sin duda se sentirán más cómodos buscando justicia ante un tribunal arbitral, sin la necesidad de recurrir a los tribunales locales".

354 Véase Ley Orgánica sobre promoción de la inversión privada bajo el régimen de concesiones, *Gaceta Oficial* N° 5394 Extra. del 25 de octubre de 1999. Véase Diego Moya–Ocampos Pancera y Maria del Sol Moya–Ocampos Pancera, "Comentarios relativos a la procedencia de las cláusulas arbitrales en los contratos de interés público nacional, en particular: especial las concesiones mineras," en *Revista de Derecho Administrativo*, N.° 19, Editorial Sherwood, Caracas 2006, p. 174. Véase en general respecto a esta Ley, Alfredo Romero Mendoza, "Concesiones y otros mecanismos no tradicionales para el financiamiento de obras públicas", en Alfredo Romero Mendoza (Coord.), *Régimen Legal de las Concesiones Públicas. Aspectos Jurídicos, Financieros y Técnicos*, Editorial Jurídica Venezolana, Caracas 2000, pp. 28–29

los contratos públicos como son las concesiones de obras y servicios públicos ha sido reafirmada por un gran número de sentencias dictadas con posterioridad de tribunales venezolanos.[355]

La tercera ley en la cual se estableció la cláusula arbitral sancionada por el Presidente de la República mediante la utilización de los poderes legislativos delegados, fue precisamente el antes mencionado Decreto Ley N° 356 del 13 de octubre de 1999, sobre la Ley de promoción y protección de Inversiones, la cual contiene previsiones expresas sobre arbitraje en varias disposiciones: primero, en el Artículo 21 (arbitraje estado–estado); segundo, en el Artículo 22 (arbitraje internacional o juicio ante tribunales nacionales con un inversionista internacional); y tercero, el Artículo 23 (juicio ante tribunales nacionales o arbitraje con un inversionista nacional o internacional). En los dos últimos casos, el consentimiento del Estado para someter las controversias a arbitraje estaba expreso en la Ley, y la decisión de recurrir al arbitraje o a los tribunales nacionales estaba a cargo del inversionista (como su derecho).

La disposición del Gobierno en 1999 respecto a la resolución de controversias en materia de inversiones fue, sin duda, favorable al arbitraje, como resulta de la legislación antes mencionada, lo que se confirma por la discusión simultánea de la nueva Constitución de 1999 en la cual se estableció la obligación del Estado de promover el arbitraje para la solución de controversias (art. 258).

La Constitución de 1999, en efecto, incorporó el arbitraje como un recurso alternativo para la solución de controversias, como un componente más del sistema judicial (Artículo 253), exigiendo al Estado promoverlo en el artículo 258, al disponer que "La ley promoverá el arbitraje, la conciliación, la mediación y cualesquiera otros medios alternativos de solución de conflictos;"[356] garantizando el arbitraje, además, como un derecho fundamental.[357]

---

355 Véase por ejemplo, un resumen en Alfredo Romero Mendoza (Coord.), *Régimen Legal de las Concesiones Públicas. Aspectos Jurídicos, Financieros y Técnicos*, cit. pp. 12, 28, 29, 155.

356 Véase Eugenio Hernández Bretón, "Arbitraje y Constitución. El arbitraje como derecho fundamental," en Irene Valera (Coordinadora), *Arbitraje Comercial Interno e Internacional. Reflexiones teóricas y experiencias prácticas*, Academia de Ciencias Políticas y Sociales, Comité Venezolano de Arbitraje, Caracas 2005, pp. 25, 27–28, donde se refiere al reconocimiento del arbitraje como medio alternativo de solución de controversias en la Constitución de 1999, y a la promoción del arbitraje como una obli-

Es decir, fue el mismo texto de la Constitución el que impuso a todos los órganos del Estado la tarea de promover el arbitraje, y establece la posibilidad de someter las disputas a arbitraje, como un derecho constitucional de todos los ciudadanos, lo que confirma que ya en 1999 no existía en el país una cultura de hostilidad preponderante hacia el arbitraje. Por el contrario, la Constitución de 1999, las leyes sancionadas por el nuevo Gobierno de 1999, el sistema legal en su totalidad y los instrumentos internacionales de los que Venezuela formaba parte, aceptaban y promovían el arbitraje. [358]

Siguiendo la misma orientación pro arbitraje, aun cuando quizás en exceso permisiva respecto del arbitraje internacional en contratos públicos, el Presidente de la República H. Chávez presentó ante la Asamblea Nacional Constituyente en agosto de 1999, el texto de un artículo para reemplazar al Artículo 127 de la anterior Constitución de 1961(equivalente al artículo 151 de la Constitución de 1999), en la cual sólo establecía el principio de la inmunidad de jurisdicción absoluta para los contratos suscritos por la República (que son realmente escasísimos), dejando sin ninguna restricción la posibilidad de renuncia de jurisdicción en todos los otros contratos suscritos por otros entes públicos (los Estados, los Municipios, los institutos autónomos o las empresas del Estado, por ejemplo, que son la mayoría); propuesta en la cual, además, el Presidente propuso abandonar la cláusula Calvo. Esa fue precisamente la razón por la

gación constitucional de todos los órganos estatales.; Sentencia N° 1541 de 2008; Tribunal Supremo de Justicia, Sala constitucional, Sentencia N° 186 del 14 de febrero de 2001 (Caso: Impugnación constitucional de los Artículos 17, 22 y 23 de la Ley de Inversiones de 1999, Fermín Toro Jiménez y Luis Brito García).

357 Véase sobre el arbitraje como derecho fundamental, Eugenio Hernández Bretón, "Arbitraje y Constitución. El arbitraje como derecho fundamental", *loc. cit.*, quien observó que la Constitución de 1830 estableció que el arbitraje es un derecho fundamental de los ciudadanos. En este mismo sentido, Véase J. Eloy Anzola, "El fatigoso camino que transita el arbitraje," en Irene Valera (Coordinadora), *Arbitraje Comercial Interno e Internacional. Reflexiones teóricas y experiencias prácticas*, Academia de Ciencias Políticas y Sociales, Comité Venezolano de Arbitraje, Caracas 2005, p. 409–410

358 El arbitraje del CIADI continuó siendo incorporado en los tratados bilaterales para la promoción y protección de las inversiones, firmados y ratificados a partir de 1999. Véase por ejemplo el Tratado bilateral de inversión Venezuela–Francia en el *Gaceta Oficial* N° 37896 del 11 de marzo de 2004

que como miembro de la Asamblea me opuse fuertemente a dicha propuesta, y más bien propuse incluir en la nueva Constitución el mismo texto del Artículo 127 de la Constitución de 1961.

Afortunadamente, mi propuesta se impuso en el actual Artículo 151 de la Constitución de 1999, y se rechazó la propuesta del Presidente de reducir a sólo y únicamente respecto de la República (no de los estados, las municipalidades, las corporaciones o las empresas públicas), la previsión de que no se someterían "jamás a jurisdicciones extranjeras en un contrato de interés público." Como se dijo, sin embargo, con respecto a los contratos públicos celebrados por otros entes estatales (que comprenden la gran mayoría de los contratos públicos) y con respecto a los tratados o acuerdos internacionales y a las leyes nacionales que establecen el arbitraje internacional, el Presidente propuso eliminar todos los límites al arbitraje, permitiéndolo incluso sin considerar la "naturaleza" del contrato o la cuestión que el mismo comprendiera. Partiendo de esta orientación, que no compartíamos, sin embargo, lo que resultaba claro era que ello era congruente con la intención del gobierno de incluir una oferta abierta e ilimitada para arbitrar todas sus disputas en un foro como el del CIADI en la Ley de Inversiones dictada por el propio Presidente de la República en esos mismos días.

Por su interés histórico en esta materia, deben destacarse las consecuencias que podría haber provocado la propuesta del Presidente Chávez,[359] de haber sido aprobada si se la compara con el texto del Artículo 127 de la Constitución de 1961 (que se conservó en el Artículo 151 de la Constitución de 1999). En efecto, el Artículo 127 de la Constitución de 1961 disponía

> *Artículo 127.* "En los contratos de interés público, si no fuere improcedente de acuerdo con la naturaleza de los mismos, se considerará incorporada, aun cuando no estuviere expresa, una cláusula según la cual las dudas y controversias que puedan suscitarse sobre dichos contratos y que no llegaren a ser resueltas amigablemente por las partes contratantes serán decididas por los tribunales competentes de la República, de conformidad con sus leyes, sin que por ningún motivo ni causa puedan dar origen a reclamos extranjeros."

---

359 Véase Hugo Chávez Frías, *Ideas Fundamentales para la Constitución bolivariana de Venezuela*, 5 de agosto de 1999

Artículo propuesto por el Presidente Chávez: "En los contratos celebrados por la República que sean considerados de interés público, se considerará incorporada, aun cuando no estuviere expresa, una cláusula según la cual las dudas y controversias que puedan suscitarse sobre dichos contratos, serán decididas por los tribunales competentes de la República, de conformidad con las leyes".

Esta propuesta presentada por el Presidente Chávez, sin duda, era extremadamente extraña e inapropiada respecto al principio de inmunidad de jurisdicción del Estado, pues planteaba que en los contratos celebrados por todos los entes públicos o personas jurídicas (excepto la República), tales como los estados, las municipalidades, las instituciones autónomas y otras personas jurídicas del derecho público, así como cualquier otra empresa pública, no debía existir límite alguno en materia de renuncia a la inmunidad de jurisdicción. El Presidente Chávez, por tanto, en realidad proponía que la norma constitucional fuese más liberal que la norma de la Constitución de 1961, al reducir la inmunidad de jurisdicción absoluta sólo respecto de los contratos celebrados por la "República" y no por entidades públicas descentralizadas.

Pero además, la propuesta del Presidente Chávez implicaba eliminar totalmente de la Constitución la llamada "cláusula Calvo," de tradición más que centenaria, al eliminar la prohibición de que los contratos de interés público pudieran originar reclamos diplomáticos extranjeros contra la República. De estas propuestas, sin duda extrañas, sin embargo, lo que no se puede es concluir que el gobierno supuestamente estuviera opuesto en general al arbitraje internacional. Por el contrario, con esta propuesta, como lo sostuve en el debate de la Asamblea General Constituyente en septiembre de 1999, [360] lo que se intentaba era eliminar de la Constitución las restricciones en materia de inmunidad relativa de jurisdicción.

En todo caso, la tendencia ampliamente favorable hacia el arbitraje generada por los decretos ley emitidos por el Presidente Chávez en 1999 en cuestiones relacionadas con la inversión en general, y en particular, con las inversiones en concesiones administrativas y

---

360 Véase Allan R. Brewer–Carías, "Propuesta sobre la cláusula de inmunidad relativa de jurisdicción y sobre la cláusula Calvo en los contratos de interés público," en *Debate Constituyente (Aportes a la Asamblea Nacional Constituyente), Vol. I (8–Agosto–8 Septiembre 1999),* Fundación de Derecho Público/Editorial Jurídica Venezolana, Caracas 1999, pp. 209 233

licencias para obras y servicios públicos, y con el campo de los hidrocarburos gasíferos y minas, fue ratificada dos años más tarde, en 2001, en un nuevo conjunto de leyes que incluyó el reconocimiento general del arbitraje como un medio de resolución de conflictos. Por ejemplo, el Código Orgánico Tributario de octubre de 2001, incluyó un reconocimiento general del arbitraje como recurso para la resolución de controversias entre los contribuyentes y el Estado. [361]

Posteriormente, también en el año 2001, se admitió en forma general el arbitraje al establecerlo como un recurso de resolución de disputas entre el Estado y los particulares en un sector público muy importante y nacionalizado como es el del petróleo, en casos relacionados con la constitución de compañías mixtas para la explotación de actividades primarias de hidrocarburos. El Decreto Ley Nº 1510 del 2 de noviembre de 2001, mediante el cual se sancionó la Ley Orgánica de Hidrocarburos[362] en ejecución de una nueva Ley Orgánica Habilitante aprobada por la entonces recién electa Asamblea Nacional en noviembre de 2000, [363] por la cual se ratificó lo dispuesto por el Artículo 151 de la Constitución de 1999. Esta Ley estipuló que en los contratos que celebraran compañías mixtas para la explotación de hidrocarburos debía considerarse incluida, aún sin estar expresa, una cláusula según la cual "las dudas y controversias de cualquier tipo que puedan suscitarse a partir de la ejecución de las actividades y que no llegaren a ser resueltas amigablemente por las partes, incluido el arbitraje," debían ser resueltas por los tribunales (Artículo 34.3.b). Esta norma reconoció en forma expresa por Ley la posibilidad de someter a arbitraje la resolución de disputas que se suscitasen de actividades del sector de hidrocarburos cuando se formaron las empresas mixtas con inversionistas privados. [364]

---

361 Véase Artículos 312–326. Código Orgánico Tributario, *Gaceta Oficial* Nº 37.305 del 17 de octubre de 2001

362 Véase Ley Orgánica de Hidrocarburos, *Gaceta Oficial* Nº 37.323 del 13 de noviembre de 2001

363 Véase Ley Orgánica Habilitante de noviembre de 2000, *Gaceta Oficial* Nº 37076 del 13 de noviembre de 2000

364 Lo mismo sucedió con la reforma del Estatuto Orgánico para el desarrollo de Guayana, también sancionado por medio del Decreto Ley Nº 1531 del 7 de noviembre de 2001, *Gaceta Oficial* Nº 5561 Extra. del 28 de noviembre de 2001 y la Ley Orgánica para la prestación de los servicios de agua potable y saneamiento sancionada por la Asamblea Nacional en diciembre de 2001. Véase la Ley Orgánica para la prestación de los servicios de agua po-

Todos estos decretos ley, y leyes sancionadas por la Asamblea Nacional entre 1999 y hasta el 2001, confirman, como lo dijo Balzán, que en Venezuela, "sin duda existía una tendencia legislativa clara hacia la admisión del arbitraje en los contratos relacionados con la actividad comercial en la Administración pública." [365]

Contra esa tendencia, que había sido aupada por el propio Poder Ejecutivo mediante la emisión de todas las leyes antes mencionadas dictadas a través de decretos leyes, particularmente ante el cúmulo de casos que se presentaron contra Venezuela en el CIADI para ser resueltos mediante arbitraje con base en el consentimiento expreso dado por el Estado en el artículo 22 de la Ley de Inversiones, y luego de diversos intentos de anular judicialmente dicha norma, el Procurador General de la República intentó un recurso de interpretación del artículo ante la Sala Constitucional del Tribunal Supremo para que la misma decidiera que dicho artículo 22 no decía lo que decía, es decir, que no contenía una expresión de consentimiento para el arbitraje internacional ante el CIADI.

Y así fue que la Sala Constitucional dictó la Sentencia N° 1.541 del 17 de octubre de 2008, [366], emitida en respuesta de un recurso de interpretación, que en realidad no fue del artículo 22 de la ley de Inversiones, sino del Artículo 258 de la Constitución, resultando la sentencia sin embargo, en la interpretación del primero,[367] habiendo

---

table y de saneamiento, *Gaceta Oficial* N° 5568 Extra. del 31 de diciembre de 2001

365 Véase Juan Carlos Balzán, "El arbitraje en los contratos de interés a la luz de la cláusula de inmunidad de jurisdicción prevista en el artículo 151 de la Constitución," *loc. cit.*, p. 299.

366 Véase en http://www.tsj.gov.ve/decisiones/scon/Octubre/1541–171008–08–0763.htm; y en Gaceta Oficial N° 39.055 Noviembre 10, 2008. Véase el texto igualmente en Luisa Estela Morales Lamuño, *Venezuela en el contexto del arbitraje. Jurisprudencia de la Sala Constitucional y Laudos Internacionales relevantes*, Tribunal Supremo de Justicia, Fundación Gaceta Forense, Caracas 2011, pp. 53–121.

367 Como lo precisó la presidenta de la Sala Constitucional, quien fue ponente de la sentencia: "dicha sentencia fue dictada con ocasión a la interpretación conforme a la Constitución vigente, del artículo 22 de la Ley de promoción y Protección de Inversiones, dada la solicitud formulada por la Procuraduría General de la Republica y de connotados abogados externos, y vista la necesidad de fijar sus efectos para la procedencia o no del arbitraje, como mecanismo válido para disipar diferencias relativas a la inversión entre la república y los inversionistas extranjeros." Véase Luisa Estela Morales

por ello recibido numerosas críticas, [368] pues el artículo 258 de la Constitución, por su claridad, no requiere de interpretación alguna. Como lo destacó J. Eloy Anzola en sus comentarios sobre la sentencia, resulta obvio los representantes de la República al presentar la solicitud de interpretación, "no ocultaron la verdadera intención del recurso" que era obtener "la interpretación de la norma legal en lugar de la constitucional," [369] en el sentido "que el Artículo 22 de la Ley de Inversiones no prevé dicho consentimiento. Es allí a lo que apunta la sentencia." [370]

Por ello, en realidad, lo que la sentencia decidió al final fue que dicho artículo 22 de la Ley de Inversiones "no constituía una oferta general del Estado para someter las disputas a arbitraje internacional ante el CIADI," con lo cual la Sala Constitucional terminó cambiando el sentido de las disposición, privándola de su contenido, y en definitiva en cierta forma "revocando" la expresión de consentimiento unilateral que el Estado había dado para someterse a un arbitraje internacional que contenía, pero sin que se reformara formalmente la Ley de Inversiones que fue lo que debió ocurrir. [371] La

---

Lamuño, *Venezuela en el contexto del arbitraje. Jurisprudencia de la Sala Constitucional y Laudos Internacionales relevantes*, Tribunal Supremo de Justicia, Fundación Gaceta Forense, Caracas 2011, p. 8.

368 Véase por ejemplo, Tatiana B. de Maekelt; Román Duque Corredor; Eugenio Hernández–Bretón, "Comentarios a la sentencia de la Sala Constitucional del Tribunal Supremo de Justicia, de fecha 17 de octubre de 2008, que fija la interpretación vinculante del único aparte del art. 258 de la Constitución de la República," en *Boletín de la Academia de Ciencias Políticas y Sociales*, N.° 147, Caracas 2009, pp. 347–368; Eugenio Hernández Bretón, "El arbitraje internacional con entes del Estado venezolano," en *Boletín de la Academia de Ciencias Políticas y Sociales*, N.° 147, Caracas 2009, pp. 148–161; Ian A. Laird and Todd J. Weiler (Ed.), *Arbitraje del Tratado de Inversiones y el Derecho Internacional*, Vol. 2, JurisNet LLC 2009, pp. 92–109; Victorino Tejera Pérez, *Arbitraje de Inversiones*, Tesis de maestría, Universidad Central de Venezuela, Caracas 2010, pp. 180–193

369 Véase J. Eloy Anzola, "Luces desde Venezuela: La Administración de la Justicia no es monopolio exclusivo del Estrado," en *Revista del Club Español de Arbitraje*, N° 4, 2009, pp. 64, 64

370 *Ídem*, pp. 73–74

371 Véase Véanse los comentarios sobre la ineficacia de dicha revocación sin reformar la Ley respecto del arbitraje internacional, en Andrés A. Mezgravis, "El estándar de interpretación aplicable al consentimiento y a su revocatoria en el arbitraje de inversiones," en Carlos Alberto Soto Coaguila

decisión, por tanto, en definitiva, dejó sin sentido la última parte del artículo 22 de la ley de Inversiones, la cual les permitía a los inversionistas optar por someterse a arbitraje o recurrir a un tribunal nacional. [372]

Como se dijo, la sentencia fue objeto de muchas críticas que coincidieron con que la intención de la República no fue obtener del Tribunal Supremo una interpretación del artículo 258 de la Constitución sino de un artículo de una ley como era el artículo 22 de la Ley de Inversiones. [373] Por ello, el Magistrado Pedro Rafael Rondón Haaz, quien disintió tanto de la decisión de la Sala Constitucional de admitir el recurso, como de la propia sentencia N° 1541 de 2008, destacó en su Voto Salvado que la Sala Constitucional había actuado *ultra–vires* al aceptar la interpretación de la disposición de ley (Artículo 22) (pp. 56–59), reiterando su criterio que se puede resumir en los siguientes puntos: Que el Artículo 258 no daba lugar a duda razonable alguna, ni requería de interpretación aclaratoria, ya que solo contenía un mandato dirigido al Legislador para promover el arbitraje; que el recurso de interpretación presentado tenía como objetivo obtener una "opinión legal" por parte de la Sala Constitucional por medio de un proceso de control de la constitucionalidad *a priori* que no existe en Venezuela; que la sentencia no interpretaba o aclaraba el Artículo 258 de la Constitución ya que ésta clara disposición no daba lugar a duda; que la Sala Constitucional se excedió en su competencia cuando aceptó decidir sobre la interpretación del Artículo 22 de la Ley de Inversiones de 1999, siendo la Sala Político–Administrativa del Tribunal Supremo de

---

(Director), *Tratado de Derecho Arbitral*, Universidad Pontificia Javeriana, Instituto peruano de Arbitraje, Bogotá 2011, Vol. II, pp. 858–859

372 Véase en general los comentarios sobre esta Sentencia en Tatiana B. de Maekelt; Román Duque Corredor; Eugenio Hernández–Bretón, "Comentarios a la sentencia de la Sala Constitucional del Tribunal Supremo de Justicia, de fecha 17 de octubre de 2008, que fija la interpretación vinculante del único aparte del art. 258 de la Constitución de la República," *loc. cit.*, pp. 347–368

373 Véanse los comentarios críticos en Eugenio Hernández Bretón, "El arbitraje internacional con entes del Estado venezolano," en *Boletín de la Academia de Ciencias Políticas y Sociales*, N.° 147, Caracas 2009, pp. 148–161; Victorino Tejera Pérez, "Las leyes de Inversiones Municipales, ¿Siempre constituyen una oferta unilateral de arbitraje? La Ley de Inversiones venezolana: Un estudio de casos", *loc. cit.*, pp. 92–109; Victorino Tejera Pérez, *Arbitraje de Inversiones*, Tesis de maestría, cit. pp. 180–193

Justicia la que tenía la competencia exclusiva para la interpretación de las disposiciones de las leyes; y que la Sala Constitucional contradijo su propia jurisprudencia y se excedió el uso de sus facultades al realizar la interpretación constitucional. El Magistrado Rondón, en su Voto salvado, además, notó de manera correcta que la Sala Constitucional al interpretar el Artículo 22 ejerció una "función legislativa" al establecer, por medio de un procedimiento de control de la constitucionalidad a priori, los pasos que la Legislatura debe seguir en el futuro a fin de expresar el consentimiento del Estado al arbitraje internacional mediante una ley (pp. 56–59).

En todo caso, al año siguiente de haber dictado su sentencia, y en "respuesta" a las críticas formuladas respecto de otra sentencia de la Sala, [374], la propia Sala Constitucional en una forma inusual, publicó un *Boletín de Prensa* en su sitio web el 15 de junio de 2009 ("Autor: Prensa TSJ"),[375] en la cual decidió expresar algunas conclusiones sobre el alcance de la sentencia N° 1541 de 2008, sin que nadie lo hubiese solicitado, es decir, sin ningún proceso constitucional o ningún procedimiento en contrario que lo exigiese. Se trató, por tanto, de una especie de aclaratoria de "sentencia por medio de Boletín de Prensa,"[376] en la cual el Tribunal Supremo hizo referencia, entre otros temas, precisamente al Artículo 22 de la Ley de Inversiones al "declarar" que: ´Las sentencias [del Tribunal Supremo] eliminan el riesgo que implica interpretar el Artículo 22 de la Ley de Inversiones como una oferta abierta o invitación por parte de

---

374 Véase la entrevista de Carlos Díaz con Luis Britto García en relación con la sentencia de la Sala Constitucional N° 97 del 11 de febrero de 2009: "Perdimos el derecho a ser juzgados según nuestras leyes, nunca las juntas arbitrales foráneas han favorecido a nuestro país," *La Razón*, Caracas 14–06–2009, publicado el 20 de junio de 2009 por Luis Britto García en http://luisbrittogarcia.blogspot.com/2009/06/tsj–lesiono–soberania.html

375 Véase   en   http://www.tsj.gov.ve/informacion/notasdeprensa/-notasdeprensa.asp?codigo=6941

376 Véase Luis Britto García, "¡Venezuela será condenada y embargada por jueces   y   árbitros   extranjeros!,"   en   http://www.aporrea.org/actualidad/a80479.html. Fecha de la publicación: 21 de junio de 2009. Véase Allan R. Brewer-Carías, "Comentarios sobre el 'Caso: Consolidación de la inmunidad de jurisdicción del Estado frente a tribunales extranjeros,' o de cómo el Tribunal Supremo adopta decisiones interpretativas de sus sentencias, de oficio, sin proceso ni partes, mediante 'Boletines de Prensa,'" en *Revista de Derecho Público*, No. 118, (abril-junio 2009), Editorial Jurídica Venezolana, Caracas 2009, pp. 319-330.

Venezuela de someterse a la competencia de otros países, como se ha tratado de explicar en el Foro Internacional, por parte de sujetos con intereses contrarios a los de la República Bolivariana de Venezuela, como es el caso de la gran transnacional del sector de la energía". Este *Boletín de Prensa*, por supuesto, no era una sentencia judicial en sí misma y no poseía fuerza de ley. [377]

Estas notas de prensa lo que demostraron fue que la sentencia N° 1.541 de 2008 de la Sala Constitucional, había sido producto de la influencia política sobre el Poder Judicial ejercida por el Ejecutivo para tratar de reafirmar la posición del Estado en los casos pendientes ante el CIADI. La Sala Constitucional actuó *ultra vires* cuando decidió interpretar el Artículo 22 de la Ley de Inversiones de 1999 ante la solicitud del Gobierno de la República,[378] ya que la Sala Político–Administrativa era la que tenía la competencia exclusiva para interpretar leyes por medio de recursos de interpretación de las mismas; y proceder así a interpretar dicho artículo con la excusa de interpretar el Artículo 258 de la Constitución que no requería interpretación alguna.

Luego de esa sentencia, el CIADI dictó varias decisiones de importancia para el país, en particular en los casos: Caso CIADI N° ARB/07/27, *Mobil Corporation, Venezuela Holdings, B.V., Mobil Cerro Negro Holding, Ltd., Mobil Venezuela de Petróleos Holdings, Inc., Mobil Cerro Negro Ltd. and Mobil Venezolana de Petróleos, Inc. vs. República Bolivariana de Venezuela*, decisión en materia de Jurisdicción de 10 de junio de 2010 (Caso Mobil CIADI); [379] Caso CIADI No. ARB/08/15, *Cemex Caracas Investments*

---

377 Véase por ej., Víctor Raúl Díaz Chirino, "El mecanismo de arbitraje en la contratación pública," en Allan R. Brewer–Carías (Coord.), *Ley de Contrataciones Públicas*, 2° ed. Editorial Jurídica Venezolana, Caracas 2011, pp. 356–357.

378 Véase Allan R. Brewer–Carías, "La Sala Constitucional vs. La competencia judicial en materia de interpretación de las leyes," en *Revista de Derecho Público*, N.° 123, Editorial Jurídica Venezolana, Caracas 2010, pp. 187–196.

379 Véase el texto en http://icsid.worldbank.org/ICSID/FrontServlet?requestType=CasesRH&actionVal=show Doc&docId-=DC1510_En&caseId=C256 . el texto igualmente en Luisa Estela Morales Lamuño, *Venezuela en el contexto del arbitraje. Jurisprudencia de la Sala Constitucional y Laudos Internacionales relevantes*, Tribunal Supremo de Justicia, Fundación Gaceta Forense, Caracas 2011, pp. 167–225.

B.V. and Cemex Caracas II Investments B.V. vs. República Boliva-riana de Venezuela, decisión en materia de Jurisdicción de 30 de diciembre de 2010 (Caso Cemex CIADI); [380] y Caso CIADI N° ARB/08/3, *Brandes Investment Partners, LP vs. República Boliva-riana de Venezuela*, decisión del 2 de agosto de 2011 (Caso *Brandes* CIADI),[381] en los cuales incluso los tribunales CIADI concluyeron que si bien el artículo 22 de la Ley de Inversiones efectivamente contenía una obligación condicional impuesta al Estado de someterse a arbitraje internacional, lo que implicaba que en dicha norma el Estado expresó su consentimiento, sin embargo, como los tribunales concluyeron que era posible interpretar gramaticalmente dicha norma en dos formas, ambas válidas; al resolver los casos consideraron que no había suficiente evidencia sobre la intención del Estado de someter las controversias al arbitraje internacional. En definitiva, fue por falta de pruebas o evidencias que los tribunales ICSID declararon que en dichos casos no tenían Jurisdicción para conocer de las controversias.

Sin embargo, con posterioridad a estas tres decisiones, y en virtud de la existencia de otros casos pendientes de ser resueltos ante el CIADI, incluso sin referencia al artículo 22 de la Ley de Inversiones, el 24 de enero de 2012 el gobierno de Venezuela oficialmente denunció la Convención y el Estado venezolano se retiró en forma irrevocable del CIADI, de manera que luego de recibir la notificación escrita, el Banco Mundial como depositario de la Convención notificó el hecho a todos los otros Estados contratantes. De acuerdo con el artículo 71 de la Convención, dicha denuncia comenzó a surtir efectos a los seis meses después de la recepción de la notificación de Venezuela, es decir, el 25 de julio de 2012.

---

380 Disponible en http://icsid.worldbank.org/ICSID/FrontServlet?requestType=CasesRH&actionVal=showDoc&docId=DC1831_En&caseId=C420 el texto igualmente en Luisa Estela Morales Lamuño, *Venezuela en el contexto del arbitraje. Jurisprudencia de la Sala Constitucional y Laudos Internacionales relevantes*, Tribunal Supremo de Justicia, Fundación Gaceta Forense, Caracas 2011, pp. 239–282

381 Véase en http://italaw.com/documents/BrandesAward.PDF el texto igualmente en Luisa Estela Morales Lamuño, *Venezuela en el contexto del arbitraje. Jurisprudencia de la Sala Constitucional y Laudos Internacionales relevantes*, Tribunal Supremo de Justicia, Fundación Gaceta Forense, Caracas 2011, pp. 347–382.

En el Comunicado oficial del gobierno de Venezuela justificando la decisión del país de salirse del Convenio CIADI[382] se mencionó que su ratificación en 1993 había sido efectuada por un "gobierno débil" sin legitimidad popular bajo la presión de sectores económicos tradicionales que supuestamente habían participado en el desmantelamiento de la soberanía nacional de Venezuela, refiriéndose sin duda al Gobierno del Presidente Ramón J. Velásquez (1993–1994).[383] Al contrario de dicha afirmación, dicho gobierno transitorio del Presidente Velásquez fue uno muy importante, que se configuró por designación del Congreso luego de que éste, en junio de 1993, resolvió remover de su cargo al Presidente Carlos Andrés Pérez, con el apoyo de todos los partidos políticos, a los efectos de completar el período constitucional de éste. Dicho gobierno de transición tuvo la importante misión de asegurar la continuidad del régimen democrático en el país, y particularmente, de la realización exitosa de las elecciones presidenciales que se realizaron en diciembre de 1993. Dicho gobierno asumió la continuidad de la conducción del Estado en medio de la grave crisis política y económica existente, teniendo para ello toda la legitimidad necesaria derivada de la Constitución. Durante el mismo se adoptaron importantes decisiones en muchos campos, [384] al igual que en material de promoción y protección de inversiones, como fue la firma del Convenio CIADI, de acuerdo con la política general prevaleciente de atraer inversiones internacionales al país.

Por otra parte, en el "Comunicado Oficial" del gobierno de Venezuela del 24 de enero de 2012 a los efectos de justificar la salida de Venezuela de la Convención CIADI, también se expresó que el texto del artículo 151 de la Constitución de 1999[385] supuestamente

---

382 Véase el texto del "Comunicado Oficial" en http://www.noticierodigital.com/2012/01/ramirez–ratifica–salida–de–vene-zuela–del–ciadi/

383 En dicho gobierno este autor participó como Ministro para la Descentralización.

384 Véase el libro colectivo: *Ramón J. Velásquez. Estudios sobre una trayectoria al servicio de Venezuela*, Universidad Metropolitana. Universidad de Los Andes–Táchira, Caracas 2003

385 Véase en *Gaceta Oficial* N° 5.908 Extra. de 2–2–2009. Véanse en general los comentarios en Allan R. Brewer–Carías, *La Constitución de 1999 y la Enmienda Constitucional N° 1 de 2009*, Editorial Jurídica Venezolana, Caracas 2011; y en *Constitucional Law*. Venezuela, Supplement 97, International Encyclopaedia of Laws, Kluwer, Belguium 2012

invalidaba en su espíritu y en sus palabra, las previsiones de la Convención CIADI, lo que sólo evidenció la más completa ignorancia del gobierno en relación con el sentido y significado de dicha previsión constitucional, en la cual, al contrario, se establece expresamente el principio de la inmunidad relativa de jurisdicción del Estado, [386] siguiendo la tradición constitucional que comenzó en el texto de 1947, y que permite el arbitraje internacional en controversias derivadas de contratos públicos, excepto cuando por la naturaleza de los mismos ello fuera improcedente. Esta restricción, por otra parte, solo se refiere a cláusulas de arbitraje contenidas en contratos públicos, no siendo destinada a regular el arbitraje resultante de una expresión de consentimiento del Estado expresado en una ley nacional.

Ya nos hemos referido al artículo 151 de la Constitución el cual establece: "En los contratos de interés público, si no fuere improcedente de acuerdo con la naturaleza de los mismos, se considerará incorporada, aun cuando no estuviere expresa, una cláusula según la cual las dudas y controversias que puedan suscitarse sobre dichos contratos y que no llegaren a ser resueltas amigablemente por las partes contratantes, serán decididas por los tribunales competentes de la República, de conformidad con sus leyes, sin que por ningún motivo ni causa puedan dar origen a reclamaciones extranjeras." Esta disposición básicamente reprodujo el contenido del artículo 127 de la Constitución de 1961, la cual se conservó en la Constitución de 1999, como lo propusimos a la Asamblea Nacional Constituyente, [387] en particular, oponiéndonos a la extraña e inapropiada propuesta formulada, entre otras, por el Presidente H. Chávez a la Asamblea. [388] Entre esas propuestas estaba, primero la completa

---

386 Véase en general, Tatiana B. de Maekelt, "Inmunidad de Jurisdicción de los Estados," en *Libro Homenaje a José Melich Orsini*, Vol. 1, Universidad Central de Venezuela, Caracas 1982, pp. 213 ss.

387 Véase sobre nuestra propuesta en relación con el artículo 151 en Allan R. Brewer–Carías, "Propuesta sobre la cláusula de inmunidad relativa de jurisdicción y sobre la cláusula Calvo en los contratos de interés público," en *Debate Constituyente (Aportes a la Asamblea Nacional Constituyente), Vol. I (8–Agosto–8 Septiembre 1999)*, Fundación de Derecho Público/Editorial Jurídica Venezolana, Caracas 1999, pp. 209–233

388 Véase Hugo Chávez Frías, *Ideas Fundamentales para la Constitución Bolivariana de la V República*, Caracas agosto 1999

eliminación del texto de la Constitución de la "Cláusula Calvo;"[389] y segundo, la propuesta de volver al principio de la inmunidad absoluta de jurisdicción pero exclusivamente respecto de contratos públicos a ser suscritos por la "República," eliminando toda restricción jurisdiccional en relación con contratos públicos suscritos por otros entes públicos que en definitiva son los más frecuentes e importantes, como por ejemplo los suscritos por las empresas del Estado, por ejemplo en el área minera y de hidrocarburos. Tales propuestas presidenciales, sin duda, eran excesivamente permisivas en relación con el arbitraje internacional en materias de derecho público

El artículo 127 de la Constitución de 1961 (equivalente al artículo 151 de la Constitución de 1999) como se dijo, contiene dos cláusulas que han estado en todos los textos constitucionales desde 1893. [390] La primera se refiere al principio de inmunidad de jurisdicción del Estado en relación con contratos públicos, la cual inicialmente se refirió a los contratos públicos suscritos por la República y los Estados federados, concebida además como una cláusula de una inmunidad absoluta. La misma fue reformada en 1901, extendiendo su alcance inicial para incluir no solo a los contratos nacionales y estadales, sino a los contratos municipales y cualquier otro suscrito por otros órganos del poder público. Posteriormente, en 1947 se cambió el alcance de la inmunidad jurisdiccional, transformado la inmunidad absoluta en inmunidad relativa de jurisdicción, siguiendo las grandes líneas del derecho constitucional comparado. [391]

La propuesta del Presidente Chávez en 1999 en relación con esta cláusula constitucional consistía en restablecer el principio de la inmunidad absoluta de jurisdicción abandonado en 1947, pero limitándolo sólo a algunos contratos públicos "nacionales", los suscritos por la república, eliminando toda clase de restricción en materia jurisdiccional en relación con los contratos celebrados por los esta-

---

389 Véase sobre la adopción de la Cláusula Calvo en 1893, en Allan R. Brewer–Carías, *Historia Constitucional de Venezuela*, Vol. I, Editorial Alfa, Caracas 2008, pp. 411.

390 Véase los textos de las Constituciones en Allan R. Brewer–Carías, *Las Constituciones de Venezuela*, Academia de Ciencias Políticas y Sociales, Caracas 2008, 2 vols

391 Véase Ian Sinclair, *The Law of Sovereign Immunity. Recent Developments*, Académie International de Droit International, Recueil des Cours 1980, The Hague 1981

dos, los municipios y otros entes públicos, como las empresas del Estado. Dicha propuesta, como se ha dicho, era excesiva e inconvenientemente permisiva, particularmente por el hecho de que los contratos públicos comúnmente se suscriben por personas jurídicas estatales diferentes de la República, particularmente por los institutos autónomos y las empresas del Estado. [392]

En todo caso, y dejando aparte la fallida propuesta del Presidente de la República en 1999, la forma como la cláusula de inmunidad jurisdiccional se estableció en la Constitución de 1999, siguiendo la orientación incorporada en la Constitución desde 1947, como principio de inmunidad "relativa" de jurisdicción, no puede considerarse como algo extraordinario o inusual, particularmente porque sigue el mismo principio prevalente en el mundo contemporáneo. De acuerdo con esta cláusula, el Estado está autorizado en la Constitución para someter a arbitraje internacional materias relativas a contratos de interés público, excepto si su naturaleza lo impide, lo que se refiere a materias generalmente conocidas como perteneciente al *ius imperii*. Por ello, la previsión del artículo 151 constitucional es precisamente la que permite el arbitraje internacional en relación con el Estado venezolano de acuerdo con el principio de la inmunidad relativa de jurisdicción que es el generalmente aceptado en el mundo contemporáneo. En consecuencia, nada en el sistema constitucional y legal venezolano autorizaba al gobierno para señalar que el mencionado artículo 151 de la Constitución supuestamente "invalidaba en su espíritu, y en sus palabras, las previsiones de la Convención CIADI," lo que significó considerar que una expresión de consentimiento para arbitraje internacional como la que contenía el artículo 22 de la Ley de Inversiones sería inconcebible a la luz del artículo 151 de la Constitución. Al contrario, era en conformidad con la orientación establecida en dicho artículo que se autorizaba al Estado a dar su consentimiento al arbitraje internacional.

La segunda cláusula contenida en el artículo 151 de la Constitución, que fue incorporada en las Constituciones desde 1893, habiendo permanecido desde entonces inalterada en los textos constitucionales, como se dijo, fue la antes mencionada "Cláusula Calvo,"

---

392 Véase en Allan R. Brewer–Carías, "Propuesta sobre la cláusula de inmunidad relativa de jurisdicción y sobre la cláusula Calvo en los contratos de interés público," en *Debate Constituyente (Aportes a la Asamblea Nacional Constituyente), Vol. I (8–Agosto–8 Septiembre 1999)*, Fundación de Derecho Público/Editorial Jurídica Venezolana, Caracas 1999, pp. 209–233

conforme a la cual en Venezuela se excluyen, considerándose inadmisibles, las reclamaciones diplomáticas en relación con contratos públicos suscritos entre los diferentes órganos del Estado y entidades o personas extranjeras. El Presidente de la República en su extraña propuesta de reforma constitucional formulada ante la Asamblea Constituyente de 1999, pretendía eliminar completamente de la Constitución esta centenaria cláusula, y en consecuencia permitir la posibilidad de que en contratos de interés público, su ejecución pudiera dar origen a reclamaciones diplomáticas extranjeras contra la República.[393] De dicha propuesta, en todo caso, es imposible deducir aproximación restrictiva alguna del Presidente de la república hacia el arbitraje internacional. Al contrario, dichas propuestas eran totalmente inadmisibles, en interés del propio Estado.

Por último, debe mencionarse que el artículo 151 de la Constitución al establecer el principio de la inmunidad relativa de jurisdicción y además, la cláusula Calvo, se refiere a los casos relativos a los contratos de interés público, esto es, básicamente aquellos suscritos por las tres divisiones territoriales del Estado (la Republica los Estados y los Municipios). La cláusula permite la posibilidad para el Estado de dar su consentimiento en dichos contratos para someter a arbitraje internacional, por ejemplo, disputas relativas a materias comerciales derivadas de tales contratos públicos. En cambio, en los casos de jurisdicción para arbitraje internacional del Centro CIADI, basada en el consentimiento dado por el Estrado mediante una ley, como era el caso del artículo 22 de la Ley de Inversiones, los tribunales CIADI no tenían relación con contratos de interés público de los regulados en el artículo 151 de la Constitución. Dichos Tribunales, en ese caso, solo tenían relación con el consentimiento dado por el Estado unilateralmente en una ley nacional (Artículo 22 de la ley de Inversiones) para someter a arbitraje internacional materias relativas a inversiones, que son en general, de naturaleza industria, comercial o financiera.

En todo caso, la decisión del gobierno de "huir del CIADI," [394] por supuesto ignoró la importancia de la Convención CIADI para atraer inversionistas internacionales, lo que se evidencia del hecho de que entre 1993 y 1998 se suscribieron muchos tratados bilatera-

---

393 Idem.

394 Véase James Otis Rodner, "Huyendo del CIADI,", en *El Universal*, Caracas February 7, 2012, y en http://www.eluniversal.com:80/opinion/120207/huyendo–del–ciadi

les de inversión (BITs), específicamente estableciendo el mecanismo de arbitraje internacional, y particularmente la jurisdicción del Centro CIADI. [395] Dicha importancia también resulta del hecho de que el mismo gobierno que en 2012 rechazó el arbitraje internacional, fue el que en 1999 sancionó mediante decreto Ley N° 356 de 3 de octubre de 1999 la Ley de Inversiones, incorporando en su artículo 22 el reconocimiento formal de la jurisdicción del CIADI. En dicha Ley, el mismo gobierno de H. Chávez fue aún más allá, y expresó en el mismo artículo 22 de la Ley, el consentimiento escrito de la República de Venezuela como oferta pública abierta, de someter las controversias sobre inversiones al Centro de arbitraje CIADI, conforme al artículo 25.1 de la Convención CIADI. Esta es la realidad histórica, que no puede ser negada con la decisión adoptada de huir del CIADI en 2012.

El artículo 22 de la ley de Inversiones, en todo caso, no fue una previsión que se hubiera incluido en la Ley adoptada por el gobierno (Decreto Ley) sin saberse su significado e intención, o que hubiera sido incorporado en la ley subrepticiamente "bajo la influencia de las corrientes globalizantes" como se afirmó sin fundamento.[396] Al contrario, se trató de una decisión consciente adoptada por el gobierno en un momento en el cual estaba buscando y promoviendo inversión internacional en el país, dando a los inversionistas garantías de seguridad jurídica, como la resolución de controversias por tribunales arbitrales. Con tal propósito, en el artículo 22 de la Ley de Inversiones de 1999, el Estado dio su consentimiento para someter disputas relativas a inversiones ante el centro CIA-

---

395 Véase La lista de los Tratados bilaterales puede verse en http://www.mre.gov.ve/metadot/index.pl?id=4617;isa= Category;op=show ; ICSID Database of Bilateral Investment Treaties at http://icsid.worldbank.org/ICSID/Front Servlet; UNCTAD, Investment Instruments On–line Database, Venezuela Country–List of BITs as of June 2008 at http://www.unctad.org/Templates/ Page.asp?intItemID=-2344&lang=1. Véase también en José Antonio Muci Borjas, El derecho administrativo global y los tratados bilaterales de inversión (BITs), Caracas 2007; Tatiana B. de Maekel, "Arbitraje Comercial Internacional en el sistema venezolano," en Allan R. Brewer–Carías (Editor), Seminario sobre la Ley de Arbitraje Comercial, Academia de Ciencias Políticas y Sociales, Caracas 1999, pp. 282–283; Francisco Hung Vaillant, Reflexiones sobre el arbitraje en el sistema venezolano, Caracas 2001, pp. 104–105

396 Véase Hildegard Rondón de Sansó, Aspectos jurídicos fundamentales del arbitraje internacional de inversión, Ed. Exlibris, Caracas 2010, p. 132

DI, expresado en la forma de una oferta abierta de arbitraje, sujeta a la aceptación del inversionista demandante en una controversia, el cual a su voluntad, sin embargo, conforme a la misma norma podía optar por acudir a los tribunales nacionales. En tal forma, no sólo la firma de la Convención CIADI en 1993, sino el mismo texto del artículo 22 de la Ley de Inversiones de 1999, reflejaron la tendencia pro arbitraje que existía en Venezuela en dicho tiempo, y que se había desarrollado en las décadas anteriores, cristalizando no sólo en el artículo 258 de la Constitución obligando al Estado a promover el arbitraje, sino en la sanción en paralelo de la Ley de Inversiones de 1999. La misma tendencia se reflejó como se ha visto en muchas otras leyes sancionadas a partir el mismo año 1999.

En todo caso, la regresión en la aceptación del arbitraje en materia de contratos públicos que se evidenció en 2012 con la denuncia de la Convención CIADI, se completó dos años después, con la derogación de la propia Ley de Promoción y Protección de Inversiones 1999, al sancionarse la Ley de Inversiones Extranjeras de 2014,[397] en la cual se eliminó el mencionado artículo 22 de la anterior Ley.

---

397 Dictada por Decreto ley No. 1438 de 17 de noviembre de 2014, en *Gaceta Oficial* No. 6154 (Extra) de 18 de noviembre de 2014.

DÉCIMA CUARTA PARTE:

LA DESCONSTITUCIONALIZACIÓN DE LA GARANTÍA DEL DEBIDO PROCESO EN EL PROCEDIMIENTO ADMINISTRATIVO POR EL JUEZ CONTENCIOSO ADMINISTRATIVO

1. *La garantía del debido proceso*

La más importante de las garantías constitucionales que las personas tienen frente a las actuaciones del Estado, además del derecho de acceso a la justicia y del derecho a la tutela judicial efectiva para poder controlar el sometimiento al derecho de los actos y actuaciones de sus autoridades, es que toda actuación de las mismas cumplida en ejercicio del poder público, se desarrolle en el curso de un procedimiento administrativo en el que se respete el debido proceso legal de acuerdo con las normas establecidas en la Constitución y las leyes, es decir, conforme al principio de legalidad, que no sólo debe guiar la actuación de los jueces en ejercicio de la función jurisdiccional, sino de todas las actividades administrativas desarrolladas por todos los órganos de la Administración Pública.

Esa garantía al debido proceso,[398] la cual lamentablemente ha sido desconstitucionalizada por el Juez Contencioso administrativo,

---

398 Véase en general, en Venezuela, Antonieta Garrido de Cárdenas, '
raleza del debido proceso en la Constitución de la República Bolivariana de Venezuela de 1999", en *Revista de Derecho Constitucional,* N° 5 (julio-diciembre), Editorial Sherwood, Caracas, 2001, pp. 89-116; Antonieta Ga-

³⁹⁹ como se analiza más adelante, con esa extensión, como ha ocurrido en todas las Constituciones contemporáneas, fue desarrollada detalladamente en el artículo 49 de la Constitución venezolana de 1999,⁴⁰⁰ como una "garantía suprema dentro de un Estado de Dere-

---

rrido de Cárdenas, "El debido proceso como derecho fundamental en la Constitución de 1999 y sus medios de protección", en *Bases y principios del sistema constitucional venezolano (Ponencias del VII Congreso Venezolano de Derecho Constitucional realizado en San Cristóbal del 21 al 23 de Noviembre de 2001)*, Volumen I, pp. 127-144.

399 Véase sobre esto Allan R. Brewer-Carías, "La garantía del debido proceso respecto de las actuaciones administrativas, y su desconstitucionalización en Venezuela por el juez Contencioso Administrativo. Análisis Jurisprudencial," en el libro: *El Debido Proceso, Tomo IV. Desde una Visión Latinoamericana*, Asociación Internacional de Derecho Administrativo, (Manuel Salvador Acuña Zepeda, Luis Gerardo Rodríguez Lozano, Juan Ángel Salinas Garza y Arnulfo Sánchez García, Coordinadores), Universidad Autónoma de Nuevo León, Ediciones Tirant lo blanch, Ciudad de México 2016 pp. 85-99.

400 El artículo 49 de la Constitución dispone: "El debido proceso se aplicará a todas las actuaciones judiciales y administrativas; en consecuencia: 1. La defensa y la asistencia jurídica son derechos inviolables en todo estado y grado de la investigación y del proceso. Toda persona tiene derecho a ser notificada de los cargos por los cuales se le investiga, de acceder a las pruebas y de disponer del tiempo y de los medios adecuados para ejercer su defensa. Serán nulas las pruebas obtenidas mediante violación del debido proceso. Toda persona declarada culpable tiene derecho a recurrir del fallo, con las excepciones establecidas en esta Constitución y en la ley. 2. Toda persona se presume inocente mientras no se pruebe lo contrario. 3. Toda persona tiene derecho a ser oída en cualquier clase de proceso, con las debidas garantías y dentro del plazo razonable determinado legalmente por un tribunal competente, independiente e imparcial establecido con anterioridad. Quien no hable castellano, o no pueda comunicarse de manera verbal, tiene derecho a un intérprete. 4. Toda persona tiene derecho a ser juzgada por sus jueces naturales en las jurisdicciones ordinarias o especiales, con las garantías establecidas en esta Constitución y en la ley. Ninguna persona podrá ser sometida a juicio sin conocer la identidad de quien la juzga, ni podrá ser procesada por tribunales de excepción o por comisiones creadas para tal efecto. 5. Ninguna persona podrá ser obligada a confesarse culpable o declarar contra sí misma, su cónyuge, concubino o concubina, o pariente dentro del cuarto grado de consanguinidad y segundo de afinidad. La confesión solamente será válida si fuere hecha sin coacción de ninguna naturaleza. 6. Ninguna persona podrá ser sancionada por actos u omisiones que no fueren previstos como delitos, faltas o infracciones en leyes preexistentes. 7. Ninguna persona podrá ser sometida a juicio por los mismos he-

cho,"[401] denominándose como tal debido proceso, "aquél proceso que reúne las garantías indispensables para que exista una tutela judicial efectiva", de manera que "cualquiera sea la vía escogida para la defensa de los derechos o intereses legítimos, las leyes procesales deben garantizar la existencia de un procedimiento que asegure el derecho de defensa de la parte y la posibilidad de una tutela judicial efectiva."[402]

Esta norma constitucional, como lo reiteró la Sala Constitucional del Tribunal Supremo en sentencia N° 80 de 1 de febrero de 2001, recoge la concepción más acabada respecto al contenido y alcance del derecho al debido proceso, en el sentido de que

"constituye un conjunto de garantías, que amparan al ciudadano, y entre las cuales se mencionan las del ser oído, la presunción de inocencia, el acceso a la justicia y a los recursos legalmente establecidos, la articulación de un proceso debido, la de obtener una resolución de fondo con fundamento en derecho, la de ser juzgado por un tribunal competente, imparcial e independiente, la de un proceso sin dilaciones indebidas y por supuesto, la de ejecución de las sentencias que se dicten en tales procesos. Ya la jurisprudencia y la doctrina habían entendi-

---

chos en virtud de los cuales hubiese sido juzgada anteriormente. 8. Todos podrán solicitar del Estado el restablecimiento o reparación de la situación jurídica lesionada por error judicial, retardo u omisión injustificados. Queda a salvo el derecho del o de la particular de exigir la responsabilidad personal del magistrado o de la magistrada, el juez o de la jueza; y el derecho del Estado de actuar contra éstos o éstas." Véase sobre nuestra participación en la redacción de esta norma, en la sesión del 21 de octubre de 1999 de la Asamblea nacional Constituyente, en Allan R. Brewer-Carías, *Asamblea Constituyente y Proceso Constituyente 1999*, Fundación de Derecho Público, Editorial Jurídica Venezolana, Caracas 2014, p. 631.

401 Así lo ha considerado la Sala Constitucional del Tribunal Supremo de Justicia. Véase sentencia N° 123 de la Sala Constitucional (Caso: *Sergio J. Meléndez*) de 17 de marzo de 2000, en *Revista de Derecho Público*, N° 81, (enero-marzo), Editorial Jurídica Venezolana, Editorial Jurídica Venezolana, Caracas 2000, p. 143.

402 Véase sentencia de la Sala Constitucional N° 97 de 15 de marzo de 2000 (Caso: *Agropecuaria Los Tres Rebeldes vs. Juzgado de Primera Instancia en lo Civil, Mercantil, Tránsito, Trabajo, Agrario, Penal, de Salvaguarda del Patrimonio Público de la Circunscripción Judicial del Estado Barinas*) en *Revista de Derecho Público*, N° 81, (enero-marzo), Editorial Jurídica Venezolana, Caracas 2000, p. 148.

do, que el derecho al debido proceso debe aplicarse y respetarse en cualquier estado y grado en que se encuentre la causa, sea ésta judicial o administrativa, pues dicha afirmación parte del principio de igualdad frente a la ley, y que en materia procedimental representa igualdad de oportunidades para las partes intervinientes en el proceso de que se trate, a objeto de realizar - en igualdad de condiciones y dentro de los lapsos legalmente establecidos- todas aquellas actuaciones tendientes a la defensa de sus derechos e intereses."[403]

En el mismo sentido, en otra sentencia, esta vez de la Sala Político Administrativa del mismo Tribunal Supremo, No 157 de 17 de febrero de 2000, la misma precisó que:

"Se trata de un derecho complejo que encierra dentro de sí, un conjunto de garantías que se traducen en una diversidad de derechos para el procesado, entre los que figuran, el derecho a acceder a la justicia, el derecho a ser oído, el derecho a la articulación de un proceso debido, derecho de acceso a los recursos legalmente establecidos, derecho a un tribunal competente, independiente e imparcial, derecho a obtener una resolución de fondo fundada en derecho, derecho a un proceso sin dilaciones indebidas, derecho a la ejecución de las sentencias, entre otros, que se vienen configurando a través de la jurisprudencia. Todos estos derechos se desprenden de la interpretación de los ocho ordinales que consagra el artículo 49 de la Carta Fundamental.

Tanto la doctrina como la jurisprudencia comparada han precisado, que este derecho no debe configurarse aisladamente, sino vincularse a otros derechos fundamentales como lo son, el derecho a la tutela efectiva y el derecho al respeto de la dignidad de la persona humana..."[404].

2. El derecho a la defensa

Ahora bien, en particular en relación con la garantía del derecho a la defensa, como pieza esencial de la garantía del debido proceso, el artículo 49.1 de la Constitución no sólo establece tal derecho a la

---

403 Véase Caso: *Impugnación de los artículos 197 del Código de Procedimiento Civil y 18 de la Ley Orgánica del Poder Judicial),*

404 Véase Caso: *Juan C. Pareja P. vs. MRI,* en *Revista de Derecho Público,* Nº 81, (enero-marzo), Editorial Jurídica Venezolana, Caracas 2000, p. 135.

defensa, sino a la *asistencia jurídica* (de abogado),[405] considerándolos como derechos inviolables en *todo estado y grado* de la investigación y del proceso. Adicionalmente, precisa el texto fundamental que toda persona tiene derecho a ser notificada de los cargos por los cuales se la investiga, de *acceder a las pruebas* y de *disponer del tiempo* y de *los medios adecuados* para ejercer su *defensa.*

En ese contexto, el derecho a la defensa ha sido amplio y tradicionalmente analizado por la jurisprudencia del Tribunal Supremo así como por sentada anteriormente por la antigua Corte Suprema de Justicia, considerándose como una "garantía que exige el respeto al principio esencial de contradicción, conforme al cual, las partes enfrentadas, en condiciones de igualdad, deben disponer de mecanismos suficientes que les permitan alegar y probar las circunstancias tendientes al reconocimiento de sus intereses, necesariamente, una sola de ellas resulte gananciosa."[406]

El derecho a la defensa, como garantía del debido proceso, por tanto, no puede ser desconocido ni siquiera por el legislador,[407] lo

---

405 La Corte Primera de lo Contencioso Administrativo en sentencia N° 352 de 22-03-2001 (Caso: *Colegio de Médicos del Distrito Federal vs. Federación Médica Venezolana*) en tal sentido ha señalado que "la intervención real y efectiva del abogado garantiza a las partes actuar en el proceso de la forma más conveniente para sus derechos e intereses y les permite defenderse debidamente contra la parte contraria", en *Revista de Derecho Público*, N° 85-88, Editorial Jurídica Venezolana, Caracas 2001, pp. 100 y ss.

406 Esto ya lo había sentado la sentencia N° 3682 de 19 de diciembre de 1999, la Sala Político Administrativa de la antigua Corte Suprema de Justicia al destacar que el reconocimiento constitucional del derecho a la defensa se extiende a todas las relaciones de naturaleza jurídica que ocurren en la vida cotidiana, y con especial relevancia, en aquellas situaciones en las cuales los derechos de los particulares son afectados por una autoridad pública o privada; de manera que el derecho constitucional impone que en todo procedimiento tanto administrativo como judicial, "se asegure un equilibrio y una igualdad entre las partes intervinientes, garantizándole el derecho a ser oída, a desvirtuar lo imputado o a probar lo contrario a lo sostenido por el funcionario en el curso del procedimiento". Véase en *Revista de Derecho Público,* N° 79-80, Editorial Jurídica Venezolana, Caracas 1999. Véase también sentencia No. 1166 de 29 de junio de 2001, Caso: *Alejandro Moreno vs. Sociedad Mercantil Auto Escape Los Arales, S.R.L.).*

407 Por ello, ha sido por la prevalencia del derecho a la defensa que la Sala Constitucional, siguiendo la doctrina constitucional establecida por la antigua Corte Suprema de Justicia407, ha desaplicado por ejemplo normas que consagran el principio *solve et repete* como condición para acceder a la jus-

que ha precisado con claridad la misma Sala Constitucional en sentencia No 321 de 22 de febrero de 2002, al indicar que las limitaciones al derecho de defensa derivan por sí mismas del texto constitucional y si el Legislador amplía el espectro de tales limitaciones, las mismas devienen en ilegítimas. A tal efecto en dicha sentencia de 2002, la Sala señaló que cuando la norma del artículo 49.1 de la Constitución "faculta a la ley para que regule el derecho a la defensa," ello debe ser atendido por el ordenamiento adjetivo, pero sin que ello signifique:

> "que sea disponible para el legislador el contenido del mencionado derecho, pues éste se halla claramente delimitado en las mencionadas disposiciones; si no que por el contrario, implica un mandato al órgano legislativo de asegurar la consagración de mecanismos que aseguren el ejercicio del derecho de defensa de los justiciables, no sólo en sede jurisdiccional, incluso en la gubernativa, en los términos previstos por la Carta Magna. De esta forma, las limitaciones al derecho de defensa en cuanto derecho fundamental derivan por sí mismas del texto constitucional, y si el Legislador amplía el espectro de tales limitaciones, las mismas devienen en ilegítimas; esto es, la sola previsión legal de restricciones al ejercicio del derecho de defensa no justifica las mismas, sino en la medida que obedezcan al aludido mandato constitucional.[408]

El derecho a la defensa, por tanto, es un derecho constitucional absoluto, "inviolable" en todo estado y grado de la causa como dice la Constitución, el cual corresponde a toda persona, sin distingo alguno si se trata de una persona natural o jurídica, por lo que no admite excepciones ni limitaciones.[409].Dicho derecho "es un dere-

---

ticia contencioso-administrativa, por considerarlas inconstitucionales. Véase Sentencia N° 321 de 22 de febrero de 2002 (Caso: *Papeles Nacionales Flamingo, C.A. vs. Dirección de Hacienda del Municipio Guacara del Estado Carabobo* Véase en *Revista de Derecho Público*, N° 89-92, Editorial Jurídica Venezolana, Caracas 2002.

408 Véase, Caso: *Papeles Nacionales Flamingo, C.A. vs. Dirección de Hacienda del Municipio Guacara del Estado Carabobo).*

409 Por ello, por ejemplo, la Corte Primera de lo Contencioso Administrativo, en sentencia 15-8-97 (Caso: *Telecomunicaciones Movilnet, C.A. vs. Comisión Nacional de Telecomunicaciones (CONATEL)* señaló que. "resulta inconcebible en un Estado de Derecho, la imposición de sanciones, medidas prohibitivas o en el general, cualquier tipo de limitación o restricción a la

cho, fundamental que nuestra Constitución protege y que es de tal naturaleza, que no puede ser suspendido en el ámbito de un estado de derecho, por cuanto configura una de las bases sobre las cuales tal concepto se erige"[410].

Todas las Salas del Tribunal Supremo han reafirmado el derecho a la defensa como inviolable. Así, por ejemplo, la Sala de Casación Civil en sentencia N° 39 de 26 de abril de 1995, ha señalado sobre "el sagrado derecho a la defensa" es un "derecho fundamental cuyo ejercicio debe garantizar el Juez porque ello redunda en la seguridad jurídica que es el soporte de nuestro estado de derecho; más cuando la causa sometida a su conocimiento se dirige a obtener el reconocimiento y posterior protección de los derechos con rango constitucional". Este derecho, ha agregado la Sala, "es principio absoluto de nuestro sistema en cualquier procedimiento o proceso y en cualquier estado y grado de la causa" [411]. En otra sentencia No 160 de 2 de junio de 1998, la Sala de casación Civil reiteró dicho derecho ha de "entenderse como la posibilidad cierta de obtener justicia del tribunal competente en el menor tiempo posible, previa realización, en la forma y oportunidad prescrita por la ley, de aquellos actos procesales encaminados a hacer efectivos los derechos de la persona" agregando que, por tanto, no es admisible "que alguien sea condenado si antes no ha sido citado, oído y vencido en proceso judicial seguido ante un juez competente, pues en tal caso se estaría ante una violación del principio del debido proceso."[412]

Por su parte la Sala de Casación Penal de la antigua Corte Suprema de Justicia en sentencia de 26 de junio de 1996, sostuvo que:

"El derecho a la defensa debe ser considerado no sólo como la oportunidad para el ciudadano o presunto infractor de hacer oír sus alegatos, sino como el derecho de exigir del Estado e

---

esfera subjetiva de los administrados, sin que se de oportunidad alguna de ejercicio de la debida defensa". Véase en *Revista de Derecho Público,* N° 71-72, Caracas 1997, pp. 154-163.

410 Así lo estableció la Sala Político Administrativa de la antigua Corte Suprema de Justicia, en sentencia N° 572 de 18-8-97. (Caso: *Aerolíneas Venezolanas, S.A. (AVENSA) vs. República (Ministerio de Transporte y Comunicaciones).*

411 Véase Caso: *A.C. Expresos Nas vs. Otros,* en *Jurisprudencia Pierre Tapia,* N° 4, Caracas, abril 1995, pp. 9-12.

412 Véase en *Jurisprudencia Pierre Tapia,* N° 6, junio 1998, pp. 34-37.

cumplimiento previo a la imposición de toda sanción de un conjunto de actos o procedimientos destinados o permitirle conocer con precisión los hechos que se le imputan, las disposiciones legales aplicables a los mismos, hacer oportunamente alegatos en su descargo y promover y evacuar pruebas que obren en su favor. Esta perspectiva del derecho de defensa es equiparable a lo que en otros estados de derecho ha sido llamado como principio del debido proceso."[413]

La Corte Plena de la antigua Corte Suprema de Justicia, por su parte, en sentencia de 30 de julio de 1996, enmarcó el derecho a la defensa dentro del derecho de los derechos humanos, protegido además en el ámbito de los instrumentos internacionales sobre derechos humanos, conforme al principio de la progresividad, señalando lo siguiente:

"Por ello, la Constitución de la República estatuye que la defensa pueda ser propuesta en todo momento, "en todo estado y grado del proceso", aún antes, entendiéndose por proceso, según Calamandrei, "el conjunto de operaciones metodológicas estampadas en la ley con el fin de llegar a la justicia". Y la justicia la imparte el Estado. En el caso concreto que se estudia, a través de este Alto Tribunal. El fin que se persigue es mantener el orden jurídico.

Así mismo, debe anotar la Corte que en materia de Derechos Humanos, el principio jurídico de progresividad envuelve la necesidad de aplicar con preferencia la norma más favorable a los derechos humanos, sea de Derecho Constitucional, de Derecho Internacional o de derecho ordinario. Esta doctrina de interpenetración jurídica fue acogida en sentencia de 3 de diciembre de 1990 por la Sala Político-Administrativa, en un caso sobre derechos laborales, conforme a estos términos:

"...Igualmente debe señalarse que el derecho a la inamovilidad en el trabajo de la mujer embarazada y el derecho a disfrutar del descanso pre y post-natal *constituyen derechos inherentes a la persona humana los cuales se constitucionalizan, de conformidad con el artículo 50 de nuestro Texto Fundamental.* Según el cual "la enunciación de los derechos y garantías contenido en esta Constitución no debe entender-

---

413 Véase en *Jurisprudencia Pierre Tapia*, , N° 6, Caracas, junio 1996.

se como negación de otros que, siendo inherentes a la persona humana, no figuren expresamente en ella. La falta de ley reglamentaria de estos derechos no menoscaba el ejercicio de los mismos..."

Desde el punto de vista internacional, considera este Alto Tribunal que importa fortalecer la interpretación sobre esta materia, señalando la normativa existente.

Así, entre otros, el artículo 8 letra b) de la Convención Americana de Derechos Humanos (Pacto de San José de Costa Rica), establece lo siguiente:

"Toda persona tiene derecho a ser oída, con las debidas garantías y dentro de un plazo razonable por un Juez o Tribunal competentes, independiente e imparcial establecido con anterioridad por la ley, en la sustanciación de cualquier acusación penal formulada contra ella, o para la determinación de sus derechos y obligaciones de orden civil, laboral, fiscal o de cualquier carácter".

De la misma manera, el Pacto Internacional de los Derechos Civiles y Políticos, garantiza a toda persona el derecho a ser juzgado por sus jueces naturales, mediante proceso legal y justo, en el cual se aseguren en forma transparente todos sus derechos.

Esta normativa rige en plenitud dentro del país. Al efecto y tal como se indicó anteriormente, el artículo 50 de la Constitución de la República consagra la vigencia de los derechos implícitos conforme a la cual:

"La enunciación de los derechos y garantías contenidas en esta Constitución no debe entenderse como negación de otros que, siendo inherentes a la persona humana no figuran expresamente en ella".

A ello se agrega que las reproducidas disposiciones de tipo internacional se encuentran incorporadas al ordenamiento jurídico interno, conforme a lo previsto en el artículo 128 de la Constitución de la República."[414]

---

414 Véase en *Revista de Derecho Público,* N° 67-68, EJV, Caracas, julio-diciembre 1996, pp. 169-171.

En definitiva, como también lo expresó la Sala Constitucional del Tribunal Supremo de Justicia en sentencia No. 97 de 15 de marzo de 2000 2000,

"De la existencia de un proceso debido se desprende la posibilidad de que las partes puedan hacer uso de los medios o recursos previstos en el ordenamiento para la defensa de sus derechos e intereses. En consecuencia, siempre que de la inobservancia de las reglas procesales surja la imposibilidad para las partes de hacer uso de los mecanismos que garantizan el derecho a ser oído en el juicio, se producirá indefensión y la violación de la garantía de un debido proceso y el derecho de defensa de las partes."[415]

3. El debido proceso en el procedimiento administrativo

Ahora bien, desde el punto de vista del derecho administrativo, la más importante innovación del artículo 49 de la Constitución venezolana fue el haber regulado expresamente que la garantía del debido proceso no se limita por supuesto a los procesos judiciales, sino que se aplica "a todas las actuaciones administrativas," es decir, en el procedimiento administrativo, siendo ello uno de los pilares fundamentales en el régimen del mismo.

Se siguió así, en Venezuela, la orientación general del derecho comparado latinoamericano que en materia de procedimiento administrativo, a pesar del principio de la informalidad que lo acompaña, debe garantizar la situación jurídica de los administrados, conforme a las reglas del debido proceso o debido procedimiento, las cuales tienen primacía ante los demás principios.

En materia administrativa puede decirse que a expresión "debido proceso" comenzó a tomar cuerpo, en sus inicios, en Argentina y Uruguay por la traducción del término *due process*; por ello, la expresión "debido proceso" estaba acuñada sólo inicialmente en las

---

415 Véase sentencia No. 97 de 15 de marzo de 2000 (Caso: *Agropecuaria Los Tres Rebeldes, C.A. vs. Juzgado de Primera Instancia en lo Civil, Mercantil, Tránsito, Trabajo, Agrario, Penal, de Salvaguarda del Patrimonio Público de la Circunscripción Judicial del Estado Barinas*), en *Revista de Derecho Público*, N° 82, EJV, Caracas, 2000.

leyes de procedimiento administrativo de Argentina y de Uruguay. Por ejemplo, en la ley uruguaya se establece que,

Artículo 5. Los interesados en el procedimiento administrativo gozarán de todos los derechos y garantías inherentes al debido proceso de conformidad con lo establecido por la Constitución de la República, las leyes y las normas de Derecho Internacional aprobadas por la República.

Estos derechos implican un procedimiento de duración razonable que resuelva sus pretensiones.

En esta forma, el principio del debido proceso es una expresión legal. De la misma manera sucede en Argentina, cuya Ley lo califica como el "derecho de los interesados al debido proceso adjetivo" (art. 1.f).

El principio se enuncia expresamente en la Ley de la República Dominicana como "principio de debido proceso," así:

"Las actuaciones administrativas se realizarán de acuerdo con las normas de procedimiento y competencia establecidas en la Constitución y las leyes, con plena garantía de los derechos de representación, defensa y contradicción (art. 3.22)

Este es, por otra parte, el primero de los principios enunciados en la reforma de 2010 del Código Contencioso Administrativo y de procedimiento administrativo de Colombia, el cual sustituyó el más estrecho de la "contradicción" que estaba en el Código de 1984, recogiéndose en el Código lo que ya era una garantía constitucional consagrada en la Constitución de 1991, donde se indica que, además de a los procesos judiciales, se aplica a los procedimientos administrativos. Así lo previó expresamente el artículo 49 de la Constitución de Colombia, al indicar que "el debido proceso se aplicará a toda clase de actuaciones judiciales y administrativas," lo que en su momento constituyó una novedad importante, que luego se recogió en la Constitución venezolana de 1999.

Es en esta orientación que el Código colombiano, en la reforma de 2010, enuncia el principio del debido proceso en relación con el procedimiento administrativo, indicándose en el artículo 3.1, que en virtud del mismo "las actuaciones administrativas se adelantarán de conformidad con las normas de procedimiento y competencia establecidas en la Constitución y la ley, con plena garantía de los derechos de representación, defensa y contradicción."

Agrega además el Código, especialmente que "en materia administrativa sancionatoria," además se deben observar, "los principios de legalidad de las faltas y de las sanciones (*nulla poena sine lege*), de presunción de inocencia, de *no reformatio in pejus y non bis in idem,*" destacándose de esta enumeración la importante formalización legal que significa, respecto del principio de la *no reformateo in pejus,* cuyo fundamento ha sido en todos los países, básicamente, de carácter jurisprudencial. Sin duda, es una previsión única en el derecho comparado.

En general, en otras legislaciones latinoamericanas se habla del derecho a la defensa. Como textualmente lo indica la Ley General de Costa Rica:

> "El derecho de defensa deberá ser ejercido por el administrado en forma razonable. La Administración podrá excepcionalmente limitar su intervención a lo prudentemente necesario y, en caso extremo exigirle el patrocinio o representación de un abogado, sin llegar a la supresión de los derechos de audiencia y defensa antes consagrados, fuera del caso de urgencia previsto por el artículo 219" (art. 220).

En Venezuela, como se dijo, la Constitución incluye al derecho a la defensa, dentro de la garantía del debido proceso (art. 49), tanto en los procedimientos judiciales como en los procedimientos administrativos; al contrario de la mayoría de las Constituciones que regulan el derecho a la defensa básicamente en el área judicial, es decir, en la misma norma donde se regula el derecho de acceso a la justicia.

Por ello, sobre esta garantía también se ha pronunciado el juez contencioso administrativo, como por ejemplo resulta de la sentencia N° 157 de 17 de febrero de 2000, de la Sala Político Administrativa del Tribunal Supremo de Justicia, en la cual precisó que:

> "el debido proceso es un derecho aplicable a todas las actuaciones judiciales y administrativas, disposición que tiene su fundamento en el principio de igualdad ante la ley, dado que el debido proceso significa que ambas partes en el procedimiento administrativo, como en el proceso judicial, deben tener igualdad de oportunidades, tanto en la defensa de sus respectivos derechos como en la producción de las pruebas destinadas a acre-

ditarlos."[416]

Y posteriormente en sentencia No. 1604 25 de noviembre de 2014, la misma Sala Político Administrativa del Tribunal Supremo, como juez contencioso administrativo, en relación con la garantía del debido proceso y su vigencia en relación con las actuaciones administrativas ha expresado que:

"De conformidad con lo previsto en los artículos 19, 25 y 49 de la Constitución de la República Bolivariana de Venezuela, todos los órganos y entes que integran la Administración Pública, en cualquiera de sus niveles político-territoriales, tienen el deber de respetar y garantizar los derechos constitucionales de los particulares, entre ellos, el derecho al debido procedimiento administrativo, el cual comprende las siguientes garantías: tener conocimiento del inicio de un procedimiento que involucre los derechos subjetivos o intereses del particular, tener acceso a las actas que conforman el expediente que habrá de formarse para dejar constancia escrita de las actuaciones en las que se soportará la voluntad administrativa, la posibilidad de ser oído por la autoridad competente y de participar activamente en la fase de instrucción del procedimiento, la libertad de alegar y contradecir, probar y controlar las pruebas aportadas al proceso; que se adopte una decisión expresa, oportuna, que tome en cuenta las pruebas y defensas aportadas, incluso para su desestimación, y que sea ejecutable; así como el derecho a recurrir de esa decisión."

De ello concluyó la Sala Político Administrativa con la afirmación de que:

"En conclusión, el derecho al debido proceso no se satisface con la sola manifestación de voluntad concretizada en el acto administrativo, previa instrucción de un procedimiento, sino que en el seno de este deben cumplirse un conjunto de garantías que coloquen al administrado en condiciones apropiadas para hacer valer sus intereses en juego frente a otros que se le opon-

---

416 Véase Caso: *Juan C. Pareja P. vs. MRI,* en *Revista de Derecho Público,* N° 81, (enero-marzo), Editorial Jurídica Venezolana, Caracas 2000, p. 135.

gan, dentro de las cuales está comprendido el ejercicio del derecho a la defensa, en sentido estricto."[417]

4. *El caso planteado judicialmente sobre la ausencia de procedimiento administrativo*

Ahora bien, el caso sometido a la decisión de la Sala Político Administrativo del Tribunal Supremo y resuelto en la antes mencionada sentencia No. 1604 de 25 de noviembre de 2014, tuvo su origen en un recurso contencioso administrativo de nulidad que un grupo de abogados del Estado Carabobo intentaron contra un decreto presidencial (acto administrativo) mediante el cual, con base en las potestades reguladas en la Ley de Protección y Defensa del Patrimonio Cultural, se declaró como Monumento Nacional la Plaza de Toros de la Ciudad de Valencia, identificada como "obra arquitectónica denominada *'Parque Recreacional Sur-Plaza Monumental'*, ubicada en la Parroquia Santa Rosa, del Municipio Valencia del Estado Carabobo."

Los impugnantes alegaron que el acto administrativo recurrido, que la Sala reconoció como acto administrativo de efectos generales, de carácter normativo, violaba una serie de derechos constitucionales y principios del procedimiento administrativo, que la Sala resumió así:

"violación al derecho de propiedad, confiscación, debido proceso, libertad, identidad; así como también, los vicios de incompetencia del Presidente de la República que dictó el acto impugnado, desviación de poder, violación del principio de separación de poderes y, violación del principio de legalidad, participación ciudadana, pluralismo político y seguridad jurídica."

Conjuntamente con la acción de nulidad por inconstitucionalidad e ilegalidad intentada, los recurrentes formularon una pretensión de amparo constitucional, la cual fue precisamente la que la Sala Político Administrativa decidió al admitir la acción en la sentencia citada, a cuyo efecto, pasó a considerar únicamente "los derechos o garantías constitucionales susceptibles de ser protegidos por la acción de amparo intentada," que fueron los derechos consti-

---

417 Véase Caso: *Presidente del Colegio de Abogados del Estado Carabobo et al vs. Decreto presidencial No 664 de fecha 10 de diciembre de 2013,* en http://www.tsj.gov.ve/decisiones/spa/noviem-bre/172007-01604-261114-2014-2014-0108.HTML.

tucionales a la cultura, recreación, educación y libertad; el derecho constitucional al debido proceso; el derecho constitucional a la propiedad; y el derecho constitucional a la participación ciudadana.

A tal efecto, la Sala Político Administrativa, que como se dijo, es el más alto tribunal contencioso administrativo del país, partió de la premisa de reafirmar como antes se ha destacado, sobre la vigencia del derecho constitucional al debido proceso, en relación con las actuaciones administrativas, teniendo en cuenta, por supuesto, que las "actuaciones administrativas" a las que alude el artículo 49 de la Constitución y la propia sentencia de la Sala, no son otras que todas aquellas que desarrollan los órganos y entes de la Administración Pública, cualquiera que sea su jerarquía, en el curso de un procedimiento administrativo.

Y las autoridades administrativas, por supuesto, para actuar, siempre lo tienen que hacer en ejercicio del Poder Público, es decir, en ejercicio de potestades públicas concretizadas en específicas competencias que deben estar reguladas expresamente en la Constitución y las leyes.

Por el contrario, las actuaciones administrativas que no se ejerzan en ejercicio de potestades públicas conforme a las normas que regulas las competencias para su ejercicio, no pasan de ser simples vías de hecho, sujetas por supuesto a control judicial, pero que, por su propia patología, se ejecutan sin garantías algunas de debido proceso: por ello son vías de hecho.

5. *El alegato por vía de amparo de ausencia de procedimiento administrativo*

En el caso sometido a la decisión de la Sala, en efecto, los recurrentes argumentaron sobre la violación al debido proceso que para declarar la Plaza de Toros de Valencia, que es un bien del dominio de la Municipalidad de esa ciudad, como Monumento Nacional, se hizo, como lo resumió la sentencia, fundamentalmente, sin que se tramitara:

"el correspondiente procedimiento administrativo previo, que garantizara al Municipio Valencia y demás interesados a exponer las razones para poder oponerse al '*despojo del complejo propiedad del Municipio a favor del Poder Central.*'"

También alegaron, vinculado al debido proceso, según se resume en la sentencia, el vicio de "prescindencia total del procedimiento administrativo previo y consulta pública" indicándose que "de conformidad con la Constitución y las leyes nacionales '*era ineludible para el Presidente de la República consultar a los sectores interesados sobre la regulación de la administración, posesión y custodia de los bienes de dominio público municipal afectados, siendo por ello nulo el decreto cuestionado de conformidad con el encabezado del artículo 140 de la Ley Orgánica de Administración Pública.*'"

Sin embargo, frente a estos alegatos y después de la declaración tan tajante de que la garantía del debido proceso se aplica a todas las actuaciones administrativas y por tanto en los procedimientos administrativos tal como lo impone la Constitución, al considerar específicamente el caso, la Sala Político Administrativa del Tribunal Supremo de Justicia en la misma mencionada sentencia de 26 de noviembre de 2014, afirmó, sin argumentación ni fundamentación alguna, escuetamente, que:

> "las actuaciones a que aluden los recurrentes como lesivas *obedecieron al ejercicio de la Potestad del Estado*, lo que lleva a inferir que *no se trataba de un procedimiento en el que necesariamente debía concederse a los interesados específicas oportunidades para esgrimir argumentos o defensas.*"

Y nada más; con lo que simplemente negó que se pueda invocar la garantía del debido proceso frente al ejercicio del Poder Público por las autoridades administrativas.

Para llegar a tan absurda conclusión, la sentencia, sin embargo, citó una sentencia precedente de la Sala Constitucional del Tribunal Supremo N° 1817 del 28 de noviembre de 2008, en la cual se argumentó en forma general sobre el significado y la importancia de la aplicación de la Ley de Protección y Defensa del Patrimonio Cultural para la declaración de "monumentos nacionales" por "su valor para la historia nacional o por ser exponentes de nuestra cultura," como una forma de tutelar "las manifestaciones culturales que nutren la historia de la República en general y de las comunidades en particular," y "los derechos de las futuras generaciones en contar con bienes o elementos que forman parte fundamental de esa identidad cultural propia."[418]

---

418 Véase en http://www.tsj.gov.ve/decisiones/scon/noviem-bre/1817-281108-2008-08-0116.HTML

De ello, que nada tiene que ver con la necesidad de negar la garantía del debido proceso en el ámbito de las actuaciones administrativas, la Sala, pura y simplemente, concluyó afirmando que "cualquier declaratoria de monumento nacional constituye una acción tomada en beneficio de la población y en resguardo de la Nación; por tanto, visto el carácter personalísimo del amparo constitucional, debe desestimarse tal alegato. Así se decide."

Peor motivación, sin duda, es imposible encontrar una sentencia de un Tribunal Supremo para declarar sin lugar una pretensión de amparo constitucional, particularmente cuando se ha alegado violación del debido proceso en el procedimiento administrativo, por ausencia absoluta del mismo.

6. *La desconstitucionalización de la garantía del debido proceso en materia administrativa y del derecho a la participación ciudadana*

Pero allí está la sentencia, en la cual, quizás sin percatarse – ese es el único beneficio de la duda admisible, pero grave - el máximo órgano de la jurisdicción contencioso administrativa en Venezuela, simplemente desconstitucionalizó la garantía "constitucional" al debido proceso respecto de las actuaciones administrativas, que siempre resultan del ejercicio de potestades públicas o del Estado, habiendo mutado, ilícitamente, la Constitución.

Es decir, a partir de esta sentencia, el debido proceso dejó de ser una garantía constitucional en "todas las actuaciones administrativas" como lo dice el artículo 49 de la Constitución, pues dicha garantía, en palabras del Tribunal Supremo, no tiene vigencia en actuaciones administrativos que obedecen "al ejercicio de la Potestad del Estado," de lo que la propia Sala dedujo ("lleva a inferir"), que en esas actuaciones el procedimiento que se lleve a cabo no es un "un procedimiento en el que necesariamente deba concederse a los interesados específicas oportunidades para esgrimir argumentos o defensas."

Tan simple como eso. De un plumazo, la Sala Político Administrativa mutó la Constitución, ignorando por supuesto, que en toda actuación administrativa los órganos y entes de la Administración, desde el Presidente de la República hasta el funcionario de menor jerarquía en la Administración Pública, actúa siempre en "ejercicio de la Potestad del Estado," y que por tanto, no hay actuación administrativa – salvo las vías de hecho – en las cuales los entes y órganos de la administración no ejerzan una potestad estatal, conforme al ámbito de competencia que la Constitución y las leyes le confieren.

Es de destacar, por último y de paso, que en su afán por desconstitucionalizar derechos constitucionales en cuanto a su garantía en el ámbito de las actuaciones de la Administración, la Sala Político Administrativa en su sentencia comentada no sólo se limitó a eliminar la garantía constitucional del debido proceso de los procedimientos aplicables a las actuaciones administrativas, sino que también desconstitucionalizó el derecho constitucional a la participación ciudadana.

En efecto los impugnantes habían alegado que el decreto presidencial impugnado se había dictado "sin la debida consulta pública y sin procedimiento administrativo previo," sobre lo cual la Sala se limitó a considerar que:

"el artículo 62 de la Constitución, en consonancia con los artículos 138, 139 y 140 de la Ley Orgánica de la Administración Pública, prevén la obligación de los órganos de la Administración Pública de promover la participación popular en la gestión pública y facilitar las condiciones más favorables para su práctica; en función de lo cual se contempló en la citada ley la celebración de una consulta pública que garantice la intervención de las comunidades organizadas y sectores interesados de la sociedad cuando se trate de casos de aprobación de normas *reglamentarias o de otra jerarquía.*"

En la misma sentencia la Sala, sin embargo, como se dijo, ya había reconocido el carácter de acto administrativo de efectos generales y de contenido normativo, por tanto, de carácter reglamentario del decreto presidencial, pero, sin embargo, lo que resolvió fue desestimar el alegato, declarando, también pura y simplemente, que:

"el principio de participación ciudadana no constituye un verdadero derecho subjetivo constitucional susceptible de tutela judicial directa, que pueda ser revisado en la oportunidad de resolver una medida cautelar de amparo constitucional."

Para desconocer el carácter constitucional del derecho a la participación política, la Sala, simplemente, señaló que supuestamente ello ya lo había expuesto "en anteriores oportunidades," haciendo referencia a las "sentencias Nos. 607 del 13 de mayo de 2009 y 98 del 28 de enero de 2010."

Sin embargo, en cuanto a la sentencia No. 607 de 13 de mayo de 2009, en la misma nada se resuelve en materia del derecho a la participación política, apareciendo incluso la palabra "participación" en el texto de la sentencia, una sola vez, al referirse a la participación de la Superintendencia de Seguros en ciertas actuaciones de fiscalización respecto de las empresas de seguro, sin relación alguna con el derecho o principio de la participación ciudadana.[419]

Y en cuanto a la otra sentencia citada como "precedente," la No. 98 de 28 de enero de 2010, en la misma se decidió un amparo cautelar formulado junto con una demanda de nulidad intentada por un conjunto de empresas de promoción inmobiliaria contra una resolución ministerial que había prohibido que en los contratos que tenían por objeto la adquisición de viviendas, se estableciera el cobro de cuotas, alícuotas, porcentajes y/o sumas adicionales de dinero, basados en la aplicación del Índice de Precios al Consumidor (IPC) o de cualquier otro mecanismo de corrección monetaria; y frente al alegato de las impugnantes de que el acto administrativo impugnado se había dictado con "vulneración del principio de participación y lesión del derecho a la participación ciudadana de los productores de vivienda" lo que resolvió la Sala, sin argumentación alguna, fue que los principios:

"de reserva legal, competencia, participación ciudadana y confianza legítima o expectativa plausible, y el acatamiento de los criterios vinculantes del Tribunal Supremo de Justicia, [...] no constituyen verdaderos derechos subjetivos constitucionales susceptibles de tutela judicial directa, que puedan ser revisados en la oportunidad de resolver la medida cautelar de amparo constitucional."[420]

Pero sin que el lector sepa el porqué de esas afirmaciones, y menos porqué se mezclan principios del procedimiento administrativo como los de reserva legal, competencia y confianza legítima, con un derecho constitucional previsto, entre otros, en el artículo 72 de la Constitución, que sin duda es justiciable en amparo como todo derecho constitucional.

---

419 Véase en http://www.tsj.gov.ve/decisiones/spa/mayo/00-607-13509-2009-2009-0046.HTML

420 Véase en http://www.tsj.gov.ve/decisiones/spa/enero/- 00098-28110-2010-2009-1056.HTML

Sin embargo, de la sentencia citada como "precedente" lo que resultó fue no sólo la negación de la justiciabilidad del derecho a la participación política, contradiciendo una larga tradición jurisprudencial sentada en los lustros anteriores, sino la desconstitucionalización ilegitima del propio derecho a la participación política.

Esas son, lamentablemente, las ejecutorias de un Tribunal Supremo cuando ha sido sometido al poder, y actúa al servicio del autoritarismo.[421]

---

421 Véase sobre ello Allan R. Brewer-Carías, "El juez constitucional al servicio del autoritarismo y la ilegítima mutación de la Constitución: el caso de la Sala Constitucional del Tribunal Supremo de Justicia de Venezuela (1999-2009)", en *Revista de Administración Pública*, No. 180, Madrid 2009, pp. 383-418; y en *IUSTEL, Revista General de Derecho Administrativo*, No. 21, junio 2009, Madrid, ISSN-1696-9650. Véase además el libro Allan R. Brewer-Carías, *Crónica sobre la "In" Justicia Constitucional. La Sala Constitucional y el autoritarismo en Venezuela*, Colección Instituto de Derecho Público. Universidad Central de Venezuela, No. 2, Editorial Jurídica Venezolana, Caracas 2007.

DÉCIMA QUINTA PARTE

SOBRE LA *"DESPUBLICATIO"* DECRETADA MEDIANTE LA "DESAPLICACIÓN" EJECUTIVA Y PUNTUAL DE LA TOTALIDAD DEL ORDEN JURÍDICO

En contraste con el proceso de *publicatio* que se produjo en el país en los últimos veinte años, en 2020 los venezolanos hemos sido testigos de la aprobación, el 8 de octubre de 2020, sin mayor debate,[422] por una Asamblea Nacional Constituyente, que había sido convocada y electa inconstitucional y fraudulentamente en 2017,[423] de una llamada "Ley Constitucional" (figura por demás inexistente en el ordenamiento constitucional venezolano, conforme al cual el único órgano con competencia para sancionar leyes es la Asamblea Nacional),[424] denominada *Ley antibloqueo para el desarrollo na-*

---

422 Véase sobre ello, lo indicado en la reseña de Sebastiana Barráez, "La Ley Antibloqueo dividió al chavismo: legisladores de su propia asamblea denuncian que viola la Constitución de Venezuela," en Infobae, 12 de octubre de 2020, disponible en: https://www.infobae.com/america/venezuela/2020/10/12/la-ley-antibloqueo-dividio-al-chavismo-legisladores-de-su-propia-asamblea-denuncian-que-que-viola-la-constitucion/

423 Véase sobre ello, Allan R. Brewer-Carías y Carlos García Soto (Coordinadores), Estudios sobre la la Asamblea Nacional Constituyente y su inconstitucional convocatoria en 2017 Colección Estudios Jurídicos N° 119, Editorial Jurídica Venezolana, Caracas 2017

424 Véase sobre ello, Allan R. Brewer-Carías, Usurpación Constituyente 1999, 2017. La historia se repite: una vez como farsa y la otra como tragedia, Co-

cional y la garantía de los derechos humanos, que fue redactada con base en un Proyecto de Ley que con el mismo título[425] le había presentado el Sr. Nicolás Maduro una semana antes, el 1° de octubre de 2020, el cual entonces calificamos de "monstruosidad jurídica."[426]

Con esta "Ley constitucional,"[427] según resulta de sus dispositivos, lo que se pretende básicamente es la obtención de "recursos

lección Estudios Jurídicos, No. 121, Editorial Jurídica Venezolana International, 2018.

425   Véase la reseña y el texto del documento en "Presidente Maduro presentó ante la ANC proyecto de Ley Antibloqueo," en Aporrea, 30/09/2020 ; disponible en: https://www.lapatilla.com/2020/09/30/este-es-la-ley-antibloqueo-presentada-ante-la-constituyente-cubana-documento/

426   Véase nuestra crítica a dicho Proyecto de Ley en Allan R. Brewer-Carías, "La Ley Antibloqueo: una monstruosidad jurídica para desaplicar, en secreto, la totalidad del ordenamiento jurídico," New York, 4 de octubre 2020. Véase en: https://bloqueconstitucional.com/efectos-del-informe-de-la-mision-internacional-independiente-sobre-violaciones-a-los-derechos-humanos-en-venezuela-en-relacion-con-el-estado-de-derecho-y-las-elecciones/ Véase además sobre el Proyecto de ley, los comentarios críticos de: Juan Manuel Raffalli "Proyecto de Ley Antibloqueo crea cuarto oscuro que impide conocer documentos y procesos," en Lapatilla.com, 1 de octubre de 2020, disponible en https://www.lapatilla.com/2020/10/01/juan-manuel-raffalli-proyecto-de-ley-antibloqueo-crea-cuarto-oscuro-que-impide-conocer-documentos-y-procesos/; Juan Manuel Raffalli, "El insólito proyecto de Ley Antibloqueo," en Prodavinci, 7 de octubre de 2020, disponible   en: https://prodavinci.com/el-insolito-proyecto-de-ley-antibloqueo/; Ramón Peña, "El Anti-bloqueo: la panacea," en The world News, 4 de octubre de 2020, disponible en: https://theworldnews.net/ve-news/el-anti-bloqueo-la-panacea-por-ramon-pena; Luis Brito García, "Proyecto Ley Antiboqueo," News Ultimasnoticias, 3 de octubre de 2020, disponible   en: https://theworldnews.net/ve-news/proyecto-de-ley-antibloqueo-luis-brito-garcia;   en   https://primicias24.com/opinion/294724/luis-britto-garcia-proyecto-de-ley-antibloqueo/   ;   y   en https://ultimasnoticias.com.ve/noticias/especial/proyecto-de-ley-antibloqueo-luis-brito-garcia/.

427   Véase en Gaceta Oficial No.6.583 Extra. de 12 de octubre de 2020. Véanse comentarios críticos sobre la Ley en Alejandro González Valenzuela, "Ley Antibloqueo: Hacia el deslinde definitivo con la Constitución y el Estado de derecho," Bloque Constitucional, 12 de ocurre de 202o, disponible en: https://bloqueconstitucional.com/ley-antibloqueo-hacia-el-deslinde-definitivo-con-la-constitucion-y-el-estado-de-derecho/ ; José Guerra, en

adicionales" (art. 18), mediante la implementación de un "cambio" de política económica consistente en una *despublicatio*, es decir, en desestatizar, desnacionalizar y privatizar indiscriminadamente y en secreto, la economía, y realizar nuevos negociaciones de financiamiento público, para supuestamente atender necesidades en el país; pero todo ello, subvirtiendo totalmente el ordenamiento jurídico, y el principio de la jerarquía de las normas.[428]

"Ley Antibloqueo es un golpe de Estado," reseña de Enrique Meléndez, en La Razón, octubre 2020, disponible en: https://www.larazon.net/2020/10/jose-guerra-ley-antibloqueo-es-un-golpe-de-estado/; y en Acceso a la Justicia ONG, "Ley Antibloqueo de la írrita Constituyente en seis preguntas, en Acceso a la Justicia, 16 de octubre de 2020, disponible en: https://www.accesoalajusticia.org/ley-antibloqueo-de-la-irrita-constituyente-en-seis-preguntas/

428   En criterio de Alejandro González Valenzuela, la Ley Antibloqueo afianza "un régimen de excepción constitucional" con la asignación al Ejecutivo Nacional de "potestades extraordinarias tales como: (i) la desregulación de sectores y actividades económicas (mediante la desaplicación de normas legales y eventualmente constitucionales); (ii) la celebración de actos y negocios jurídicos; modificación del régimen de constitución, propiedad, gestión y funcionamiento de empresas públicas y mixtas dentro y fuera de Venezuela; administración de pasivos y activos, mediante operaciones disponibles en mercados nacionales e internacionales; todo lo anterior sin acatar el régimen de reserva de actividades económicas instituido por el artículo 303 de la Constitución; (iii) la implementación de mecanismos excepcionales de contratación; (iv) la asociación con capitales ilegítimos en condiciones ilícitas, pero, también, lesivas para Venezuela; (v) el uso del aparato represivo totalitario contra quienes se opongan a "su ejecución." Véase Alejandro González Valenzuela, "Ley Antibloqueo: Hacia el deslinde definitivo con la Constitución y el Estado de derecho," Bloque Constitucional, 12 de ocurre de 2020, disponible en https://bloqueconstitucional.com/ley-antibloqueo-hacia-el-deslinde-definitivo-con-la-constitucion-y-el-estado-de-derecho/. En sentido similar, José Ignacio Hernández ha resumido el objetivo de la Ley señalando que con ella se busca: "Disponer de activos del Estado y manejar la economía venezolana sin control parlamentario," a cuyo efecto, "los "artículos" 19, 24, 27 y 29 permiten a Maduro **(i)** Realizar gastos públicos; **(ii)** Contratar operaciones de deuda y, en general, operaciones de renegociación; **(iii)** Celebrar contratos de interés público; y **(iv)** Reorganizar empresas del Estado para ceder sus activos a inversionistas privados, incluso, respecto de bienes que no han sido adquiridos formalmente, al estar afectados por medidas de "ocupación." Previendo la ola de litigios que estas medidas podrían desencadenar, la "Ley" se encarga de crear un servicio espe-

I. LA SUBVERSIÓN DEL ORDEN JURIDICO PARA LA APLICACIÓN, EN SECRETO, DE UNA "NUEVA" POLÍTICA ECONÓMICA DE DESESTATIZACIÓN, DESNACIONALIZACIÓN Y PRIVATIZACIÓN DE LA ECONOMÍA PARA LA OBTENCIÓN DE "RECUROS ADICIONALES"

En la Ley Constitucional, así, si bien no se previó expresamente en su texto que la misma prevalecía *in toto* por sobre la Constitución (lo que sin embargo sí se propuso en el Proyecto de Ley presentado por N. Maduro), con su contenido puede lograrse un efecto aproximado, al declararse su articulado como de "aplicación preferente" sobre todas las leyes, y declarárselo como "de orden público y de interés general," y de aplicación obligatoria por todos los niveles territoriales de gobierno, y por todas las personas (art. 2).

Esa ruptura del ordenamiento jurídico, se observa concretamente en las siguientes previsiones:

Primero, en la concepción de la "Ley Constitucional" como un *marco normativo de un rango supra -legal*, es decir, superior a todas las leyes orgánicas y leyes ordinarias de la República, respecto de las cuales la "Ley Constitucional" se declara como de aplicación preferente (Disposición Transitoria primera), lo que equivale a decir lo que se expresaba en el Proyecto que le dio origen, que indicaba que quedaban "suspendidas las normas que colidieran con lo dispuesto" en la misma" (Disposición Transitoria segunda del Proyecto de Ley presentado por N. Maduro). Con la Ley aprobada, en todo caso, se logra un propósito algo parecido, al establecerse que sus disposiciones prevalecen sobre las leyes orgánicas y las leyes ordinarias.

Segundo, en el establecimiento de una *potestad sin límites para que el Ejecutivo Nacional pueda "inaplicar" en casos específicos las normas de rango legal* que estime necesarias para perseguir los propósitos de la Ley (art. 19), es decir, para que pueda decidir en casos específicos que una ley orgánica o cualquier otra ley *no se aplica*, lo que sin duda implica establecer una *delegación legislativa*

---

cial para el ejercicio de acciones judiciales en el extranjero (artículo 36). Véase José Ignacio Hernández, "La Ley Constitucional Antibloqueo" y el avance de la economía criminal," en La Gran Aldea, 15 octubre 2020, disponible en: https://lagranaldea.com/2020/10/15/la-ley-constitucional-antibloqueo-y-el-avance-de-la-economia-criminal-en-venezuela/

sin límites al Ejecutivo Nacional, para ejercer la potestad de legislar a los efectos de poder suplir la ausencia de normas o vacío legislativo que originará la decisión ejecutiva de *"inaplicar"* las de normas de orden legal.

Tercero, el establecimiento también de la misma *potestad sin límites a los efectos de que el Ejecutivo Nacional "inaplique" para casos específicos, es decir, singularmente, los reglamentos y demás normas de rango sublegal*, cuya aplicación estime que es contraproducente para cumplir con los fines de Ley (art. 19), en violación al principio general de la no modificabilidad o inderogabilidad singular de los reglamentos garantizado por el artículo 13 de la Ley Orgánica de Procedimientos Administrativos.

Cuarto, el establecimiento de una *amplia potestad para la suscripción de "tratados, acuerdos y convenios internacionales,* bilaterales o multilaterales, favoreciendo la integración de los pueblos libres" que deben basarse "en obligaciones preexistentes de la República" (art. 10), buscando con ello obviar la necesaria aprobación de dichos instrumentos mediante ley de la Asamblea Nacional que exige la Constitución (art. 154).

Y quinto, el establecimiento formal y expreso de un *régimen de ausencia total de transparencia*, al preverse no solo inaplicar las leyes sobre licitación y contratación pública (arts. 21 y 28), sino que todos "los procedimientos, actos y registros efectuados con ocasión de la implementación de alguna de las medidas" establecidas en la Ley que "suponga la *inaplicación de normas* de rango legal o sublegal," son declarados *"secretos y reservados"* (art. 42).

Lo anterior equivale a una subversión completa del orden jurídico del Estado, totalmente incompatible con los principios más elementales del Estado de derecho, materializándose en la "regulación" o establecimiento formal de la "inaplicabilidad" de las leyes, en secreto, por el Ejecutivo Nacional.[429] Aun cuando en la Ley se lo

---

429 Como lo expresó la Conferencia Episcopal Venezolana, "La llamada "ley antibloqueo", aprobada por la ilegítima Asamblea Nacional Constituyente, es una expresión más de la voluntad del gobierno de conducir a nuestro país por caminos distintos a la legalidad, y así, dilapidar los recursos nacionales que son de todos, con el agravante, que ahora pretende hacerse de forma oculta y totalmente discrecional. " Véase CRV, "Exhortación Pastoral, Sobre la Dramática situación social, económica, moral y política que vive nuestro país," 15 de octubre de 2020, disponible en: https://conferenciaepiscopalvenezolana.com/downloads/exhortacion-

define como un *"marco normativo especial y temporal* que provea al Poder Público venezolano de *herramientas jurídicas"* para cumplir con el objeto establecido en la Ley, en la práctica es un *"régimen de excepción con vocación de permanencia,"* [430] con el objeto de lo que pareciera ser la ejecución de un cambio radical de la política económica, hacia una desestatización, desnacionalización y privatización de la economía, a los efectos de "contrarrestar, mitigar y reducir, de manera efectiva, urgente y necesaria, los efectos nocivos generados por la imposición, contra la República y su población," de lo que se califican como:

> "medidas coercitivas unilaterales y otras medidas restrictivas o punitivas, emanadas o dictadas por otro Estado o grupo de Estados, o por actos u omisiones derivadas de éstos, por organizaciones internacionales u otros entes públicos o privados foráneos."

Según se afirma en la "Ley Constitucional," dichas "medidas coercitivas," afectarían los derechos humanos del pueblo venezolano, implican atentados contra el Derecho Internacional y, en su conjunto, constituyen crímenes de lesa humanidad" (art. 1); afirmaciones que chocan e ignoran los crímenes de lesa humanidad cometidos y denunciados en las *"Conclusiones detalladas de la Misión internacional independiente de determinación de los hechos sobre la República Bolivariana de Venezuela (443 pp.),* [431] presentadas apenas semanas antes, el 15 de septiembre de 2020, ante el Consejo de Derechos Humanos de las Naciones Unidas, en cumplimiento de la resolución 42/25 del Consejo, de 27 de septiembre de 2019, y en

---

pastoral-sobre-la-dramatica-situacion-social-economica-moral-y-politica-que-vive-nuestro-pais

430 Véase Bloque Constitucional Venezolano, "Sobre la pretendida Ley Antobliqueo," en Bloque Constitucional, 16 de ocurre de 2020, disponible en: http://digaloahidigital.com/noticias/el-bloque-constitucional-de-venezuela-la-opini%C3%B3n-p%C3%BAblica-nacional-e-internacional-sobre-la

431 Informe de 15 de septiembre de 2020, disponible en: https://www.ohchr.org/Documents/HRBodies/HRCouncil/FFMV/A_HRC_45_CRP.11_SP.pdf .Véase los comentarios sobre este Informe en Allan R. Brewer-Carías, "Efectos del Informe de la Misión Internacional Independiente sobre violaciones a los derechos humanos en Venezuela en relación con el Estado de derecho y en las elecciones,' 1 de octubre de 2020, disponible en http://allanbrewercarias.com/wp-content/uploads/2020/10/1261.-Brewer.-efectos-del-informe-de-la-mision-internacional-independiente-en-el-estado-de-derecho-y-en-las-elecciones.pdf

las cuales se calificaron varios de los crímenes alentados por funcionarios del gobierno, ocurridos en Venezuela contra los derechos humanos, como crímenes de lesa humanidad.

Todo este marco normativo, por otra parte, en definitiva, como se dijo, se ha establecido con el propósito de obtener "nuevos ingresos" públicos, mediante la definición de una "nueva" política de desestatización, desnacionalización y privatización, implementada en secreto, con la excusa de alcanzar objetivos que no son nuevos pues están enunciados en la Constitución de 1999 (arts. 112 a 118, y 399 a 321), y que simplemente se repiten en la Ley. Así se puede apreciar, por ejemplo, de los enunciados de sus diversos artículos referidos al "desarrollo armónico de la economía nacional orientado a generar fuentes de trabajo, alto valor agregado nacional, elevar el nivel de vida de la población y fortalecer la soberanía económica del país" (art. 3.2); al "derecho inalienable a la plena soberanía sobre todas sus riquezas y recursos naturales" (art. 3.3); a la protección de los "derechos de terceros, incluidos otros Estados, inversores y otras personas naturales o jurídicas que se relacionan con la República" (art. 5.3); a "asegurar a la población el disfrute pleno de sus derechos humanos, el acceso oportuno a bienes, servicios, alimentos, medicinas y otros productos esenciales para la vida" (art. 6); a desarrollar "sistemas compensatorios del salario o del ingreso real de los trabajadores" (art. 18.1); a financiar el "sistema de protección social" (art. 18.2); a "recuperar la capacidad de proveer servicios públicos de calidad (art. 18.3); a "impulsar la capacidad productiva nacional, sobre todo de las industrias estratégicas y la sustitución selectiva de importaciones" (art. 18.4); a "recuperar, mantener y ampliar la infraestructura pública"(art. 18.5); a "fomentar y estimular el desarrollo de la ciencia, tecnología, e innovación" (art. 18.6); a "restituir progresivamente el valor de las prestaciones sociales, beneficios acumulados y ahorros obtenidos por los trabajadores y las trabajadoras del país" (art. 22); y a "la implementación de políticas públicas nacionales en materia de alimentación, salud, seguridad social, provisión de servicios básicos y de otros bienes económicos esenciales" (art. 23).

Todo ello está previsto en la Constitución, por lo que, en realidad, si el propósito fuera alcanzar esos objetivos bastaría, con haber definido clara y transparentemente desde el gobierno un *cambio* de orientación de la política económica orientada a abandonar la de carácter estatista y nacionalizadora que se ha desarrollado desde el gobierno conforme a las pautas del denominado "Socialismo del Siglo XXI," y que lo que ha producido es parálisis económica, miseria y empobrecimiento del país. La apertura y privatización de la economía que se pretende hacer ahora en secreto, pudo haberse incluso realizado, como lo advertimos al estudiar los primeros decretos de "emergencia económica" dictados y prorrogados a partir de 2016, utilizando los extraordinarios e inconstitucionales poderes que el Ejecutivo se atribuyó a sí mismo, fuera de todo marco constitucional, conforme a los cuales se podría haber tomado materialmente cualquier decisión.[432] Toda la inconstitucionalidad que ha acompañado esos decretos, sin embargo, ni siquiera tuvo utilidad alguna.

Con la "Ley Constitucional," en cambio, la vía por la cual optó la Asamblea Nacional Constituyente, a petición del Ejecutivo Nacional, para ejecutar ese "cambio" de política económica para buscar obtener "nuevos ingresos," fue la de establecer un marco "normativo," *para regular una situación de inaplicación del derecho*, es decir, de todas las leyes orgánicas y ordinarias y los reglamentos que se considere necesario, y en tal sentido, para que pueda tomar todas las medidas que se estime necesarias, sin límites, a medida que el Ejecutivo Nacional lo juzgue conveniente. [433] En esta forma, se ha inventado un nuevo término ("inaplicación") en el campo de los principios de la vigencia temporal de la ley, y que comporta una delegación legislativa ilimitada al propio Ejecutivo Nacional el cual

---

432 Véase el decreto No. 6214 de 14 de enero de 2020, Gaceta Oficial Extra. N. 6219 de 11 de marzo de 2016. Allan R. Brewer-Carías, "La usurpación definitiva de la función de legislar por el Ejecutivo Nacional y la suspensión de los remanentes poderes de control de la Asamblea con motivo de la declaratoria del estado de excepción y emergencia económica," en Revista de Derecho Público, No. 145-146, (enero-junio 2016), Editorial Jurídica Venezolana, Caracas 2016, pp. 444-468.

433 Como lo ha considerado José Ignacio Hernández, en realidad se trata "más bien, de la renovación del objetivo de Maduro de manejar a discreción la economía, facilitando así arreglos que fortalezcan su cleptocracia y sus alianzas con el crimen organizado. Ese objetivo, como veremos, comenzó a fraguarse luego del triunfo de la oposición en las elecciones parlamentarias de diciembre de 2015." Véase José Ignacio Hernández, "La "Ley Constitucional Antibloqueo" y el avance de la economía criminal en Venezuela," en La Gran Aldea, 15 de octubre de 2020, disponible en: https://lagranaldea.com/2020/10/15/la-ley-constitucional-antibloqueo-y-el-avance-de-la-economia-criminal-en-venezuela/

queda habilitado para llenar el "vacío" normativo que resulte de la "inaplicación" de normas.

Agregándose a ello, como ya hemos expresado, la expresa disposición en la "Ley Constitucional" que todo ese régimen de prevalencia de sus disposiciones sobre todas las leyes orgánicas y ordinarias, y de la inaplicación de leyes y reglamentos en casos específicos, con la consecuente delegación del Ejecutivo de la potestad legislativa, se hará en el marco expreso de una ausencia total de transparencia, es decir, en un marco de secreto y confidencialidad, al declararse ahora que la política económica es una materia concerniente a la seguridad de la Nación (arts. 37, 42).

II. EL PROPÓSITO FUNDAMENTAL DE LA LEY: LA GENERACIÓN DE "INGRESOS ADICIONALES" MEDIANTE LA DESPUBLICATIO O PRIVATIZACIÓN DE LA ECONOMÍA A TRAVÉS DE CUALQUER TIPO DE CONTRATACIONES O NEGOCIACIONES, REALIZADAS EN SECRETO

El objetivo fundamental de la "Ley Constitucional," como se dijo, es la generación de "ingresos adicionales," mediante un "cambio" de política económica a ser ejecutado al margen del derecho y en plena situación de secreto de Estado, basada en la desestatización, desnacionalización y privatización de la economía y realizando nuevas operaciones financieras para "contrarrestar, mitigar y reducir, de manera efectiva, urgente y necesaria," como se indicó en su artículo 1º citado, "los efectos nocivos generados por la imposición, contra la República y su población, de medidas coercitivas unilaterales y otras medidas restrictivas o punitivas."

Sin embargo, dichos "ingresos adicionales" no son para ser canalizados dentro en la disciplina presupuestaria y el régimen de los ingresos públicos previstos en la Constitución, sino para ser dispuestos al margen de la misma, a cuyo efecto según dispone el artículo 18 de la misma 'Ley Constitucional," los mismos:

> "se registrarán separadamente dentro de las disponibilidades del tesoro nacional y se destinarán a la satisfacción de las derechos económicos, sociales y culturales del pueblo venezolano, así como a la recuperación de su calidad de vida y la generación de oportunidades a través del impulso de sus capacidades y potencialidades."

La consecuencia es que además de que las medidas para obtener esos ingresos adicionales se adoptarían al margen del ordenamiento jurídico, de manera secreta, se prevé adicionalmente una contabilidad separada contrariando abiertamente las previsiones de la Constitución sobre el régimen de los ingresos públicos y sobre disciplina presupuestaria (art. 311 a 315).

Entre los mecanismos para obtener "ingresos adicionales," además de la política de desestatización, desnacionalización y privatización, en la "Ley Constitucional" se regularon una serie de *medidas de financiación pública,* disponiéndose que el Ejecutivo Nacional puede "crear e implementar mecanismos financieros *a gran escala*" (art. 22), así como "crear o autorizar nuevos mecanismos o fuentes de financiamiento *en cualquiera de sus formas*" (art. 23); agregando en el artículo 32 que "a los fines de proteger las transacciones que involucren activos financieros de la República y sus entidades, el Ejecutivo Nacional podrá autorizar *la creación e implementación de cualquier mecanismo financiero* que permita mitigar los efectos de las medidas coercitivas unilaterales restricciones y otras amenazas que motivan esta "Ley Constitucional," incluyendo el uso de criptoactivos e instrumentos basados en la tecnología de cadena de bloqueos."

Todas estas previsiones, por supuesto son inconstitucionales, pues conforme al artículo 312 de la Constitución, que no puede "inaplicarse" solo la Asamblea Nacional puede fijar mediante ley los límites al endeudamiento público, debiendo las operaciones de crédito público ser autorizadas mediante ley, salvo las excepciones establecidas en la Ley Orgánica de Administración Financiera del Sector Público.

Por otra parte para la obtención de los ingresos adicionales, e implementar la política de desestatización, desnacionalización y privatización de la economía, y de las negociaciones financieras antes mencionada, la "Ley Constitucional" reguló además un marco de *flexibilización total del régimen de contratación pública,* al establecerse, en primer lugar, la "inaplicación" de las normas legales que establecen autorizaciones o aprobaciones de contratos de interés nacional por parte de la Asamblea Nacional (art.21), y en segundo lugar, que el Ejecutivo Nacional puede "*diseñar e implementar mecanismos excepcionales de contratación*, compra y pago de bienes y servicios, preferentemente de producción nacional, destinados a:1. La satisfacción de los derechos fundamentales a la vida, la salud y la alimentación; 2. La generación de ingresos, consecución de divisas y la movilización internacional de las mismas; 3. La normal gestión de las entidades objeto de las medidas coercitivas unilaterales, restricciones y otras amenazas que motivan esta Ley Constitucional, y 4. La sustitución selectiva de importaciones " (art. 28).

Todo ello implica, sin duda, la "inaplicación" generalizada de las previsiones de la Ley de Contrataciones Públicas, de la Ley de Concesiones y de todas las leyes que regulan la materia, incluidas aquellas leyes que regulan expresamente, conforme al artículo 150 de la Constitución, la necesidad de la aprobación de contratos de interés nacional por la Asamblea Nacional. Sin embargo, conforme a la misma Constitución, y por lo que se refiere a la búsqueda de "inversiones extranjeras," cualquier contrato que se pretenda suscribir con Estados extranjeros, con entidades oficiales extranjeras o con compañías no domiciliadas en el país, para su validez requiere ineludiblemente dicha autorización previa por la Asamblea Nacional (art. 151); previsión que como se ha dicho, en ningún caso puede "inaplicarse."

III. LAS PREVISIONES ESTABLECIDAS EN LA LEY PARA LA IMPLEMENTACIÓN DE LA "NUEVA" POLÍTICA ECONÓMICA DE DESESTATIZACIÓN, DESNACIONALIZACIÓN Y PRIVATIZACÓN DE LA ECONOMÍA

En la "Ley Constitucional," a los efectos de asegurar la obtención de los antes mencionados "recursos adicionales," a lo largo de su articulado define la "nueva" política económica que se persigue, y que significa un giro total en la política de estatización de la economía que se ha desarrollado en los últimos 20 años, consistente, al contrario, en la desestatización, desnacionalización y privatización de la economía.[434]

---

[434]   Como lo ha advertido Pedro Luis Echeverría, la "Ley Antibloqueo" ha sido "Concebida por el régimen para no reconocer la destrucción que ha causado de la economía nacional, evadir las sanciones internacionales que obran en su contra, favorecer ilegalmente a los grupos que le son leales, apropiarse ilícitamente de los bienes y activos de la Nación, eliminar normas de rango legal o sublegal que impidan al régimen llevar a cabo determinadas acciones e implementar medidas que faciliten sus gestiones entreguistas y depredadoras. Pretende, entonces, la sustitución de numerosas disposiciones contempladas en la Constitución Nacional por una entelequia llena de ambigüedades, secretismo, incertidumbre, entrega subrepticia de los activos de la República a quiénes el régimen designe a dedo, además de hacerlo, sin información pública ni las tareas de contraloría que debe ejer-

Ello resulta de las siguientes previsiones:

1. Las previsiones relativas a la política de desestatización o desnacionalización generalizada

La "Ley Constitucional," en efecto, a los efectos de "incrementar el flujo de divisas hacia la economía y aumentar la rentabilidad de los activos," previó que el Ejecutivo Nacional puede "elaborar e implementar operaciones de *administración de pasivos*, así como de *administración de activos*, mediante las operaciones disponibles en los mercados nacionales e internacionales, *sin perjuicio de lo establecido en la Constitución*" (art. 27), lo que implica la posibilidad de disposición de activos, con la única limitación de lo establecido en la Constitución; referencia redundante, pero que en esta materia apunta a lo previsto en su artículo 303 (como lo decía expresamente el Proyecto de Ley), que exige que las acciones de PDVSA deben permanecer en poder del Estado.

La "Ley Constitucional," además, autoriza expresamente al Ejecutivo Nacional para que "cuando resulte necesario para proteger sectores productivos fundamentales del país y los actores que participan en ellos" proceda al "*levantamiento de restricciones a la comercialización para determinadas categorías de sujetos, en actividades estratégicas de la economía nacional*" (art. 31).

A los efectos de implementar la política de desnacionalización que está implícita en estas previsiones, al prever la "Ley Constitucional" la posibilidad que tiene el Ejecutivo Nacional de "inaplicar" todas las leyes orgánicas y leyes ordinarias, ell mismo tiene la posibilidad de decretar la inaplicación de las leyes orgánicas que han establecido la nacionalización o reserva al Estado de determinadas actividades económicas, entre las cuales están, fundamentalmente, las referidas a la industria y la comercialización de hidrocarburos (Ley Orgánica de Hidrocarburos 2001 y Ley Orgánica de reordenamiento del Mercado Interno de los Combustibles Líquidos, 2008); de la industria petroquímica (Ley que reserva al Estado las actividades petroquímicas, 2009), de los servicio conexos con la

---

cer la Asamblea Nacional legítima. Igualmente, la nueva jugarreta gubernamental trata de ocultar al país la incapacidad actual de la economía venezolana de generar y proveer a la población de los bolívares y divisas necesarios para atender sus necesidades." Véase Pedro Luis Echeverría, "Ley Antobloqueo / La nueva trampa de Maduro," en Ideas de Babel.com, 12 de octubre de 2020, disponible en: https://www.ideasdebabel.com/?p=101616

industria petrolera (Ley Orgánica de reserva al Estado de los servicios y actividades conexos con la industria petrolera, 2009); la industria del mineral de hierro (Ley Orgánica que reserva al Estado la Industria de la explotación de Mineral de hierro, 1974 y Ley Orgánica de nacionalización de la industria del hierro y acero, 2008); de la industria del cemento (Ley Orgánica que reserva al Estado la industria del cemento, 2007), y de las actividades relativas con la explotación de oro (Ley Orgánica de nacionalización de la minería del oro y de la comercialización del oro, 2011).

Todas las regulaciones anteriores apuntan, en particular, a la posibilidad de la desnacionalización total de la industria petrolera y de la comercialización de los derivados del petróleo – entre ellos gasolina -, con la única y exclusiva limitación antes mencionada consistente en que las acciones de Petróleos de Venezuela S.A. (PDVSA), que es la empresa holding de la industria petrolera, conforme artículo 303 de la Constitución deben permanecer como propiedad del Estado (así se indicaba expresamente los artículos 22, 24 y 25 del Proyecto de Ley). Y así se deduce ahora de lo previsto en los textos equivalentes de los artículos 24, 26 y 27 de la "Ley Constitucional," al regular entre sus propósitos la privatización de la economía, "sin perjuicio de lo establecido en la Constitución." La aclaratoria, por supuesto, como se dijo, resulta innecesaria pues ninguna ley o acto estatal puede violar la Constitución.

En todo caso, el resultado de las previsiones de la Ley, es que, todas las empresas del Estado subsidiarias o filiales de PDVSA podrían ser total o parcialmente privatizadas, sin límites, secretamente.

Con ello, incluso, desaparecería el concepto mismo de empresa mixta o de participación accionaria del Estado en más del cincuenta por ciento de su capital que se regla en la Ley Orgánica de Hidrocarburos, la cual podría ser "inaplicada," en todos los "casos específicos" que el Ejecutivo Nacional considere necesario, pudiendo las filiales de PDVSA, todas, pasar a capital privado, sin límites, dada la prevalencia de la "Ley Constitucional" y la potestad ejecutiva de inaplicar leyes de manera secreta.

2. Las previsiones relativas a la privatización de empresas públicas

La implementación de la política de desestatización y desnacionalización de la economía implica, por supuesto, adelantar un proceso de *privatización de empresas públicas*, a cuyo efecto, la "Ley Constitucional" autoriza al Ejecutivo Nacional, para "la *celebración de todos los actos o negocios jurídicos que resulten necesarios* sin perjuicio de lo establecido en la Constitución" (es decir, sin que se pueda variar la propiedad total del Estado de las acciones de PDV-SA), con el objeto de proteger y de "impedir o revertir actos o amenazas de inmovilización, despojo o pérdida de control de activos, pasivos e intereses patrimoniales de la República o de sus entes, por efecto de la aplicación de las medidas coercitivas unilaterales, restricciones y otras amenazas" (art. 24).

A los efectos de la privatización de empresas públicas, en la "Ley Constitucional" se establecieron previsiones para la *reorganización total del sector empresarial público,* autorizándose al Ejecutivo Nacional, conforme a la política de desestatización y nacionalización antes mencionadas, para "modificar los mecanismos de constitución, gestión, administración y funcionamiento de empresas públicas o mixtas, tanto en el territorio nacional como en el exterior, sin perjuicio de lo establecido la Constitución" (art. 26). Además, la Ley autoriza al Ejecutivo Nacional para:

> "proceder a la organización y reorganización de los entes descentralizados con fines empresariales, dentro y fuera del país, en procura de su modernización y adaptación a los mecanismos utilizados en la práctica internacional, adecuados al objeto y fin del respectivo ente, mejorando su funcionamiento, relaciones comerciales, financieras o la inversión del Estado venezolano. La organización o reorganización debe garantizar primordialmente la salvaguarda del patrimonio de la República y sus entes" (art. 25).

Pero una privatización como política de Estado, es evidente que solo puede ser llevada cabo en medio de la más rigurosa transparencia;[435] de lo contrario lo que podemos presenciar es el reparto secreto de activos del Estado entre los aliados del régimen.[436]

---

435 Como lo expreso Asdrúbal Oliveros, "el régimen pudiera comenzar un proceso de traspaso de activos que podría centrarse en los sectores de metales, petroleras mixtas, especialmente para la producción de gasolina, y hoteleros;." Considerando que "la privatización es necesaria en Venezuela, pero una privatización en el contexto del Estado de Derecho, con garantías tanto para el Estado como para los ciudadanos y el inversionista. Con transparencia, que se conozca, que se haga un proceso de licitación transparente y una evaluación de lo que se está haciendo. Lamentablemente nada de esto existe porque es extremadamente opaco." Véase en la reseña "Asdrúbal Oliveros: Ley antibloqueo formaliza prácticas ocultas que el cha-

3. Las previsiones relativas a la participación, promoción y protección del capital privado nacional e internacional en la economía

La política de desestatización y de desnacionalización, al prever la privatización de empresas públicas, implica, por supuesto, la necesidad de regular medidas para asegurar la participación del capital privado nacional e internacional en la economía, a cuyo efecto, la "Ley Constitucional" dispuso diversas previsiones expresas.

En primer lugar, en la "Ley Constitucional" se definieron *medidas de alianzas con el sector privado respecto de empresas que fueron apropiadas (expropiadas, confiscadas, ocupadas) por el Estado*, previéndose en el artículo 30, que:

> "los activos que se encuentren bajo administración del Estado venezolano como consecuencia de *alguna medida administrativa o judicial restrictiva de alguno de los elementos de la propiedad* [que como es sabido, son el uso, el goce y la disposición], que sean requeridos para su incorporación urgente en un proceso productivo, podrán ser objeto de *alianzas con entidades del sector privado,* incluida la pequeña y mediana empresa, o con el Poder Popular organizado, a los fines de maximizar el aprovechamiento de la producción de bienes y servicios para la satisfacción de necesidades fundamentales del pueblo venezolano y para lograr la mejor eficiencia de las empresas del sector público."

---

vismo realiza desde hace años," en El Nacional, 14 de octubre de 2020, disponible en: https://www.elnacional.com/economia/asdrubal-oliveros-ley-antibloqueo-formaliza-practicas-ocultas-que-el-chavismo-realiza-desde-hace-anos/

436 Por ello, José Ignacio Hernández, ha expresado sobre la política establecida en la ley, que más bien se trata de medidas del gobierno para "complacer a sus aliados económicos y políticos, fomentando más todavía la criminalización de la economía venezolana." Es decir, "no puede verse esta política como una suerte de "apertura económica" hacia el "capitalismo", pues su objetivo no es expandir la libertad de empresa, sino repartir activos estratégicos entre los aliados de Maduro, como en el 2016 Citgo fue repartida entre los tenedores del Bono 2020 y Rosneft." Véase José Ignacio Hernández, "La Ley Constitucional Antibloqueo" y el avance de la economía criminal," en La Gran Aldea, 15 octubre 2020, disponible en: https://lagranaldea.com/2020/10/15/la-ley-constitucional-antibloqueo-y-el-avance-de-la-economia-criminal-en-venezuela/ .

Esto implica la posibilidad para el Ejecutivo Nacional de privatizar todas las empresas e industrias que fueron expropiadas o confiscadas mediante medidas administrativas y judiciales durante los lustros pasados, incluso pudiendo convenir, en la restitución con sus antiguos dueños, mediante alianzas, como se preveía expresamente en el Proyecto de Ley presentado por Nicolás Maduro.

En segundo lugar, para asegurar la desestatización de la economía mediante la privatización de las empresas públicas, la "Ley Constitucional" reguló *medidas de promoción de la participación de capital privado en la economía nacional,* previendo para ello como objetivo de la misma, "la captación de inversión extranjera, sobre todo a gran escala" (art. 20), atribuyéndose al Ejecutivo Nacional la potestad de "autorizar e implementar medidas que estimulen y favorezcan la *participación, gestión y operación parcial o integral del sector privado nacional e internacional* en el desarrollo de la economía nacional" (art. 29).

En tercer lugar, y cónsono con las medidas anteriores, en la "Ley Constitucional" se definieron *medidas de protección de la inversión privada* autorizándose al Ejecutivo Nacional para acordar "con sus socios e inversionistas, por el plazo establecido contractualmente, *cláusulas de protección de su inversión [...] a los fines de generar confianza y estabilidad*" (art. 34). En tal sentido, por ejemplo, de acuerdo con la "Ley Constitucional," podrían suscribirse aquellos "contratos de estabilidad jurídica" que la derogada Ley de Promoción y Protección de Inversiones de 1999 estableció, y que nunca pudieron suscribirse por considerarse que eran contrarios al interés nacional.[437]

---

437   En fin, como lo anunció ante el Cuerpo Diplomático la Vice Presidenta de la República: "Se prevé emplear mecanismos «excepcionales» para la captación de ingresos adicionales. Para ello, plantean alianzas con empresas privadas e inversores de distinta índole. [...] esta ley protegerá las inversiones económicas extranjeras, «bajo formas novedosas de asociación, de sociedad, y habrá también formas especiales de protección a la información, para proteger a quienes vengan a invertir a Venezuela»." Véase la reseña: "Delcy Rodríguez vende la ley antibloqueo como protección a inversiones extranjeras," en Tal Cual, 13 de octubre de 2020, disponible en: https://talcualdigital.com/delcy-rodriguez-vende-la-ley-antibloqueo-como-proteccion-a-inversiones-extranjeras/. Con esa presentación, según lo explicó Rodrigo Cabezas, "quedó en evidencia" que "la ley antibloqueo está dirigida al sector económico internacional" [...] "El corazón de la propuesta de dicha ley es el negocio petrolero y las privatizaciones posibles de em-

En el marco específico de la *protección de la inversión extranjera*, el artículo 34 de la "Ley Constitucional" permite, además, expresamente, que se puedan suscribir "cláusulas" de "resolución de controversias," entre las cuales está, sin duda, la figura del *arbitraje, y* particularmente, del arbitraje internacional, figura jurídica que sin embargo también fue muy vilipendiada en los pasados lustros por considerarse contraria al interés nacional. Es de destacar, que en la "Ley Constitucional" no se recogió lo que se proponía en el Proyecto de Ley que se sometió a consideración de la Asamblea Nacional Constituyente, en el sentido de exigir el agotamiento de recursos internos para poder acudir al arbitraje.

Por último, en el marco de estímulo a la iniciativa privada, en particular, la Ley reguló lo que denominó "iniciativa social," previendo que el Ejecutivo Nacional debe crear e implementar "programas que permitan y aseguren la inversión por parte de los profesionales, técnicos, científicos, académicos, empresarios y grupos u organizaciones de trabajadores y trabajadoras del sector público y privado y del poder popular organizado, en proyectos o alianzas en sectores estratégicos" (art. 33).

IV. LA IMPLEMENTACIÓN DE LA NUEVA POLÍTICA ECONÓMICA Y DE FINANCIAMIENTO PÚBLICO MEDIANTE LA "INAPLICACIÓN" EJECUTIVA DE NORMAS LEGALES

En la "Ley Constitucional," como se ha dicho, a los efectos de ejecutar la "nueva" política económica y de financiamiento antes mencionada, lo que más destaca es la Disposición Transitoria primera (que de "transitoria" no tiene nada), conforme a la cual:

> "Las disposiciones de esta Ley Constitucional serán de *aplicación preferente frente a las normas de rango legal y sublegal, incluidas respecto de leyes orgánicas y especiales que regulen la materia, aún ante el régimen derivado del Decreto mediante el cual se acuerda el Estado de Excepción y de Emergencia Económica* en todo el territorio Nacional […]."

---

presas nacionales y mixtas, la privatización de activos como puertos, aeropuertos, minas (…) Quieren raspar los bienes de la República sin ningún control." Véase la reseña "Exministro chavista: Quieren 'raspar' los bienes de la República con la ley antibloqueo," en Tal Cual, 14 de octubre de 2020, disponible en: https://talcualdigital.com/rodrigo-cabezas-quieren-raspar-los-bienes-de-la-republica-sin-ningun-control/

El efecto práctico de esta previsión es que puede considerarse que *no hay normas jurídicas preestablecidas* para la adopción de las medidas que puede adoptar el Ejecutivo Nacional en ejecución de la política económica – o el cambio de la misma – que se pretende con la Ley, pues si las previstas en las leyes vigentes difieren de lo que se establece en la "Ley Constitucional," desde la publicación de la misma quedan en una especie de "suspensión" o situación de "inaplicabilidad" (como lo decía expresamente el Proyecto de Ley);[438] es decir, en una situación de ausencia de derecho aplicable, que se pretende suplir con la autorización al Ejecutivo Nacional para decretar su "inaplicabilidad" en "casos específicos" y legislar consecuentemente para llenar el vacío legislativo a los efectos de implementar la "política económica" fijada en la Ley.

Precisamente para ello, la implementación del trastocamiento general del orden jurídico que se "decreta" en la Ley, con la declaratoria de su prevalencia general, se detalla en sus artículos 19 a 21, en los que se autoriza al Ejecutivo Nacional para proceder a "*inaplicar* normas de rango legal o sublegal" cuando se trate de "la implementación de las medidas de equilibrio económico y productivo" (art. 21); y además, específicamente se lo autoriza para "*inaplicar*, para casos concretos, aquellas normas de rango legal o sublegal" "cuando resulte necesario para superar los obstáculos o compensar los daños que las medidas coercitivas unilaterales y otras medidas restrictivas o punitivas generan a la actividad administrativa, o cuando ello contribuya a la protección del patrimonio del Estado venezolano frente a cualquier acto de despojo o inmovilización, o a mitigar los efectos de las medidas coercitivas unilaterales

---

438 El Bloque Constitucional Venezolano, sobre esta Disposición Transitoria Segunda, indicó que: "no deja lugar a dudas sobre el propósito ilegítimo de esta tentativa normativa, al señalar que todas las normas que colidan con esa pseudo ley quedan suspendidas, propiciando en la práctica una disrupción constitucional para crear un nuevo orden económico (excepcional), a partir de una "hoja en blanco", lo que viene a ser una verdadera aberración jurídica, por cuanto, una "hoja en blanco constitucional", a ser llenada con la sola voluntad ilimitada de los detentadores del poder, es la expresión más inequívoca de la arbitrariedad, de la ausencia de estado de derecho, lo que generará mayor vulnerabilidad e imprevisibilidad para los venezolanos." Véase Bloque Constitucional Venezolano, "Sobre la pretendida Ley Antibloqueo,"16 de octubre de 2020, disponible en http://digaloahidigital.com/noticias/el-bloque-constitucional-de-venezuela-la-opini%C3%B3n-p%C3%BAblica-nacional-e-internacional-sobre-la

y otras medidas restrictivas o punitivas que afectan el flujo de divisas" (art. 19), y cuando su "aplicación resulte imposible o contraproducente como consecuencia de los efectos producidos por una determinada medida coercitiva unilateral u otra medida restrictiva o punitiva" (art. 19).

Es decir, a partir de la entrada en vigencia de esta "Ley Constitucional," en realidad, puede decirse que en Venezuela se formalizó en texto legal expreso la inseguridad jurídica que ya existía, pero ahora respecto de la vigencia y efectos de las normas legales y reglamentarias relacionadas con las materias reguladas en la misma, las cuales pueden ser "suspendidas" en su aplicación por el Ejecutivo Nacional,

El reino de la arbitrariedad que implica esta potestad ejecutiva absoluta de decidir cuándo se aplica o no una norma legal o reglamentaria, cuyo ejercicio por supuesto solo podría originar actos nulos viciados de nulidad absoluta, solo se limitó levemente al exigirse que se elabore un cada caso un "informe técnico" – por supuesto nada jurídico -, para determinar "con claridad los dispositivos desaplicados y el fundamento de tal desaplicación" (art. 42), que se obtengan algunas opiniones previas de determinados organismos (art. 35), y que la suspensión sea:

"indispensable para la adecuada gestión macroeconómica, la protección e impulso de la economía nacional, la estabilidad del sistema productivo y financiero locales, la captación de inversión extranjera, sobre todo a gran escala, o la consecución de recursos para garantizar los derechos básicos del pueblo venezolano y el sistema de protección social estatal" (art. 20).

La Ley, en todo caso, estableció un límite general para el ejercicio de esta potestad única y novedosa de "inaplicar" el derecho, al indicar expresamente que "en ningún caso podrán inaplicarse normas relativas al ejercicio de derechos humanos" (art. 21); lo contrario hubiese sido la negación total de la Constitución.

El otro límite que se estableció es que no pueden "inaplicarse" las normas "relativas a la división del Poder Público" (art. 21), pero agregando que siempre *que no correspondan a potestades aprobatorias o autorizatorias*," lo que significa que si una ley establece la necesaria aprobación de la Asamblea Nacional para la realización de determinados actos o contratos, la norma sin embargo puede ser suspendida, tal como ya ocurrió en el marco de los decretos de emergencia económica en los cuales desde el inicio Nicolás Maduro se autorizó a sí mismo a suscribir contratos de interés nacional sin la aprobación o autorización de la Asamblea Nacional,[439] tal como ha ocurrido desde 2016, en el marco de la situación de desacato en la cual la Sala Constitucional ha colocado inconstitucionalmente a la Asamblea Nacional.[440]

En esta forma, por ejemplo, en el marco de ejecución de esta "Ley Constitucional," el Ejecutivo Nacional podría declarar "inaplicable" las previsiones de la Ley Orgánica de Hidrocarburos que exigen la autorización de la Asamblea Nacional para que puedan constituirse empresas mixtas en el sector de los hidrocarburos, lo cual evidentemente sería inconstitucional, pues las leyes solo se derogan por otras leyes, no pudiendo las mismas ser "suspendidas" en su aplicación por decisión ejecutiva.

Hay que advertir, en todo caso, que la autorización dada al Ejecutivo Nacional para "inaplicar" leyes orgánicas y leyes en la inconstitucional "Ley Constitucional," no implica, en ningún caso, la posibilidad de que pueda también "inaplicar" la Constitución, particularmente la previsión de su artículo 151 que exige que en todo caso de contratos de interés nacional que se pretenda celebrar con entidades oficiales extranjeras o con compañías extrajeras no domiciliadas en el país, deben ser previamente autorizados por la Asamblea Nacional. Por supuesto, sería totalmente inadmisible e ilegal que pudiera llegarse a considerar como "secreto" el Registro Mercantil, para ocultar la información sobre las empresas extranjeras que se puedan domiciliar en el país, para evadir esta exigencia constitucional de control parlamentario.

---

439 Véase Allan R. Brewer-Carías, "El control político de la Asamblea Nacional respecto de los decretos de excepción y su desconocimiento judicial y Ejecutivo con ocasión de la emergencia económica decretada en enero de 2016, en VI Congreso de Derecho Procesal Constitucional y IV de Derecho Administrativo, Homenaje al Prof. Carlos Ayala Corao, 10 y 11 noviembre 2016, FUNEDA, Caracas 2017. pp. 291-336.

440 Véase Allan R. Brewer-Carías, "La paralización de la Asamblea Nacional: la suspensión de sus sesiones y la amenaza del enjuiciar a los diputados por "desacato," en Revista de Derecho Público, No. 147-148, (julio-diciembre 2016), Editorial Jurídica Venezolana, Caracas 2016, pp. 322-325

V. EL SECRETO COMO REGLA PARA LA IMPLEMEN-TACIÓN DE LA "LEY CONSTITUCIONAL" Y EN PAR-TICULAR RESPECTO DE LA DESAPLICACIÓN DE NORMAS LEGALES

El anterior marco de inseguridad jurídica que se "regula" expresamente en la "Ley Constitucional," basado en la potestad otorgada al Ejecutivo Nacional para inaplicar todo tipo de normas según lo considere indispensable para ejecutar las medidas económicas destinadas a implementar los objetivos de la Ley, se completa en una forma por demás aberrante y asombrosa, al disponerse que dicha "inaplicación" de normas, debe necesariamente hacerse en el marco oculto de lo secreto y confidencial, [441] de espaldas a y fuera del conocimiento de los ciudadanos.[442]

Es elemental que para que cualquier ley o norma pueda tener efectos jurídicos sobre los ciudadanos, la misma sea publicada. Sin

---

441 Como lo ha reconocido expresamente la Vicepresidente de la República: "La Ley contempla mecanismos de confidencialidad en la información, confidencialidad en la identidad en objeto, en el desarrollo de la actividad, hay un sistema con una plataforma tecnológica que permitirá la protección de esas inversiones." Véase en Agencia Efe, "Delcy Rodríguez: No revelaremos la procedencia de las inversiones extranjeras o nacionales," en Noticiero Digital ND, 18 de octubre de 2020, disponible en: https://www.noticierodigital.com/2020/10/delcy-rodriguez-no-revelaremos-la-procedencia-de-las-inversiones-extranjeras-o-nacionales/.
Véase igualmente en: EFE, "El régimen dice que Venezuela recibirá inversiones sin revelar su procedencia de fondos," en El Nacional, 18 de octubre de 2020, disponible in: https://www.elnacional.com/venezuela/el-regimen-dice-que-venezuela-recibira-inversiones-sin-revelar-su-procedencia-de-fondos/

442 Sobre esto, Jesús Rangel Rachadell ha comentado que se "dijo que la ley era "para blindarnos", y el primer blindaje es que averiguar las operaciones económicas relacionadas con esta normativa es prohibido, porque impide el acceso a la información. […] Se oculta quienes adquieren los bienes del Estado, cuánto pagan, plazos y condiciones, garantías, excepciones de responsabilidad, procedimientos de licitación o asignación directa, los actos y registros, la jurisdicción aplicable (país en el que se podrá exigir el incumplimiento de obligaciones), causales de nulidad, métodos de interpretación […] Lo que es el colmo es que los ciudadanos quedemos sin enterarnos de la inaplicación de normas de rango legal o sublegal para que el Estado negocie sin control." Véase Jesús Rangel Rachadell, "Todo será secreto," en El Nacional, 13 de octubre de 2020, disponible en: https://www.elnacional.com/opinion/todo-sera-secreto/

embargo, conforme a las previsiones de esta "Ley Constitucional," la desaplicación de las normas legales y reglamentarias que autoriza, para implementar el cambio de una política económica de desestatización, desnacionalización y privatización, que también afecta a todos los ciudadanos, se declara como una materia concerniente a "la seguridad de la Nación" y se la considera como una actividad secreta del Estado. Con ello, se coloca al ciudadano en la absurda situación de no saber ni poder saber -porque está prohibido, al ser secreto - cuál norma está o no en aplicación, o cuál negociación se hizo, pudiendo ser sancionado con pena de prisión si pretende "develar" el secreto, conforme a la Ley Orgánica de Seguridad de la Nación (art. 55).

Y en ese marco se pretende precisamente el absurdo de implementar unas medidas para "atraer" inversionistas, que lo primero que requieren en cualquier parte del mundo, es seguridad jurídica; a menos que se trate precisamente de aquellos inversionistas que solo se mueven en la sombra.

La muestra más patente de esta aberración jurídica, se puede encontrar en el artículo 42 de la Ley, que dispone que:

> "se declaran *secretos y reservados los procedimientos, actos y registros efectuados con ocasión de la implementación de alguna de las medidas establecidas* [...en] esta Ley Constitucional, que *supongan la desaplicación de normas de rango legal o sublegal* [...].

Como si esto no fuera suficiente, con base en esa disposición general de reserva y secreto, el artículo 37 establece lo que se denomina un "régimen transitorio en materia de clasificación de documentos de contenido *confidencial y secreto* destinado a proteger y asegurar la efectividad de las decisiones tomadas por el Poder Público venezolano en el marco de la protección del Estado contra las medidas coercitivas unilaterales, medidas punitivas u otras amenazas." - que de transitorio no tiene nada pues dura, como se indica en el artículo 42, "hasta 90 días después de que cesen las medidas coercitivas unilaterales y otras medidas restrictivas o punitivas que han propiciado la situación."

Además, el mismo artículo 39 de la "Ley Constitucional" insiste en el tema de la confidencialidad y secreto, al autorizar a "las máximas autoridades de los órganos y entes de la Administración Pública Nacional, central y descentralizada, para otorgar, "por razones de interés y conveniencia nacional," "el *carácter de reservado, confidencial o de divulgación limitada a cualquier expediente, documento, información, hecho o circunstancia,* que en cumplimiento de sus funciones estén conociendo, en aplicación de esta Ley Constitucional," lo cual debe hacerse "por acto debidamente *motivado,* por tiempo determinado y con el fin último de garantizar la efectividad de las medidas destinadas a contrarrestar los efectos adversos de las medidas coercitivas unilaterales, medidas punitivas u otras amenazas impuestas." Lo último, por supuesto, resulta un ejercicio inútil, pues la motivación de los actos estatales es para poder controlar su legitimidad, legalidad y proporcionalidad; sin embargo, como son secretos, para nada sirve exigir su motivación.

La consecuencia de la declaración de confidencialidad, es que dicha documentación así calificada de secreta, confidencial y reservada, "será archivada en cuerpos separados del o los expedientes y con mecanismos que aseguren su seguridad," destacándose en su "portada la advertencia correspondiente, expresando la restricción en el acceso y divulgación y las responsabilidades a que hubiera lugar para aquellos funcionarios o personas que puedan infringir el régimen respectivo" (art. 40)

Pero hay otra consecuencia de esta regulación expresa de la falta de transparencia y es, como lo dice el artículo 41 de la ley, el establecimiento de una prohibición al "acceso a documentación que haya sido calificada como confidencial o reservada," lo que implica que de los mismos no pueden "expedirse copias simples ni certificadas."

Esta prohibición de acceso prevista, en general, en el artículo 41 y desarrollada en particular en los artículos 37 y siguientes, es por supuesto totalmente incompatible y contradictoria con lo que el artículo 38 prevé como supuesto derecho de las personas de poder tener "acceso a los archivos y registros administrativos, cualquiera que sea la forma de expresión o el tipo de soporte material en que figure, [...] de forma que no se vea afectada la eficacia de las medidas para contrarrestar los efectos de las medidas coercitivas unilaterales, medidas punitivas u otras amenazas, ni el funcionamiento de los servicios públicos, así como tampoco la satisfacción de las necesidades de la población por la interrupción de procesos administrativos destinados a ello."

Si todo es confidencial, secreto y de acceso restringido, lo cual, por supuesto es violatorio de la Constitución, no puede garantizarse derecho alguno de acceso.

Por último, las previsiones en la Ley sobre el "control" posterior por parte de la Contraloría General de la República (art. 13), órgano que, como es bien sabido, no tiene autonomía alguna, incluso aparecen como inocuas pues para que la Contraloría pueda tener acceso a los documentos secretos deberá "coordinar" con el Ejecutivo Nacional cómo ejercer su control (art. 43), lo que es la negación del control mismo.

La "Ley Constitucional" llega igualmente al absurdo de someter a los órganos judiciales que requieran información declarada como confidencial, en abierta violación a la autonomía e independencia que deben tener los jueces, a "tramitar" sus requerimientos ante el Procurador General de la República quien tiene la última palabra sobre ello (art. 44).

REFLEXIÓN FINAL

La "Ley Constitucional" aprobada por la inconstitucional y fraudulenta Asamblea Nacional Constituyente convocada y electa inconstitucionalmente en 2017, la cual, incluso si hubiese sido electa regularmente, en ningún caso tendría potestades legislativas, puede considerarse que no tiene valor jurídico alguno, por ser contraria a la Constitución, no siendo sino un acto de fuerza que violenta el orden jurídico del Estado de derecho. [443]

Con la misma, delegándose casi sin límites el poder legislativo al Ejecutivo Nacional, para suplir los vacíos que se produzcan con la inaplicación de leyes, lo que se pretende, en definitiva, es cambiar la política económica en una forma encubierta, opaca, secreta y poco transparente, desestatizando, desnacionalizando y privatizando la economía, promoviendo y protegiendo la participación del capital privado nacional e internacional en el proceso económico, pero solo

---

[443]   Por ello, la Asamblea Nacional mediante Acuerdo de fecha 13 de octubre de 2020, al "reiterar que la fraudulenta Asamblea Nacional Constituyente es inexistente jurídicamente y sus actos son ineficaces," acordó "desconocer, en todas sus partes, la supuesta "Ley antibloqueo para el desarrollo nacional y la garantía de los derechos humanos" y, por lo tanto, reputarla como inexistente e ineficaz." Véase "Acuerdo en desconocimiento de la irrita Ley Antibloqueo dictada de manera inconstitucional por la fraudulenta Asamblea Nacional Constituyente," disponible en: https://asambleanacional-media.s3.amazonaws.com/documentos/acto/acuerdo-en-desconocimiento-de-la-irrita-ley-antibloqueo-dictada-de-manera-inconstitucional-por-la-fraudulenta-asamblea-nacional-constituyente-20201013204743.pdf

de aquél que opera en la oscuridad y opacidad que es el que resulta de un marco de total inseguridad jurídica y de secreto, que a lo que podría conducir es a la transferencia indiscriminada de activos del Estado a particulares nacionales o extranjeros, seleccionados discrecionalmente a dedo, sin garantía alguna de que haya control ni disciplina presupuestaria.[444]

En ese marco de inseguridad jurídica, de inaplicación ejecutiva de leyes en secreto y de falta de transparencia, resulta un total contrasentido que se pueda pensar, sensatamente, en que se puedan atraer e incorporar efectivamente inversiones privadas nacionales e internacionales para sectores productivos en Venezuela que efectivamente esté ajustadas al interés nacional, en particular en el sector petrolero;[445] existiendo más bien un grave riesgo de que quienes puedan en definitiva acudir al reparto indiscriminado y secreto de los despojos de la economía para ocultar deliberadamente sus im-

---

444   Como lo destacó Gustavo Rossen al comentar la Ley: "¿Qué puede pasar en un país mal administrado, empobrecido, endeudado, dislocado por un modelo estatista? Pueden pasar muchas cosas, previsibles unas, sorprendentes otras. Inventarse, por ejemplo, una ley que apela al antibloqueo pero que es, de verdad, antitransparencia, antirendición de cuentas, anticontroles. Una ley para la subasta del país, que justifica o autoriza la venta al mejor postor de los activos de la nación, una "monumental operación de expoliación nacional para blanquear capitales extranjeros y los de los carteles de las drogas" como dice el comunicado de un grupo de líderes políticos venezolanos. Una ley, además, que bloquea la información y consagra el secretismo y la complicidad. Una ley, en fin, que con la oferta de salvar el presente termina comprometiendo gravemente la seguridad de las nuevas generaciones.," Véase Gustavo Rossen, "La nueva oligarquía," en El Nacional, 19 de octubre de 2020, disponible en: https://www.elnacional.com/opinion/la-nueva-oligarquia/

445 Véase la reseña: "Ley antibloqueo faculta a Maduro privatizar participación de PDVSA en empresas mixtas," en Petroguí@, 4 de octubre de 2020, disponible en: http://www.petroguia.com/pet/noticias/petr%C3%B3leo/ley-antibloqueo-faculta-maduro-privatizar-participaci%C3%B3n-de-pdvsa-en-empresas. Véase también en: "Ministro Tareck El Aissami: Ley Antibloqueo fortalecerá la industria petrolera nacional," 1 de octubre de 2020, disponible en: https://www.vtv.gob.ve/el-aissami-ley-antibloqueo-fortalecera-industria-petrolera/ ; y en: "Ley Antibloqueo': Maduro busca más poder legal en Venezuela para sellar nuevos negocios petroleros," 1 de octubre de 2020, disponible en: https://albertonews.com/nacionales/ley-antibloqueo-maduro-busca-mas-poder-legal-en-venezuela-para-sellar-nuevos-negocios-petroleros/

plicancias, no sean los que mejor garanticen los derechos e intereses de los venezolanos.[446]

Para los curiosos de la historia, y de leyes y políticas similares que se han sancionado y ejecutado en otros países, puede decirse que con esta "Ley Antibloqueo," *por si sola*, se corre el grave riesgo de terminar originando situaciones como las que, *por una parte*, derivaron de la *Ley para el remedio de las necesidades del Pueblo y del Reich,* aprobada como "ley habilitante" por el Parlamento alemán el 23 de marzo de 1933, mediante la cual se delegó a Canciller Adolf Hitler la totalidad del poder legislativo (por ejemplo, el artículo 1° disponía que: "En adición al procedimiento establecido por la Constitución, las leyes del Reich pueden también ser emitidas por el Gobierno del Reich;" y el artículo 4°, que "Los tratados celebrados por el Reich con Estados extranjeros que afecten materia de las legislación del Reich no necesitarán la aprobación de las cámaras legislativas"), habiendo sido dicha Ley la base jurídica fundamental para el derrumbe definitivo de la República de Weimar y la consolidación de la Alemania Nazi; [447] y *por la otra*, las que produjo el *enorme programa de privatización de empresas públicas de la antigua Unión Soviética* realizado entre 1991 y 1999 bajo el gobierno del primer Presidente Ruso, Boris Yeltsin, y luego de su sucesor Vladimir Putin, que permitió que las más importantes antiguas empresas públicas, en medio de una gran corrupción y crimi-

---

446 Véase, por ejemplo, lo expresado por varios líderes políticos en el documento "Acta de remate de la República," en la reseña, "Líderes políticos alertan: régimen de Maduro pretende rematar Venezuela. En un documento público, María Corina Machado, Antonio Ledezma, Diego Arria, Humberto Calderón Berti, Asdrúbal Aguiar, Enrique Aristeguieta Gramcko y Carlos Ortega se dirigen a los venezolanos y a la comunidad internacional para denunciar de las maniobras para liquidar y blanquear los activos de la nación en un acto de traición a la patria," en El Nacional, 11 de octubre de 2020, disponible en: https://www.elnacional.com/venezuela/lideres-politicos-alertan-regimen-de-maduro-pretende-rematar-venezuela/ . Disponible también en: https://www.el-carabobeno.com/documento-publico-maduro-se-propone-rematar-en-secreto-bienes-de-la-nacion/

447 Véase sobre ello, entre otros, William Sheridan Allen, The Nazi seizure of power. Echo Point Books & Media, 2010; y la reseña publicada en Rea Silva, "La muerte de la democracia en Alemania. Una democracia liberal no muere de un día para otro. Para acabar con el marco legal de un estado de derecho es necesario una serie de actores capaces de minar su legitimidad y estabilidad mediante todo tipo de tácticas políticas," disponible en https://reasilvia.com/2017/09/la-muerte-la-democracia-alemania/

nalidad, terminaran en manos de los llamados "Oligarcas," es decir, los nuevos ricos amigos del régimen.[448]

Ojalá nada de esto ocurra en Venezuela, y menos aún que ocurra como una gran farsa, como lo que escribió Karl Marx en 1851, que "la historia ocurre dos veces: la primera vez como una gran tragedia y la segunda como una miserable farsa." [449]

Nueva York, 18 de otubre de 2020

---

448 Véase sobre ello, entre otros, Chrystia Freeland, Sale of the Century: Russia's Wild Ride From Communism to Capitalism, Crown Business, 2000; David Hoffman, The Oligarchs: Wealth and Power in New Russia, Public Affairs, 2002; y la reseña de Jeffrey Hay, en Facts and details, "Russian Privatization and Oligarchs. Privatization Of Russian Industry," 2016, disponible en http://factsanddetails.com/russia/Economics_Business_Agriculture/sub9_7 b/entry-5169.html

449 La famosa frase de Karl Marx con la cual inició su estudio sobre "El 18 Brumario de Luis Bonaparte," publicado en la Revista Die Revolution, Nueva York, 1852, decía: "Hegel dice en alguna parte que todos los grandes hechos y personajes de la historia universal aparecen, como si dijéramos, dos veces. Pero se olvidó de agregar: una vez como tragedia y la otra como farsa." Véase Karl Marx, El 18 Brumario de Luis Bonaparte, consultado en http://biblioteca.clacso.edu.ar/ar/libros/panama/cela/tareas/tar122/04marx.pdf

www.ingramcontent.com/pod-product-compliance
Lightning Source LLC
Chambersburg PA
CBHW021548210326
41599CB00010B/357